REPORT OF MUTUAL FUNDS IN CHINA 2025

清华大学五道口金融学院
TSINGHUA UNIVERSITY PBC SCHOOL OF FINANCE

深圳数据经济研究院
SHENZHEN INSTITUTE OF DATA ECONOMY

2025年中国公募基金研究报告

曹泉伟　陈卓　吴海峰　等 / 著

中国财经出版传媒集团
经济科学出版社
Economic Science Press

编委会

主　　任：曹泉伟

副 主 任：陈　卓　吴海峰

编著人员：（按姓氏笔画为序）

　　　　　门　垚　平依鹭　刘　桢

　　　　　吴　莹　张　鹏　姜白杨

前言

2024年，全球需求疲软，地缘政治冲突不断，部分国家的通胀压力依旧较大。面对国内需求不足、部分企业生产经营困难等问题，中国政府采取了一系列优化经济结构、提振市场信心的措施，包括进一步减税降费、加大基础设施投资、推动绿色金融发展、加强对民营企业的支持等。此外，继续加强对高科技产业、绿色产业、数字经济等新兴行业的扶持，助力经济实现高质量发展。这些政策不仅促进了经济的恢复，也为公募基金、私募基金等金融行业带来了新的发展机遇，推动了中国资本市场的国际化进程和长远发展。同时，我国继续实施积极的财政政策和稳健的货币政策，为消费和投资注入了强劲动力。大型基建项目的持续推进，不仅为国内需求提供了强有力的支撑，也为就业和地区经济发展创造了更多机会。数字经济、人工智能、新能源等高科技产业的快速发展，进一步增强了中国在全球产业链中的话语权和竞争力，为经济增长注入了新的动力。随着一揽子政策持续显效，2024年全年我国GDP增长5%，顺利地实现了主要预期目标。

经过三十余载的发展，我国公募基金行业在规范化、法治化和市场化的过程中逐步走向成熟，截至2024年底，我国继续运营的公募基金数量为22 492只（包括不同收费类别的基金），资产管理规模高达32万亿元，管理人数量达到164家。当前，我国已成为全球第四大公募基金市场，仅次于美国、卢森堡和爱尔兰，我国公募基金行业的迅速发展为国内经济发展注入了强大的金融动能，同时公募基金也成为我国资本市场的重要中流砥柱。本书以中国公募基金为研究对象，从发展历程与现状、基金的业绩表现、基金业绩持续性、基金经理的选股与择时能力等方面进行细致分析。

第一章，回顾了我国公募基金行业的发展历程，并从不同维度剖析我国公募基金行业的发展现状。随着公募基金市场的快速发展，加强行业监管的呼声日益强烈，2024年，中国证券监督管理委员会（以下简称"中国证监会"）发布《关于加强证券公司和公募基金监管加快推进建设一流投资银行和投资机构的意见（试行）》，提出形成"教科书式"的监管模式和行业标准。同时，《公开募集证券投资基金证券交易费用管理规定》的发布对降低公募基金交易费用具有重要意义。此外，REITs常态化发行工作也在稳步有序地推进，REITs市场的高质量发展指日可待。

第二章，以主动管理的股票型公募基金为研究对象，与覆盖市场上所有股票的万得全A指数的业绩表现进行综合比较。从收益的角度来看，2024年，股票型公募基金的净值平均上涨3.57%，同期万得全A指数上涨10%，业绩大幅落后于大盘。将样本区间拉长，近三年（2022~2024年）股票型公募基金的平均年化收益率为-11%，近五年（2020~2024年）平均年化收益率为4.3%，股票型公募基金五年期业绩跑赢了万得全A指数，但股票型公募基金三年期业绩跑输了万得全A指数。在考虑风险因素后，即夏普比率和索丁诺比率方面，近五年（2020~2024年）股票型公募基金优于万得全A指数，但近三年（2020~2024年）股票型公募基金跑输指数，说明无论是从整体风险还是从下行风险的角度出发，当股票型公募基金承担同样的风险时，在过去五年能够取得高于万得全A指数的风险调整回报，但过去三年股票型公募基金的风险调整回报却输于指数。

第三章，我们假设一只基金由一家基金管理公司的一支团队管理，并以基金数据为主线，分析这支团队的选股和择时能力，本章中的"基金经理"指的是"一支管理团队"。我们的量化分析结果显示，在近五年（2020~2024年）具有完整历史业绩的1 023只股票型基金中，有89只基金（占比8.7%）表现出正确的选股能力，但是只有20只基金（占比2%）表现出正确的择时能力，这一结果说明几乎没有公募基金有择时能力。经自助法检验后发现，有37只基金（占比3.6%）的选股能力源于基金经理自身的投资能力，而非运气。

第四章，我们分别使用基金收益率的Spearman相关性检验、绩效二分法检验、描述统计检验和夏普比率的描述统计检验，研究公募基金过往业绩与未来业绩的关系。检验结果显示，过去半年（排序期）收益率较高的基金在未来半年（检验期）有较大概率继续获得较好的收益，过去半年收益偏低的基金在未来半年有很大概率仍然收益不佳。研究结果还显示，如果把排序期延长为一年（或三年），检验期延长为一年，公募基金的业绩在下一年不具有持续性。因此，仅仅依据过往一年（或三年）的收益选择基金，很难选出在未来一年收益高的基金。同时，当排序期为一年时，夏普比率属于靠前（靠后）位置的基金有很大概率在下一年的夏普比率排名依旧靠前（靠后），投资者可以重点关注和避免这类基金。这些信息能够作为投资者选择基金的参考依据。

第五章，我们以2024年12月31日为界，将基金经理划分为在职基金经理和离职基金经理，并以基金经理管理所有产品的合并收益序列为主线，对其选股能力和择时能力进行研究。结果显示，在选股能力方面，分别有19.3%和22.1%的在职和离职的基金经理具有显著的选股能力；在择时能力方面，分别有8.1%和11.9%的在职和离职的基金经理具有显著的择时能力，相较选股能力，择时能力更难获得。值得关注的是，基金经理的选股和择时能力呈现出负相关关系，即基金经理的选股能力越强，其择时能力越弱；而择时能力越强的基金经理，选股能力越弱。

第六章，探讨了全球和我国 ETF 市场的发展情况及其对科创企业融资的推动作用。从全球视角看，ETF 市场自 2003 年以来持续增长。与传统的主动管理基金相比，ETF 通过被动跟踪市场指数降低了投资者的管理费用，并且在低利率背景下提供了更多的投资机会和收益空间。在我国，随着金融市场的不断开放和资本市场改革的深入，ETF 市场也迎来了快速发展。ETF 的种类日益丰富，涵盖了股票、债券、商品等多种资产类别，尤其是科创板指数 ETF 的推出，为科创企业提供了重要的融资渠道。

本书通过定性的归纳总结和大量的数据分析，力求以客观、独立、深入、科学的方法，对我国公募基金行业的一些基础性、规律性的问题作出深入分析，使读者对公募基金行业整体的发展脉络有一个全面而清晰的认识，加深对公募基金发展现状的理解。同时，也为关注公募基金行业发展的各界人士提供一份可以深入了解公募基金的参阅材料。

在本书附录六至附录九中，我们具体展示了样本中每位基金经理合并收益序列后的业绩表现，以及他们选股能力和择时能力的分析结果。因篇幅所限，读者可扫描以下二维码查阅。

目录 CONTENTS

第一章 中国公募基金行业发展概览 / 1

一、公募基金简介 ······ 1

二、行业发展历程 ······ 6

三、2024 年行业发展动态 ······ 14

 （一）优化行业发展生态，加强监管 ······ 15

 （二）降低公募基金交易费用 ······ 16

 （三）REITs 常态化发行工作稳步有序推进 ······ 17

 （四）强化公募基金 ESG 投资价值导向 ······ 18

 （五）养老金新规助力中长期资金入市 ······ 19

 （六）布局全球，资产配置多元化发展 ······ 20

四、发展现状 ······ 20

 （一）基金数量 ······ 21

 （二）基金资产管理规模 ······ 23

 （三）基金分类 ······ 27

 （四）基金费率 ······ 32

五、小结 ······ 34

第二章 股票型基金能否跑赢大盘指数 / 35

一、绝对收益分析 ······ 36

 （一）股票型基金与大盘指数年度收益率比较 ······ 37

 （二）跑赢大盘指数的股票型基金数量占比 ······ 39

 （三）股票型基金与大盘指数累计收益率比较 ······ 40

二、风险调整后收益分析 ······ 41

 （一）夏普比率 ······ 42

 （二）索丁诺比率 ······ 51

三、评估基金业绩的指标选择 ······ 60

四、小结 ······ 61

第三章　股票型基金的优秀业绩从何而来　/　63

一、回归模型及样本 …………………………………………………… 64

二、选股能力分析 ……………………………………………………… 66

三、择时能力分析 ……………………………………………………… 74

四、选股能力与择时能力的稳健性检验 ……………………………… 76

五、基金经理的业绩表现来自能力还是运气 ………………………… 80

六、小结 ………………………………………………………………… 85

第四章　公募基金业绩的持续性　/　87

一、收益率持续性的 Spearman 秩相关检验 ………………………… 88

二、收益率持续性的绩效二分法检验 ………………………………… 94

三、收益率持续性的描述统计检验 …………………………………… 101

四、夏普比率持续性的描述统计检验 ………………………………… 111

五、小结 ………………………………………………………………… 117

第五章　股票型基金经理的选股与择时能力　/　119

一、样本空间 …………………………………………………………… 120

　　（一）在职与离职基金经理数量 ………………………………… 120

　　（二）基金经理的任职期限 ……………………………………… 122

　　（三）基金经理合并收益序列 …………………………………… 123

二、基金经理的选股能力 ……………………………………………… 126

　　（一）在职基金经理选股能力 …………………………………… 126

　　（二）离职基金经理选股能力 …………………………………… 141

三、基金经理的择时能力 ……………………………………………… 152

　　（一）在职基金经理择时能力 …………………………………… 152

　　（二）离职基金经理择时能力 …………………………………… 158

四、小结 ………………………………………………………………… 164

第六章　我国 ETF 市场发展与科创企业融资　/　166

一、指数投资兴起与 ETF 市场发展 …………………………………… 167

　　（一）指数投资优点与全球发展现状 …………………………… 167

　　（二）我国 ETF 发展与"耐心资本"建设 ……………………… 170

二、ETF 发展与服务科创企业融资 …………………………………… 174

三、小结 ………………………………………………………………… 177

附录一	股票型公募基金近五年业绩描述统计表（按年化收益率排序）：	
	2020~2024 年 ···	178
附录二	股票型公募基金经理的选股能力和择时能力（按年化 α 排序）：	
	2020~2024 年 ···	230
附录三	收益率在排序期排名前 30 位的基金在检验期的排名	
	（排序期为一年、检验期为一年）：2021~2024 年 ···············	287
附录四	收益率在排序期和检验期分别排名前 30 位的基金	
	（排序期为一年、检验期为一年）：2021~2024 年 ···············	292
附录五	夏普比率在排序期排名前 30 位的基金在检验期的排名	
	（排序期为一年、检验期为一年）：2021~2024 年 ···············	298

参考文献·· 303
后记··· 305

第一章

中国公募基金行业发展概览

经过三十余年的发展，我国公募基金行业在金融体制改革的持续深化、法律法规的日益完善、经济的高速增长以及居民财富的快速积累中蓬勃兴起。作为现代金融体系的重要组成部分，公募基金行业展现出强大的生命力，逐步实现了规范化、开放化与市场化，并稳步迈向高质量发展的新阶段。

本章旨在全面梳理我国公募基金行业的基本概况与发展脉络。首先，我们对公募基金的定义、核心特征及主要分类进行系统阐释，帮助读者深入理解公募基金的本质及它在资产配置中的作用；其次，以时间为轴，分阶段回顾我国公募基金行业的发展历程，包括起步阶段、规范化发展阶段，以及以法治和市场化为核心的深化发展阶段，展现其在不同阶段的突破与演进；再次，从市场趋势和监管政策等关键维度，深入剖析2024年公募基金行业的最新动态，揭示行业在新时期面临的机遇与挑战；最后，从基金数量、管理规模、分类结构、费率水平等多个方面，对当前我国公募基金行业的发展现状进行多维度剖析与解读。

公募基金行业作为现代金融体系的重要支柱，不仅为广大投资者提供了高效的资产管理工具与分散风险的手段，还为资本市场的繁荣与稳定注入了强劲动力。其在优化资源配置、助力经济转型、增强社会资本流动性等方面扮演着不可或缺的角色。我们希望本章内容能帮助读者对我国公募基金行业有更加全面深入的认识，从而更好地洞悉其发展现状与未来趋势。

一、公募基金简介

本书提到的基金是指证券型投资基金，这是一种通过发行基金份额募集资金，形成独立财产，并由基金管理人负责投资管理的金融工具。该类基金以股票、债券等金融证券作为主要投资标的。基金券是投资者持有基金份额的证明，与股票和债券一样，属于有价证券。与直接投资于股票或债券的方式不同，投资者通过购买基金份额，以间接方式参与证券投资，并由基金管理人代为进行专业化的投资决策。

根据《中华人民共和国证券投资基金法》（以下简称《基金法》），我国由基金管理公司发起设立的基金属于契约型基金。这类基金的设立基于投资者（基金份额持有人）、委托者（基金管理人）和受托者（基金托管人）之间签订的基金合同，并通过信托关系进行投资运作。基金管理人由依法设立的基金管理公司担任，其主要职责包括设计、募集和管理基金产品，是基金运作的核心角色。根据基金合同的约定，基金管理人负责确定资金的投资方向并进行投资运用，以保障投资者资金的安全并力求实现收益最大化。

基金份额持有人是基金的投资者，根据《基金法》，他们享有分享基金财产收益、转让或赎回基金份额等权利。基金托管人由依法设立并获得基金托管资格的商业银行担任，负责基金资产的保管和资金清算等工作，并根据基金合同和基金管理人的指令开展具体资金操作，以确保基金资产的安全。

我国的基金根据募集方式和对象的不同，可分为公开募集证券投资基金（以下简称"公募基金"）和非公开募集证券投资基金（以下简称"私募基金"）。公募基金是面向社会公众公开发行的基金，投资门槛较低，适合普通大众和机构投资者。私募基金则通过非公开方式向特定少数投资者募集资金，对投资者的风险承受能力有更高要求，投资门槛相对较高。本书的研究重点主要聚焦于公募基金领域。

公募基金行业以其独特的优势在金融市场中占据重要地位，其核心特点包括以下几点。

（1）集体投资与专业运作。公募基金通过集体投资的方式，向广大不特定的投资者募集资金，将众多小额资金汇集成一笔大额资金。这笔资金由专业的基金管理人进行集中管理和运作，以实现规模经济效应，提高资金的使用效率。

（2）多元化投资与风险分散。相较于个人投资者可能由于资金量限制而只能投资于少数资产，公募基金能够将大额资金分散投资于多种不同的资产类别中。通过构建多元化的投资组合，基金管理人能够有效降低单一资产带来的非系统性风险。

（3）收益共享与风险共担。公募基金的投资者根据各自持有的基金份额，按比例分享基金的投资收益，并共同承担相应的投资风险。这种机制确保了所有投资者在收益和风险上的公平性。

（4）严格监管与信息披露。公募基金行业受到监管机构的严格监督，要求在基金的发行、募集、销售、交易和投资运作等各个环节，都必须遵循规定，及时、准确地向公众披露相关信息。这种透明度有助于保护投资者的权益，并增强市场的信心。

（5）资产托管与资金安全。为了确保资金安全，公募基金实行资产托管制度，即基金的管理和保管职能是分离的。基金资产由托管人根据基金合同独立保管和运作，从而保障投资者的资金不受不当影响。

公募基金的分类可以根据不同标准进行。

（1）按运作方式不同分为开放式和封闭式基金。开放式基金的份额不固定，投资者可以在任意工作日向基金管理公司申购或赎回基金份额；在基金成立之初，封闭式基金的份额和存续期是固定的。在封闭期内，投资者不能直接向基金管理公司申购或赎回基金份额，而是需要通过证券交易所进行买卖。

（2）按投资理念不同分为主动型和被动型基金。主动型基金的基金经理会根据市场情况主动选择股票和债券等资产，以期获得超越市场平均水平的收益，这类基金的管理更加依赖于基金经理的专业知识和市场判断；被动型基金（指数基金）的目标是复制特定指数的表现，基金经理不会主动选择资产，而是根据指数成分股进行投资，以跟踪市场的平均表现。

（3）按投资对象不同分为股票基金、债券基金、货币市场基金和混合基金。股票基金主要投资于股票市场，追求资本增值；债券基金主要投资于债券，追求稳定的收益；货币市场基金投资于短期货币市场工具，如国债、商业票据等，风险较低、流动性好；混合基金同时投资于股票和债券，根据市场情况调整比例，以平衡风险和收益。

本书根据万得（Wind）数据库的基金分类体系对公募基金的两级分类进行数据统计与分析。其中，一级分类按照投资标的将公募基金划分为八大类，二级分类共有31个小类别，详见表1-1。

表1-1　　　　　　　　　　　　基金分类

分类	分类标准
股票型基金	以股票投资为主，股票等权益类资产占比下限≥80%，或在其基金合同和招募说明书中载明该基金类别为股票型
被动指数型基金	以追踪某一股票指数为投资目标，以完全复制方法进行指数管理和运作
增强指数型基金	以追踪某一股票指数为投资目标，实施优化策略或增强策略
普通股票型基金	在基金公司定义的基金名称或简称中包含"股票"等字样
债券型基金	以债券投资为主，债券资产+现金占比下限≥80%或在其基金合同和招募说明书中载明类别为债券型
被动指数债券型基金	被动追踪投资于债券型指数的基金
增强指数债券型基金	以追踪某一债券指数为投资目标，实施优化策略或增强策略

续表

分类	分类标准
可转换债券型基金	不属于指数债券型基金，主要投资可转换债券，基金合同中明确可转换债券投资比例不低于固定收益类资产的80%，或基金名称明确为可转债基金
中长期纯债型基金	不属于指数债券型基金，可在一级市场申购可转债，但不在二级市场投资股票、可转债等权益资产或含有权益的资产，且不参与一级市场新股申购，一级市场申购的可转债转股获得的股票持有期不超过30个交易日；中长期为在招募说明书中明确其债券的期限配置为长期，期限配置或组合久期>3年
短期纯债型基金	属于纯债型；短期为在招募说明书中明确其债券的期限配置为短期的基金，期限配置或组合久期≤3年
混合债券型一级基金	混合债券型基金为不属于可转换债券型和指数债券型，可部分投资权益类资产的基金，可在二级市场投资可转债，及持有可转债转股所形成的的股票等资产，或参与一级市场新股申购的基金；但混合债券型一级基金不可在二级市场投资股票及权证等其他金融工具
混合债券型二级基金	属于混合债券型基金；可在二级市场投资股票及权证等其他金融工具
混合型基金	股票资产与债券资产的配置比例可视市场情况灵活配置
灵活配置型基金	权益类资产的投资范围上下限之差≥50%，且上限>50%、下限<50%，或基金全称包含"灵活配置"
偏股混合型基金	不属于灵活配置型，权益类资产投资上限≥75%，或下限≥50%
平衡混合型基金	不属于灵活配置型，权益类资产投资上限50%~75%、下限25%~50%
偏债混合型基金	不属于灵活配置型，权益类资产投资下限<25%，或上限≤50%
货币市场型基金	仅投资于货币市场工具
货币市场型基金	—
另类投资型基金	不属于传统的股票基金、混合基金、债券基金、货币基金
股票多空型基金	通过做空和做多投资于股票及股票衍生物获得收益，通常有至少50%的资金投资于股票

续表

分类	分类标准
事件驱动型基金	通过持有公司股票参与公司各种交易，包括但不限于：并购、重组、财务危机、收购报价、股票回购、债务调换、证券发行，或其他资本结构调整
宏观策略型基金	关注经济指标的变动方向，投资于大宗商品等资产，国内主要投资于黄金
相对价值型基金	利用相关投资品种间定价误差获利，常见策略包括股票市场中性、可转换套利和固定收益套利
类REITs	房地产信托基金，或主要投资于REITs
商品型基金	主要投资于大宗商品及挂钩的衍生金融工具
国际（QDII）基金	主要投资于非本国的股票、债券、基金、货币、商品或其他衍生品，二级分类细则同上面国内的分类
国际（QDII）股票型基金	以股票投资为主
国际（QDII）债券型基金	以债券投资为主
国际（QDII）混合型基金	股票与债券资产的配置比例可视市场情况灵活配置
国际（QDII）另类投资基金	不属于传统的股票基金、混合基金、债券基金
REITs	不动产投资信托基金，主要通过基础设施资产支持证券等特殊目的载体投资基础设施项目
REITs	—
FOF基金	即基金中基金，主要投资于基金资产。ETF联接基金不列入FOF基金分类
股票型FOF基金	以股票型基金份额投资为主，一般占比80%以上
债券型FOF基金	以债券型基金份额投资为主，一般占比80%以上
货币市场型FOF基金	以货币市场型基金份额投资为主，一般占比80%以上，且剩余基金资产的投资范围和要求与货币市场型基金一致
混合型FOF基金	投资于股票型、债券型、货币市场型及其他基金份额，且不符合以上FOF基金类型，包括偏股混合型基金、平衡混合型基金、偏债混合型基金、目标日期型基金
另类投资FOF基金	不符合以上FOF基金定义，即80%以上的基金资产投资于其他某一类型的基金

资料来源：Wind数据库。

二、行业发展历程

第一阶段：公募基金行业萌芽阶段（1991~1997年）。这一阶段，我国见证了首批投资基金的诞生，这些基金由中国人民银行负责监管。随着1991年上海证券交易所（以下简称"上交所"）和深圳证券交易所（以下简称"深交所"）的成立，证券市场迎来了快速发展的新时期。中国人民银行珠海分行批准成立了"珠信基金"，武汉分行批准成立了"武汉证券投资基金"，这两个基金的成立标志着我国基金行业的起步。此后，各地纷纷加快了基金的发行步伐。

为了促进行业的发展，1992年6月，中国人民银行深圳经济特区分行发布了《深圳市投资信托基金管理暂行规定》，这是我国首个针对证券投资基金行业的监管法规。该法规明确了基金的开放式和封闭式运作模式、证券投资的双10%限制，以及对关联交易的监管，对行业的整体发展起到了积极的推动作用。但该法规仅适用于在深圳注册或在深交所上市的基金，全国性的证券投资基金法律和监管体系尚未建立。

由于缺乏专门的监管机构和明确的法规指导，公募基金行业在监管和运作上存在不少问题。中国人民银行总行、省级分行以及地方政府均有权批准设立基金和基金管理公司，导致监管标准不一致。这使得基金的设立、管理和托管等环节缺乏明确的法规指导。同时，基金运作过程中普遍存在维护地方或个别企业利益的不规范行为，投资者权益难以得到保障。此外，基金投资范围过广，资产流动性和质量也存在问题。

为了整顿基金市场秩序，1993年5月，中国人民银行发布了《关于立即制止不规范发行证券投资基金和信托受益债券做法的紧急通知》，集中了基金审批权力，并明确规定了基金的发行和上市、基金管理公司的设立以及中国金融机构在境外设立基金和基金管理公司的业务，统一由中国人民银行总行批准，禁止任何部门越权审批。同时，对未经总行批准成立的基金进行了全面清理整顿。1993年8月，我国首只上市交易的基金——淄博基金在上交所公开上市。1994年，部分地方性证券交易中心与上交所、深交所实现联网，标志着全国性基金交易市场的形成。然而，这一时期专业性基金管理公司数量有限，基金规模较小，运作也不够规范。这一阶段发行的基金通常被称为"老基金"。

第二阶段：公募基金行业规范化发展阶段（1997~2004年）。1997年11月，国务院发布了我国首部规范证券投资基金运作的行政法规——《证券投资基金管理暂行办法》。该法规确立了公募基金的"强制托管、信息披露、组合投资"三大基础原则，并对基金的设立、募集、交易，以及基金托管人、管理人和投资者的权利义务等方面进行了详细规定。在该法规指引下发行的基金被称为"新基金"。《证券投资基金管理暂行办法》的出台标志着我国公募基金行业迈入规范化发展的新阶段。中国证券监督管理委员会（以下简称"证监会"）作为基金业的主管机构，设立了专门的基金监管部门以推动行业有序发展。

1998年3月，我国首批规范的"新基金"问世，包括封闭式基金"基金金泰"和"基金开元"，开启了基金试点工作的新时代。在1998~2000年期间，这些新发行的基金享有新股配售的特权，为投资者提供了更多的收益机会。1999年10月，保险资金被允许通过购买公募基金进入证券市场；2001年12月，社保基金也获准投资于上市流通的公募基金。这一系列政策的实施显著加快了公募基金行业的发展，推动基金数量和管理规模迅速增长，并使基金监管取得长足进步。

2000年10月，证监会发布《开放式证券投资基金试点办法》，正式启动我国开放式基金试点工作。次年9月，首只开放式基金"华安创新"成立。此后，开放式基金的发行速度加快，基金市场规模迅速扩张，产品种类逐步丰富，创新层出不穷。从2002年起，封闭式基金的发行逐渐减少，并于当年9月后停止发行，市场主流逐步转向开放式基金。同时，我国基金市场开始陆续引入国际成熟市场中的多种基金产品类型，为投资者提供更多选择。

2002年6月，中国加入世界贸易组织（WTO）后，证监会发布了《外资参股基金管理公司设立规则》（现已失效），外资基金管理公司正式进入我国公募基金市场。这一举措不仅扩大了我国基金行业的开放程度，也促进了行业的竞争与发展。

通过一系列重要法规和政策的实施，我国公募基金行业实现了从初步发展到规范化监管的飞跃。在法律框架的保障下，基金市场得以快速扩张和多样化发展，为资本市场的繁荣与稳定奠定了坚实基础。

第三阶段：公募基金行业以法治业发展阶段（2004~2012年）。2003年10月，全国人民代表大会常务委员会正式通过了《中华人民共和国证券投资基金法》（以下简称《基金法》），这是我国基金业和资本市场发展历程中的重要里程碑。该法于2004年6月1日正式实施，标志着我国基金行业步入以法治为基础的全新阶段。

《基金法》系统规定了基金市场主体的准入条件与约束机制，明确了基金相关各方的法律责任与义务，并强化了对基金募集、运作及信息披露的监管要求。同时，对基金份额的交易、申购和赎回等核心环节作出了明确规定，以法律形式为基金活动提供了规范。这一立法不仅确认了基金业在资本市场中的重要地位，也为促进基金市场与证券市场的稳定、健康发展奠定了坚实基础。在《基金法》的框架下，证券监管机构于2005年发布了《证券投资基金运作管理办法》，进一步明确了基金产品的定位、运作要求和具体实施细则。这一管理办法细化了基金市场的运作规则，为基金行业提供了更加完善的指导和保障，助推行业规范化发展迈上新台阶。

第四阶段：公募基金行业市场化发展阶段（2012年至今）。2012年，《基金法》经过全面修订后重新发布，对公募基金行业的准入条件、投资范围及业务运作等方面进行了重大调整，推动行业进一步向市场化发展迈进。修订后的《基金法》在降低准入门槛的同时，扩大了基金的投资范围，为公募基金行业提供了更大的发展空间。此外，新《基金法》还强化了对基金管理公司的监管能力，以更好地适应市场化运作的要求。

在这一阶段，我国陆续出台了一系列法律法规，其中"放松管制、加强监管"成为我国金融监管和证券市场改革的重要方针，不仅有效推动了基金行业的市场化发展，也为行业健康、有序增长提供了保障。

近年来，公募基金行业的产品创新层出不穷，投资工具更加多样化，行业规模和管理水平显著提升。通过优化市场准入机制与加强风险管理，公募基金逐步成长为连接资本市场与普通投资者的重要桥梁，为资本市场的繁荣和稳定注入了新的活力。表1-2总结了2012年至今，我国监管部门在公募基金行业市场化发展阶段所发布的重要政策。

表1-2　　　　　　　　公募基金行业市场化发展阶段重要政策

正式施行日期	监管政策名称
2012年11月1日	《基金管理公司特定客户资产管理业务试点办法》
2012年11月1日	《证券投资基金管理公司子公司管理暂行规定》
2013年1月25日	《黄金交易型开放式证券投资基金暂行规定》
2013年4月2日	《证券投资基金托管业务管理办法》
2013年6月1日	《中华人民共和国证券投资基金法》
2013年6月1日	《资产管理机构开展公募证券投资基金管理业务暂行规定》
2013年6月1日	《证券投资基金销售管理办法》
2013年9月3日	《公开募集证券投资基金参与国债期货交易指引》
2014年8月8日	《公开募集证券投资基金运作管理办法》
2015年3月27日	《公开募集证券投资基金参与沪港通交易指引》
2016年2月1日	《货币市场基金监督管理办法》
2016年9月11日	《公开募集证券投资基金运作指引第2号——基金中基金指引》
2017年6月14日	《通过港股通机制参与香港股票市场交易的公募基金注册审核指引》
2017年6月28日	《基金募集机构投资者适当性管理实施指引（试行）》
2017年9月13日	《证券投资基金管理公司合规管理规范》
2017年10月1日	《公开募集开放式证券投资基金流动性风险管理规定》

第一章　中国公募基金行业发展概览

续表

正式施行日期	监管政策名称
2018年4月27日	《关于规范金融机构资产管理业务的指导意见》
2018年6月13日	《关于进一步规范货币市场基金互联网销售、赎回相关服务的指导意见》
2018年8月3日	《公开募集证券投资基金信息披露管理办法》
2019年1月15日	《公开募集证券投资基金投资信用衍生品指引》
2019年1月18日	《证券投资基金投资信用衍生品估值指引（试行）》
2019年6月14日	《公开募集证券投资基金参与转融通证券出借业务指引（试行）》
2019年8月16日	《证券投资基金侧袋机制操作规范（征求意见稿）》
2019年9月1日	《公开募集证券投资基金信息披露管理办法》
2020年3月12日	《基金经营机构及其工作人员廉洁从业实施细则》
2020年3月20日	《公开募集证券投资基金信息披露管理办法（2020年修订）》
2020年4月17日	《公开募集证券投资基金投资全国中小企业股份转让系统挂牌股票指引》
2020年5月1日	《基金经理兼任私募资产管理计划投资经理工作指引（试行）》
2020年7月10日	《证券投资基金托管业务管理办法》
2020年8月1日	《公开募集证券投资基金侧袋机制指引（试行）》
2020年8月6日	《公开募集基础设施证券投资基金指引（试行）》
2020年10月1日	《公开募集证券投资基金销售机构监督管理办法》
2020年10月1日	《公开募集证券投资基金宣传推介材料管理暂行规定》
2021年1月29日	《公开募集基础设施证券投资基金网下投资者管理细则》
2021年2月1日	《公开募集证券投资基金运作指引第3号——指数基金指引》
2021年2月8日	《公募基础设施证券投资基金尽职调查工作指引（试行）》
2021年2月8日	《公开募集基础设施证券投资基金运营操作指引（试行）》
2021年7月29日	《关于深化"证照分离"改革进一步激发市场主体发展活力实施方案》
2021年8月11日	《公开募集证券投资基金管理人及从业人员职业操守和道德规范指南》
2021年8月31日	《公开募集证券投资基金投资顾问业务数据交换技术接口规范（试行）》
2021年12月30日	《中国证券投资基金业协会投资基金纠纷调解规则》
2021年12月30日	《中国证券投资基金业协会投诉处理办法》
2022年1月14日	《重要货币市场基金监管暂行规定（征求意见稿）》
2022年4月1日	《证券基金经营机构董事、监事、高级管理人员及从业人员监督管理办法》
2022年4月26日	《关于加快推进公募基金行业高质量发展的意见》

续表

正式施行日期	监管政策名称
2022年5月10日	《基金从业人员管理规则》及配套规则
2022年6月10日	《基金管理公司绩效考核与薪酬管理指引》
2022年6月20日	《公开募集证券投资基金管理人监督管理办法》
2022年6月24日	《关于交易型开放式基金纳入互联互通相关安排的公告》
2022年11月4日	《个人养老金投资公开募集证券投资基金业务管理暂行规定》
2023年1月4日	《公开募集证券投资基金信息披露电子化规范》
2023年2月17日	《重要货币市场基金监管暂行规定》
2023年3月24日	《关于进一步推进基础设施领域不动产投资信托基金（REITs）常态化发行相关工作的通知》
2023年7月7日	《公募基金行业费率改革工作方案》
2023年6月9日	《公开募集证券投资基金投资顾问业务管理规定（征求意见稿）》
2023年10月20日	《公开募集基础设施证券投资基金指引（试行）》
2023年12月6日	《全国社会保障基金境内投资管理办法（征求意见稿）》
2023年12月8日	《关于加强公开募集证券投资基金证券交易管理的规定》并公开征求意见
2024年1月1日	《商业银行资本管理办法》
2024年3月15日	《关于加强证券公司和公募基金监管加快推进建设一流投资银行和投资机构的意见（试行）》
2024年4月12日	《关于加强监管防范风险推动资本市场高质量发展的若干意见》
2024年7月1日	《公开募集证券投资基金证券交易费用管理规定》
2024年7月21日	《上海证券交易所基金业务指南第2号——上市基金做市业务》
2024年8月1日	《关于全面推动基础设施领域不动产投资信托基金（REITs）项目常态化发行的通知》
2024年8月26日	《境外机构投资者境内证券期货投资资金管理规定》
2024年9月26日	《关于推动中长期资金入市的指导意见》
2024年11月6日	《推动提高沪市上市公司ESG信息披露质量三年行动方案（2024—2026年）》

资料来源：中国证监会、中国证券投资基金业协会、中国证券业协会、中国人民银行、中华人民共和国财政部。

2012年11月，证监会实施了《证券投资基金管理公司管理办法》，这一举措不仅降低了基金管理公司的市场准入门槛，还加强了对这些公司的监督管理。该办法中引入了风险控制指标的监控体系和监管综合评价体系，以增强行业的风险管理能力。2013年6月，经过修订的《基金法》以及《资产管理机构开展公募证券投资基金管理业务暂行规定》开始实施。这些法律和规定的调整涉及法律调整范围、私募基金监管及公募基金规范等多个方面，进行了补充、修改和完善。新法规为符合条件的证券公司、保险资管公司、私募证券基金管理机构以及其他资产管理机构开展公募基金管理业务提供了法律依据，为行业的规范化发展和有效监管奠定了坚实的基础。

这些改革为公募基金行业的市场化改革建立了更加完善和规范的制度框架，吸引了更多机构竞争者参与市场。在此期间，证监会出台了多项规定，允许基金管理公司将投资范围扩展到二级市场以外的实体经济领域，包括股权、收益权等。2015年4月，经过再次修正的《基金法》进一步完善，为公募基金行业的发展提供了更加坚实的法律支持。自2015年起，在内地与香港基金互认的政策背景下，公募基金开始逐步参与沪港通、深港通交易。同时，分级基金、保本基金和委外定制型基金等基金品种的发行和运作也得到了规范监管，这标志着行业正朝着全面市场化的方向发展。

2016年，《公开募集证券投资基金运作指引第2号——基金中基金指引》正式实施，这一指引吸引了众多基金管理公司积极参与基金中的基金（FOF）的工作。2017年9月，首批公募FOF基金正式获批，这成为公募基金行业发展历程中的一个重要里程碑。

2017年，中国公募基金行业的资产管理规模首次超过了10万亿人民币，这是一个重要的里程碑。同年，为了维护国家金融安全并确保经济的平稳发展，监管机构出台了一系列政策法规，旨在更明确地界定金融风险防控标准和金融行业的定位，同时推动各类基金产品的发展。在此背景下，中国人民银行发布了《关于规范金融机构资产管理业务的指导意见（征求意见稿）》，旨在统一产品标准、消除监管套利，并规范业务发展，以预防系统性金融风险。

2018年2月，证监会推出了《养老目标证券投资基金指引（试行）》，标志着养老型公募基金产品的诞生。紧接着在同年4月，中国人民银行、中国银行保险监督管理委员会（以下简称"银保监会"）、证监会和国家外汇管理局联合发布了《关于规范金融机构资产管理业务的指导意见》（以下简称"资管新规"），这标志着中国资产管理行业进入了统一监管的新阶段。公募基金以其低门槛、专业性和完善的风控措施，在众多资管产品中独树一帜，获得了市场的认可。2018年，受市场波动和监管调整的影响，指数基金尤其是ETF经历了规模和份额的快速增长，迎来了新的发展机遇。

2019年，公募基金以其高回报率赢得了投资者的青睐，越来越多的人开始认同"炒股不如买基金"的观点。同年，多项业务指引相继发布，包括公募基金投资信用衍生品和参与转融通证券出借业务等，这些指引进一步加强了公募基金行业的业务规范。2019年9月，修订后的《公开募集证券投资基金信息披露管理办法》施行，为公募基金的信息披露设定了更高的标准，更好地保护了投资者的权益。同年10月，证监会启动了公募基金投资顾问业务的试点工作，进一步推动了行业的创新和发展。

  2020年4月，证监会出台了《公开募集证券投资基金投资全国中小企业股份转让系统挂牌股票指引》，开放了公募基金投资新三板精选层的渠道。紧接着在同年8月，证监会发布了修订版《公开募集证券投资基金销售机构监督管理办法》（以下简称《管理办法》）及其配套规则，这些重大变革旨在使监管更好地适应市场环境的变化和基金行业的发展。新修订的《管理办法》旨在提升基金销售机构的专业服务能力和合规风控水平，引导基金行业向良性发展，构建稳健和可持续的生态体系。到了9月，证监会联合其他三部门发布了《合格境外机构投资者和人民币合格境外机构投资者境内证券期货投资管理办法》，降低了外资准入门槛并扩大了其投资范围，为外资进入中国市场提供了更多便利。

  2021年2月，证监会实施了《公开募集证券投资基金运作指引第3号——指数基金指引》，规范了公开募集指数证券投资基金的设立和运作，以保护投资者权益。5月，首批基础设施公募REITs产品获得证监会注册批准并开始公开发售，这标志着国内公募REITs市场正式启动。7月，证监会制定了《关于深化"证照分离"改革进一步激发市场主体发展活力实施方案》，要求包括公募基金在内的各主体落实。9月，国内迎来了首只纯外资公募基金产品——贝莱德中国新视野混合型证券投资基金。11月，首批8只北交所基金获得批准。

  2022年，证监会推出了一系列政策以促进我国金融市场的健康发展。1月14日，证监会就《重要货币市场基金监管暂行规定》公开征求意见，以完善对重要货币市场基金的监管。2月18日，证监会发布了《证券基金经营机构董事、监事、高级管理人员及从业人员监督管理办法》，规范基金从业人员的任职和执业行为，促进经营机构的合规稳健运行。4月26日，证监会发布了《关于加快推进公募基金行业高质量发展的意见》，提出了公募基金行业在服务资本市场改革发展、居民财富管理需求以及实体经济与国家战略能力方面的要求。6月20日，证监会实施了《公开募集证券投资基金管理人监督管理办法》，进一步完善了对基金管理人的监管要求。中国证券投资基金业协会（以下简称"中基协"）随后发布了《基金管理公司绩效考核与薪酬管理指引》，健全了公募基金行业的长效激励约束机制，开启了大规模的薪酬改革。6月24日，证监会发布《关于交易型开放式基金纳入互联互通相关安排的公告》，将符合条件的ETF纳入内地与香港股票市场交易互联互通机制，吸引境外长期资金入市，完善市场结构与生态。9月15日，国务院办公厅印发《关于进一步优化营商环境降低市场主体制度性交易成本的意见》，要求重点规范金融服务收费，鼓励证券、基金等机构降低服务收费，推动金融基础设施合理降低交易、托管、登记、清算等费用，以降低市场交易成本、减少市场摩擦、增强市场活力。11月4日，证监会正式发布《个人养老金投资公开募集证券投资基金业务管理暂行规定》，明确了个人养老金投资公募基金业务的具体规定，业务正式落地施行。

2023年，证监会和中国人民银行于1月4日联合发布《公开募集证券投资基金信息披露电子化规范》金融行业标准，规定了基金信息披露电子化的要求，以保障公募基金运作公开透明。2月10日，证监会同意中国证券结算有限责任公司（以下简称"中国结算"）启动公募基金账户份额信息统一查询平台暨"基金E账户"公开试运行，为个人投资者提供公募基金账户及份额信息的"一站式"查询服务，解决了投资者分散查询的行业服务痛点，逐步为公募基金投资者提供更为便捷优质的服务。2月17日，为强化重要货币市场基金监管，证监会联合中国人民银行共同发布了《重要货币市场基金监管暂行规定》，进一步完善货币市场基金监管规则。为加快推进基础设施REITs常态化发行的有关工作安排，证监会指导证券交易所制定的《保险资产管理公司开展资产证券化业务指引》于3月3日发布，该指引的发布有利于拓宽企业融资渠道，提高交易所债券市场服务实体经济质效；同月，证监会发布《关于进一步推进基础设施领域不动产投资信托基金（REITs）常态化发行相关工作的通知》，该通知的发布将逐步推进我国消费类基础设施公募REITs进入常态化快速发行阶段。5月12日，证监会指导证券交易所修订REITs审核关注事项指引，指引内容突出以"管资产"为核心，进一步优化REITs审核关注事项，强化信息披露要求，明确产业园区、收费公路两大类资产的审核和信息披露标准，提高成熟类型资产的推荐审核透明度，加快发行上市节奏，推动REITs市场高质量发展。财政部和人力资源社会保障部于12月6日联合起草了《全国社会保障基金境内投资管理办法（征求意见稿）》，计划将公募REITs正式纳入社保基金的投资范围。此举有助于恢复公募REITs市场的信心，稳定投资者的预期，并引入长期稳定的资金，为市场注入活力。6月9日，证监会就《公开募集证券投资基金投资顾问业务管理规定（征求意见稿）》公开征求意见，该规定旨在健全资本市场财富管理功能，深化投资端改革。我国公募基金市场在监管导向和市场推动的双重作用下，正朝着更完善的方向发展。12月8日，证监会发布《关于加强公开募集证券投资基金证券交易管理的规定》并公开征求意见。这标志着公募基金行业第二阶段费率改革工作正式启动。公募基金费率改革工作的启动将让利于投资者，有利于推动公募基金行业的高质量发展。

2024年，公募基金如同一面镜子，折射出资本市场的种种风向。1月1日，《商业银行资本管理办法》实施，对银行资本管理提出了更高要求，间接影响了公募基金的资金来源和运作模式。3月15日，《关于加强证券公司和公募基金监管加快推进建设一流投资银行和投资机构的意见（试行）》发布，标志着监管层对公募基金行业的监管力度进一步加强，旨在提升行业规范性和透明度。4月12日，《关于加强监管防范风险推动资本市场高质量发展的若干意见》出台，强调了风险防控和市场高质量发展的重要性，对公募基金的稳健运营提出了更高要求。7月1日，《公开募集证券投资基金证券交易费用管理规定》的实施，对公募基金的交易费用进行了规范，行业费率改革持续深化，主要聚焦于降低公募基金的交易佣金费率，有助于降低投资者成本，提升市场效率。9月26日，《关于推动中长期资金入市的指导意见》发布，鼓励中长期资金进入资本市场，为公募基金市场注入了新的活力。此外，产品结构经历调整，货币型基金及债券型基金规模持续扩张，而混合型基金规模有所收缩；公募REITs市场快速发展，预计越来越多的基础设施项目、优质资产将通过REITs方式进行融资。

三、2024年行业发展动态

2024年，全球经济仍在新冠疫情后复苏的进程中徘徊，国际金融环境不确定性较高，前期海外银行风险事件、欧美货币政策频繁调整以及持续存在的通胀压力，均为资本市场的稳定发展带来了挑战。然而，在市场格局裂变、股市震荡等背景下，我国公募基金行业依旧展现出韧性与持续向上的发展动能。截至2024年12月底，我国公募基金资产净值合计32.39万亿元。

在2023年10月召开的中央金融工作会议上，提出"要加快建设金融强国"的战略目标，要求更好发挥资本市场枢纽功能，并首次提出"培育一流投资银行和投资机构"，为公募基金的高质量发展指明了方向。随着资本市场注册制全面推进，中国股票市场的价值发现与资源配置功能将更为凸显，公募基金作为连接大众投资者与资本市场的重要纽带，在促进资源优化配置、助推优质企业融资与成长中发挥着关键作用。在这一过程中，公募基金行业依托于监管层持续完善的制度框架与政策支持，实现了规范化、市场化与国际化的稳健发展。

2024年，货币型基金、债券型基金和股票型基金规模持续扩张，而混合型基金规模有所收缩。截至12月31日，货币型基金、债券型基金和股票型基金规模分别为13万亿元、10.4万亿元和4.4万亿元，分别占总规模的40.2%、32.1%和13.7%。混合型基金规模环比下降3.8%。截至2024年12月31日，我国累计成立的公募基金总量为26 253只，与2023年底相比，产品数量增长12.8%。

与此同时，公募基金行业继续受益于QDII、QFLP、互联互通机制优化以及跨境资管合作的深化。同时，科技板块成为长线投资的优选，尤其是人工智能、光伏、风电等新兴产业受到更多投资者的青睐。此外，个人养老金制度的建立和持续推广为公募基金行业注入了长期、稳定的增量资金。从国际经验看，养老金资金是推动资本市场长期稳健增长的重要力量。随着我国老龄化趋势加剧以及居民财富管理需求日益提升，个人养老金业务的发展为公募基金行业创造了历史性机遇。2024年，更多养老目标基金、生命周期型产品开始涌现，为不同年龄层、不同风险偏好和不同理财目标的投资者提供了更加丰富和个性化的解决方案。

2024年，公募基金行业相关政策和新规的陆续出台，促进了我国资本市场和资产管理行业走向规范化、市场化和完善化。这些政策的实施得到了中央的引领和大力支持，进一步推动了我国资本市场的良性发展。以下将重点解读2024年公募基金行业的最新政策和相关动态。

（一）优化行业发展生态，加强监管

2024年3月15日，证监会发布《关于加强证券公司和公募基金监管加快推进建设一流投资银行和投资机构的意见（试行）》（以下简称《意见》），提出力争通过5年左右时间，基本形成"教科书式"的监管模式和行业标准，行业机构定位得到校正、公司治理更加健全、合规风控更加自觉、行业生态持续优化，推动形成10家左右优质头部机构引领行业高质量发展的态势，到2035年，形成2至3家具备国际竞争力与市场引领力的投资银行和投资机构等要求，表明监管层对投资机构行业的高标准和国际化发展有着明确的期待，旨在通过提升行业标准和国际竞争力，推动行业的高质量发展。

具体而言，《意见》主要内容包括以下几个方面。

（1）强调校正行业机构定位，把功能性放在首要位置，坚持以客户为中心，切实履行信义义务，始终践行金融报国、金融为民的发展理念。

（2）提升服务中长期资金能力。构建长期资金、资本市场与实体经济协同发展的良性机制。加快引入各类中长期资金，积极推动健全有利于中长期投资行为的考核、投资账户等制度。持续推动壮大社保基金、基本养老金、年金等各类养老专业投资管理人队伍，培育更多耐心资本。

（3）提升投资者长期回报。督促行业机构强化服务理念，持续优化投资者服务。聚焦投资者长期回报，健全基金投资管理与销售考核及评价机制。扎实推进公募基金行业费率改革，稳步降低行业综合费率水平。持续优化基金行业销售生态，督促基金管理人、销售机构加大逆周期布局力度。

（4）助力推进高水平开放。统筹开放与安全，坚持"引进来"和"走出去"并重，稳步扩大制度型开放，支持符合条件的外资机构在境内设立机构。有序推进"基金互认""ETF互挂""跨境理财通"等跨境互联互通业务试点，研究探索推进跨境经纪业务试点。

（5）全面深化监管理念。依法将各类证券基金活动全部纳入监管。健全行业机构分类监管体系，突出"扶优限劣"。

《意见》为证券基金行业高质量发展提供了明确的时间表，为打造一流投行和投资机构提供了清晰的路线图。整体来看，严监管的基调不变，要求证券基金机构树立大局意识，预计证券基金业供给侧改革提速。将功能性放在首要位置是指证券公司、基金公司应扛起服务实体经济、服务投资者的重任，增强基金公司深化以投资者为中心的理念，提升投研能力。2024年4月12日国务院印发的《关于加强监管防范风险推动资本市场高质量发展的若干意见》，也强调了在强化证券基金机构监管、提升权益类公募基金占比、推动债券和不动产投资信托基金（REITs）市场高质量发展、全面加强基金公司投研能力建设四个方面作出规范和引导，更加注重"以投资者为本"，对公募基金行业的投资能力、产品创新能力及客户服务能力提出更高要求。

（二）降低公募基金交易费用

2024年4月19日证监会公布的《公开募集证券投资基金证券交易费用管理规定》（以下简称《规定》），于2024年7月1日起正式实施，这是继2023年7月证监会开启公募费率改革第一阶段之后，第二阶段举措正式落地。《规定》旨在规范基金管理人证券交易佣金及分配管理，降低投资者基金投资成本，保护基金份额持有人合法权益，推动公募行业回归业务本源。《规定》的核心内容主要包括以下几个方面。

（1）佣金费率水平：明确了公募基金证券交易佣金费率的调整原则。基金管理人管理的被动股票型基金的股票交易佣金费率原则上不得超过市场平均股票交易佣金费率，且不得通过交易佣金支付研究服务、流动性服务等其他费用；其他类型基金可以通过交易佣金支付研究服务费用，但股票交易佣金费率原则上不得超过市场平均股票交易佣金费率的两倍，且不得通过交易佣金支付研究服务之外的其他费用。

（2）佣金分配比例：一家基金管理人通过一家证券公司进行证券交易的年交易佣金总额，不得超过其当年所有基金证券交易佣金总额的百分之十五。证券公司控股的境内证券经纪业务子公司纳入母公司合并计算。

上一年末股票型、混合型基金管理规模合计未达到十亿元人民币的基金管理人，不受前款比例限制，但通过一家证券公司进行证券交易的年交易佣金总额，不得超过其当年所有基金证券交易佣金总额的百分之三十。

（3）内部制度要求：包括制度完善、违规禁止、监督强化方面。基金管理人不得使用交易佣金向第三方转移支付费用，包括但不限于使用外部专家咨询、金融终端、研报平台、数据库等产生的费用。应建立证券公司选择、协议签订、服务评价、交易佣金分配等完善的管理制度，严禁利益交换。证券公司需强化研究能力建设，优化基金销售业务考核激励机制，防范利益冲突。此外，还需压实基金托管人职责，强化外部监督。

据测算，公募交易佣金率或将调降至万分之4.5左右，其中被动股票型降至约万分之2.5，其他型降至约万分之4.9。结合2023年7月发布的《公募基金行业费率改革工作方案》，两项举措的费率改革预计每年为投资者节省上百亿元的投资成本，相关措施也将达到让利于民的目标。据公募基金2024年中期报告数据，自2023年行业费率改革工作实施以来，基金管理费、交易佣金、托管费、销售服务费四大费用合计达939亿元，较2023年同期的1 062亿元下滑了12%。ETF费率方面，全市场主动权益类产品平均管理费率为1.13%，平均托管费率为0.19%。而800余只股票型ETF平均管理费率为0.43%，平均托管费率则为0.09%。部分ETF进一步拉低了管理费率和托管费率，降至"0.15%+0.05%"业内最低水平。

上述规定的实施将进一步优化基金证券交易佣金制度，降低基金投资者交易成本，有利于引导证券基金经营机构进一步端正经营理念，专注提升投资者长期收益，提供更加优质的交易、研究和投资服务，促进形成良好的行业发展生态。

（三）REITs常态化发行工作稳步有序推进

2024年8月1日起实施的国家发展改革委发布的《关于全面推动基础设施领域不动产投资信托基金（REITs）项目常态化发行的通知》（以下简称《通知》），标志着REITs发行告别试点阶段，正式迈入常态化发行阶段。《通知》明确了项目责任方、中介机构、咨询评估机构和省级发展改革委的责任，厘清了各方工作职责，并对项目回收资金使用提出了明确要求，提出对于首次发行基础设施REITs项目，当期目标不动产评估净值原则上不低于10亿元；对于已发行基础设施REITs新购入项目，不作规模要求；并将REITs试点行业范围拓展至12个大类，新增储能、燃煤发电、市场化租赁住房、养老等资产类型，并放宽旅游景区至4A级，消费基础设施拓展至商业街区、商业综合体、专业市场等。《通知》明确了REITs常态化发行的政策框架，扩大了可发行基础资产的类别并简化了审核流程。

2024年8月，国家发展改革委印发了《基础设施领域不动产投资信托基金（REITs）项目申报材料格式文本（2024年版）》的通知，提升了基础设施领域REITs项目申报材料的标准化、规范化水平。同月11日，国务院印发《关于加快经济社会发展全面绿色转型的意见》，提出支持符合条件的新能源、生态环境保护等绿色转型相关项目发行基础设施领域不动产投资信托基金（REITs）。

监管机构积极推动REITs市场发展，如上交所稳步有序地推动REITs市场扩容增类，深化REITs市场生态建设。同时，公募机构也在持续布局REITs市场，华夏基金、嘉实基金等在上半年推出了REITs产品，工银瑞信基金和银华基金也在上半年首次进军REITs市场。公开数据显示，2024年上半年，有多只消费类基础设施公募REITs成立，如华夏金茂购物中心REIT、华夏华润商业REIT和中金印力消费REIT。清洁能源类REITs也实现突破，如首单陆上风电公募REITs——中信建投明阳智能新能源REIT。二级市场方面，2024年上半年REITs二级市场价格整体反弹，中证REITs（收盘）指数上涨约4.65%。截至12月3日，全市场上市REITs产品共52只，较2023年新增18只，总发行规模约1 525亿元，发行数量和规模已经超过2023年全年。公募REITs底层资产图谱不断拓宽，消费、水电、陆上风力发电等大类资产"新篇章"不断开启，已上市项目资产范围已涵盖产业园、仓储物流、保障性租赁住房、消费基础设施、收费公路、环保及新能源等。随着常态化发行的不断提速，市场的示范效应、规模效应逐步显现。

（四）强化公募基金ESG投资价值导向

中国人民银行、国家发展改革委、工业和信息化部、财政部、生态环境部、金融监管总局、中国证监会于2024年3月27日印发《关于进一步强化金融支持绿色低碳发展的指导意见》，提出支持证券基金及相关投资行业开发绿色投资产品，更好履行环境、社会和治理（ESG）责任。2024年4月，国务院印发《关于加强监管防范风险推动资本市场高质量发展的若干意见》，也指出做好绿色金融等五篇大文章是资本市场高质量发展的重要途径。

地方层面，2024年11月6日，上交所发布《推动提高沪市上市公司ESG信息披露质量三年行动方案（2024—2026年）》（以下简称《方案》），旨在贯彻落实新发展理念，加快推动经济社会发展全面绿色转型，提高上市公司ESG信息披露质量。《方案》的主要内容包括以下几个方面。

（1）创新ESG金融服务和产品：将持续创新ESG金融服务和产品，丰富ESG指数产品供给；

（2）鼓励发行各类ESG主题基金；

（3）支持中证指数公司ESG评价结果的应用：积极支持中证指数公司ESG评价结果在各类金融产品中的应用；

（4）为ESG评级高的上市公司提供融资便利，引导更多资金流向可持续发展领域；

（5）推动ESG数据信息在各类场景中的应用：利用大数据技术和人工智能算法，探索形成上市公司ESG数据库，并推动ESG数据信息在各类场景中的应用，包括支持中证指数公司丰富气候转型评价等ESG数据产品，为可持续投资提供参考。

以上内容意味着将有更多的ESG相关金融产品被开发和推广，以满足市场对 ESG 投资的需求。同时，政策上支持和鼓励基金公司开发和推出以 ESG 为主题的基金产品，以促进 ESG 投资理念的普及和实践，并为 ESG 基金的投资决策提供参考。

在国家"双碳"目标的政策背景下，ESG 策略已成为公募基金产品设计的重要方向，基金公司应加快推出聚焦绿色债券、可持续发展主题的基金产品。根据 Wind 数据库 ESG 基金统计口径，截至 2024 年第三季度，国内现存 566 只 ESG 基金，最新可得规模为 5 568 亿元，总体规模相较于 2024 年第二季度增加 503 亿元。按投资主题分，纯 ESG 基金规模为 452 亿元，占比为 8.12%；ESG 策略基金规模为 1 427 亿元，占比为 25.63%；环境保护主题基金规模为 2 170 亿元，占比为 38.97%；社会责任主题基金规模为 1 252 亿元，占比为 22.48%；公司治理主题基金规模为 267 亿元，占比为 4.80%。

（五）养老金新规助力中长期资金入市

2024 年 12 月 12 日，人力资源社会保障部、财政部、国家税务总局、金融监管总局、证监会联合发布《关于全面实施个人养老金制度的通知》（以下简称《通知》），自 2024 年 12 月 15 日起全面实施，标志着中国资本市场建设迈入新篇章，中国版的 IRA（个人退休账户）正式启航。《通知》规定在中国境内参加城镇职工基本养老保险或者城乡居民基本养老保险的劳动者，均可以参加个人养老金制度。随着中国老龄化进程加快和"第三支柱"个人养老金制度的逐步健全，2024 年公募基金加大对养老目标日期基金、目标风险基金的布局力度，并针对个人养老金账户提供专项产品和费率优惠。其中，养老目标基金（FOF）分为目标日期基金和目标风险基金，个人养老金制度试点两周年之际，200 只 FOF 基金包括 78 只养老目标日期基金产品和 122 只养老目标风险基金产品

2024 年 9 月 26 日，中央金融委员会办公室（以下简称"中央金融办"）、中国证监会联合印发《关于推动中长期资金入市的指导意见》（以下简称《意见》），旨在引导中长期资金入市，打通社保、保险、理财等资金入市堵点，努力提振资本市场，大力发展权益类公募基金，并着力完善各类中长期资金入市配套政策制度。个人养老金新规的出台有助于《意见》的实施，有望为资本市场提供长期源源不断的增量资金，长期耐心资本的入市，预计将会改变现在由于流动性波动较大带来的"牛短熊长"局面。根据中信证券预计，到 2035 年，个人养老金规模或将达到 12 万亿元，养老金融产品中的权益类资产比例或将从目前的 20% 提高至 40% 左右，对资本市场的提振前景可期。公募基金行业目前已受托管理各类养老金资产超 6 万亿元，占我国养老金委托投资规模的 50% 以上。产品目录扩容前，个人养老金产品分为养老目标基金、养老储蓄、养老保险和养老理财四类。其中，养老目标基金

199 只，包括结合投资者退休时间而设计的目标日期基金，以及以投资者风险偏好为焦点的目标风险基金。除此之外，《通知》优化了产品供给、完善了领取条件，如参加人患重大疾病、领取失业保险金达到一定条件或者正在领取最低生活保障金的，也可申请提前领取个人养老金。

证监会及时优化产品供给，已将首批 85 只权益类指数基金纳入个人养老金投资产品目录，进一步拓宽了个人养老金的可投品种。指数基金具有投资覆盖面广、风险分散、透明度高、费率较低的特点，纳入个人养老金产品目录，有助于丰富投资者选择，引导个人投资者开展长期投资，吸引更多资金进入资本市场。

（六）布局全球，资产配置多元化发展

2024 年 6 月 14 日，中国证监会就《香港互认基金管理规定（修订草案征求意见稿）》公开征求意见，在产品准入要求、基金规模、外汇额度、基金管理人要求等方面作出了明确规定。新规草案适度放宽了互认基金客地销售比例限制，由 50%放宽至 80%，这表明内地与香港之间的资本市场合作进一步深化，增加了市场的灵活性，允许更多的香港基金进入内地市场，内地基金也能更广泛地渗透到香港市场，为两地投资者提供更多选择。同时，新规有助于优化资源配置，使得资金能够更自由地流动到效益最高的领域，促进资本市场的健康发展。

2024 年 QDII 基金的全球分布显示，QDII 基金集中投资于美国和中国香港市场，同时也有工具化产品投资于印度、法国、英国、德国、越南、日本、韩国等国家。QDII 基金的境外配置资产集中于境外股票市场，尤其是美股，但其他海外股票的比重快速上升，体现出境外配置的多元化的趋势。同时，上交所推动 ETF 高质量发展，丰富跨境 ETF 产品，优化跨境互联互通机制，为投资者进行全球资产配置提供了有力工具。FOF 基金对海外基金的配置规模及仓位占比也稳步提升，超八成 FOF 基金增持海外基金，对国内权益、境外权益（美国、亚太、新兴市场等）、国内债券、境外债券、商品资产以及 REITs 等多类资产进行跟踪分析，通过多资产多策略的低相关性，进行分散配置，有效降低组合的波动性。

四、发展现状

本书的研究范围为 1998~2024 年发行的所有公募证券投资基金，为了防止研究结果受到生存偏见（即在筛选数据时只考虑目前还在运营的基金而忽略停止运营的基金）的影响，本书所使用的数据包括目前正在运营和已经停止运营的全部公募基金的数据，所用数据均来自 Wind 数据库。接下来我们将通过数据分析，从

公募基金的数量、资产管理规模、基金分类和基金费率等维度对公募基金行业的总体发展情况及现状进行研究和展示。

（一）基金数量

图1-1和表1-3展示的是1998~2024年我国每年新成立、停止运营和继续运营的公募基金数量。截至2024年底，我国累计成立的公募基金总量为26 253只，其中，继续运营的基金为22 492只，停止运营的基金为3 761只。①

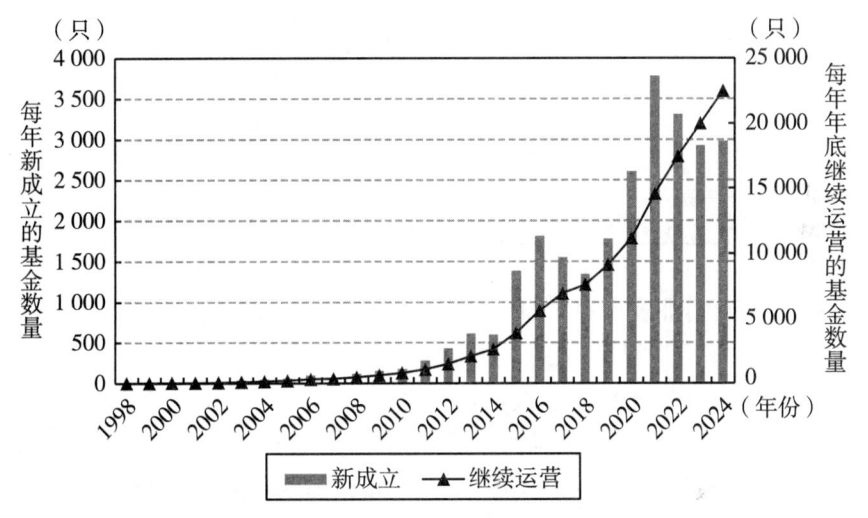

图1-1 新成立和继续运营的公募基金数量：1998~2024年

表1-3 新成立、停止运营和继续运营的公募基金数量：1991~2024年 单位：只

年份	新成立	停止运营	继续运营	年份	新成立	停止运营	继续运营
1991	1	0	1	1997	0	0	22
1992	18	0	19	1998	5	0	27
1993	2	0	21	1999	16	0	43
1994	1	0	22	2000	2	0	45
1995	0	0	22	2001	8	0	53
1996	0	0	22	2002	18	0	71

---

① 假设基金名称相同、后缀不同，如基金的后缀为A、B和C，意味着A类、B类和C类基金采用不同的收费方式。在本章基金数量的相关统计中，我们将每种收费类型的基金视作1只基金。例如，"前海开源新经济混合A"和"前海开源新经济混合C"，在本章我们视其为2只基金。在后续分析基金业绩的章节中，由于这些带有后缀的基金采用相同的投资策略，我们仅选择其中一只基金进行分析研究。

续表

年份	新成立	停止运营	继续运营	年份	新成立	停止运营	继续运营
2003	39	0	110	2014	599	69	2 631
2004	51	0	161	2015	1 386	132	3 885
2005	63	1	223	2016	1 815	110	5 590
2006	100	1	322	2017	1 552	210	6 932
2007	67	22	367	2018	1 348	675	7 605
2008	117	6	478	2019	1 779	249	9 135
2009	154	2	630	2020	2 611	578	11 168
2010	179	1	808	2021	3 778	376	14 570
2011	278	3	1 083	2022	3 311	384	17 497
2012	431	9	1 505	2023	2 923	419	20 005
2013	612	16	2 101	2024	2 985	498	22 492

我国公募基金行业在萌芽阶段（1991~1997年）缺乏全国性的法律规章指导，发展不规范。经央行1993年《关于立即制止不规范发行证券投资基金和信托受益债券做法的紧急通知》整顿后，此阶段后期新基金发行低迷。自首部规范证券投资基金运作的行政法规发布后，我国公募基金行业于1998年开始进入规范化发展阶段，该年有5只新基金发行。2004年，《中华人民共和国证券投资基金法》开始正式施行，对规范基金运作、保护基金投资者合法权益及促进基金业和证券市场的健康发展发挥了重要作用，这一年新成立的公募基金数量为51只，此后每年新成立的基金数量不断增加。自2012年行业进入市场化发展阶段后，基金发行数量稳步向上。到2015年，股市的上涨吸引投资者"借基入市"，新基金发行量实现倍增，达到1 386只。

随着我国资本市场制度的完善与居民资产配置意识的提高，近年新发行的公募基金数量一直维持在较高水平。2016年，机构定制性基金发展迅速，全年新发行基金数量快速增长。2017年和2018年，监管机构大力规范金融机构资产管理业务，整治金融行业乱象，防范系统性金融风险，加强了对公募基金行业的监管，进一步规范基金品种，股市走势低迷，这两年新发行基金数量持续回落。2019年，随着股市行情好转，新发行的基金数量有所回升。2020年和2021年，股市表现优异，基金收益上涨，更多基民通过基金入市投资，新发行的基金数量分别为2 611只和3 778只，数量持续创新高。2022年和2023年，新成立的公募基金数量分别为3 311只和2 927只，受市场情绪低迷影响，新成立基金数量较前两年有所回落，但仍维持在高位。截至2024年底，继续运营的公募基金总数为22 492只，较2023年底继续运营的基金增加了2 487只。整体而言，随着我国资本市场的发展，公募基金行业市场化程度不断深化，基金品种日益丰富，并且投资者利用基金参与股票市场的观念持续加深，这些因素将继续助推公募基金数量不断增长，行业呈现良好发展趋势。

（二）基金资产管理规模

图1-2展示了1998~2024年我国公募基金行业历年的资产管理规模及其增长率。表1-4则具体展示了每年年底公募基金资产管理规模的数值及其对应的变化比例。在这27年的时间里，公募基金资产管理规模实现了飞跃式发展。1998~2002年，公募基金完成资产管理规模由百亿元到千亿元的跨越；2002~2007年，则实现了由千亿元到万亿元的跨越；2007~2017年，实现了由万亿元到十万亿元的跨越。近十年来，每年资产管理规模均创新高，2017年底，资产管理规模首次突破10万亿元，仅三年后，2020年底的资产管理规模高速增长，突破了20万亿元大关。2021年底规模再创新高，达25.7万亿元，较2020年底再增长26.97%。2022年，受全球宏观经济负面影响，新发基金的数量和发行规模相对较小；同时基金净值也受到市场波动的影响而下跌。截至2022年底，基金资产管理规模仅略为增长，为26万亿元，相较于2021年底仅增长了1.28%。2023年，全球经济显示出阶段性复苏的势头。新发基金的数量和发行规模呈现稳步上升的趋势。截至2024年底，基金资产管理规模相较于2023年底增长约17.28%，达到32.4万亿元。长期资金在个人养老金制度的进一步推动下入市，为公募基金带来了更大规模的长期稳定资金并创造了历史性的发展机遇。

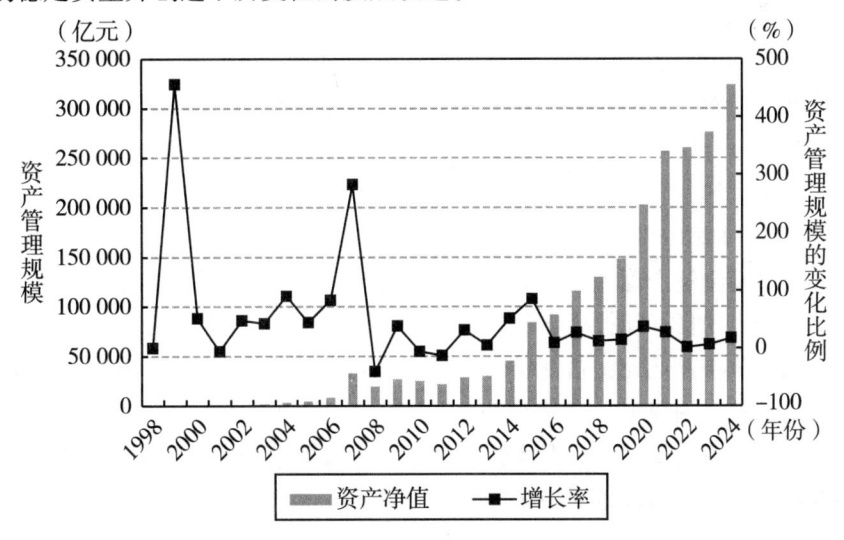

图1-2 公募基金资产管理规模：1998~2024年

注：图中资产规模为每年最后一个交易日的资产净值。

表 1-4　　　　每年年底公募基金资产管理规模及变化比例：1998~2024 年

年份	资产管理规模（亿元）	变化比例（%）	年份	资产管理规模（亿元）	变化比例（%）
1998	104	—	2012	28 667	30.79
1999	576	452.19	2013	30 026	4.74
2000	870	50.88	2014	45 400	51.20
2001	818	-5.95	2015	84 080	85.20
2002	1 207	47.52	2016	91 741	9.11
2003	1 716	42.17	2017	116 155	26.61
2004	3 258	89.91	2018	130 047	11.96
2005	4 691	43.98	2019	148 393	14.11
2006	8 565	82.57	2020	202 659	36.57
2007	32 756	282.46	2021	246 800	21.78
2008	19 389	-40.81	2022	257 499	4.33
2009	26 761	38.02	2023	275 546	7.01
2010	25 194	-5.85	2024	323 879	17.28
2011	21 918	-13.00			

图 1-3 展示了 2003~2024 年货币市场型基金和非货币市场型基金资产管理规模变化情况，其中非货币市场型基金的资产管理规模为除货币市场型基金外的七类基金的总和。随着互联网金融的快速发展和"宝宝类"理财产品的兴起，2013 年货币市场型基金开始迅速发展。从 2014 年开始，货币市场型基金成为公募基金资产管理规模最大的一类基金，并对整个公募基金行业的规模增长起到了重要推动作用。2017 年底和 2018 年底，货币市场型基金的规模分别达到 7.1 万亿元和 8.2 万亿元，占公募基金资产管理规模的 61.4% 和 62.8%，领先于其他基金类别。然而，由于股票市场表现良好和投资者风险偏好的提升，2019 年货币市场型基金规模略有回落，约为 7.4 万亿元，占比为 49.9%，与上一年相比下降了约 13 个百分点，非货币市场型基金的规模反超货币市场型基金。2020 年底，货币市场型基金规模超 8 万亿元，规模逐步回升，但增长速度远低于其他基金类别。随着大型资产管理行业的发展，投资者越来越渴望参与权益市场并重视基金管理人的主动管理能力，这推动了非货币市场型基金规模的快速增长。

如图 1-3 所示，2016~2018 年非货币市场型基金的管理规模相对稳定，保持在4.4万亿~4.9万亿元的区间内,但在2019~2021年规模出现了较大的增长。2020~2022年,非货币市场型基金的规模显著超过了货币市场型基金。2020年和2021年,非货币市场型基金继续保持高速增长,规模分别达到12.2万亿元和16.3万亿元,占比分别约为60.2%和63.2%。2022年,由于投资者担忧经济下行对市场的负面影响,对低风险资产的偏好回升,年底货币市场型基金资产管理规模突破10万亿元,占比略有回升,达到40.1%,较2021年底提高3.3个百分点。2023年,随着我国经济的逐步回暖,公募基金总规模有所上升,货币市场基金占公募基金资产管理规模的比率较2022年有了1.3个百分点的提升,达到11.3万亿元。2024年,公募基金资产管理规模继续呈上升态势,达到32万亿元,货币市场基金占公募基金资产管理规模的比重较2023年下降了约0.6%。

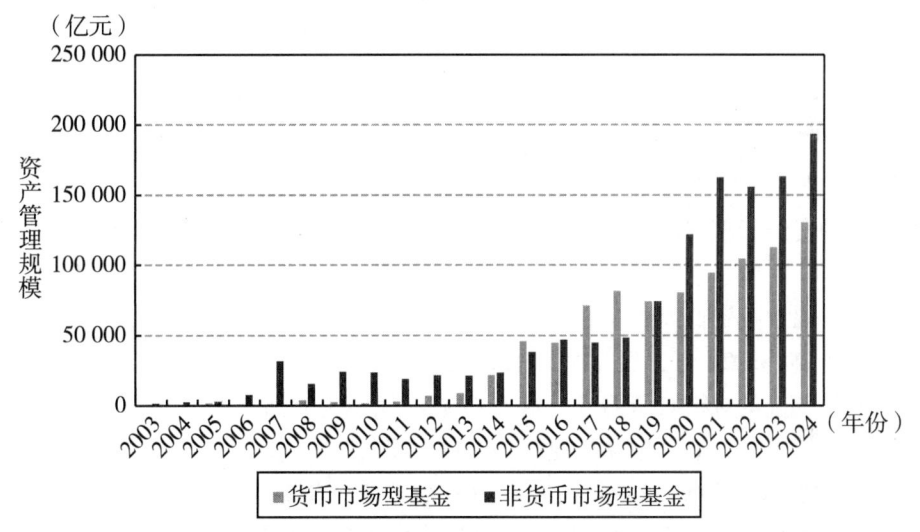

图1-3 货币市场型基金和非货币市场型基金资产管理规模:2003~2024年

注:图中资产规模为每年最后一个交易日的资产净值。

图1-4展示了2003~2024年股票型、混合型、债券型三类公募基金资产管理规模变化情况。2014年以前,股票型基金的资产管理规模为三类基金中占比最高的,而在2015年,混合型基金的资产管理规模后来居上。2015年8月,新修订的《公开募集证券投资基金运作管理办法》正式实施,按照新规,股票型基金需要将原来规定的最低仓位线60%以上的基金资产提升至80%投资于股票,于是该年发生了基金史上最大规模的类别变更,有近300只股票型基金在新规正式实施前通过更名为混合型基金的简单方式变阵;同时,在2015年股市波动后,投资者偏好有所变动,青睐于持仓限制较小、表现占优,并且能够在市场行情表现不佳时采取持有较低股票仓位防御策略的混合型基金,由图1-4可见,2015~2017年混合型基金的资产管理规模占比在三类中最高。

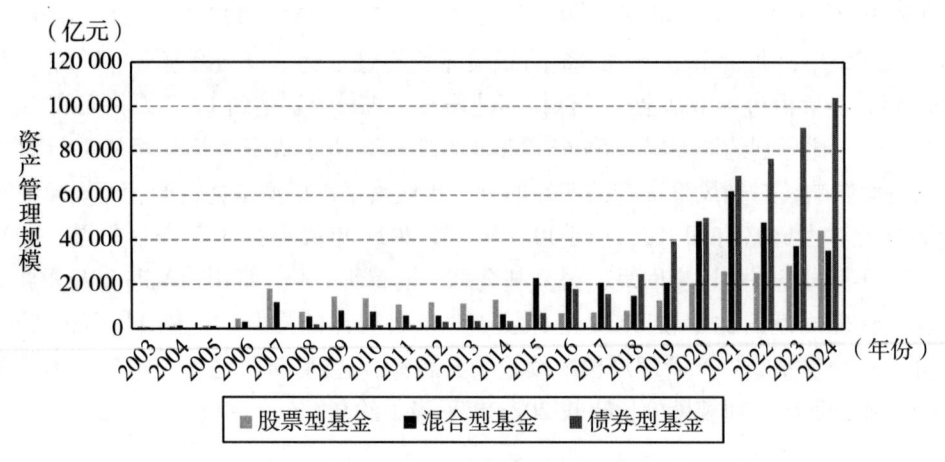

图 1-4　三类公募基金的资产管理规模：2003~2024 年

注：图中资产规模为每年最后一个交易日的资产净值。

2020 年和 2021 年，在宽松的流动性环境的助力下，权益类资产价格大幅走高，股票型基金和混合型基金的资产管理规模均出现显著增长。2018 年之后，债券型基金的资产管理规模则持续稳定上升，反超混合型基金，在三者中规模最高。2022~2024 年，鉴于市场环境不确定性较高，经济仍处于新冠疫情后的复苏阶段，投资者更青睐于投资低风险类产品，债券型基金规模在三类基金中仍处首位，增长势头持续走高。2022 年，股票型基金和混合型基金的规模有所下降，但在 2023 年，股票型基金的规模有所回升，混合型基金规模仍有所下降。2024 年，股票型基金规模继续上升，混合型基金规模仍保持下降趋势。

图 1-5 展示了 2003~2024 年按照 Wind 数据库对公募基金一级分类标准划分的不同类型的公募基金的资产管理规模。2024 年，各类型基金中资产管理规模最大的为货币市场型基金，其次为债券型、股票型、混合型、QDII、REITs、FOF、另类投资型，排序较前两年有小幅变化。自 2014 年起，货币市场型基金的规模在所有类别中占比最高，尤其在 2017 年和 2018 年占比均超过 60%，但在之后的年份中占比均有所回落，2020 年和 2021 年占比降到了 40% 以下，数据结果反映出该时期我国较大比例的基金投资者风险偏好有所提升。债券型基金 2022 年底的规模占比为 29.4%，仅次于货币型基金，近三年规模占比逐步上升。混合型基金的规模占比波动较大，2018~2021 年占比持续上升，但 2022 年占比回落，为 18.4%。股票型基金的规模占比自 2015 年开始均徘徊在 10% 或以下，2023 年和 2024 年底占比分别为 10% 和 11.5%。QDII 基金、另类投资基金、FOF 基金、REITs 的规模相比上述四类基金均较小，占比较低，随着全球资产配置、个人养老型 FOF 产品配置的观念深入投资者心中，QDII 型和 FOF 型基金近几年规模均增长较快。REITs 产品自 2021 年发展以来亦受到投资者青睐，2022~2023 年，REITs 扩募后规模较

2021年有较大提升，特别是在2023年规模达2021年的近3倍，2024年规模是2022年的两倍。2023年，债券型、货币市场型和REITs基金规模占比均有小幅度的提升，债券型基金规模占比达近五年来最高。2024年，FOF基金和混合型基金规模则有小幅度的回落。

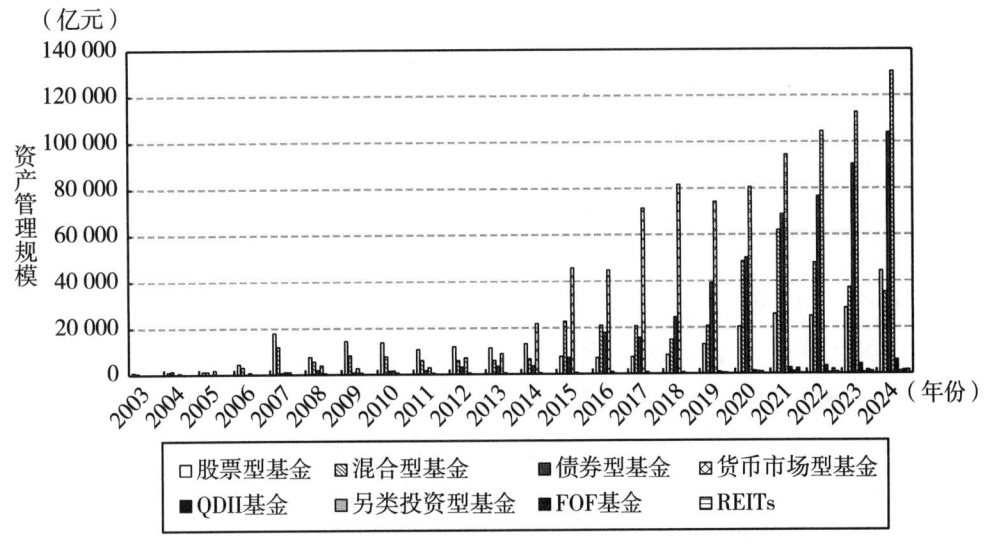

图1-5 不同类型公募基金的资产管理规模：2003~2024年

注：图中资产规模为每年最后一个交易日的资产净值。

（三）基金分类

我国公募基金行业产生之初，市场上发行的公募基金主要为契约型封闭式基金。2000年，证监会发布《开放式证券投资基金试点办法》，2001年首只契约型开放式基金出现，此后开放式基金逐渐占据了公募基金行业的主导地位。截至2024年12月，我国累计成立了504只契约型封闭式基金和25 749只契约型开放式基金，分别约占公募基金市场的1.92%和98.08%。

在公募基金行业的发展过程中，市场上开始推出侧重于各类投资标的和不同投资风格的基金产品，公募基金的品种日益丰富。根据Wind数据库对公募基金的两级分类体系，表1-5展示了截至2024年底公募基金一级分类和二级分类下各类基金的发行总量和百分比。从一级分类的角度看，混合型基金累计发行数量最多，达到9 773只，占比37.2%；其次是债券型基金，有8 136只，占比31.0%；再次为股票型基金，有5 349只，占比20.4%；最后为货币市场型基金，有1 117只，占比4.3%。以上四种类型的基金数量占市场比例为92.9%，为公募基金市场中主要的基金类型。QDII基金、FOF基金、另类投资基金和REITs分别为731只、976只、

112只和59只，这四类基金的数量占市场比例为7.1%。相较2023年底，2024年底股票型基金、债券型基金和REITs的数量占比均有所上升；混合型基金、货币市场型基金和FOF基金的占比均有所下降，其中混合型基金的数量占比从2023年底的39.3%降至2024年底的37.2%，其发行数量较2023年降幅达2.1%。2024年QDII基金和另类投资基金发行数量较2023年分别增加76只和9只，但占比与2023年持平。

从二级分类的角度来看，从表1-5中可见，股票型基金中数量最多的是被动指数型基金，达到3 537只，占比66.1%；其次为主动管理的普通股票型基金为1 569只，占比29.3%；而数量最少的是增强指数型基金，为643只，占比12.0%。普通股票型基金是我国基金市场中最早产生的基金类型；而指数型基金在2004年末才开始出现，由于其具有交易费用低廉、不过度依赖基金经理、能够有效分散和防范风险等特点，基金数量增长迅速。在混合型基金中，偏股混合型基金数量最多，为4 872只，占比49.9%；灵活配置型基金次之，为3 030只，占比31.0%。在债券型基金中，中长期纯债型基金数量最多，有3 969只，占比48.8%；其次为混合债券型二级和混合债券型一级基金，占比分别为18.1%和12.2%。在QDII基金中，QDII股票型基金约总发行435只，占比为59.5%。在FOF基金中数量最多的是混合型FOF基金，共计923只，占比94.6%。

表1-5　公募基金一级和二级分类累计发行总数量及百分比：截至2024年底

基金分类	一级分类基金数量（只）	一级分类百分比（%）	二级分类基金数量（只）	二级分类占一级分类的百分比（%）
股票型基金	5 349	20.4		
被动指数型基金			3 537	66.1
普通股票型基金			1 569	29.3
增强指数型基金			643	12.0
债券型基金	8 136	31.0		
中长期纯债型基金			3 969	48.8
短期纯债型基金			905	11.1
混合债券型一级基金			992	12.2
混合债券型二级基金			1 473	18.1
可转换债券型基金			77	0.9
被动指数型债券基金			712	8.8
增强指数型债券基金			8	0.1

续表

基金分类	一级分类基金数量（只）	一级分类百分比（%）	二级分类基金数量（只）	二级分类占一级分类的百分比（%）
混合型基金	9 773	37.2		
灵活配置型基金			3 030	31.0
偏股混合型基金			4 872	49.9
偏债混合型基金			1 814	18.6
平衡混合型基金			57	0.6
货币市场型基金	1 117	4.3		
货币市场型基金			1 117	100.0
国际（QDII）基金	731	2.8		
国际（QDII）股票型基金			435	59.5
国际（QDII）混合型基金			145	19.8
国际（QDII）债券型基金			107	14.6
国际（QDII）另类投资基金			44	6.0
FOF 基金	976	3.7		
股票型 FOF 基金			15	1.5
混合型 FOF 基金			923	94.6
债券型 FOF 基金			38	3.9
另类投资基金	112	0.4		
股票多空			47	42.0
商品型基金			64	57.1
类 REITs			1	0.9
REITs	59	0.2		
REITs			59	100.0
总计	26 253	100.0	—	—

表1-6展示了截至2024年底公募基金一级和二级分类下各类基金资产管理规模的统计分析结果。从一级分类的角度来看，货币市场型基金的资产管理规模最大，超过13万亿元，占比40.2%；其次是债券型基金和股票型基金，债券型基金规模约为10.4万亿元，占比32.1%，股票型基金的资产规模约为4.4万亿元，较上年上涨1.8万亿元，占比13.7%，较上年上涨4.2%。而混合型基金的资产管理规模约3.5万亿元，与2023年底相比减少5 476亿元。

2024 年，低风险、低波动类固收产品如债券型基金的资产管理规模较 2023 年底的 8.8 万亿元增长约 17.8%。在债券型基金中，中长期纯债型基金的累计发行数量和年末管理规模均最大，其资产管理规模超过 6.4 万亿元，占比为 62.2%，远远大于规模次之、占比排第二位的短期纯债券型基金。这一年，主动权益基金募资涨势迅猛，尤其是其中的被动指数型基金的资产管理规模持续走高，为股票型基金整体规模上升的主力军，达到 36 267 亿元，占比为 81.9%，较上年提高了 13 个百分点；普通股票型基金次之，规模为 5 596 亿元，占比为 12.6%，较上年下降了 11.3 个百分点；增强指数型基金占比为 5.5%。

在混合型基金中，规模最大的是偏股混合型基金，约为 2.2 万亿元，占比为 63.2%；灵活配置型基金规模约 9 742 亿元，占比为 27.7%。国际（QDII）基金中国际（QDII）股票型基金规模最大，为 5 026 亿元，占比为 84.7%，规模和占比较 2003 年底均有所提升。

表 1-6　公募基金一级和二级分类资产管理规模及百分比：截至 2024 年底

基金分类	一级分类基金资产管理规模（亿元）	一级分类百分比（%）	二级分类基金资产管理规模（亿元）	二级分类占一级分类的百分比（%）
股票型基金	44 303	13.7		
普通股票型基金			5 596	12.6
被动指数型基金			36 267	81.9
增强指数型基金			2 440	5.5
债券型基金	104 002	32.1		
中长期纯债型基金			64 638	62.2
短期纯债型基金			12 924	12.4
混合债券型一级基金			7 785	7.5
混合债券型二级基金			7 341	7.1
可转换债券型基金			450	0.4
被动指数型债券基金			10 838	10.4
增强指数型债券基金			27	0.0
混合型基金	35 150	10.9		
偏股混合型基金			22 228	63.2
平衡混合型基金			344	1.0
偏债混合型基金			2 836	8.1
灵活配置型基金			9 742	27.7

续表

基金分类	一级分类基金资产管理规模（亿元）	一级分类百分比（%）	二级分类基金资产管理规模（亿元）	二级分类占一级分类的百分比（%）
货币市场型基金	130 334	40.2		
货币市场型基金			130 334	100.0
国际（QDII）基金	5 937	1.8		
国际（QDII）股票型基金			5 026	84.7
国际（QDII）混合型基金			491	8.3
国际（QDII）债券型基金			382	6.4
国际（QDII）另类投资基金			38	0.6
FOF 基金	1 481	0.5		
股票型 FOF 基金			9	0.6
混合型 FOF 基金			1 422	96.0
债券型 FOF 基金			50	3.4
另类投资基金	1 107	0.34		
股票多空型基金			83	7.5
商品型基金			993	89.7
类 REITs			30	2.7
REITs	1 576	0.5		
REITs			1 576	100.0
总计	323 889	100.0	—	—

本书在接下来进行的主动管理股票型公募基金的研究和讨论中，将 Wind 数据库中公募基金二级分类的普通股票型基金和偏股混合型基金定义为"股票型基金"。表 1-7 展示了 Wind 数据库进行基金分类时，对股票型基金和混合型基金投资股票资产时定义的上下限比例，其中股票型基金持有股票的比例不得低于 80%；而混合型基金中每一类基金的投资比例要求各不相同，灵活配置型、偏债混合型和平衡混合型基金持有股票的下限均小于 50%，只有偏股混合型基金对持有股票的下限要求大于 50%，股票资产占比较大。因此，本书接下来讨论主动管理的股票型基金时，采用二级分类为普通股票型和偏股混合型的基金，以提高结论的针对性。表 1-7 中对各类基金持股比例的规定仅为一般情况，供读者参考，实际中各类资产比例可能视具体情况调整，并不一定严格遵守这一规定。

表 1-7　　　　　　股票型基金与混合型基金投资股票资产的比例限制　　　　　单位：%

基金分类	持有股票的限制 下限	持有股票的限制 上限	备注
股票型基金	80	100	—
普通股票型基金	80	100	—
混合型基金	—	—	—
灵活配置型基金	0~50	50~100	上下限之差≥50
偏股混合型基金	≥50	≥75	—
偏债混合型基金	<25	≤50	—
平衡混合型基金	25~50	50~75	—

（四）基金费率

公募基金管理过程中产生的主要费用为基金管理费和基金托管费，这两项费用依照基金净值按比例提取。另外还须承担基金销售服务费。销售服务费是从基金资产中扣除的第三方销售机构的佣金、基金的营销广告费等方面的费用，一般只有不存在申赎费用的货币市场型基金收取，故在此不作深入讨论。一般来说，基金管理费与基金的类型和规模密切相关：公募基金主动管理的难度越高、承担的风险越高，其管理费率越高。表 1-8 展示了截至 2024 年底股票型、债券型、混合型和货币市场型基金管理费率的整体情况，其中混合型基金的管理费率最高，平均费率为 1.04%；而费率最低的是货币市场型基金，平均费率仅为 0.25%；股票型基金和债券型基金的管理费率较 2023 年底都略有降低，平均费率分别为 0.71% 和 0.36%，较 2023 年底分别下降 7 个和 2 个百分点。

表 1-8　　　　　　公募基金的管理费率：截至 2024 年底　　　　　　单位：%

项目	股票型基金	债券型基金	混合型基金	货币市场型基金
平均值	0.71	0.36	1.04	0.25
最大值	1.50	2.75	3.00	0.90
75%分位数	1.00	0.40	1.20	0.30
50%分位数	0.50	0.30	1.20	0.25
25%分位数	0.50	0.30	0.80	0.15
最小值	0.15	0.10	0.30	0.14

表1-9具体分析了股票型基金的二级分类基金的管理费率。从中可以看出，普通股票型基金的管理费率的平均值最高，为1.22%，该类基金的管理费率分布在0.70%~1.50%之间；被动指数型基金收取的费率分布在0.15%~1.20%之间，其平均管理费率是三者中最低的，为0.51%；增强指数型基金收取的费率居中，收取的比率在0.30%~1.25%之间，平均收取0.89%，较2023年下降4个百分点。

表1-9　　　　　股票型公募基金的管理费率：截至2024年底　　　　单位：%

项目	被动指数型基金	增强指数型基金	普通股票型基金
平均值	0.51	0.89	1.22
最大值	1.20	1.25	1.50
75%分位数	0.50	1.00	1.20
50%分位数	0.50	1.00	1.20
25%分位数	0.50	0.80	1.20
最小值	0.15	0.30	0.70

基金的托管费率和基金的管理费率一样，与基金的类型和规模有一定关系。表1-10主要统计了截至2024年底股票型、债券型、混合型和货币市场型四种不同类型公募基金的托管费率，其中混合型基金托管费率最高，平均费率达到0.18%，分布在0.03%~0.35%之间；货币市场型基金的费率最低，平均费率仅为0.06%，分布在0.04%~0.10%之间；股票型基金和债券型基金介于前述二者之间，托管费率的均值分别为0.13%和0.10%。混合型基金和货币型基金的平均托管费与2023年底持平，股票型基金和债券型基金的平均托管费较2023年底均下降了1个百分点。

表1-10　　　　　公募基金的托管费率：截至2024年底　　　　单位：%

项目	股票型基金	债券型基金	混合型基金	货币市场型基金
平均值	0.13	0.10	0.18	0.06
最大值	0.28	0.25	0.35	0.10
75%分位数	0.20	0.10	0.20	0.08
50%分位数	0.10	0.10	0.20	0.05
25%分位数	0.10	0.05	0.20	0.05
最小值	0.05	0.03	0.03	0.04

公募基金费率下调，积极让利于投资者，是坚守普惠初心，有利于公募基金行

业在提升财富管理效应等方面发挥更大功能效用，让现代化建设成果更多惠及投资者。

五、小结

自 1991 年我国资本市场启动以来，公募基金行业历经多个重要发展阶段与关键性变革。1997 年，我国首次颁布规范证券投资基金运作的行政法规，这一举措标志着公募基金行业正式纳入国家层面的规范化管理与监管体系。2004 年，《基金法》的实施进一步夯实了行业发展的法律基础，并明确了其未来发展方向。2013 年，修订后的《基金法》及相关配套措施相继出台，为公募基金行业的市场化发展注入了全新动力，推动行业迈向更加开放、灵活和多元化的发展格局。在这一系列政策法规的护航下，公募基金行业无论在基金数量还是在资产管理规模方面均实现了跨越式增长，逐步成为我国资产管理行业的重要组成部分，为资本市场的繁荣与稳定发展提供了强有力的支撑。

2024 年，我国公募基金行业资产管理规模持续增长，尤其是在新能源、科技创新等新兴产业领域的投资表现亮眼。公募基金产品和管理模式不断创新，在产品结构上也进行了调整，投资者对基金业绩的期望值也在不断提高。随着行业成熟度的不断提升，未来的公募基金将更加注重风险控制与长期价值创造。

本章首先对公募基金的基本概念进行了介绍，涵盖了其定义、特点、分类及发展历程等多个维度，对整个行业的概况作了全面阐述。同时，结合 2024 年最新动态，分析了我国公募基金行业当下的发展趋势，主要从基金数量、资产管理规模、基金分类和交易费用等方面展开。整体来看，我国公募基金行业的发展水平和规模尚未达到发达经济体的高度，但随着资本市场的不断成熟，公募基金已成为我国资产管理行业中不可忽视的专业化投资管理领域，无论是在基金数量还是在管理规模上都显示出显著的增长。

本书接下来的几章将深入探讨我国公募基金行业的一些重要问题，如公募基金能否战胜大盘指数、基金经理是否具有选股能力和择时能力，以及公募基金的业绩是否具有持续性等。我们认为，将这些如行业基石般的问题探讨清楚，有利于投资者对我国公募基金的全貌进行系统化的了解。

第二章

股票型基金能否跑赢大盘指数

投资者在选择投资于主动管理的股票型公募基金之前，思考的一个重要问题是主动管理的股票型基金和被动管理的大盘指数基金孰强孰弱。首先，评估主动管理的股票型基金与大盘指数的表现差异，有助于投资者对基金经理的能力和投资策略的有效性形成直观的判断。如果一只基金的业绩能够连续多年跑赢大盘指数，那么这只基金的基金经理就具备出色的选股能力或市场洞察能力。此类基金凭借出色且稳定的超额回报，往往会受到投资者的追捧。其次，在投资基金的过程中，在主动管理的股票型基金和被动管理的指数型基金之间进行选择也是投资者应该考虑的问题。被动管理的指数型基金通过跟踪特定的市场指数来实现投资，其目标是根据目标指数的构成进行复制投资，最终达到与指数一致的收益。相比之下，主动管理的股票型基金由经验丰富的基金经理主动且频繁地调整基金的持仓配置，他们依靠自己的研究和判断力来获取超额收益，同时也会收取更高的管理费用。因此，研究股票型基金是否能跑赢大盘指数，不仅有助于评估基金经理的投资策略和择时能力，同时也为投资者在选择主动管理与被动管理的基金之间提供了重要的决策依据。

在美国市场中，大多数主动管理的股票型公募基金业绩很难跑赢大盘指数。根据 Jensen（1968）对美国资本市场 1945~1964 年的 115 只基金的研究，美国公募基金的平均收益无法超越市场的收益。此外，Bodie 等在《投资学》一书中的研究结果也显示，1971~2009 年美国市场上的威尔希尔 5000 指数（Wilshire 5000 index）的年化收益率比同期主动管理的股票型基金高出 1 个百分点，并且在 23 个年份中，指数的表现都优于股票型基金的平均收益。此外，"股神"Warren E. Buffett 亦多次向投资者推荐购买指数基金。美国资本市场较为成熟，其股票市场的有效程度相对较高，股票价格基本上反映了所有可获取的信息，很难找到长期被低估或高估的股票。因此，美国基金经理通常只能获得市场平均回报，要战胜大盘指数十分困难。相比之下，在中国市场，主动管理的基金仍有机会跑赢大盘指数。作为一个新兴市场，我国的股票市场有效性并不高，股价对市场资讯的响应速度和深度有时会显得不足或过激。因此，我国的基金经理有可能通过调研、解读和分析公开信息来获得超额回报。在这一章，我们将通过对比主动管理的股票型基金与大盘指数的业绩来初步评估主动管理的股票型基金是否具备超越大盘指数的能力。

我们选择使用万得全A综合指数（以下简称"万得全A指数"）作为比较基准的大盘指数。该指数包含了在深交所、上交所、北交所三个交易所上市的所有A股股票，体现的是个股股票自由流通的股本，因此能够较好地反映A股市场整体的收益和风险情况。

本章内容主要涵盖三个部分。首先，我们从年度收益率和累计收益率两个角度对比主动管理的股票型基金和万得全A指数之间的差异。其次，我们引入风险因素，并采用多种风险调整后的收益指标，对主动管理的股票型基金与万得全A指数进行了比较。最后，我们对主动管理的股票型基金的收益率、夏普比率（Sharpe ratio）和索丁诺比率（Sortino ratio）三个指标进行相关性分析，以选择适当的指标来评估基金的业绩。研究结果显示，在绝对收益指标方面，我国主动管理的股票型基金在2003~2024年的多数年份中，平均收益率都高于万得全A指数的收益率。此外，在这段时间内，主动管理的股票型基金的累计收益率也远高于万得全A指数的累计收益率。而在考虑了风险调整后的收益指标方面，近五年的数据显示，主动管理的股票型公募基金的夏普比率和索丁诺比率均优于万得全A指数的相应比率，但近三年万得全A指数的相应比率则相对更优。综合上述研究结果，我们可以得出结论：长期来说，我国主动管理的股票型基金的业绩普遍优于大盘指数。

一、绝对收益分析

在分析和评估主动管理的股票型公募基金时，我们将Wind数据库中公募基金二级分类中的普通股票型和偏股混合型基金定义为"股票型基金"。基金中存在许多名称相同但带有不同的后缀字母（如A、B、C等）的基金，我们分析发现，其净值变动趋势基本一致，主要差异体现在费率结构上。

基金的字母后缀主要分为两类。第一类是货币型公募基金的A类和B类。这两类基金的区别主要体现在两个方面。（1）申购起始门槛不同。A类的起购门槛较低，部分产品的申购门槛低至1元，大部分投资者购买的就是此类货币基金；B类的起购门槛通常在百万元级别，主要面向机构投资者或高净值客户，但也有些基金公司为了吸引投资者购买而降低B类的购入门槛，如"南方天天利货币B"的最低申购金额仅为10元。（2）销售服务费不同。B类基金由于申购门槛较高，其销售服务费相对较低，一般为年化0.01%，所以B类货币型基金年化收益率会略微高于服务费较高的 A 类货币基金。第二类是其他开放式基金的 A 类、B 类和 C 类。尽管后缀不同，但它们实际上是同一只基金，运作模式完全相同，基金规模在计算时也会进行合并。其主要区别在于收费方式：A 类基金采用前端收费模式，在申购基金份额时收取"申购费"；B 类基金采用后端收费模式，购买时不收取"申购费"，费用可延至赎回时收取，且持有时间越长，费用越低；C 类基金通常不收取申购费，但会根据持有时间收取"销售服务费"。至于其他后缀的基金（如 D、E、F 等）通常代表新增份额，针对特定渠道销售，这里不再详细说明。因此，对于这些带有后缀的基金，我们仅选择相似产品中的一只基金进行分析研究。

（一）股票型基金与大盘指数年度收益率比较

在本节中，我们计算股票型基金每一年的收益指标时，首先计算该年有 12 个月完整净值的基金当年的累计收益率，随后对这些基金的收益率执行等权平均处理，得出该年度股票型基金的平均收益率。在评估股票型基金的年度波动率及其他风险指标时，我们先计算每只基金在当年 12 个月的收益率月度标准差，再将其转换为年化波动率，之后对所有基金的年化波动率取等权平均值，得到股票型公募基金在该年度的整体年化波动率。我们将 2003～2024 年每个年度的股票型基金收益率与大盘指数收益率进行对比，比较结果如图 2-1 所示。[①]

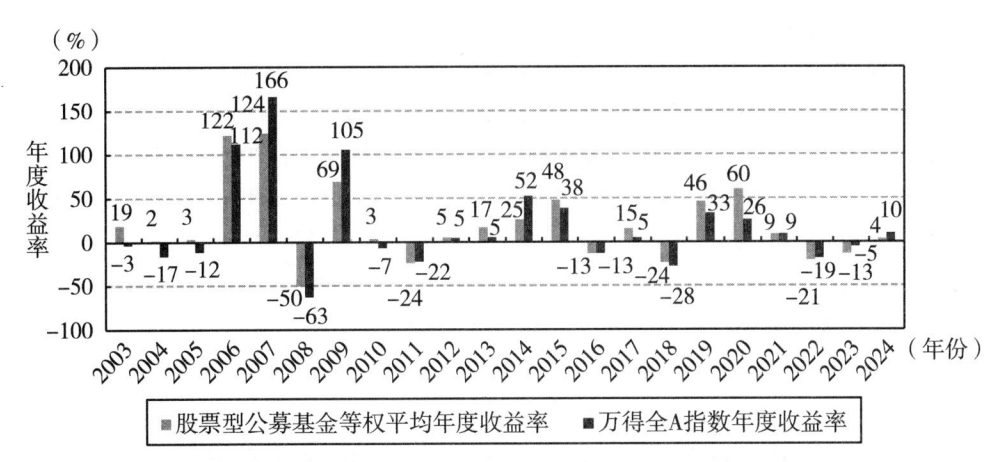

图 2-1 股票型公募基金与万得全 A 指数年度收益率的比较：2003～2024 年

[①] 我们也使用基金的加权平均业绩进行分析。在计算加权平均年度收益率时，我们采用每只基金的年初资产管理规模作为权重进行加权平均，以年度收益率作为评判业绩的标准。分析的结论与使用等权平均业绩得出的结论相差不大。考虑到后续章节要对比公募基金和私募基金的整体业绩，而许多私募基金不披露基金规模，我们汇报的结果以基金的等权平均业绩为主。

在过去的 22 年中,股票型基金在 13 个年份的表现超过了大盘指数,其中 9 个年份超额收益率大于 10%。而在股票型基金未能超越大盘指数的 9 个年份中,有 4 个年份(2011 年、2016 年、2022 年和 2023 年)是大盘指数处于下行趋势的年份,股票型基金分别跑输 2.00%、0.35%、2.23% 和 8.01%;另外 5 个年份是大盘指数上涨的时期,其中 2021 年股票型基金仅落后市场指数 0.07%,其余 4 个年份市场指数大幅攀升,2007 年、2009 年、2014 年和 2024 年分别上涨了 166%、105%、52% 和 10%,而股票型基金分别落后了 42.16%、36.52%、26.94% 和 6.44%,但仍然实现了盈利。我们还发现,股票型基金在市场下跌时的抗跌性优于大盘指数,在 10 个万得全 A 指数下跌的年份(2003~2005 年、2008 年、2010 年、2011 年、2016 年、2018 年、2022 年、2023 年)中,股票型基金有 6 个年份的收益率高于指数,有 4 个年份实现了正收益。由此可见,除非是在极端的牛市环境下,大盘指数因获得惊人的收益率而难以被超越,否则股票型基金的收益率通常会高于市场指数。

经过对年度收益率的初步分析,我们观察到股票型基金的平均回报超过了市场指数。然而,大盘指数虽然在市场快速拉升时能取得比股票型基金更多的收益,但在市场下行时也会遭遇更大幅度的回撤,这有可能使得市场指数的波动性比股票型基金更为剧烈。波动性是投资决策中不可忽视的风险指标,因此需要并行考量。为了进一步分析股票型基金和大盘指数的收益率波动情况,我们使用基金和指数的月度收益率来计算它们的年化波动率。年化波动率的大小反映了每个年度中收益率的平均波动幅度,也对应着相应的风险水平。如果年化波动率较高,则表明收益率每年的波动幅度较大,相应地,风险也更高。

图 2-2 展示了 2003~2024 年股票型基金与大盘指数年化波动率的比较结果。整体而言,股票型基金的波动略低于大盘指数。在这 22 个年份中,有 12 个年份大盘指数波动率高于股票型基金,具体年份为 2003~2005 年、2007~2010 年、2012 年、2013 年、2016 年、2019 年和 2024 年。特别是在 2007 年和 2008 年,大盘指数的波动率超出股票型基金 10 个百分点以上。与此同时,在股票型基金波动率较高的年份里,除了 2020 年和 2021 年,其余年份股票型基金的波动率也只是轻微超过指数波动率,在 2006 年、2011 年、2014 年、2015 年、2017 年和 2018 年,股票型基金的波动率仅比指数高出约 0~2 个百分点。整体而言,2003~2024 年股票型基金的整体风险要小于大盘指数。但值得注意的是,近五年(2020~2024 年)中,仅 2024 年股票型基金的波动率小于大盘指数的波动率,2020~2023 年股票型基金波动率相对更高。可能的原因在于,一方面,由于多数主动管理的基金以某个主题或风格进行选股,而非在全市场选股,所以其波动较全市场波动更大;另一方面,主动管理的基金会暴露更大的风险去追求超额收益,而近几年市场大幅波动、宏观环境复杂及投资风格快速轮换,对主动管理的股票型基金的波动率有更大的负面影响。

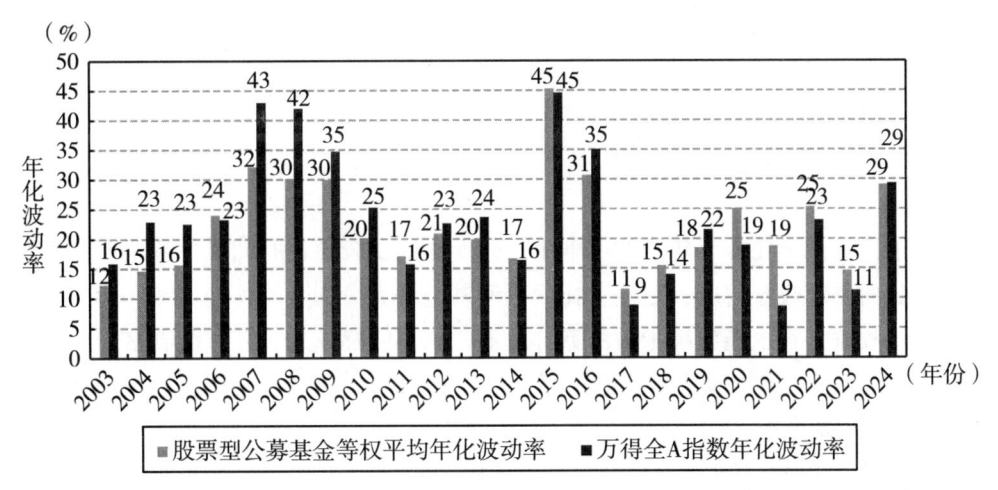

图 2-2 股票型公募基金与万得全 A 指数收益率的年化波动率比较：2003~2024 年

（二）跑赢大盘指数的股票型基金数量占比

从单只股票型基金的角度观察，各个年份中收益率可以战胜大盘指数的股票型基金的占比如图 2-3 所示。图 2-3 统计了 2003~2024 年股票型基金收益率超过万得全 A 指数收益率的基金数量占比。整体来看，在 2003~2024 年的大多数年份里，我国大部分主动管理的股票型基金都能够获得优于大盘指数的回报。在这 22 年里，我国大多数主动管理的股票型基金收益率都优于大盘指数。其中，有 10 个年份超过 70% 的股票型基金收益率超过了大盘指数，另外有 2 个年份这一比例超过 60%。在市场下跌的 10 个年份里，有 6 个年份中超过 70% 的股票型基金收益率超过了市场。然而，在大牛市所带来的大盘指数大幅上涨的行情下，股票型基金的表现往往难以超越大盘指数。例如，在 2007 年、2009 年和 2014 年，万得全 A 指数分别上

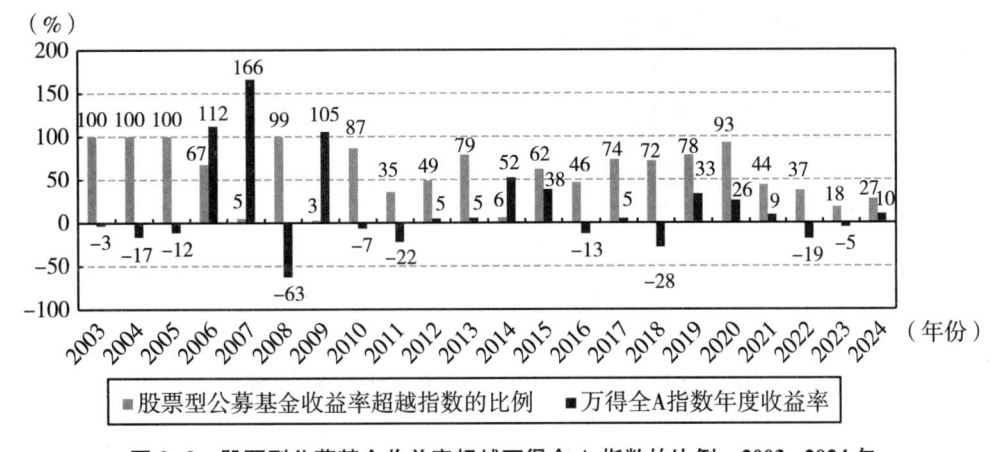

图 2-3 股票型公募基金收益率超越万得全 A 指数的比例：2003~2024 年

涨了 166%、105% 和 52%，而股票型基金战胜大盘的比例仅为 4.8%、2.6% 和 5.9%。在这些大盘指数显著上涨的年份，只有少数基金能够超越市场。

（三）股票型基金与大盘指数累计收益率比较

除了比较基金在各个年度的收益率之外，通过比较更长时间段内股票型基金和大盘指数的累计收益情况，更能对比股票型基金和大盘指数的长期业绩。股票型基金的累计收益是否也能超越指数的累计收益？如果能够超越，其差距有多大？我们对过去三年和过去五年股票型基金和万得全 A 指数的年化收益率作出比较。在选取样本时，要求基金在 2022~2024 年或 2020~2024 年间具有完整的三年或五年基金复权净值数据，其中近三年基金的样本量为 2 106 只，近五年基金的样本量为 1 023 只。

图 2-4 给出过去三年（2022~2024 年）和过去五年（2020~2024 年）股票型基金与大盘指数的年化收益率。从中可以看出，近三年股票型基金的年化收益率为 −11.0%，低于万得全 A 指数的年化收益率（−5.3%）；近五年股票型基金的年化收益率为 4.3%，高于指数的年化收益率（3.1%）。整体而言，股票型基金五年期总收益率优于大盘指数的表现，但与往年分析结果相异的是，股票型基金三年期总收益率跑输大盘指数，且年化收益率差距达到 5.62%。[①] 2024 年，主动权益基金的表现不尽如人意，影响了股票型公募基金的中长期表现，导致其三年期年化收益率未能超越大盘指数。2024 年 9 月底，由于政策的改变，A 股市场出现了明显的上涨

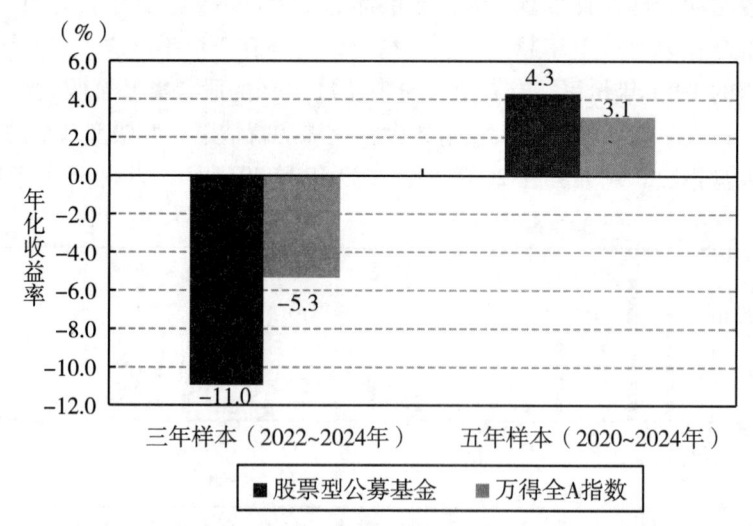

图 2-4　近三年（2022~2024 年）和近五年（2020~2024 年）股票型公募基金与万得全 A 指数的年化收益率比较

[①] 附录一中总结汇报了近五年每一只股票型基金的年化收益率。

行情，这一阶段的市场主要是由预期和投资者情绪主导的贝塔行情，而非由基本面驱动的阿尔法行情。因此，在这样的市场环境下，基于基本面的行业板块或个股投资机会难以捕捉，那些试图寻找阿尔法的主动权益基金在短期内难以超越纯粹追踪贝塔的被动指数基金。

图2-5呈现了2003~2024年期间，股票型基金与万得全A指数累计收益率的对比情况。为了便于观察两者走势差异，我们设定2002年12月31日的股票型基金和万得全A指数的起始净值为100元。到2024年底，万得全A指数的净值增长至522.70元，表明在过去22年里，其累计收益率为422.7%（年均收益率为7.80%）。相比之下，股票型基金在2024年底的净值攀升至1 284.70元，其22年累计收益率高达1 184.7%（年均收益率为12.31%）。因此，在忽略风险的前提下，若从2002年12月31日起同时进行投资，2003~2024年选择主动管理的股票型基金将能获得比指数型基金更丰厚的回报。

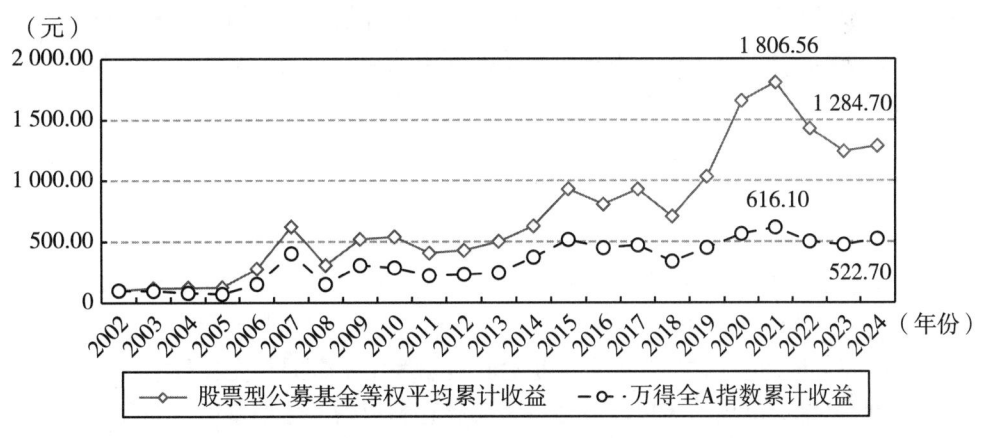

图2-5 股票型公募基金与万得全A指数的累计收益率比较：2003~2024年

二、风险调整后收益分析

现代投资组合的理论研究表明，风险在影响投资组合表现方面扮演着关键角色。投资者所承担的风险与预期收益之间存在正相关关系。在构建投资组合时，理性的投资者会努力在风险水平相同时最大化收益，或者在追求相同收益时最小化风险。若投资者仅关注基金的绝对收益而忽略风险，可能会面临重大损失。例如，在市场行情上涨时，某些基金的净值可能迅速攀升，但在市场下行时，这些基金也可能遭受更严重的跌幅。投资者若在基金净值较高时盲目地凭历史绝对收益进行投资，可能会导致实际收益低于预期，甚至亏损。收益与风险是投资领域中不可分割的两面，必须综合考虑。因此，在评估基金业绩时，我们应该考虑为了获取收益所承担的风险大小。通过风险调整后的收益率，可以同时综合考虑收益和风险。鉴于不同基金面临的风险程度不同，在考虑了风险调整后的收益指标后，我们可以比较在相同风险水平下各基金之间的收益差异。我们选取夏普比率和索丁诺比率两个指标来对比基金和指数的风险调整后收益，以近三年（2022~2024年）和近五年（2020~2024年）作为样本期间，在选取基金样本时，同样要求基金具有完整三年和五年的基金复权净值，其中近三年基金的样本量为2 106只，近五年基金的样本量为1 023只。

（一）夏普比率

夏普比率是一个评估基金表现时被普遍采用的标准化指标。它通过计算特定时段内基金的平均超额收益与其标准差的比值，用以评估基金在风险调整后的收益表现。夏普比率反映了每承担一单位风险所能获得的额外收益。夏普比率值越高，意味着在同等风险条件下，基金能带来更多的超额收益。其计算公式如下：

$$Sharpe_M = \frac{MAEX}{\sigma_{ex}} \tag{2.1}$$

$$Sharpe_A = Sharpe_M \times \sqrt{12} \tag{2.2}$$

其中，$Sharpe_M$ 代表月度夏普比率，$Sharpe_A$ 代表年化夏普比率，$MAEX$ 表示月度超额收益率的平均值（monthly average excess return），σ_{ex} 表示月度超额收益率的标准差（standard deviation）。基金的月度超额收益率等于基金的月度收益率减去市场月度无风险收益率。市场的无风险收益率采用整存整取的一年期基准定期存款利率。

图2-6展示了在过去三年（2022~2024年）和过去五年（2020~2024年），万得全A指数与股票型基金的夏普比率比较结果。[①] 在三年和五年的时间跨度中，股票型基金的年化夏普比率分别为-0.45和0.23；相比之下，大盘指数的年化夏普比率分别为-0.21和0.17。通过对比夏普比率，我们可以发现：在三年期时间段内，股票型基金的风险调整后的收益不及万得全A指数，而在五年期时间段内，股票型基金的风险调整后的收益超过了万得全A指数，这意味着近三年，在承担相同风险的情况下，股票型基金未能获得比大盘指数更高的收益，但在更长期来看，在承担相同风险的情况下，股票型基金能够获得比大盘指数更高的收益。这种差异仍然是由于近三年主动权益型基金的业绩不佳所导致的。2020~2024年，部分基金通过集中押注某一个细分赛道，如白酒、医药、新能源等，在赛道风口中实现了规模的跃迁，造就了资产管理规模上千亿元的基金。然而，随着近两年市场风格

---

① 股票型基金夏普比率为所有股票型公募基金夏普比率的平均值。

因经济环境、政策、行业竞争、流动性等影响因素在大/小盘和成长/价值风格间来回切换，市场热门板块快速轮动，押注单一板块的基金经历了快速的上涨后又经历了猛烈的下跌，且因为前两年业绩排名靠前吸引了更大资金量的百亿元、千亿元基金在布局原有赛道后更难掉头，在近两年遭受了大幅度的回撤。

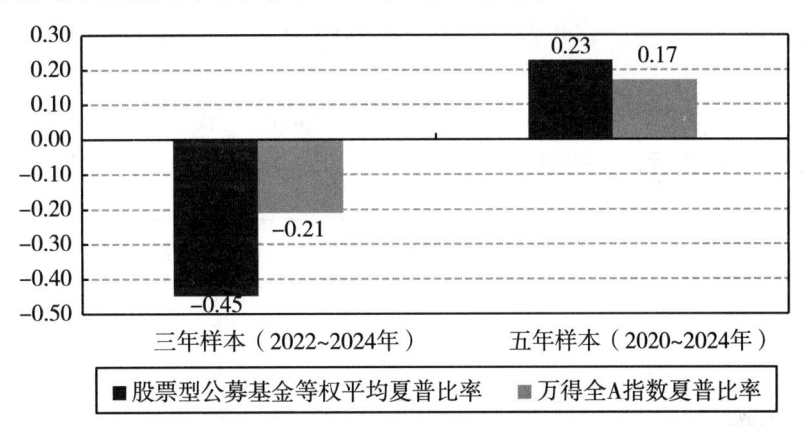

图 2-6　近三年（2022~2024 年）和近五年（2020~2024 年）股票型公募基金与万得全 A 指数的年化夏普比率

我们进一步从单个股票型基金的角度对股票型基金和大盘指数的夏普比率进行了更加深入和详细的对比。图 2-7 为股票型基金近五年（2020~2024 年）年化夏普比率的分布直方图。从中可以看出，股票型基金的夏普比率主要集中在 0.1 以下、[0.1，0.23) 和 [0.23，0.36) 这 3 个区间内，分别占总样本数的 27%、23% 和 23%，合计达到 73%。在 1 023 只基金中，近五年年化夏普比率的最大值为 0.98，最小值为-0.74，而中位数为 0.23。相比之下，万得全 A 指数在近五年的年化夏普比率为 0.17，有 60% 的股票型基金的夏普比率超过了万得全 A 指数。

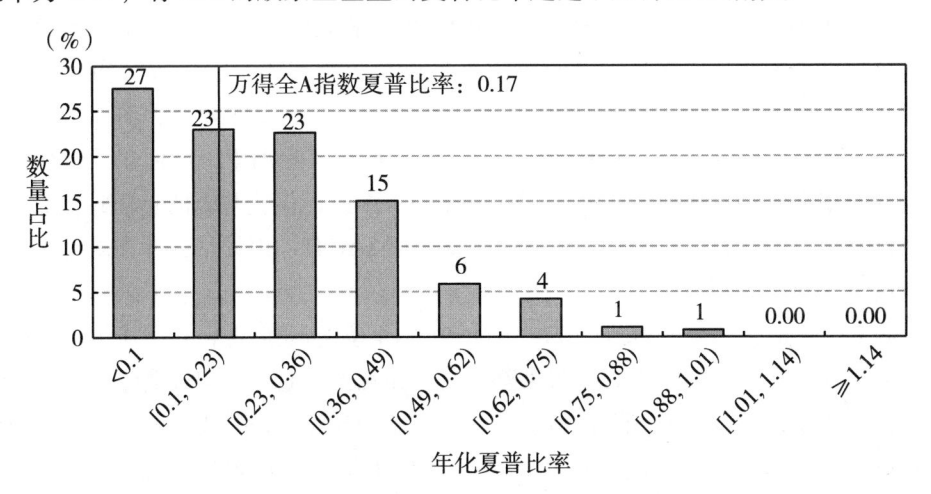

图 2-7　股票型公募基金近五年年化夏普比率分布直方图：2020~2024 年

图 2-8 展示了 2020~2024 年股票型基金夏普比率从高到低的排序情况。我们以万得全 A 指数的夏普比率（0.17）作为比较基准，并在图 2-8 中用一条横线标出。根据夏普比率的定义，万得全 A 指数在承担单位百分比的风险时所对应的年化超额收益为 0.17%。在总共 1 023 只股票型基金中，有 616 只基金的夏普比率高于万得全 A 指数，占比为 60.22%。这意味着在近五年的时间段里，有六成股票型基金的风险调整后收益超过了万得全 A 指数。然而，还有 15.74% 的股票型基金（161 只）的夏普比率小于 0，这意味着这些基金的超额收益为负值，其年化收益率低于无风险的银行存款利率。

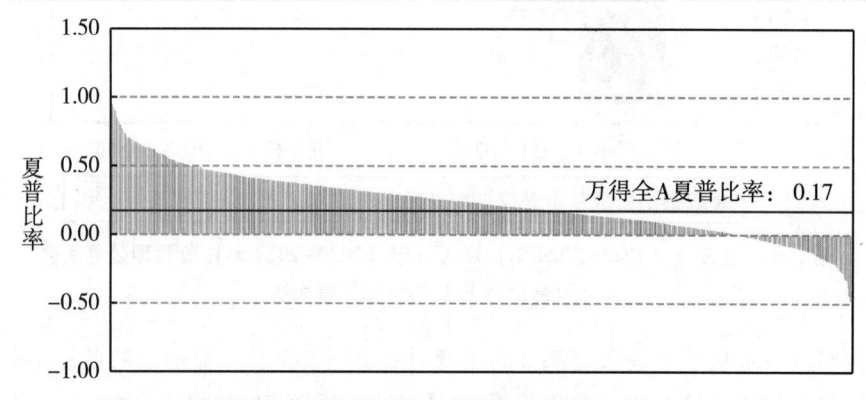

图 2-8　股票型公募基金近五年年化夏普比率排列：2020~2024 年

图 2-9（a）展示了 1 023 只股票型基金近五年（2020~2024 年）年化夏普比率的散点分布情况，横轴表示基金超额收益的年化标准差（风险），纵轴表示基金的年化超额收益率（超额收益），从原点到每一只基金所对应的由年化超额收益率和年化标准差（风险）所确定的点的斜率为夏普比率。近五年所有股票型基金的年化夏普比率均分布在斜率为 -0.74 和 0.98（即股票型基金中的最小和最大夏普比率）这两条射线所夹的扇形区间内，大多数基金的年化夏普比率分布在这个扇形区间的中间偏右部分，基金的超额收益多集中在 -5%~20% 之间，而风险水平主要分布在 15%~30% 之间。考虑到基金的超额收益与风险因素，即便年化超额收益率最高的基金，其夏普比率也不一定是最高的。因此，仅凭基金的超额收益或风险来评价基金的优劣是不全面的，只有将这两个因素综合加以评估，才能对基金的业绩有更深入和全面的理解。

图 2-9（b）呈现了 2020~2024 年排名前 10 位的股票型基金及其年化夏普比率。分析这十强基金的超额收益与风险，我们注意到，它们获得较高夏普比率的途径各异。例如，"景顺长城能源基建 A" 与 "景顺长城沪港深精选 A" 基金在风险控制方面表现出色，其超额收益率分别达到 10.60% 和 11.99%，风险水平则分别为 11.26% 和 13.33%，夏普比率分别达到 0.94 和 0.90。"交银趋势优先 A" 基金

以 20.26%的超额收益率在前 10 名中脱颖而出，其风险水平为 21.76%，夏普比率为 0.93。该基金在保持较低风险和良好流动性的基础上，致力于实现资产的长期稳定增长，主要策略是把握中国人口变化的关键趋势，精选受益行业和个股。其他基金，如"工银精选平衡""大成竞争优势 A""长盛量化红利策略 A"等，同样在较低的风险下实现了较高的收益。优秀的基金应在较低波动率下实现更高的超额收益，综合考量风险与收益是评估基金表现的更佳方式。

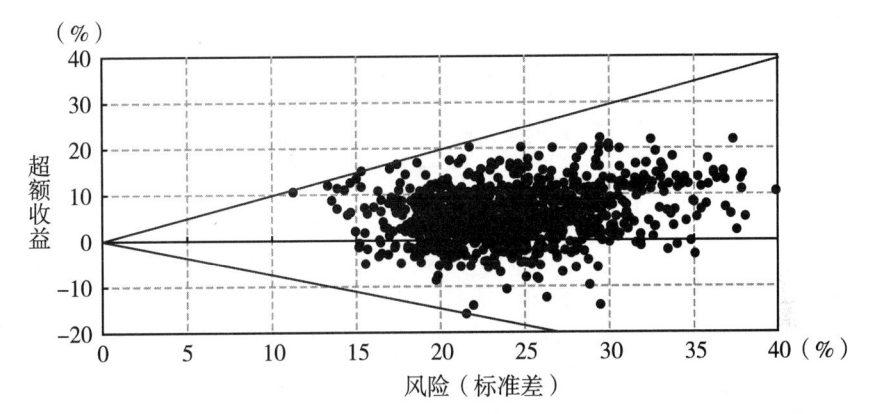

图 2-9（a） 股票型公募基金近五年年化夏普比率散点图：2020~2024 年

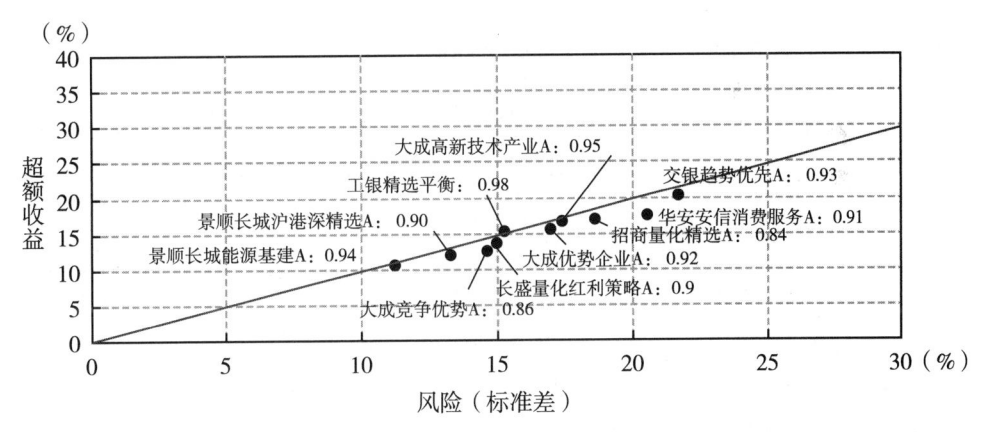

图 2-9（b） 股票型公募基金近五年年化夏普比率散点图（前 10 名）：2020~2024 年

图 2-9（c）展示了 2020~2024 年排名后 10 位的股票型基金及其年化夏普比率。这些基金的超额收益率均为负值，夏普比率较低，表明基金经理的收益未能超过银行的无风险利率。从长期和中期的角度来看，这些基金显示出亏损的趋势，因此，投资者应对那些夏普比率小于 0 的基金持谨慎态度。

为了更清晰地分析近五年（2020~2024 年）夏普比率排名前 5%和后 5%的基金，我们在表 2-1 和表 2-2 中列出了相关数据。表 2-1 展示了 2020~2024 年年化夏普比率排名前5%的基金的情况。这些优秀基金的平均年化超额收益率标准差为21.88%。以万得全A指数作为比较基准，该指数近五年的夏普比率为0.17。假设指数的风险水平等同于这些优秀基金的平均年化超额收益率标准差，即21.88%，那么此情况下指数的年化超额收益率为3.72%（21.88%×0.17）。对比前5%的基金与指数的业绩，我们可以发现，前5%的股票型基金的平均夏普比率（0.74）和平均年化超额收益率（15.95%）远高于指数的夏普比率（0.17）和承担同等风险条件下的年化超额收益率（3.72%）。

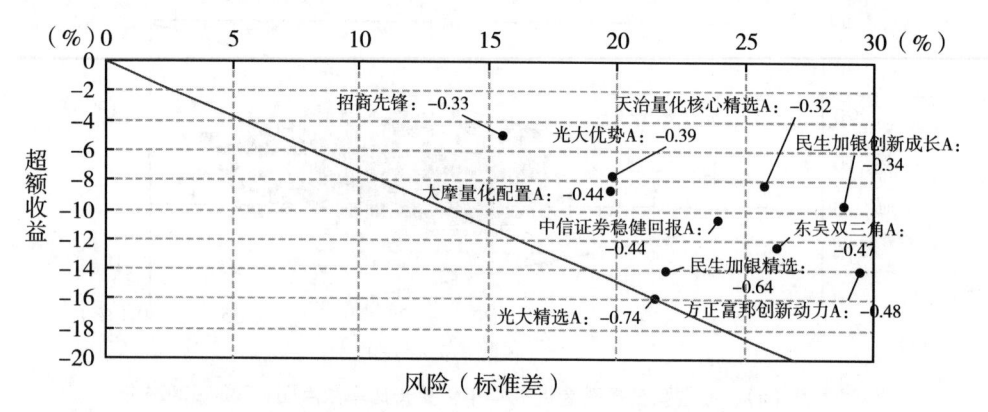

图2-9（c） 股票型公募基金近五年年化夏普比率散点图（后10名）：2020~2024年

表2-1 近五年年化夏普比率排名在前5%的股票型公募基金：2020~2024年

编号	基金名称	年化超额收益率（%）	年化超额收益率标准差（%）	年化夏普比率
1	工银精选平衡	15.08	15.32	0.98
2	大成高新技术产业A	16.60	17.44	0.95
3	景顺长城能源基建A	10.60	11.26	0.94
4	交银趋势优先A	20.26	21.76	0.93
5	大成优势企业A	15.58	17.01	0.92
6	华安安信消费服务A	16.89	18.64	0.91
7	景顺长城沪港深精选A	11.99	13.33	0.90
8	长盛量化红利策略A	13.48	15.02	0.90
9	大成竞争优势A	12.55	14.66	0.86
10	招商量化精选A	17.37	20.58	0.84
11	工银战略转型主题A	17.70	21.30	0.83
12	大成睿享A	11.39	13.89	0.82

续表

编号	基金名称	年化超额收益率（%）	年化超额收益率标准差（%）	年化夏普比率
13	大成新锐产业 A	20.23	24.81	0.82
14	融通内需驱动 AB	14.38	17.95	0.80
15	工银物流产业 A	16.79	21.11	0.80
16	大成策略回报 A	11.04	14.33	0.77
17	工银创新动力	11.68	15.30	0.76
18	金鹰科技创新 A	22.20	29.47	0.75
19	农银汇理海棠三年定开	20.07	26.66	0.75
20	圆信永丰优悦生活	14.19	19.16	0.74
21	华商上游产业 A	17.25	23.56	0.73
22	华夏经典配置	16.85	23.06	0.73
23	诺安低碳经济 A	12.54	17.64	0.71
24	中信建投价值甄选 A	16.42	23.25	0.71
25	建信中小盘 A	18.24	25.87	0.70
26	易方达科融	20.04	28.47	0.70
27	中庚小盘价值	17.64	25.21	0.70
28	万家臻选 A	20.85	29.96	0.70
29	华夏行业景气	20.45	29.44	0.69
30	大成产业升级 A	15.43	22.43	0.69
31	大成科创主题 A	16.62	24.18	0.69
32	招商稳健优选 A	19.43	28.35	0.69
33	中信建投行业轮换 A	15.67	23.01	0.68
34	工银新金融 A	14.66	21.74	0.67
35	万家汽车新趋势 A	21.88	32.45	0.67
36	中金新锐 A	16.58	24.65	0.67
37	前海开源公用事业	19.97	30.00	0.67
38	招商行业精选	15.27	22.98	0.66
39	前海开源股息率 100 强 A	10.78	16.31	0.66
40	富国文体健康 A	14.24	21.65	0.66
41	嘉实资源精选 A	15.89	24.17	0.66

续表

编号	基金名称	年化超额收益率（%）	年化超额收益率标准差（%）	年化夏普比率
42	华商盛世成长	13.40	20.45	0.66
43	万家社会责任定开 A	19.91	30.59	0.65
44	景顺长城成长之星 A	12.99	20.15	0.64
45	长盛成长价值 A	8.74	13.57	0.64
46	金鹰中小盘精选 A	15.67	24.37	0.64
47	华宝资源优选 A	16.15	25.15	0.64
48	中银智能制造 A	18.86	29.39	0.64
49	建信潜力新蓝筹 A	15.45	24.34	0.63
50	广发睿毅领先 A	12.74	20.10	0.63
51	圆信永丰致优 A	12.79	20.19	0.63
	指标平均值	15.95	21.88	0.74

在表 2-1 中，基金获得较高夏普比率的原因各有不同。例如，"景顺长城能源基建 A"和"景顺长城沪港深精选"等基金，凭借出色的风险管理能力，实现了较高的夏普比率。这些基金的风险水平维持在 9%~14%的范围内，尽管在夏普比率排名前 5%的基金中风险水平最低，但其超额收益率仅为 10%~15%，并非最高，因此其夏普比率未能位居前列。另一些基金，如"金鹰科技创新 A""万家汽车新趋势 A""万家臻选 A""华夏行业景气""交银趋势优先 A""大成新锐产业 A""农银汇理海棠三年定开""易方达科融"，凭借卓越的投资技巧，其超额收益率超过了 20%，在表 2-1 中收益排名前 8 位。然而，这些基金的风险水平分别为 29.47%、32.45%、29.96%、29.44%、21.76%、24.81%、26.66%、28.47%，较高的风险也相应地降低了它们的夏普比率。

在分析了年化夏普比率位于前 5%的基金之后，我们转向研究夏普比率位于后 5%的基金的表现。表 2-2 展示了 2020~2024 年按照年化夏普比率排名后 5%的基金。数据显示，这些基金的平均年化超额收益率标准差为 22.38%，超过了前 5%的基金。假设万得全 A 指数的风险水平与之相同，那么万得全 A 指数在该风险水平下的年化超额收益率应为 3.80%（22.38%×0.17）。在后 5%的股票型基金中，"融通新蓝筹"基金的超额收益率最高（-2.77%），但依旧低于万得全 A 指数在后 5%基金平均风险水平下的年化超额收益（3.80%）。此外，我们注意到，这 51 只夏普比率较低的基金年化超额收益均为负值，其表现不及指数，原因正如之前所述：它们的超额收益率过低，基金经理创造的收益未能超过银行无风险存款利率。

例如，"光大精选 A"基金，尽管其风险水平（21.55%）在表 2-2 中并非最高，但其较低的年化超额收益率（-15.98%）导致了其夏普比率偏低。

表 2-2　近五年年化夏普比率排名在后 5% 的股票型公募基金：2020~2024 年

编号	基金名称	年化超额收益（%）	年化超额收益标准差（%）	年化夏普比率
1	光大精选 A	-15.98	21.55	-0.74
2	民生加银精选	-14.17	21.98	-0.64
3	方正富邦创新动力 A	-14.10	29.48	-0.48
4	东吴双三角 A	-12.46	26.31	-0.47
5	中信证券稳健回报 A	-10.66	23.95	-0.44
6	大摩量化配置 A	-8.66	19.76	-0.44
7	光大优势 A	-7.70	19.87	-0.39
8	民生加银创新成长 A	-9.75	28.85	-0.34
9	招商先锋	-5.09	15.56	-0.33
10	天治量化核心精选 A	-8.39	25.83	-0.32
11	诺德中小盘	-8.02	25.10	-0.32
12	广发沪港深行业龙头	-8.09	25.74	-0.31
13	东方阿尔法优选 A	-6.86	23.59	-0.29
14	易方达科润	-4.96	17.68	-0.28
15	中邮核心优选	-5.48	19.94	-0.27
16	光大阳光 A	-5.61	20.48	-0.27
17	东方量化多策略 A	-5.67	21.24	-0.27
18	国泰君安君得诚	-5.87	22.87	-0.26
19	嘉实研究精选 A	-5.58	21.81	-0.26
20	博时第三产业成长	-4.81	18.87	-0.25
21	汇添富沪港深大盘价值 A	-6.86	27.24	-0.25
22	中航混改精选 A	-5.48	23.29	-0.24
23	嘉实瑞虹三年定开	-4.75	20.45	-0.23
24	招商核心优选 A	-4.49	20.33	-0.22
25	安信消费医药主题	-5.10	23.30	-0.22
26	天治转型升级	-5.89	28.04	-0.21

续表

编号	基金名称	年化超额收益（%）	年化超额收益标准差（%）	年化夏普比率
27	富国低碳环保	-3.41	16.35	-0.21
28	恒生前海港股通精选	-5.41	25.95	-0.21
29	广发聚丰A	-5.23	25.41	-0.21
30	银华核心价值优选	-4.63	22.65	-0.20
31	同泰慧择A	-5.87	29.33	-0.20
32	中信建投价值增长A	-4.49	22.78	-0.20
33	前海开源价值策略	-4.86	24.80	-0.20
34	汇丰晋信港股通精选	-4.86	25.15	-0.19
35	汇添富社会责任A	-3.90	20.54	-0.19
36	光大阳光智造A	-4.74	24.97	-0.19
37	摩根香港精选港股通A	-3.85	20.34	-0.19
38	博时国企改革主题A	-3.47	18.47	-0.19
39	嘉实长青竞争优势A	-4.07	21.97	-0.19
40	平安消费精选	-3.67	20.25	-0.18
41	人保行业轮动A	-3.72	20.75	-0.18
42	博时主题行业	-3.02	16.92	-0.18
43	银河乐活优萃A	-4.30	25.55	-0.17
44	融通新蓝筹	-2.77	16.53	-0.17
45	华夏逸享健康A	-3.39	20.39	-0.17
46	工银沪港深A	-3.99	24.27	-0.16
47	中邮核心成长	-3.03	18.82	-0.16
48	国泰成长优选	-3.34	21.00	-0.16
49	民生加银新兴成长	-3.67	23.22	-0.16
50	申万菱信盛利精选A	-3.28	21.51	-0.15
51	嘉实价值成长	-3.06	20.55	-0.15
	指标平均值	-5.89	22.38	-0.26

通过分析夏普比率位于前5%和后5%的基金与指数的表现发现，年化夏普比率位于前5%的优秀基金（共51只）与后5%表现不佳的基金（同样51只）

在年化超额收益率的标准差（即风险）平均值上仅存在 0.5% 的差异。但是，它们在年化超额收益率的平均值上却有 21.84% 的显著差距。这表明，后 5% 的基金经理在选择股票和时机把握方面的能力明显不足。在风险水平相同的情况下，前 5% 的基金经理能够获得远高于后 5% 基金经理的收益。此外，前 5% 的基金均实现了超越万得全 A 指数的超额收益，而后 5% 的基金的表现则低于万得全 A 指数。这也直观地指出了在同等风险条件下表现优秀的基金不仅能超越同行，甚至可能超越市场整体指数，而夏普比率较低的基金则表现相反。在进一步的研究中，我们将样本期缩短至最近三年（2022~2024 年），并采用相同方法比较股票型基金与万得全 A 指数的夏普比率，发现结果与近五年的分析结果大致相同，因此不再详细说明。

（二）索丁诺比率

索丁诺比率是另一个常用的风险调整后的收益指标，类似于夏普比率。与夏普比率的不同之处在于，索丁诺比率区分了收益波动的好坏，它在计算风险时不以整体偏移为标准，而是以下跌偏移为标准。索丁诺比率关注的是下行风险（以下行标准差衡量），即将大于 0 的超额收益设为 0，将小于 0 的超额收益保持原值，然后计算调整后的超额收益的标准差。使用索丁诺比率作为风险调整后收益指标的考量是，投资组合获得正回报是符合投资人需求的，因而在考虑风险时不应将正收益计入调整范围内，只需考虑下行风险。索丁诺比率越高，表明基金在承担相同单位下行风险情况下的超额收益率越高。其计算公式如下：

$$Sortino_M = \frac{MAEX}{D\sigma_{ex}} \tag{2.3}$$

$$Sortino_A = Sortino_M \times \sqrt{12} \tag{2.4}$$

其中，$Sortino_M$ 表示月度索丁诺比率，$Sortino_A$ 表示年化索丁诺比率，$MAEX$ 表示月度超额收益率的平均值，$D\sigma_{ex}$ 表示月度超额收益率的下行风险标准差。基金的月度超额收益率为基金的月度收益率减去市场月度无风险收益率，市场无风险收益率采用整存整取的一年期基准定期存款利率。

图 2-10 呈现了 2022~2024 年以及 2020~2024 年期间，股票型基金与万得全 A 指数的索丁诺比率对比。在近三年里，股票型基金的年化索丁诺比率为 -0.77，这一数值低于万得全 A 指数的 -0.40。但是，在过去五年中，股票型基金的年化索丁诺比率为 0.47，超过了万得全 A 指数的 0.33。通过索丁诺比率的对比分析，我们可以得出与夏普比率相似的结论：在近三年内，股票型基金在风险调整后的收益表现不如万得全 A 指数；但在近五年内，股票型基金的风险调整后收益优于万得全 A 指数。

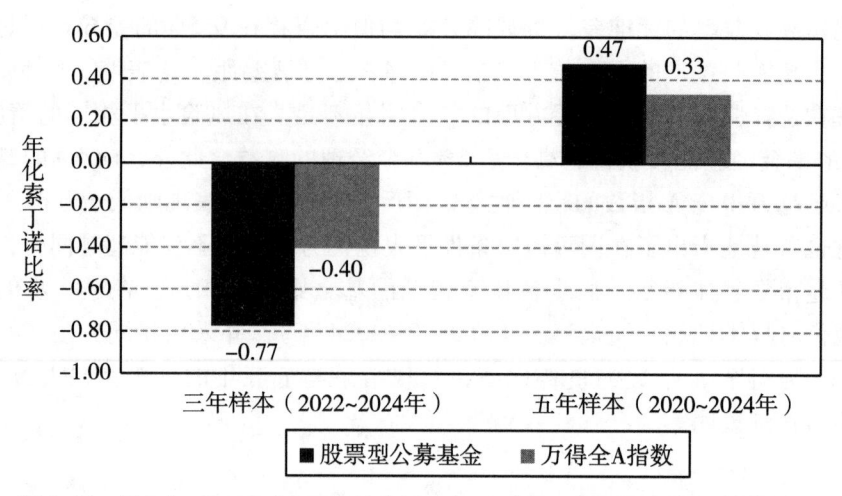

图2-10 近三年（2022~2024年）和近五年（2020~2024年）股票型公募基金与万得全A指数的年化索丁诺比率

我们继续从单只股票型基金的角度对股票型基金和大盘指数的索丁诺比率进行更加深入和详细的对比。图2-11呈现了2020~2024年期间股票型基金年化索丁诺比率的分布情况，通过直方图形式展示了10个不同索丁诺比率区间的分布。观察发现，股票型基金的索丁诺比率峰值位于0.25以下区间，占比达到32.36%；其次是索丁诺比率在［0.25，0.5）区间的基金，占比为22.68%。这两个区间的基金累计占比高达55%。在五年的时间里，表现突出（索丁诺比率大于1）的基金占比为12.22%，共计125只。另外，万得全A指数的年化索丁诺比率为0.33，落在［0.25，0.5）区间内。在1 023只基金中，近五年基金年化索丁诺比率的最大值为2.77，最小值为-1.11，而中位数值为0.44。

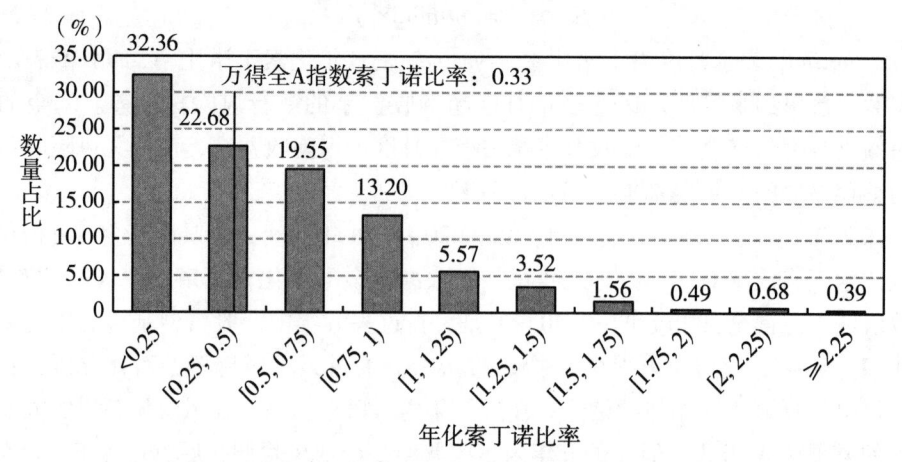

图2-11 股票型公募基金近五年年化索丁诺比率分布直方图：2020~2024年

图 2-12 呈现了 2020~2024 年期间，1 023 只股票型基金的索丁诺比率按照从高到低的顺序排列。我们以万得全 A 指数的索丁诺比率（0.33）作为基准，用一条横线来表示。这个比率意味着在面对单位下行风险（由负收益的标准差计算得出）时，股指能够获得 0.33% 的超额收益。在这些基金中，有 614 只基金（占 60.02%）的年化索丁诺比率超过了万得全 A 指数的 0.33，说明这些基金在承担同等的年化下行风险时，能够实现比万得全 A 指数更高的年化超额收益。因此，若以索丁诺比率作为评价基金业绩的指标，60% 的股票型基金的表现优于万得全 A 指数，这一结果与使用夏普比率得出的业绩评估相仿。与此同时，与夏普比率评估结果类似，有 161 只基金（占 15.74%）的近五年年化索丁诺比率低于 0。

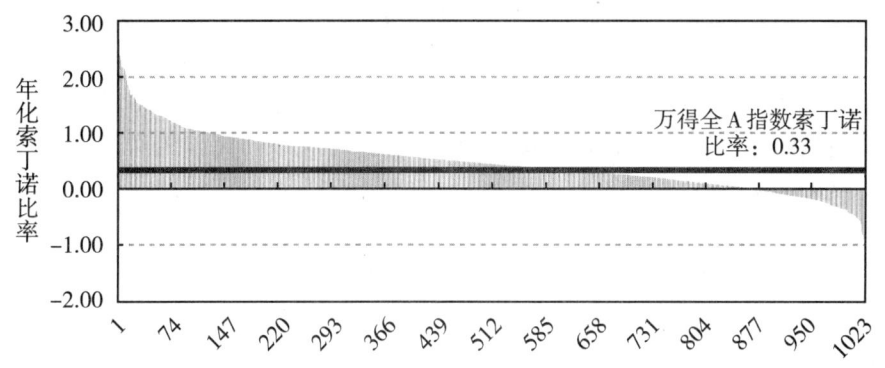

图 2-12　股票型公募基金近五年年化索丁诺比率排列：2020~2024 年

图 2-13（a）展示了近五年（2020~2024 年）股票型基金年化索丁诺比率的散点分布情况，横轴表示基金超额收益的年化下行标准差（风险），纵轴表示基金的年化超额收益率（超额收益）。索丁诺比率即为从原点到每一只基金对应的由超额收益和下行风险所确定的点的斜率。近五年所有股票型基金的年化索丁诺

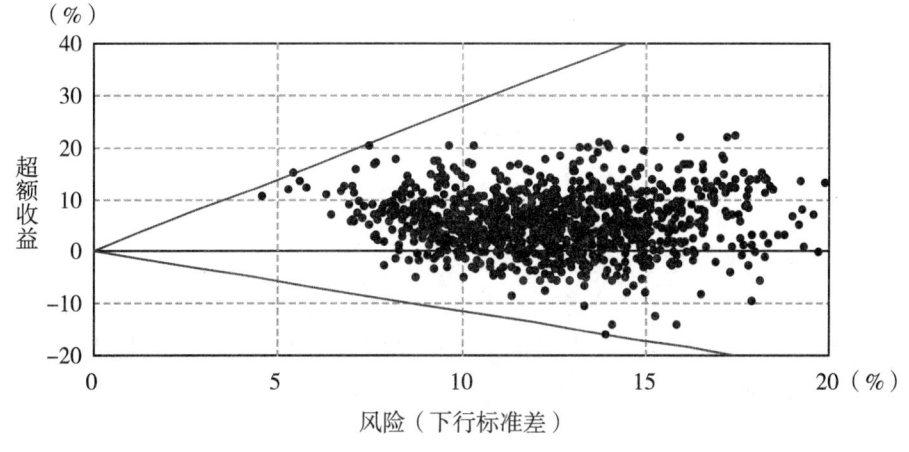

图 2-13（a）　股票型公募基金近五年年化索丁诺比率散点图：2020~2024 年

比率均分布在斜率为-1.15 和 2.77（即股票型基金中的最小和最大索丁诺比率）这两条射线所夹的扇形区间内。大多数基金的年化索丁诺比率分布在图 2-13（a）中间偏右部分，基金的超额收益率多位于-5%～15%之间，风险水平聚集在 8%～16%之间。

索丁诺比率是通过结合基金的年化超额收益率和年化下行标准差来评估基金表现的指标。基金若拥有较高的索丁诺比率，可能是因为它们的年化超额收益率较高或年化下行标准差较小，每只基金达到高索丁诺比率的途径不尽相同。在索丁诺比率排名前 10 位的基金中，"工银精选平衡"基金以较低的下行风险和较高的超额收益率脱颖而出，而"景顺长城能源基建 A"、"长盛量化红利策略 A"和"工银创新动力"基金则因有效控制下行风险而获得较高的索丁诺比率，它们的年化下行风险均低于 6%，尽管其年化超额收益率仅在 10%～15%左右；"交银趋势优先 A"和"大成新锐产业 A"基金则依靠强大的盈利能力，实现了较高的年化索丁诺比率，它们的年化超额收益率均超过 20%，但其年化下行风险相对较高，分别为 7.50%和 9.66%。

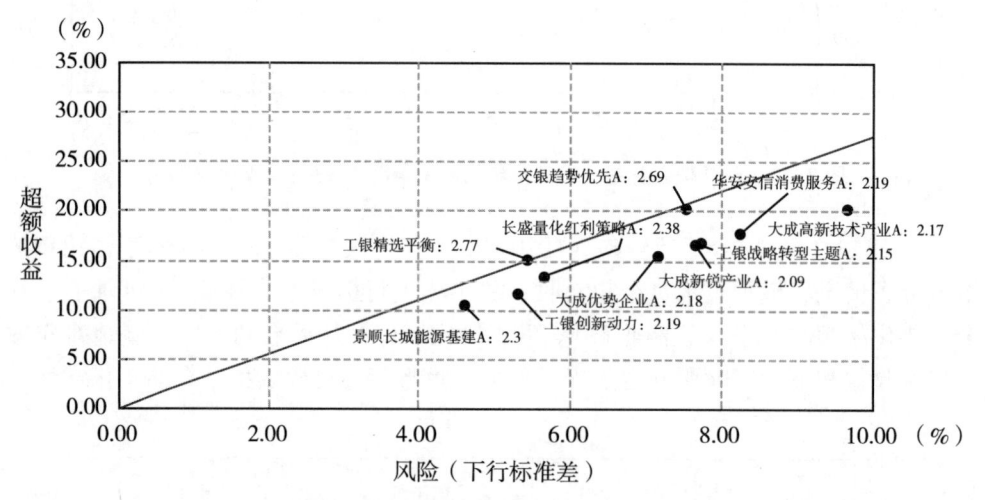

图 2-13（b）　股票型公募基金近五年年化索丁诺比率散点图（前 10 名）：2020~2024 年

图 2-13（c）展示了索丁诺比率排名后 10 位的基金名称及其对应的索丁诺比率。这 10 只基金的年化超额收益均为负值，因此其年化索丁诺比率也为负值。特别是"光大精选 A"基金，其索丁诺比率最低（-1.15），超额收益率也是最低的（-15.98%）。这些基金在中长期时间段内的超额收益率为负值，意味着它们的收益率低于无风险收益率。尽管承担了风险，但并没有带来更高的收益。因此，这些基金的投资性价比较低。

我们选取近五年基金年化索丁诺比率排名前 5%和后 5%的基金，并与万得全A指数进行了对比分析。我们分析了表现优异和表现较差的股票型基金在超额收益和下行风险共同作用下的索丁诺业绩表现差异，并将结果呈现在表2-3和表2-4中。表2-3呈现了2020~2024年年化索丁诺比率排名前5%的基金数据。这些基金的年化下行标准差平均值为9.52%。以万得全A指数作为基准，其近五年的年化索丁诺比率是0.33，假设指数的下行风险（年化下行标准差）与排名前5%的基金平均下行风险相同，即9.52%，那么其年化超额收益率应为3.14%（9.52%×0.33）。然而，前5%基金的年化超额收益率平均值为15.63%，显著超过了万得全A指数的索丁诺比率（0.33）和这些基金的平均年化下行标准差（9.52%）所计算出的年化超额收益率（3.14%）。

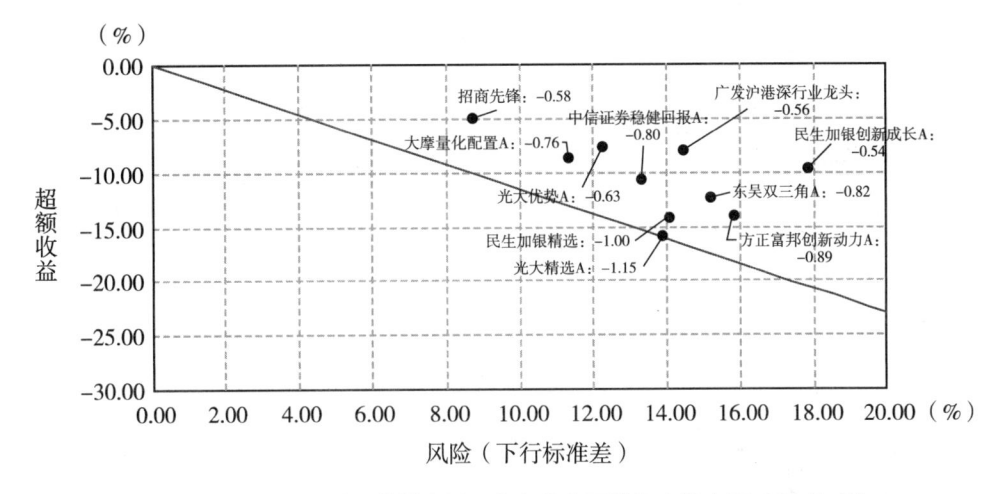

图2-13（c） 股票型公募基金近五年年化索丁诺比率散点图（后10名）：2020~2024年

这些基金获得较高年化索丁诺比率的原因各不相同。其中一些基金通过出色的下行风险控制能力而获得较高的索丁诺比率，如"景顺长城能源基建A"基金（下行风险：4.61%）和"工银创新动力"基金（下行风险：5.33%）等，尽管它们的年化超额收益率分别仅为10.6%和11.68%，但从风险控制角度来看，这些基金在中长期承担了较小的风险。"景顺长城能源基建A"基金通过把握中国能源和基础设施建设的需求，抓住了相关产业的成长机遇，实现了资本的长期增值；而"工银创新动力"基金则通过深入分析中国经济在"新常态"下的运行特点，寻找推动经济持续健康稳定发展的创新动力，并积极把握这些动力带来的投资机会，以期获得超越业绩比较基准的收益。另一些基金由于出色的超额收益能力而产生了较高的索丁诺比率，如"交银趋势优先A"基金（超额收益率：20.26%）和"大成新锐产业A"基金（超额收益率：20.23%）等，同时它们的年化下行标准差控制在了相对较低的水平。

表 2-3　近五年年化索丁诺比率排名在前 5% 的股票型公募基金：2020~2024 年

编号	基金名称	年化超额收益（%）	年化下行标准差（%）	年化索丁诺比率
1	工银精选平衡	15.08	5.44	2.77
2	交银趋势优先 A	20.26	7.52	2.69
3	长盛量化红利策略 A	13.48	5.65	2.38
4	景顺长城能源基建 A	10.60	4.61	2.30
5	工银创新动力	11.68	5.33	2.19
6	华安安信消费服务 A	16.89	7.71	2.19
7	大成优势企业 A	15.58	7.16	2.18
8	大成高新技术产业 A	16.60	7.64	2.17
9	工银战略转型主题 A	17.70	8.23	2.15
10	大成新锐产业 A	20.23	9.66	2.09
11	景顺长城沪港深精选 A	11.99	5.84	2.05
12	农银汇理海棠三年定开	20.07	10.35	1.94
13	华商上游产业 A	17.25	9.25	1.86
14	招商量化精选 A	17.37	9.37	1.85
15	诺安低碳经济 A	12.54	6.86	1.83
16	大成竞争优势 A	12.55	7.07	1.78
17	前海开源股息率 100 强 A	10.78	6.36	1.69
18	嘉实资源精选 A	15.89	9.43	1.69
19	大成睿享 A	11.39	6.77	1.68
20	融通内需驱动 AB	14.38	8.56	1.68
21	华夏经典配置	16.85	10.20	1.65
22	华宝资源优选 A	16.15	9.78	1.65
23	工银物流产业 A	16.79	10.29	1.63
24	工银新金融 A	14.66	9.17	1.60
25	大成策略回报 A	11.04	7.12	1.55
26	富荣福锦 A	14.60	9.47	1.54
27	招商行业精选	15.27	9.91	1.54
28	圆信永丰优悦生活	14.19	9.35	1.52

续表

编号	基金名称	年化超额收益（%）	年化下行标准差（%）	年化索丁诺比率
29	万家臻选 A	20.85	13.75	1.52
30	前海开源公用事业	19.97	13.22	1.51
31	景顺长城成长之星 A	12.99	8.64	1.50
32	英大国企改革主题 A	12.94	8.62	1.50
33	广发睿毅领先 A	12.74	8.52	1.50
34	易方达科融	20.04	13.44	1.49
35	华夏行业景气	20.45	13.95	1.47
36	工银研究精选	13.99	9.57	1.46
37	中信建投价值甄选 A	16.42	11.32	1.45
38	建信中小盘 A	18.24	12.67	1.44
39	大成科创主题 A	16.62	11.56	1.44
40	中庚小盘价值	17.64	12.28	1.44
41	富国文体健康 A	14.24	10.00	1.42
42	华商盛世成长	13.40	9.42	1.42
43	万家社会责任定开 A	19.91	14.02	1.42
44	大成产业升级 A	15.43	10.92	1.41
45	国联安主题驱动	11.74	8.39	1.40
46	招商优质成长	14.04	10.09	1.39
47	中银智能制造 A	18.86	13.67	1.38
48	长信银利精选 A	12.08	8.78	1.38
49	万家汽车新趋势 A	21.88	15.93	1.37
50	招商稳健优选 A	19.43	14.46	1.34
51	诺安先进制造 A	11.32	8.45	1.34
	指标平均值	15.63	9.52	1.70

表 2-4 列出了近五年（2020~2024 年）年化索丁诺比率排名后 5% 的基金。后 5% 基金超额收益率的年化下行标准差的平均值为 12.68%，高于前 5% 基金超额收益率年化下行标准差的平均值（9.52%）。如果用万得全 A 指数作为比较基准，取其近五年的年化索丁诺比率（0.33），假设指数的下行风险（年化下行标准差）为

后5%基金的平均年化下行标准差（12.68%），那么它的年化超额收益率应为4.18%（12.68%×0.33）。在年化索丁诺比率排名后5%的基金中，表现最佳的"融通新蓝筹"基金，其年化超额收益率也仅为-2.77%，远低于万得全A指数基于年化索丁诺比率排名后5%基金的平均年化下行标准差计算出的年化超额收益率（4.18%）。此外，后5%的基金的年化超额收益率的平均值为-5.88%。总体来看，后5%的基金在承担更大的下行风险的同时，年化超额收益率普遍过低，它们的年化索丁诺比率也更低。

表2-4　　近五年年化索丁诺比率排名在后5%的股票型公募基金：2020~2024年

编号	基金名称	年化超额收益（%）	年化下行标准差（%）	年化索丁诺比率
1	光大精选A	-15.98	13.91	-1.15
2	民生加银精选	-14.17	14.11	-1.00
3	方正富邦创新动力A	-14.10	15.85	-0.89
4	东吴双三角A	-12.46	15.24	-0.82
5	中信证券稳健回报A	-10.66	13.31	-0.80
6	大摩量化配置A	-8.66	11.35	-0.76
7	光大优势A	-7.70	12.27	-0.63
8	招商先锋	-5.09	8.75	-0.58
9	广发沪港深行业龙头	-8.09	14.50	-0.56
10	民生加银创新成长A	-9.75	17.89	-0.54
11	诺德中小盘	-8.02	15.01	-0.53
12	东方阿尔法优选A	-6.86	13.34	-0.51
13	天治量化核心精选A	-8.39	16.51	-0.51
14	易方达科润	-4.96	10.09	-0.49
15	嘉实研究精选A	-5.58	11.68	-0.48
16	汇添富沪港深大盘价值A	-6.86	14.69	-0.47
17	东方量化多策略A	-5.67	12.14	-0.47
18	国泰君安君得诚	-5.87	12.94	-0.45
19	光大阳光A	-5.61	12.58	-0.45
20	中邮核心优选	-5.48	12.43	-0.44
21	中航混改精选A	-5.48	12.44	-0.44
22	嘉实瑞虹三年定开	-4.75	10.88	-0.44
23	博时第三产业成长	-4.81	11.09	-0.43

续表

编号	基金名称	年化超额收益（%）	年化下行标准差（%）	年化索丁诺比率
24	天治转型升级	-5.89	14.11	-0.42
25	招商核心优选 A	-4.49	10.87	-0.41
26	安信消费医药主题	-5.10	13.37	-0.38
27	银华核心价值优选	-4.63	12.40	-0.37
28	富国低碳环保	-3.41	9.24	-0.37
29	中信建投价值增长 A	-4.49	12.27	-0.37
30	恒生前海港股通精选	-5.41	14.91	-0.36
31	广发聚丰 A	-5.23	14.46	-0.36
32	光大阳光智造 A	-4.74	13.26	-0.36
33	汇丰晋信港股通精选	-4.86	13.90	-0.35
34	融通新蓝筹	-2.77	7.93	-0.35
35	摩根香港精选港股通 A	-3.85	11.05	-0.35
36	前海开源价值策略	-4.86	14.25	-0.34
37	汇添富社会责任 A	-3.90	11.48	-0.34
38	博时国企改革主题 A	-3.47	10.39	-0.33
39	同泰慧择 A	-5.87	18.13	-0.32
40	银河乐活优萃 A	-4.30	13.35	-0.32
41	嘉实长青竞争优势 A	-4.07	12.72	-0.32
42	博时主题行业	-3.02	9.60	-0.32
43	人保行业轮动 A	-3.72	12.00	-0.31
44	平安消费精选 A	-3.67	11.87	-0.31
45	汇添富成长焦点	-3.11	10.31	-0.30
46	工银沪港深 A	-3.99	13.37	-0.30
47	申万菱信盛利精选 A	-3.28	11.16	-0.29
48	嘉实价值成长	-3.06	10.76	-0.28
49	华夏逸享健康 A	-3.39	12.53	-0.27
50	中邮核心成长	-3.03	11.38	-0.27
51	国泰成长优选	-3.34	12.63	-0.26
	指标平均值	-5.88	12.68	-0.45

通过分析索丁诺比率表现较好的基金与表现较差的基金和指数的对比，我们可以看到，年化索丁诺比率排名在前5%的优秀基金（51只）和排名在后5%的较差基金（51只）的年化超额收益率的下行标准差（下行风险）均值相差约为3.16%。然而，这两类基金在年化超额收益率平均值上的差异却高达21.51%。这说明，排名在后5%的基金经理的选股择时能力较差，在每承担一份下行风险的同时，他们获得的收益比排名前5%的基金经理少更多。排名在前5%的基金皆取得了超越相同风险水平下万得全A指数的超额收益率，而排名在后5%基金的收益率均低于相同风险水平下万得全A指数的业绩。这说明，在同等风险条件下，表现优秀的基金不仅能超越同行，还可能超越大盘指数，而表现较差的基金则表现不佳。在后续研究中，我们将样本时间缩短至最近三年（2022~2024年），并采用相同方法比较股票型基金与万得全A指数的索丁诺比率。研究结果与过去五年的比较结果大致相同，这里不再详细说明。

三、评估基金业绩的指标选择

接下来，我们将探讨在基金业绩评估中，夏普比率与索丁诺比率这两个风险调整后的收益指标，哪一个能更有效地帮助我们进行评估。为了作出选择，我们对股票型基金的收益率、夏普比率和索丁诺比率进行了相关性分析。分析过程中，我们首先选取了2007~2024年这一时间段，计算了每五年基金三个收益指标的相关系数。随后，我们将分析的时间间隔缩短至每三年，再次对这三个指标的相关性进行了探讨。选取的样本必须保证在每三年或五年期间都有完整的基金净值数据。表2-5展示了2007~2024年间每五年三个指标之间的相关性结果。结果显示，这三个指标之间具有较高的相关性，特别是收益率与夏普比率、收益率与索丁诺比率之间的相关性非常接近。除了2013~2017年这一时间段外，三个指标的相关性均超过了89%。在2014~2024年的11年期间，三个指标的相关性更是高达95%以上。总体来看，夏普比率与索丁诺比率之间的相关性明显高于它们各自与收益率的相关性，这表明基金收益的波动性主要受到下行风险的影响。2007~2024年间每三年三个指标间相关性的对比结果与表2-5中的结果相似，因此不再赘述。

表2-5　每五年中股票型公募基金三个指标的相关性：2007~2024年　　　　单位：%

年份	收益率—夏普比率	收益率—索丁诺比率	夏普比率—索丁诺比率
2007~2011	100	99	100
2008~2012	93	93	100

续表

年份	收益率—夏普比率	收益率—索丁诺比率	夏普比率—索丁诺比率
2009~2013	99	98	99
2010~2014	99	99	99
2011~2015	98	96	99
2012~2016	96	92	98
2013~2017	92	85	97
2014~2018	94	89	98
2015~2019	96	92	98
2016~2020	97	90	96
2017~2021	91	89	97
2018~2022	97	96	99
2019~2023	95	92	98
2020~2024	98	96	99
2014~2024	96	99	99

综上所述，鉴于收益率与两个风险调整收益指标之间紧密的相关性，任一指标均能在某种程度上揭示其他两个指标的变动。鉴于投资中风险与收益的相互依存性，我们相信经过风险调整的收益指标更能准确地体现基金的实际表现。夏普比率和索丁诺比率这两个风险调整收益指标之间的相关性较强，选取任何一个作为评估基金表现的工具都是可行的。鉴于夏普比率在业界的普遍应用，投资者能够轻松获取和对比，加之其分母代表整体风险，能够间接纳入下行风险的考量，因此，选用夏普比率作为风险调整收益的代表指标更为适宜。

四、小结

投资者在股票市场通过公募基金投资时，常常会思考以下问题：基金过去的业绩是否能指导他们挑选出未来表现优秀的基金？他们应该选择主动管理的股票型基金还是被动管理的指数型基金？本章将从投资者的视角出发，对比分析主动管理的股票型基金与代表大盘的万得全A指数的中长期收益，探讨绝对收益和风险调整后收益，从而解答上述问题。

在绝对收益的比较分析中，选取2003~2024年作为观察期，对股票型基金与万得全A指数在年度收益率、超越指数的基金数量比例和累计收益率三个方面进行了深入研究。结果显示，在2003~2024年的大多数年份中，股票型基金的年度收益率超过了万得全A指数，且大多数基金能够超越指数；在这一时期内，股票型基金的长期累计收益率也显著高于万得全A指数的累计收益率。

  考虑到风险因素，本章选取了夏普比率和索丁诺比率这两个风险调整后的收益指标，对股票型基金与万得全A指数在2022~2024年（近三年）和2020~2024年（近五年）的夏普比率和索丁诺比率进行了比较。研究发现，无论是从整体风险还是从下行风险的角度来看，股票型公募基金在近三年内都无法获得高于万得全A指数的风险调整后回报，但在近五年内，股票型公募基金的回报却能超过万得全A指数。同时，本章对近五年夏普比率和索丁诺比率排名前5%和后5%的基金进行了分析，并探讨了影响这些比率的因素。对近三年的数据分析也得出了与近五年相似的结论。这些分析表明，从长期来看，主动管理的股票型基金业绩通常优于大盘指数，但从中期来看，股票型基金三年内的表现已无法超越大盘指数。

  在本章的结尾部分，我们通过分析股票型基金的绝对收益率、夏普比率和索丁诺比率三个指标的相关性，研究了这些指标之间的相互关系，以确定一个最合适的评价基金业绩的指标。最终，我们认为夏普比率凭借其反映风险与收益的全面性、与其他指标良好的相关性，以及使用范围广、易获取等特性，更适合用于评估基金的业绩表现。

第三章

股票型基金的优秀业绩从何而来

随着公募基金品种的不断丰富以及投资者风险和收益偏好匹配度的优化,股票型基金作为重要的投资工具受到投资者关注,基金经理资产管理能力的差异性也备受投资者瞩目。投资者在选择基金产品时,已不再盲目地跟风,而是更加重视理性分析,并关注公募基金经理是否有选股能力和择时能力。近几年,在国际金融风险积聚和地缘政治危机多发的重重考验下,我国股票市场震荡,许多基金的业绩表现大起大落、缺乏持续性,真正穿越牛熊的基金经理少之又少。因此,对于以主动管理的股票型公募基金为投资标的、追求超额收益的投资者而言,一个重要的问题是:如何基于基金产品的历史业绩来分析和推断基金经理的资产管理能力,并对其未来业绩走势进行预判?

分析历史业绩是评估基金经理能力的重要方式之一。通过研究基金经理在不同市场环境下的投资决策和表现,可以了解其投资风格、策略以及对不同资产类别的理解和把握能力。同时,还需要关注基金经理的长期绩效,而非仅仅关注短期的高收益。毕竟,持续稳定的业绩才是投资者真正需要的。然而,我国投资者可以借助的分析、判断工具依然相对稀缺。许多基金交易软件和订阅的基金评价报告会基于不同的时间区间对基金产品的历史业绩进行排名,然而,这些排名的前瞻性并不好:排名往往基于绝对收益率或夏普比率等单一指标,投资者能从中提取出的有用信息较少,与投资者的投资偏好"适配度"不足,难以真正起到投资决策的辅助作用。在市场动荡中,各种公募基金排行榜常常出现"冠军魔咒"——上一年的投资冠军,下一年往往会跌到后1/4去。因此,关键问题是,如何正确解读公募基金的业绩?如何通过历史业绩评价基金管理者的投资能力?如何判断基金经理的优秀业绩是来源于能力还是运气?进一步来说,如果是来源于能力,是来源于基金经理对潜力个股的选择(选股能力)还是对仓位调整时机的把控(择时能力)?这些问题将在本章得到回答。

在本书中,我们将主动管理的股票型基金的收益来源分为两部分:一部分收益来源于承担风险以及已知风险因子的风险溢价,这些风险因子包括市场系统性风险因子、股票规模因子、价值因子和动量因子；另一部分来源于基金经理的能力，包括选股能力和择时能力两个主要方面。其中，基金经理的选股能力体现在基金经理是否可以发掘出被市场低估的股票上，而择时能力则体现在基金经理对市场走势的预判上。如果基金经理具有择时能力，那么在市场上涨之前，他会将更多的资金投资于高风险资产（如股票），以获取因为市场上涨而带来的收益；在市场下跌前，他会提前降低高风险资产的比例，将更多的资金投资于低风险资产（如债券），回避市场的下跌风险。因此，如果基金经理能够有效地主动改变投资组合的风险暴露以适应市场的变化，并获得超额收益，则可以认为他（她）具有择时能力。

为了定量评估主动管理的股票型公募基金经理的选股能力和择时能力，在方法论上，我们选用基于 Carhart 模型改进后的 Treynor-Mazuy 四因子模型进行量化判断，并使用自助法（bootstrap）对基金业绩是源于基金经理的能力还是运气作出判断和验证。因为上述统计分析要求每只基金有足够长的历史业绩，我们的样本期选为过去五年（2020~2024 年）。另外，为考察结果的稳健性，排除干扰因素的影响，我们也会对过去三年（2022~2024 年）和过去七年（2018~2024 年）样本的选股能力和择时能力进行分析和研判。

本章主要内容分为五部分。第一部分，我们使用 Treynor-Mazuy 四因子模型对基金的选股能力进行考察；第二部分，使用 Treynor-Mazuy 四因子模型对基金经理的择时能力进行考察；第三部分，我们将分析的样本从五年扩展到三年和七年，对基金经理的选股能力和择时能力进行稳健性检验；第四部分，在上述回归结果的基础上，运用自助法验证那些显示出显著选股能力或择时能力的基金经理，区分这些表现优秀的基金产品的五年期业绩是来自基金经理的投资才能还是运气。

一、回归模型及样本

Carhart（1997）在 Fama-French 三因子模型基础上，在模型中加入一年期收益的动量因子，构建出四因子模型。Carhart 四因子模型综合考虑了系统风险、市值规模、账面市值比和动量四个因子对投资组合业绩的影响，并因其强大的解释力而得到国内外基金业界的广泛认可。例如，Cao、Simin 和 Wang（2013）等在分析相关问题时就使用了该模型。Carhart 四因子模型如下：

$$R_{it} - R_{ft} = \alpha_i + \beta_{im} \times (R_{mt} - R_{ft}) + \beta_{ismb} \times SMB_t + \beta_{ihml} \times HML_t + \beta_{imom} \times MOM_t + \varepsilon_{it} \quad (3.1)$$

其中，$R_{it} - R_{ft}$ 为 t 月基金 i 的超额收益率；$R_{mt} - R_{ft}$ 为 t 月大盘指数（万得全 A 指数）的超额收益率；R_{ft} 为 t 月无风险收益率；SMB_t 为规模因子，代表小盘股与大盘股之间的溢价，为 t 月小盘股的收益率与大盘股的收益率之差；HML_t 为价值因子，代表价值股与成长股之间的溢价，为 t 月价值股（高账面市值比公司）与成长股（低账面市值比公司）收益率之差；MOM_t 为动量因子，代表过去一年内收益率最高的股票与最低的股票之间的溢价，为过去一年（$t-1$ 月到 $t-11$ 月）收益率最高的 30% 的股票与收益率最低的 30% 的股票在 t 月的收益率之差。我们用 A 股所有上市公司的数据自行计算规模因子、价值因子和动量因子。α_i 代表基金经理因具有选股能力而给投资者带来的超额收益，它可以表示为：

$$\alpha_i \approx (\overline{R_{it}} - \overline{R_{ft}}) - \hat{\beta}_{im} \times (\overline{R_{mt}} - \overline{R_{ft}}) - \hat{\beta}_{ismb} \times \overline{SMB_t} - \hat{\beta}_{ihml} \times \overline{HML_t} - \hat{\beta}_{imom} \times \overline{MOM_t} \quad (3.2)$$

当 α_i 显著大于零时，说明基金经理 i 为投资者带来了统计上显著的超额收益，表明该基金经理具有正向的选股能力；当 α_i 显著小于零时，说明基金经理 i 为投资者带来的是负的超额收益，表明该基金经理具有错误的选股能力；当 α_i 接近于零时，表明基金经理 i 没有选股能力。

择时能力也可以给投资者带来超额收益。择时能力是指基金经理根据对市场的预测，主动调整基金对市场因子的风险暴露以谋求更高收益的能力。如果基金经理预测未来市场会上涨，那么他会提前加大对高风险资产的投资比例；相反，如果他预测未来市场会下跌，则会提前降低对高风险资产投资的比例。有关基金经理择时能力的研究，请参考 Henriksson（1984）、Bollen 和 Busse（2001）等的研究。

Treynor 和 Mazuy（1966）提出在传统的单因子 CAPM 模型中引入一个大盘指数超额收益的平方项，用来检验基金经理的择时能力。我们将 Treynor-Mazuy 模型里的平方项加入 Carhart 四因子模型中，构建出一个基于四因子模型的 Treynor-Mazuy 模型：

$$R_{it} - R_{ft} = \alpha_i + \beta_{im} \times (R_{mt} - R_{ft}) + \gamma_i \times (R_{mt} - R_{ft})^2 + \beta_{ismb} \times SMB_t + \beta_{ihml} \times HML_t + \beta_{imom} \times MOM_t + \varepsilon_{it} \quad (3.3)$$

其中，γ_i 代表基金经理 i 的择时能力，其他变量和式（3.1）中的定义一样。如果 γ_i 显著大于 0，说明基金经理 i 具有择时能力，具备择时能力的基金经理应当能随着市场的上涨（下跌）而提升（降低）其投资组合的系统风险。

我们使用基于 Carhart 四因子模型的 Treynor-Mazuy 四因子模型来评估基金经理的选股能力和择时能力。当前国内的开放式基金种类主要为普通股票型、混合型、债券型和货币市场型四类，我们定义万得数据公募基金二级分类中的普通股票型公募基金和偏股混合型公募基金为主动管理的股票型公募基金（以下简称"股票型基金"），利用这些基金在过去五年（2020~2024 年）的月度数据进行分析。灵活配置型基金对于持有股票的下限没有固定标准，因此这类基金在股市行情不好的时候会大量持有债券，正是出于这个原因，我们在分析选股、择时能力时，使用的股票型基金样本中不包括灵活配置型基金。

出于统计意义显著性对样本量的需求，我们要求每只基金都有完整的复权净值数据。在本章，我们将一只基金与该只基金的经理等同对待，不考虑基金经理的更选。我们用最小二乘法（OLS）估计基金经理的选股能力，模型中的 α 以月为单位。为方便讨论，以下汇报的 α 均为年化 α。我们以股票型基金的复权单位净值月度数据来计算基金的月度收益率。我们将全区间（2018~2024 年）划分为三个样本区间，分别为过去三年（2022~2024 年）、过去五年（2020~2024 年）和过去七年（2018~2024 年）。表 3-1 为各样本区间内的样本数量。

表 3-1　　　　　　　　　样本区间内的样本数量　　　　　　　　　单位：只

样本区间	基金数量
过去三年（2022~2024 年）	2 106
过去五年（2020~2024 年）	1 023
过去七年（2018~2024 年）	706

二、选股能力分析

表 3-2 展示了过去五年（2020~2024 年）股票型基金选股能力 α 的显著性的估计结果。图 3-1 展示了 1 023 只股票型基金 α 的 t 值（显著性）由大到小的排列。我们主要关心基金经理是否具有正向的选股能力，因此我们使用单边假设检验。据表 3-2 可知，在 5% 的显著性水平下，有 89 只基金的 α 呈正显著性，其 t 值大于 1.64，说明这 89 只基金（占比为 8.7%）的基金经理表现出了显著的选股能力；有 926 只基金（在基金总数中占比为 90.5%）α 的 t 值是不显著的；同时我们还看到，有 8 只基金（占比不足 1%）的 α 为负显著，其 t 值小于 -1.64，说明这 8 只基金的基金经理具有明显错误的选股能力。总体来看，在过去五年内，仅有不足 25% 的主动管理的股票型基金的基金经理具备正确的选股能力。

表 3-2　　　股票型公募基金的选股能力 α 显著性的估计结果：2020~2024 年

显著性	样本数量（只）	数量占比（%）
正显著	89	8.7
不显著	926	90.5
负显著	8	0.8
总计	1 023	100.0

第三章 股票型基金的优秀业绩从何而来

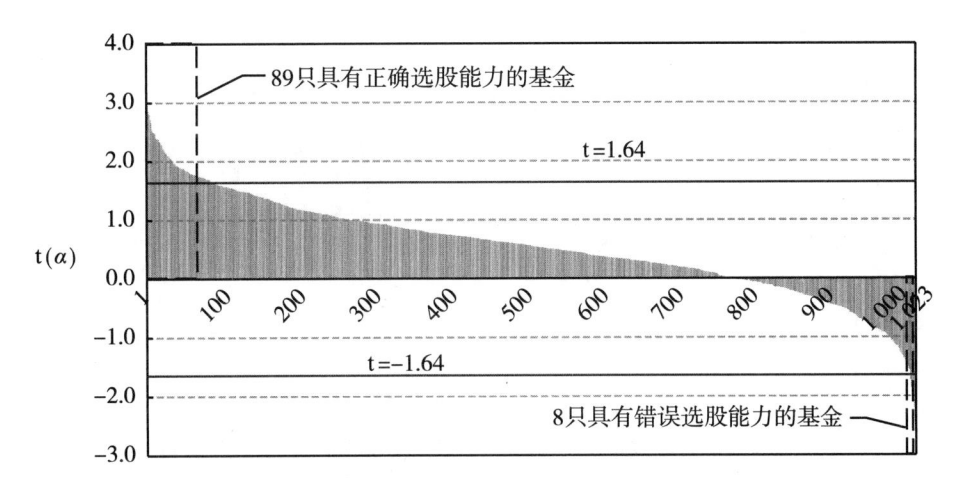

图 3-1 股票型公募基金的选股能力 α 的 t 值（显著性）排列：2020~2024 年

注：正确选股能力代表 t(α)>1.64，错误选股能力代表 t(α)<-1.64，未表现出选股能力代表 -1.64≤t(α)≤1.64。基金具有选股能力是指基金表现出正确的选股能力，基金不具有选股能力代表基金表现出错误的或未表现出选股能力。

在分析选股能力时，我们除了关注选股能力 α 的显著性，还需要观察 α 的估计值。我们采用 Treynor-Mazuy 四因子模型对拥有五年历史业绩的 1 023 只股票型基金的选股能力进行讨论。表 3-3 和图 3-2 展现的是 Treynor-Mazuy 四因子模型的回归结果。我们按照选股能力 α 把基金等分为 10 组。第 1 组为 α 最高的组，第 10 组为 α 最低的组。表 3-3 汇报的是每组基金所对应的选股能力（α）、择时能力（γ）、市场因子（β_{mkt}）、规模因子（β_{smb}）、价值因子（β_{hml}）、动量因子（β_{mom}），以及反映模型拟合好坏的调整后 R^2 的平均值。

表 3-3 Treynor-Mazuy 四因子模型的回归结果（按选股能力 α 分组）：2020~2024 年

组别	年化 α（%）	γ	β_{mkt}	β_{smb}	β_{hml}	β_{mom}	调整后 R^2（%）
1（α 最高组）	14.52	-0.86	0.94	-0.14	-0.30	0.15	64
2	9.92	-0.53	0.92	-0.13	-0.30	0.15	67
3	7.87	-0.57	0.91	-0.12	-0.26	0.15	68
4	6.28	-0.40	0.90	-0.12	-0.30	0.13	68
5	4.69	-0.18	0.88	-0.12	-0.20	0.16	69
6	3.42	-0.22	0.90	-0.08	-0.30	0.17	70
7	2.03	-0.07	0.90	-0.07	-0.21	0.15	71
8	0.28	-0.10	0.86	-0.08	-0.24	0.21	69
9	-1.99	-0.13	0.87	-0.02	-0.24	0.20	67
10（α 最低组）	-7.09	0.26	0.85	0.05	-0.31	0.19	68

注：此表汇报每一组基金对应的 α、γ、β_{mkt}、β_{smb}、β_{hml}、β_{mom}，以及调整后 R^2 的平均值。

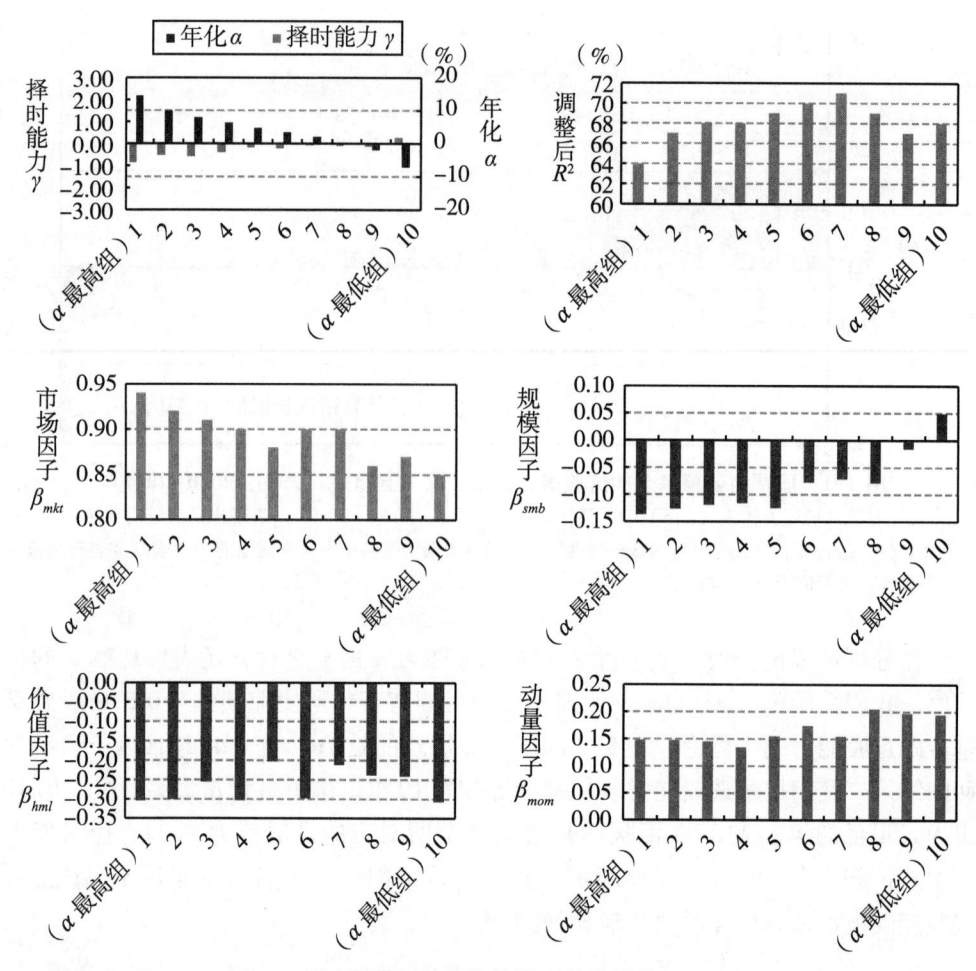

图 3-2　Treynor-Mazuy 四因子模型的回归结果（按选股能力 α 分组）：2020~2024 年

从表 3-3 可以看出，经过 Treynor-Mazuy 四因子模型回归的 10 组基金的年化 α 在-8%~15%之间，其中最后两组基金的平均选股能力为负数。无论年化 α 是高还是低，β_{mkt} 都在 0.90 上下浮动，这意味着股票型基金对大盘指数的风险暴露水平都比较高。各组基金的规模因子对应的敏感系数 β_{smb} 在-0.14~0.05 之间，并且随着每组基金经理选股能力的降低，规模因子风险暴露 β_{smb} 有小幅提高，这说明基金经理所持小盘股或大盘股股票的仓位与其选股能力大致成反比例关系，那些具有较高年化 α 的基金往往重仓大盘股，而那些不具有选股能力、年化 α 较低的基金则倾向于重仓小盘股。各组基金的价值因子对应的敏感系数 β_{hml} 的变化范围在-0.31~-0.20 之间，都是负向的暴露，即基金经理的投资风格基本上是更多持仓成长股，并且随着每组基金经理选股能力的降低，价值因子风险暴露 β_{hml} 呈降低趋势，说明那些具有较低年化 α 的基金更激进地重仓了成长股。不同组别的基金对动量因子

β_{mom} 的风险暴露随着选股能力的降低而有略微升高趋势，说明那些选股能力更差、年化 α 较低的基金经理有追涨杀跌的行为。最后，可以看到不同组别的基金使用四因子模型的拟合优度都在 60% 以上，说明该模型可以较好地解释基金超额收益的方差。

下面我们具体分析在过去五年中呈正显著选股能力的 89 只基金。表 3-4 展示了过去五年（2020~2024 年）在 Carhart 四因子模型中 α 为正显著的股票型基金的检验结果，同时我们也给出了这些基金在过去三年（2022~2024 年）选股能力的估计结果。通过观察表 3-4 中数据可以看出，这些基金对应的年化 α 在 5.3%~24.6% 之间，其中有 11 只基金在过去三年和过去五年中都表现出显著的选股能力，占 89 只基金数的 12.4%。这些结果说明一只基金在短期（最近三年）和长期（最近五年）都能显示出选股能力，是非常难能可贵的。在附录二中，我们给出过去五年（2020~2024 年）每只基金的选股能力、择时能力及各 β 的风险暴露程度，供读者参考。

表 3-4　　　　过去五年和过去三年具有选股能力的股票型公募基金

编号	基金名称	过去五年（2020~2024 年） α(%)	$t(\alpha)$	过去三年（2022~2024 年） α(%)	$t(\alpha)$	过去三年、五年都具有选股能力
1	大成高新技术产业 A	18.56	3.14	14.71	2.04	√
2	大成优势企业 A	17.09	2.96	10.80	1.69	√
3	圆信永丰优悦生活	11.12	2.85	0.57	0.12	
4	诺安先进制造 A	15.22	2.82	14.52	1.99	√
5	诺安行业轮动 A	14.92	2.81	14.10	1.89	√
6	大成消费主题 A	17.83	2.72	6.84	1.02	
7	兴全商业模式优选	12.18	2.66	7.74	1.46	
8	农银汇理量化智慧动力	13.53	2.54	8.80	1.41	
9	工银精选平衡	14.02	2.50	6.02	1.16	
10	景顺长城沪港深精选 A	12.35	2.49	15.85	2.10	√
11	富国文体健康 A	14.75	2.49	9.77	1.63	
12	景顺长城能源基建 A	10.30	2.48	13.23	2.15	√
13	华安安信消费服务 A	14.82	2.40	3.56	0.63	
14	融通内需驱动 AB	16.19	2.39	10.77	1.28	
15	工银新金融 A	14.57	2.38	-3.34	-0.52	
16	大成竞争优势 A	10.33	2.38	10.34	2.15	√

续表

编号	基金名称	过去五年(2020~2024年) α(%)	t(α)	过去三年(2022~2024年) α(%)	t(α)	过去三年、五年都具有选股能力
17	景顺长城公司治理	16.60	2.38	10.05	1.16	
18	建信中小盘A	16.43	2.34	1.59	0.21	
19	大成新锐产业A	19.39	2.33	0.80	0.10	
20	兴全多维价值A	9.08	2.29	4.24	0.79	
21	农银汇理行业轮动A	15.84	2.29	7.96	0.94	
22	金鹰科技创新A	21.93	2.27	20.46	1.45	
23	长信金利趋势A	9.48	2.22	5.40	1.30	
24	合煦智远嘉选A	15.50	2.19	7.63	0.97	
25	诺安低碳经济A	9.57	2.17	6.07	1.32	
26	富国城镇发展	9.70	2.15	2.31	0.44	
27	易方达科融	18.56	2.14	11.89	1.35	
28	诺安中小盘精选A	10.10	2.12	10.89	1.71	√
29	工银创新动力	9.03	2.10	6.62	1.36	
30	中信保诚量化阿尔法A	6.99	2.10	3.42	0.79	
31	诺安价值增长A	13.34	2.09	10.08	1.45	
32	嘉实资源精选A	17.32	2.06	10.39	0.93	
33	富国阿尔法两年持有	10.80	2.05	6.43	0.83	
34	华夏经典配置	14.10	2.03	9.76	1.06	
35	工银智能制造A	16.76	2.01	10.92	1.05	
36	万家汽车新趋势A	19.92	1.98	18.01	1.44	
37	工银新蓝筹A	11.48	1.97	4.37	0.56	
38	金鹰信息产业A	21.15	1.97	8.11	0.72	
39	易方达价值精选	11.66	1.96	5.53	0.66	
40	建信潜力新蓝筹A	12.23	1.93	2.46	0.31	
41	宏利行业精选A	11.84	1.93	1.98	0.38	
42	中信证券卓越成长两年持有A	15.16	1.93	19.21	1.65	√
43	圆信永丰致优A	8.95	1.92	-4.67	-0.84	
44	富国周期优势A	10.04	1.91	3.04	0.52	
45	广发睿阳三年定开	8.31	1.90	3.25	0.73	

续表

编号	基金名称	过去五年(2020~2024年) α(%)	t(α)	过去三年(2022~2024年) α(%)	t(α)	过去三年、五年都具有选股能力
46	大成睿享 A	8.95	1.89	8.93	1.67	√
47	华安成长创新 A	12.15	1.88	3.30	0.40	
48	易方达 ESG 责任投资	18.27	1.88	12.18	0.93	
49	中信建投价值甄选 A	10.80	1.88	6.84	1.18	
50	中金新锐 A	13.17	1.88	2.83	0.26	
51	工银研究精选	14.58	1.86	0.88	0.11	
52	国富深化价值 A	9.55	1.86	-1.43	-0.31	
53	国联安主题驱动	8.83	1.85	1.18	0.26	
54	前海开源公用事业	24.64	1.84	4.18	0.50	
55	朱雀产业臻选 A	9.46	1.83	0.87	0.18	
56	大成科创主题 A	15.32	1.83	6.54	0.72	
57	长盛成长价值 A	7.86	1.82	7.04	2.26	√
58	富国产业升级 A	10.75	1.81	-1.74	-0.24	
59	中信保诚红利精选 A	8.40	1.79	5.41	0.86	
60	兴全社会价值三年持有	11.58	1.79	8.91	1.06	
61	大成景阳领先 A	11.30	1.79	1.81	0.26	
62	西部利得事件驱动	14.06	1.79	13.68	1.34	
63	华安智能生活 A	10.84	1.78	3.14	0.39	
64	工银新材料新能源行业	11.77	1.77	-3.05	-0.62	
65	金元顺安消费主题	10.47	1.77	5.54	0.71	
66	富国睿泽回报	8.40	1.76	-3.50	-0.61	
67	交银趋势优先 A	14.52	1.75	-1.12	-0.19	
68	嘉实低价策略	10.25	1.74	3.38	0.52	
69	中信建投行业轮换 A	10.78	1.74	6.81	1.21	
70	嘉实科技创新	14.56	1.74	12.95	1.56	
71	长盛量化红利策略 A	9.32	1.74	5.21	0.91	
72	国联安精选	10.22	1.74	5.99	0.85	
73	华夏智胜价值成长 A	5.28	1.73	5.25	1.45	
74	大成策略回报 A	7.41	1.73	6.77	1.51	
75	兴全绿色投资	8.02	1.73	-3.75	-0.64	

续表

编号	基金名称	过去五年(2020~2024年) α(%)	过去五年(2020~2024年) t(α)	过去三年(2022~2024年) α(%)	过去三年(2022~2024年) t(α)	过去三年、五年都具有选股能力
76	中信保诚深度价值	9.25	1.72	4.67	0.66	
77	东方核心动力A	7.19	1.72	6.45	1.25	
78	工银物流产业A	13.04	1.71	-3.01	-0.33	
79	朱雀产业智选A	8.40	1.71	-0.27	-0.06	
80	华商盛世成长	12.25	1.71	9.59	1.47	
81	中邮研究精选	11.17	1.70	8.45	1.25	
82	华夏能源革新A	22.45	1.69	0.82	0.11	
83	农银汇理海棠三年定开	17.25	1.69	-5.12	-0.62	
84	浙商智能行业优选A	7.15	1.69	-2.01	-0.38	
85	鹏华优选价值A	7.96	1.68	7.74	1.34	
86	中银智能制造A	14.84	1.66	-1.29	-0.19	
87	嘉实价值精选	10.60	1.66	2.36	0.29	
88	华商改革创新A	11.62	1.65	12.09	1.42	
89	万家社会责任定开A	21.05	1.65	11.26	0.70	

注：表中√代表在过去三年和过去五年都具有选股能力的股票型基金。

我们选取其中过去五年选股能力年化α为18.56%的"大成高新技术产业A"基金作为研究对象，分析其基金经理在近五年中的选股能力（见表3-5和图3-3）。在分析比较时，除了将万得全A指数作为比较标的以外，我们还将该基金的业绩比较基准（中证700指数收益率×80%+恒生指数收益率×10%+中证综合债指数收益率×10%）与该基金进行比较。该基金由大成基金管理有限公司管理，成立于2015年2月3日，主要投资于高新技术产业相关上市公司，通过精选个股和风险控制，力求为基金份额持有人获取超过业绩比较基准的收益。

表3-5　"大成高新技术产业A"基金净值年度涨幅与阶段涨幅　　　　单位：%

名称	2020年	2021年	2022年	2023年	2024年	近五年(2020~2024年)
大成高新技术产业A	60.3	27.9	-17.9	5.2	29.0	128
万得全A指数	25.6	9.2	-18.7	-5.2	10.0	16
大成高新技术产业A基金基准	23.4	6.7	-13.0	-21.9	22.2	9

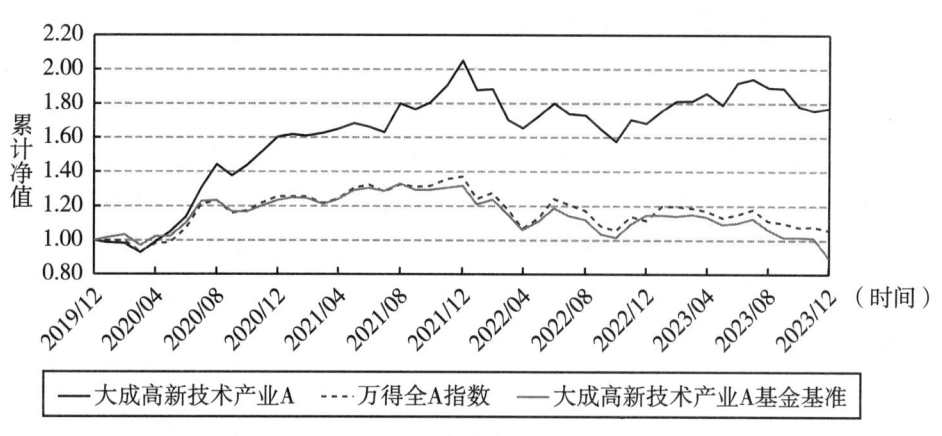

图 3-3 "大成高新技术产业 A"基金的累计收益：2020~2024 年

"大成高新技术产业 A"现任基金经理刘旭有 13 年证券从业经历，自 2015 年 7 月 29 日开始管理该只基金，截至 2024 年底，共管理 7 只公募基金，管理资产净值达到 205.65 亿元。从历史业绩来看，该基金近五年涨幅为 128%，同期万得全 A 指数上涨 16%，而与该基金对标的基准上涨 9%，相比而言，业绩表现远远超过了大盘及其业绩比较基准。

"大成高新技术产业 A"基金采取"自上而下"的方式进行大类资产配置，根据对宏观经济、市场面、政策面等因素进行定量与定性相结合的分析研究，确定组合中股票、债券、货币市场工具及其他金融工具的比例，重点投向沪深两市中从事高新技术产业的上市公司。该基金近五年均保持着优异的超额收益率和较稳定的绝对收益率。2020 年，该基金涨幅达到 60.3%，超过同期万得全 A 指数和基金基准涨幅（分别为 25.6% 和 23.4%）约两倍；2021 年，该基金涨幅为 27.9%，依然远超同期万得全 A 指数和基金基准涨幅（分别为 9.2% 和 6.7%）；2022 年，整体市场表现走弱，该基金的表现也有所回落，下跌了 17.9%；进入 2023 年，该基金获得了 5.2% 的正收益，同期万得全 A 指数和基金基准收益率均为负；2024 年，A 股市场表现良好，该基金保持了优秀的业绩，年收益率达到 29.0%，优于同期万得全 A 指数（10%）和业绩比较基准（22.2%）。

从持仓分布来看，近五年该基金重点关注工业、信息技术、可选消费、日常消费、能源、电信服务等多个行业，其中工业和可选消费的持仓占比相对较高。与同类基金相比，"大成高新技术产业 A"基金持股集中度较高，万得数据显示，近五年该基金持股集中度为 65%，同类平均水平为 47%；重仓持股的平均市盈率也更高，平均为 34，同类基金平均为 15。同时，该基金持股换手率相对不高，近五年平均持股换手率约为 67%。2022 年，全球新冠疫情反复叠加多地爆发地缘冲突，导致全球经济下行压力不断增大，市场需求减弱，国内经济增长疲软，大盘指数表现不佳，导致该基金在 2022 年整体受到较大影响。进入 2023 年后，该基金重仓的豪迈科技、中兴通讯、格力电器都阶段性地获取了较好的收益，使得该基金业绩在 2023 年逆势上涨。2024 年，"大成高新技术产业 A"基金重点持有美的集团、中国移动、格力电器、豪迈科技、中兴通讯和中国海洋石油等企业股票，其中中国移动、豪迈科技、中国海洋石油在 2024 年的股价表现都较为稳健，全年涨幅超过了 10%，为基金在全年带来了 29% 的收益。总体而言，该基金近五年的投资收益表现卓越，基金经理刘旭在板块挑选、个股选择、个股仓位调整方面的能力较为突出，说明其具有相对良好的选股能力。

三、择时能力分析

表 3-6 展示了具有五年历史业绩的基金择时能力的统计分析结果。图 3-4 展示了采用 Treynor-Mazuy 四因子模型估计出来的股票型基金择时能力 γ 的 t 值，我们主要关心基金经理是否具有正确的择时能力，因此我们使用单边假设检验。在 5% 的显著水平上，仅有 20 只基金（占比 2.0%）的 γ 呈正显著性，其 t 值大于 1.64，说明这 20 只基金的基金经理表现出了显著的择时能力；有 952 只基金（占比为 93.0%）γ 的 t 值是不显著的；有 51 只基金（占比为 5.0%）的 γ 为负显著，其 t 值小于 -1.64，说明这些基金的基金经理具有明显错误的择时能力。总体来看，在过去五年（2020~2024 年），绝大部分（98%）的股票型基金的基金经理不具备择时能力。

表 3-6 股票型公募基金的择时能力 γ 显著性的估计结果：2020~2024 年

显著性	样本数量（只）	数量占比（%）
正显著	20	2.0
不显著	952	93.0
负显著	51	5.0
总计	1 023	100.0

表 3-7 给出了过去五年（2020~2024 年）Treynor-Mazuy 四因子模型中 γ 为正显著的基金，即具有择时能力的基金，同时我们也给出了这些基金在过去三年（2022~2024 年）择时能力的估计结果，这里我们主要关心反映择时能力的系数 γ 的显著性。从表 3-7 可以看出，20 只基金中有 14 只在过去三年（2022~2024 年）和过去五年（2020~2024 年）都表现出正确的择时能力，占比 70%。然而，相比于选股能力，总体来说公募基金经理在择时能力上依然是相对缺失的，这也是中国以及全球资管行业长期存在的现象。

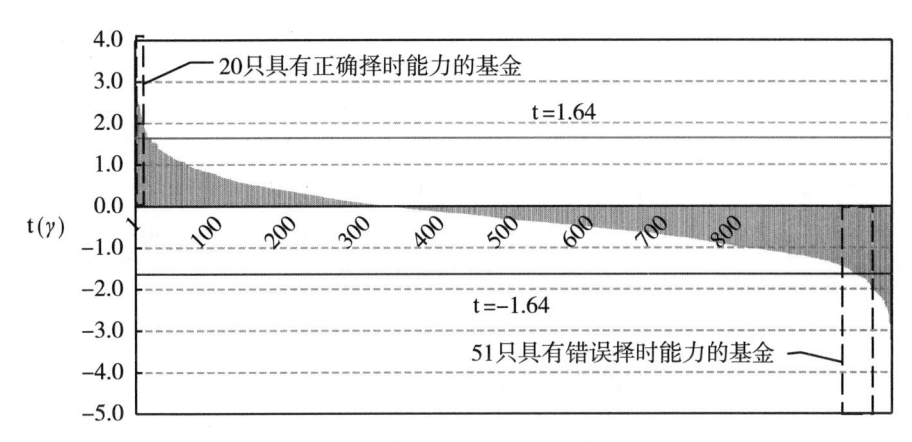

图 3-4　股票型公募基金的择时能力 γ 的 t 值（显著性）排列：2020~2024 年

注：正确择时能力代表 $t(\gamma)>1.64$，错误择时能力代表 $t(\gamma)<-1.64$，未表现出择时能力代表 $-1.64 \leq t(\gamma) \leq 1.64$。基金具有择时能力是指基金表现出正确的择时能力，基金不具有择时能力代表基金表现出错误的或未表现出择时能力。

表 3-7　过去五年和过去三年具有择时能力的股票型公募基金

编号	基金名称	过去五年（2020~2024 年） γ	$t(\gamma)$	过去三年（2022~2024 年） γ	$t(\gamma)$	过去三年、五年都具有择时能力
1	中欧互通精选 A	1.60	2.93	2.23	3.23	√
2	招商行业精选	3.06	2.86	2.68	2.83	√
3	国联安红利	1.69	2.56	1.30	1.99	√
4	汇丰晋信龙腾 A	2.31	2.52	2.43	2.08	√
5	招商优质成长	2.65	2.47	2.32	2.43	√
6	华泰柏瑞量化增强 A	0.75	2.46	0.57	1.66	√
7	华安红利精选 A	1.48	2.37	1.87	2.66	√
8	光大创业板量化优选 A	1.79	2.26	1.93	3.22	√
9	长信银利精选 A	1.94	2.18	1.59	2.23	√
10	中航混改精选 A	1.98	2.08	2.65	2.20	√
11	华泰柏瑞量化先行 A	0.73	2.02	0.52	1.54	
12	工银战略转型主题 A	1.82	2.00	1.33	1.61	
13	华商主题精选	2.02	1.89	2.33	2.30	√
14	嘉实新消费	1.35	1.83	0.88	0.97	
15	国联安价值优选	1.09	1.79	0.39	0.58	
16	招商行业领先 A	2.00	1.78	2.54	1.92	√

续表

编号	基金名称	过去五年(2020~2024年) γ	t(γ)	过去三年(2022~2024年) γ	t(γ)	过去三年、五年都具有择时能力
17	万家精选A	2.47	1.68	2.71	1.53	
18	国泰央企改革A	1.07	1.68	1.29	2.07	√
19	富安达优势成长	1.06	1.67	1.22	1.82	√
20	建信优选成长A	1.28	1.65	0.77	1.02	

注：表中√代表在过去三年和过去五年都具有择时能力的股票型基金。

四、选股能力与择时能力的稳健性检验

在本节中，我们针对前述基金经理的选股与择时能力展开稳健性检验。前面我们所用的样本为2020~2024年的五年期样本，这里我们进一步改变样本区间段的长度，考察结论是否一致，探讨其背后的主因在于市场本身还是基金经理的个体特质。在稳健性检验中，我们使用三年样本（2022~2024年）和七年样本（2018~2024年）来对基金经理的选股能力和择时能力进行稳健性检验，并将分析结果与之前的五年样本（2020~2024年）的结果进行对比，从而判断样本时间选取的不同是否会影响基金经理的选股和择时能力。本部分的检验同样要求每只基金有完整的净值数据。各样本区间内包含的样本数量具体见表3-1。时间跨度较长的样本区间内的基金与时间跨度较短的样本区间内的基金是部分重合的。例如，三年样本中的基金数量为2 106只，五年样本中的基金数量为1 023只，七年样本中基金数量为706只。七年样本的706只基金都在三年和五年样本中，五年样本的1 023只基金也都在三年样本中。

图3-5展示了在不同时间长度的样本区间内具有选股能力的股票型基金的数量占比，我们仍以5%的显著性水平进行分析。在三年样本（2022~2024年）中，仅有1%的基金具有显著的选股能力，在五年样本（2020~2024年）中该比例上升为9%，而在七年样本（2017~2023年）中该比例上升至20%。可见，在不同的样本时期，具有显著选股能力的基金的比例还是有差异的，在有较长历史业绩的基金中，具有显著选股能力的基金占比较多。

表3-8给出了不同样本区间中选股能力α显著性估计的详细结果，还给出了不同样本区间中具有选股能力的基金经理的比例，以及选股能力分别为不显著、负显著的基金经理比例，同时也给出了同期万得全A指数的累计涨幅作为基准。

第三章　股票型基金的优秀业绩从何而来

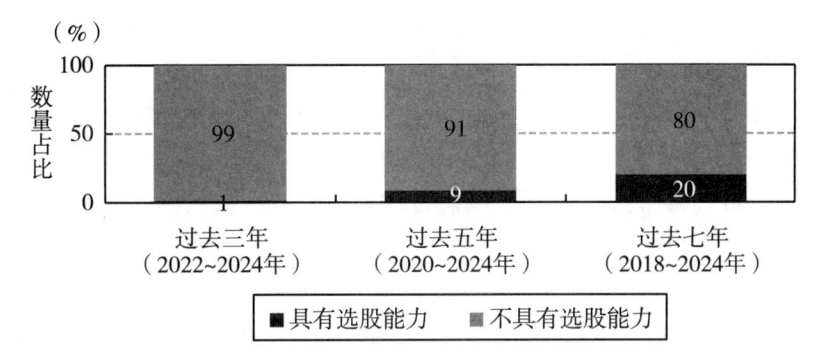

图中柱状图数据：
- 过去三年（2022~2024年）：具有选股能力 1，不具有选股能力 99
- 过去五年（2020~2024年）：具有选股能力 9，不具有选股能力 91
- 过去七年（2018~2024年）：具有选股能力 20，不具有选股能力 80

图 3-5　样本区间内具有选股能力的基金数量占比

表 3-8　样本区间内股票型公募基金的选股能力 α 显著性的估计结果

样本区间	正显著	不显著	负显著	基金数量（只）	万得全A涨幅（%）
过去三年 （2022~2024）	28 （1.3%）	1 852 （87.9%）	226 （10.7%）	2 106	-15
过去五年 （2020~2024）	89 （8.7%）	926 （90.5%）	8 （0.8%）	1 023	16
过去七年 （2018~2024）	141 （20.0%）	561 （79.5%）	4 （0.6%）	706	11

注：括号中的数字为相应的基金数量占比，显著性水平为5%。

如表 3-8 所示，以万得全 A 指数来看，七年（2018~2024年）上涨 11%，主要源于 2018 年、2022~2023 年股票市场随着经济环境表现不佳，造成指数涨幅较小。2020~2021 年市场在货币政策刺激下表现较好，且在 2018 年市场下跌后，过去五年（2020~2024年）市场站在了一个较低的起点，因此过去五年万得全 A 指数上涨了 16%。同时，由于 2022~2023 年市场低迷，过去三年（2022~2024年）万得全 A 指数下跌了 15%。在此时间区间（三年、五年和七年样本）中，与以往不同的是，以往在市场表现欠佳的年份，往往有更多基金经理能够获得超越大盘的收益以及表现出正显著的选股能力，但在近几年市场的反复波动中，三年内市场指数总体下跌 15%，而具有显著优越的选股能力的基金经理占比却仅为 1.3%，意味着接近 99% 的基金经理不具备选股能力；而以五年的时间区间来看，大盘上涨 16%，具有显著选股能力的基金经理的比例为 8.7%；七年的时间区间中，大盘上涨 11%，具有显著选股能力的基金经理的比例为 20.0%。这些差异可能产生于两个维度：一方面，不同分析期的市场总体环境存在不同；另一方面，由于基金的新成立和停止运营，不同样本区间所涵盖的基金总数、特征也存在差异，这也降低了其可比性。

为了更好地调整不同样本区间内基金品种、数量不同造成的样本差异性，我们重新对比在不同样本区间内都具有数据的基金的选股能力。表3-9展现了七年样本（2018~2024年）中的706只基金，在三年样本（2022~2024年）和五年样本（2020~2024年）中通过Treynor-Mazuy四因子模型估计出来的选股能力的表现。我们考察这706只基金的三年期业绩后发现，有10只（占比1.4%）基金的基金经理具有显著的选股能力，当考察期变为五年和七年后，分别有56只（占比7.9%）和141只（占比20.0%）基金的基金经理具有显著的选股能力。在这706只基金中，无论考察三年、五年还是七年的样本，每类样本中都有80%以上的基金经理不具有选股能力，且具有正显著选股能力的基金占比与表3-8中的结果相近。

表3-9　　　具有七年样本的股票型公募基金在三年、五年样本中选股能力 α 显著性的估计结果

样本区间	正显著	不显著	负显著	基金数量（只）	万得全A涨幅（%）
过去三年（2022~2024）	10（1.4%）	615（87.1%）	81（11.5%）	706	-15
过去五年（2020~2024）	56（7.9%）	644（91.2%）	6（0.8%）	706	16
过去七年（2018~2024）	141（20.0%）	561（79.5%）	4（0.6%）	706	11

注：括号中数字为相应的基金数量占比，显著性水平为5%。

在此基础上，我们将样本限定为在三年样本和五年样本中都有数据的1 023只基金，考察基金经理的选股能力差异（见表3-10）。在三年样本中，有12只基金（占比1.2%）的基金经理具有显著的选股能力；在五年样本中，具有显著选股能力的基金为89只（占比8.7%）。这一结果也体现了与表3-8类似的特征，即较长时间区间的样本中，具有良好选股能力的基金经理比例相对较高。

表3-10　　　具有五年样本的股票型公募基金在三年、五年样本中选股能力 α 显著性的估计结果

样本区间	正显著	不显著	负显著	基金数量（只）	万得全A涨幅（%）
过去三年（2022~2024）	12（1.2%）	903（88.3%）	108（10.6%）	1 023	-15
过去五年（2020~2024）	89（8.7%）	926（90.5%）	8（0.8%）	1 023	16

注：括号中数字为相应的基金数量占比，显著性水平为5%。

上述分析的结论同样和之前分别使用三年或五年全部样本的结论近似（见表3-8）。可见，并不是由于基金个体之间的不同导致在三年、五年、七年样本区间内具有选股能力的基金经理比例的差异。我们在选取相同的基金时，这个差异在三年、五年、七年样本区间内也是同样存在的。故而我们认为，是由于不同分析时间内我国股票市场环境的不同，导致使用最近三年、五年和七年样本的分析结果产生差异。

接下来，我们利用同样的方法来分析基金经理的择时能力。图3-6展示了在不同样本区间中具有显著择时能力的基金的比例，还是以5%的显著性水平进行讨论。在三年样本（2022~2024年）中，有5%的基金经理具有显著的择时能力；在五年样本（2020~2024年）中，该比例为2%；在七年样本（2018~2024年）中，该比例仅为1%。可见，在不同的样本时期内，具有显著择时能力的基金经理的比例都非常低。

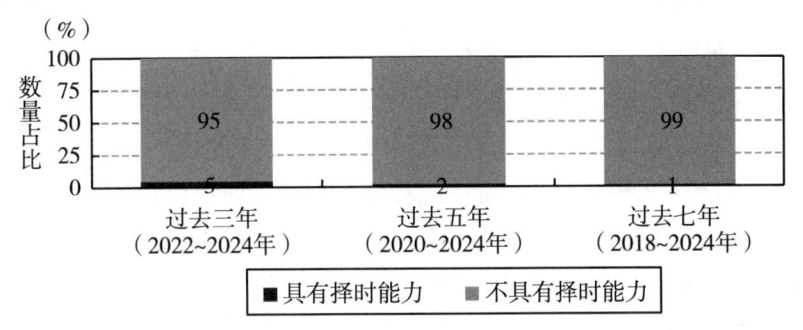

图3-6 样本区间内具有正确择时能力的股票型基金的数量占比

我们给出不同样本区间中择时能力 γ 显著性估计的详细结果（见表3-11）。我们发现，无论是在三年、五年还是七年样本中，都至少有95%以上的基金经理不具备择时能力。这一结果也再次表明，当前中国基金行业整体上而言基金经理的择时能力较差，在波动的市场趋势和宏观不确定性环境下，对股票未来涨跌进行精准的预判是比较困难的。

表3-11　　　三年、五年、七年样本的择时能力显著性的估计结果

样本区间	正显著	不显著	负显著	基金数量（只）	万得全A涨幅（%）
过去三年（2022~2024）	97（4.6%）	1 910（90.7%）	99（4.7%）	2 106	-15
过去五年（2020~2024）	20（2.0%）	952（93.1%）	51（5.0%）	1 023	16
过去七年（2018~2024）	8（1.1%）	640（90.7%）	58（8.2%）	706	11

注：括号中数字为相应的基金数量占比，显著性水平为5%。

五、基金经理的业绩表现来自能力还是运气

前述结果表明，近五年的时间内有接近25%的基金经理具有选股能力，极少部分基金经理具有择时能力。那么，基金经理的业绩表现究竟是来自其真实能力，还是运气所致呢？具体而言，基金的收益率并不是严格服从正态分布的，显著的回归结果尽管指向了基金经理的选股或择时能力，但依然可能来源于样本选择的影响，即运气的因素。那么，如何在这些统计上具有显著能力的基金经理中筛选出真正具有自身投资能力的个体呢？在这一部分中，我们运用 Efron（1979）提出的自助法，在一定程度上解决这个问题。

自助法是对原始样本进行重复抽样以产生一系列"新"的样本的统计方法。图3-7展示了自助法的抽样原理。如图3-7所示，我们观察到的样本只有一个，如某只基金的历史收益数据，因此只能产生一个统计量（如基金经理的选股能力）。自助法的基本思想是对已有样本进行多次抽样，即把现有样本的观测值看成一个新的总体再进行有放回的随机抽样，这样在不需要增加额外的新样本的情况下，会获得多个统计量，即获得基金经理选股能力的多个估计值，通过对比这多个统计量所生成的统计分布和实际样本产生的统计量，就可以判断基金经理的能力是否来源于运气。在以下的检验中，我们对每只基金的样本进行1 000次抽样。我们也使用5 000次抽样来区分基金经理的能力和运气，因为这些结果与使用1 000次抽样的结果十分类似，结论不再赘述。

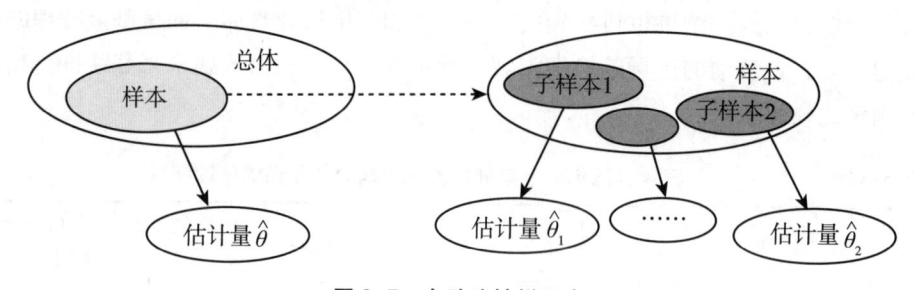

图 3-7 自助法抽样示意

我们以基金 i 的选股能力 α 进行自助法检验为例。通过 Treynor-Mazuy 四因子模型对基金 i 的月度净收益的时间序列进行普通最小二乘法（OLS）回归，估计模型的 $\hat{\alpha}$、风险系数（$\hat{\beta}_{mkt}$, $\hat{\beta}_{smb}$, $\hat{\beta}_{hml}$, $\hat{\beta}_{mom}$）、残差序列，具体模型见式（3.3）。我们通过自助法过程对获得的残差序列进行1 000次抽样，根据每次抽样后的残差和

之前估计出来的风险系数（$\hat{\beta}_{mkt}$、$\hat{\beta}_{smb}$、$\hat{\beta}_{hml}$、$\hat{\beta}_{mom}$）构造出1 000组不具备选股能力（$\hat{\alpha}=0$）的基金的超额收益率，获得1 000个没有选股能力的基金的样本，每一个新生成的基金样本与基金 i 有同样的风险暴露。然后，我们对这1 000个样本再次进行 Treynor-Mazuy 四因子模型回归，就获得了1 000个选股能力 α 的估计值。由于这1 000个 α 是出自我们构造的没有选股能力的基金的收益率，在5%的显著性水平下，如果这1 000个 α 中有多于5%比例的（该比例为自助法的P值）α 大于通过 Treynor-Mazuy 四因子模型回归所得到的基金 i 的 $\hat{\alpha}$（真实 α），则表明基金 i 的选股能力 α 并不是来自基金经理自身的能力，而是来自运气因素和统计误差。反之，如果这1 000个 α 中只有少于5%的 α 大于基金 i 的 $\hat{\alpha}$，则表明基金 i 的选股能力 α 并不是来自运气因素，而是来自基金经理的真实能力。Kosowski、Timmermann、White 和 Wermers（2006），Fama 和 French（2010），Cao、Simin 和 Wang（2013），Cao、Chen、Liang 和 Lo（2013）等利用该方法来研究美国基金经理所取得的业绩是来自他（她）们的能力还是运气。

在之前的分析中我们得到，在五年样本（2020~2024年）的1 023只样本基金中，有89只基金（占比为8.7%）表现出正确的选股能力，我们进一步对这些基金的选股能力进行自助法检验。图3-8展示了部分基金经理（10位）通过自助法估计出来的1 000个选股能力 α 的分布和实际 α 的对比。图3-8中的曲线为通过自助法获得的选股能力 α 的分布，垂直线为运用 Treynor-Mazuy 四因子模型估计出来的实际选股能力 α 的结果。例如，对于"金鹰科技创新A"基金而言，通过自助法估计的选股能力 α 有97.5%的比例小于通过 Treynor-Mazuy 四因子模型估计的真实 α（21.93%），即自助法的P值为0.025，从统计检验的角度讲，在5%的显著性水平下，我们有95%的信心确信该基金经理的选股能力来自其自身的投资才能。

表3-12展示了通过 Treynor-Mazuy 四因子模型估计出来的具有显著选股能力的89只股票型基金的自助法结果。在这89只基金中，有37只基金自助法的P值小于或等于5%，如"金鹰科技创新A""大成新锐产业A""易方达科融"等，这些基金在表中用"*"标出；有78只基金的自助法的P值大于5%，如"前海开源公用事业""华夏能源革新A""金鹰信息产业A"等。从统计学假设检验的角度讲，我们有95%的信心得出以下结论：这37只基金（占1 023只基金的3.6%）的基金经理的选股能力并不是来自运气，而是来自他们的选股能力；另外52只基金（占1 023只基金的5.1%）的基金经理的选股能力并不是来自其自身的能力，而是来自运气和统计误差。

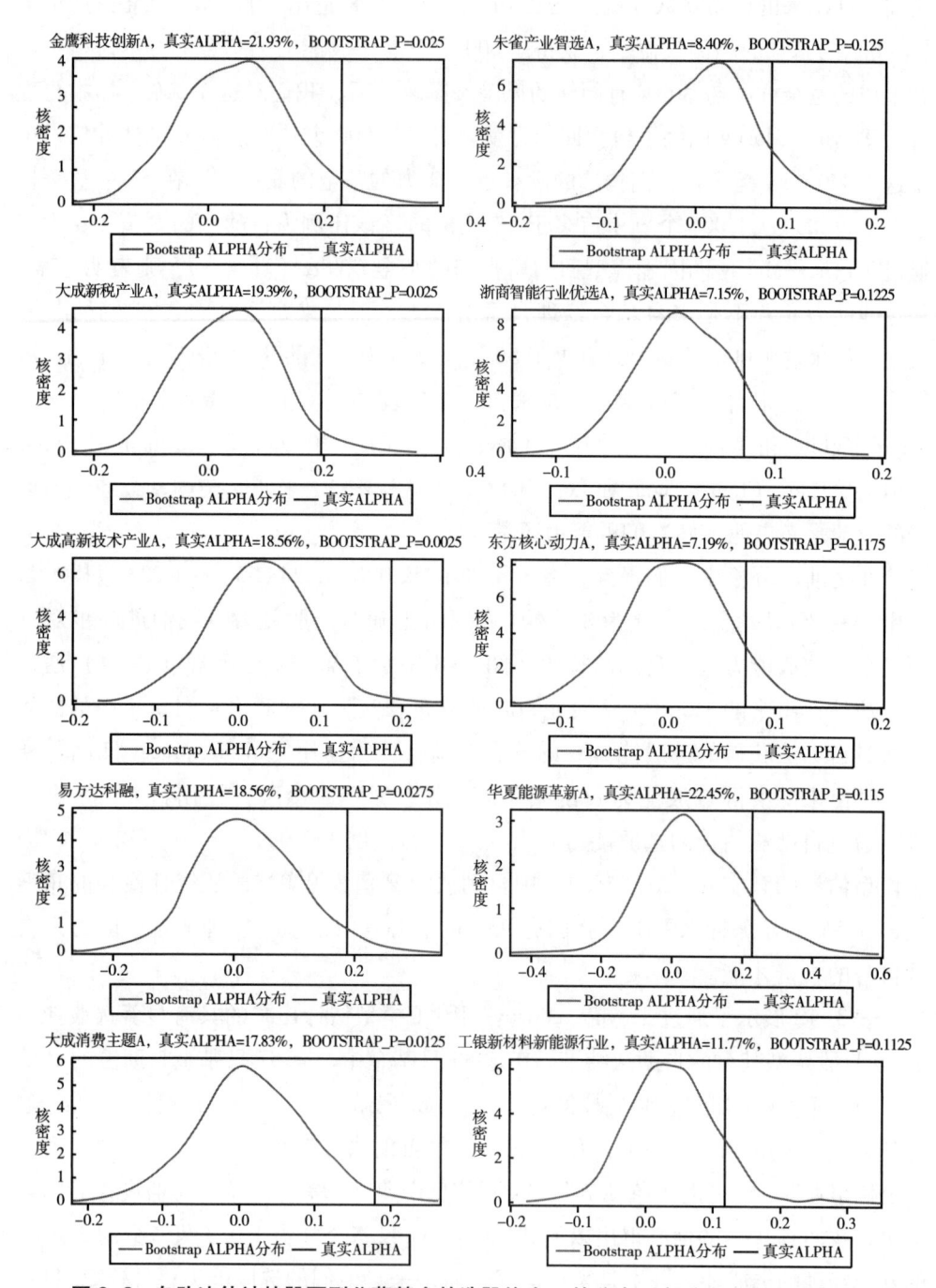

图 3-8　自助法估计的股票型公募基金的选股能力 α 的分布（部分）：2020~2024 年

注：曲线表示通过自助法获得的选股能力 α 的分布，垂直线表示运用 Treynor-Mazuy 四因子模型估计出来的实际选股能力 α。

表 3-12　具有选股能力的股票型公募基金的自助法检验结果：2020~2024 年

编号	基金名称	年化 α (%)	t(α)	自助法 P 值	编号	基金名称	年化 α (%)	t(α)	自助法 P 值
1	前海开源公用事业	24.64	1.84	0.073	33	西部利得事件驱动	14.06	1.79	0.058
2	华夏能源革新 A	22.45	1.69	0.115	34	工银精选平衡	14.02	2.50	0.008*
3	金鹰科技创新 A	21.93	2.27	0.025*	35	农银汇理量化智慧动力	13.53	2.54	0.020*
4	金鹰信息产业 A	21.15	1.97	0.078	36	诺安价值增长 A	13.34	2.09	0.033*
5	万家社会责任定开 A	21.05	1.65	0.090	37	中金新锐 A	13.17	1.88	0.050*
6	万家汽车新趋势 A	19.92	1.98	0.068	38	工银物流产业 A	13.04	1.71	0.088
7	大成新锐产业 A	19.39	2.33	0.025*	39	景顺长城沪港深精选 A	12.35	2.49	0.005*
8	大成高新技术产业 A	18.56	3.14	0.003*	40	华商盛世成长	12.25	1.71	0.065
9	易方达科融	18.56	2.14	0.028*	41	建信潜力新蓝筹 A	12.23	1.93	0.050*
10	易方达 ESG 责任投资	18.27	1.88	0.080	42	兴全商业模式优选	12.18	2.66	0.010*
11	大成消费主题 A	17.83	2.72	0.013*	43	华安成长创新 A	12.15	1.88	0.055
12	嘉实资源精选 A	17.32	2.06	0.063	44	宏利行业精选 A	11.84	1.93	0.080
13	农银汇理海棠三年定开	17.25	1.69	0.110	45	工银新材料新能源行业	11.77	1.77	0.113
14	大成优势企业 A	17.09	2.96	0.013*	46	易方达价值精选	11.66	1.96	0.050*
15	工银智能制造 A	16.76	2.01	0.043*	47	华商改革创新 A	11.62	1.65	0.080
16	景顺长城公司治理	16.60	2.38	0.013*	48	兴全社会价值三年持有	11.58	1.79	0.078
17	建信中小盘 A	16.43	2.34	0.028*	49	工银新蓝筹 A	11.48	1.97	0.068
18	融通内需驱动 AB	16.19	2.39	0.028*	50	大成景阳领先	11.30	1.79	0.095
19	农银汇理行业轮动 A	15.84	2.29	0.018*	51	中邮研究精选	11.17	1.70	0.088
20	合煦智远嘉选 A	15.50	2.19	0.078	52	圆信永丰优悦生活	11.12	2.85	0.008*
21	大成科创主题 A	15.32	1.83	0.050*	53	华安智能生活 A	10.84	1.78	0.075
22	诺安先进制造 A	15.22	2.82	0.018*	54	中信建投价值甄选 A	10.80	1.88	0.050*
23	中信证券卓越成长两年持有 A	15.16	1.93	0.070	55	富国阿尔法两年持有	10.80	2.05	0.038*
					56	中信建投行业轮换 A	10.78	1.74	0.058
24	诺安行业轮动 A	14.92	2.81	0.030*	57	富国产业升级 A	10.75	1.81	0.078
25	中银智能制造 A	14.84	1.66	0.088	58	嘉实价值精选	10.60	1.66	0.108
26	华安安信消费服务 A	14.82	2.40	0.010*	59	金元顺安消费主题	10.47	1.77	0.073
27	富国文体健康 A	14.75	2.49	0.018*	60	大成竞争优势 A	10.33	2.38	0.020*
28	工银研究精选	14.58	1.86	0.058	61	景顺长城能源基建 A	10.30	2.48	0.015*
29	工银新金融 A	14.57	2.38	0.013*	62	嘉实低价策略	10.25	1.74	0.060
30	嘉实科技创新	14.56	1.74	0.048*	63	国联安精选	10.22	1.74	0.060
31	交银趋势优先 A	14.52	1.75	0.060	64	诺安中小盘精选 A	10.10	2.12	0.063
32	华夏经典配置	14.10	2.03	0.058	65	富国周期优势 A	10.04	1.91	0.050*

续表

编号	基金名称	年化α(%)	t(α)	自助法P值	编号	基金名称	年化α(%)	t(α)	自助法P值
66	富国城镇发展	9.70	2.15	0.030*	78	朱雀产业智选A	8.40	1.71	0.125
67	诺安低碳经济A	9.57	2.17	0.020*	79	富国睿泽回报	8.40	1.76	0.063
68	国富深化价值A	9.55	1.86	0.098	80	中信保诚红利精选A	8.40	1.79	0.080
69	长信金利趋势A	9.48	2.22	0.010*	81	广发睿阳三年定开	8.31	1.90	0.060
70	朱雀产业臻选A	9.46	1.83	0.088	82	兴全绿色投资	8.02	1.73	0.070
71	长盛量化红利策略A	9.32	1.74	0.093	83	鹏华优选价值A	7.96	1.68	0.088
72	中信保诚深度价值	9.25	1.72	0.110	84	长盛成长价值	7.86	1.82	0.063
73	兴全多维价值A	9.08	2.29	0.020*	85	大成策略回报A	7.41	1.73	0.088
74	工银创新动力	9.03	2.10	0.053	86	东方核心动力A	7.19	1.72	0.118
75	圆信永丰致优A	8.95	1.92	0.068	87	浙商智能行业优选A	7.15	1.69	0.123
76	大成睿享A	8.95	1.89	0.075	88	中信保诚量化阿尔法A	6.99	2.10	0.018*
77	国联安主题驱动	8.83	1.85	0.065	89	华夏智胜价值成长A	5.28	1.73	0.113

注：*表示自助法P值小于5%，即基金经理的选股能力不是源于运气和统计误差。

我们也对基金经理的择时能力进行自助法检验，仍选取5%的显著性水平。我们要回答的问题是，在那些择时能力系数γ具有正显著性的基金中，哪些基金经理是因为运气好而显示出择时能力？哪些基金的经理是真正具有择时能力，而不是依靠运气？根据之前的Treynor-Mazuy四因子模型的估计结果，在1 023只基金中，有20只（占比2%）基金的基金经理具有显著的择时能力。表3-13为通过Treynor-Mazuy四因子模型估计出来的具有显著择时能力的20只股票型基金的自助法结果。据表3-16可知，这20只基金中有15只基金的自助法P值小于5%，占五年样本总数（1 023只）的1.5%，说明这15位基金经理的择时能力源于自身的投资才能。从统计学假设检验的角度而言，我们有95%的信心得出以下结论：这15位基金经理的优秀业绩来自他们真实的投资能力，由于数量极少，在此不再展开分析。这一结果再次印证了我国最近五年（2020~2024年）绝大部分主动管理的股票型公募基金经理不具备显著的择时能力。

表3-13　具有择时能力的股票型公募基金的自助法检验结果：2020~2024年

编号	基金名称	γ	t(γ)	自助法P值	编号	基金名称	γ	t(γ)	自助法P值
1	招商行业精选	3.06	2.86	1	4	汇丰晋信龙腾A	2.30	2.52	4
2	招商优质成长	2.65	2.47	2	5	华商主题精选	2.02	1.89	5
3	万家精选A	2.47	1.68	3	6	招商行业领先A	2.00	1.78	6

续表

编号	基金名称	γ	t(γ)	自助法P值	编号	基金名称	γ	t(γ)	自助法P值
7	中航混改精选A	1.98	2.08	7	14	嘉实新消费	1.35	1.83	14
8	长信银利精选A	1.94	2.18	8	15	建信优选成长A	1.28	1.65	15
9	工银战略转型主题A	1.82	2.00	9	16	国联安价值优选	1.09	1.79	16
10	光大创业板量化优选A	1.79	2.26	10	17	国泰央企改革A	1.07	1.68	17
11	国联安红利	1.69	2.56	11	18	富安达优势成长	1.06	1.67	18
12	中欧互通精选A	1.60	2.93	12	19	华泰柏瑞量化增强A	0.75	2.46	19
13	华安红利精选A	1.48	2.37	13	20	华泰柏瑞量化先行A	0.73	2.02	20

注：*表示自助法P值小于5%，即基金经理的择时能力不是源于运气和统计误差。

综上所述，通过自助法检验后我们得到，在过去五年（2020~2024年）中，我国股票型公募基金市场中，有3.6%的基金经理的选股能力来自自身的能力，而非运气，仅1.5%的基金经理具备择时能力。在以上研究中，我们使用Treynor-Mazyur四因子模型评估基金经理的选股和择时能力。在估计模型时，我们使用万得全A指数作为大盘指数，但是这样做未必完美，因为每一只股票型基金不一定以万得全A指数作为业绩基准。通过对比公募基金的基金合同可以发现，每只基金的投资范围各有不同，并且每只基金根据自身投资策略设定了符合各自投资理念的业绩比较基准。

为解决这一问题，在进一步的稳健性测试中，我们将基金自身业绩基准替代原Treynor-Mazyur四因子模型中的市场指数部分，分别评估三年样本（2022~2024年）和五年样本（2020~2024年）中基金经理的选股能力和择时能力。研究结果显示，在四因子模型中，无论是使用万得全A指数，还是使用每只基金自身业绩基准代表大盘指数，我们得出的有关基金经理的选股能力和择时能力的结论大致相同。

六、小结

本章从选股能力、择时能力两个层面进行探索，考察股票型基金的优秀业绩从何而来，并对基金的选股能力和择时能力进行稳健性检验和自助法检验，且排除了运气因素。我们使用基于Carhart模型改进后的Treynor-Mazuy四因子模型，分别考察基金在三年样本（2022~2024年）、五年样本（2020~2024年）、七年样本（2018~2024年）区间内的选股和择时能力。在讨论中，我们重点针对五年样本

（2020~2024年）中基金经理的投资能力进行分析。结果显示，在这1 023只基金中，有89只基金（占比8.7%）表现出正确的选股能力，有20只基金（占比2%）表现出正确的择时能力。经自助法检验后发现，在2020~2024年的主动管理股票型公募基金中，有3.6%的股票型公募基金经理自身具有选股能力，而不是靠运气，仅有1.5%的股票型公募基金经理自身具有择时能力。我们采用同样的方法对三年样本（2022~2024年）和七年样本（2018~2024年）区间内的基金进行检验后得到类似的结论。

第四章

公募基金业绩的持续性

在每年终,财经媒体和第三方财富管理公司等机构都会依据公募基金的业绩表现,对过去一段时期内表现突出的基金进行表彰,如"中国基金业金牛奖""中国基金业英华奖"等基金榜单及奖项的评选已经连续多年举办,吸引了众多投资者的关注。在此类评选活动中,基金的收益率因其直观性和易获取性而被广泛地用作评价指标之一。很多投资者会根据基金的历史收益率来预测其将来的收益,所以历史收益率较高的基金往往受到大量投资者的追捧。然而,在筛选基金的过程中我们发现,许多在前一年表现卓越的公募基金在随后一年的业绩并不理想,甚至无法达到同类基金的平均水平。在本章,我们研究以下问题:过去业绩优异的公募基金,在未来是否能够持续保持良好的表现?

公募基金通常存续期较长,基金经理管理基金就像是一场马拉松,始终保持领先并非易事。在美国业界和学术界有影响力的几位学者(Brown and Getzmann,1995;Carhart,1997)的研究表明,相比于业绩优秀的基金,业绩欠佳的基金更有可能保持其表现的连续性。也就是说,前一年业绩突出的基金在接下来的一年未必能保持优异表现,而前一年业绩不佳的基金在随后一年继续表现不佳的可能性则相对较高。出现这种现象的原因在于,导致基金业绩不佳的原因相对容易识别,如较高的费率、频繁的换手率所带来的高额交易成本,或者是较频繁的换仓操作等。但要揭示基金经理成功选股或把握入市时机的秘诀则要复杂得多。王向阳和袁定(2006)通过研究我国基金市场发现,在较长的时间里,我国基金市场的整体表现缺乏可持续性,市场上涨时基金业绩的持续性较强,市场下跌时基金业绩的持续性较弱,甚至出现反转。但是,预先判断市场未来的涨跌趋势极为困难。同时,相比绝对收益,基金风险调整后的收益指标更具有持续性。李悦和黄温柔(2011)对2004年1月至2009年12月具有24个月完整历史业绩的股票型基金的业绩持续性进行了检验,发现以6个月为排序期和检验期时,我国股票型基金具有显著的持续性,当排序期和检验期延长为12个月时,检验结果则不显著。张永冀等(2023)基于2005~2020年我国权益类公募基金数据,研究"业绩—资金流量关系"对基金业绩持续性的影响，过去一年业绩表现较好的基金往往能够吸引更多的资金在同一时期大量流入，然而，这种资金的集中流入反而可能导致该基金在随后的半年内因缺乏持续的资金流入而出现业绩下降；同时，在牛市期间，乐观的市场环境会弱化投资者对基金业绩的关注，在此期间"业绩—资金流量关系"对基金业绩持续性的影响不复存在。这些研究结果在一定程度上能够帮助投资者选择具有价值的参考指标，并帮助确定过去多久的业绩表现对未来具有预测意义。

在本章中，我们将探讨基金的业绩是否具有持续性这一论题。我们通过多种检验方法研究主动管理的股票型公募基金的业绩排名是否具有持续性，以评估基金过往表现是否可作为投资者决策的重要参考依据。本章将延续前述章节的研究思路，以主动管理的股票型公募基金为研究对象，具体包括万得基金二级分类中的普通股票型基金、偏股混合型基金和灵活配置型基金，并要求样本基金在排序期和检验期都有完整的复权净值数据。在分析过程中，基金业绩被分为两个时间段：排序期（formation period）和检验期（holding period）。我们通过跟踪基金在排序期和检验期的排名变化，检验基金的业绩是否具有持续性。其中，排序期分别选择一年、三年或半年三个时间段，检验期设置为一年或半年。具体来说，当排序期为一年时，我们检验过去一年基金业绩的排名和次年排名的相关性；当排序期为三年时，我们检验过去三年基金业绩的排名和次年排名的相关性；当排序期为半年时，我们检验过去半年基金业绩的排名和未来半年排名的相关性。以上检验方法采用每年进行的滚动检验方式，以确保结果的时效性和有效性。

在本章第一部分，我们采用Spearman相关性检验法对股票型公募基金收益率在排序期和检验期的排名相关性作出分析；第二部分，采用绩效二分法对股票型公募基金收益率的持续性进行检验；第三部分，将基金按收益率的高低分为四组，通过描述性统计的方法对股票型公募基金收益率的持续性进行检验，观察排序期和检验期基金组别的变化情况；第四部分，以风险调整后的夏普比率作为业绩衡量指标，同样采用描述统计检验的方式对基金业绩持续性进行分析。

一、收益率持续性的Spearman秩相关检验

Spearman秩相关检验是一种评估基金业绩表现持续性的方法。在检验中，Spearman秩相关检验作为衡量两个变量间相互关联性的非参数指标，无须对原始变量的分布作出要求，仅通过单调方程来评价两个统计变量的相关性。当样本的分布不服从正态分布、总体分布类型未知时，使用Spearman秩相关检验较为有效。Spearman相关系数取值范围介于$-1 \sim 1$之间，符号表示相关性的方向，绝对值越接近于1表示相关性越强，如果Spearman相关系数为1或-1，表明两个变量完全正

相关或完全负相关。具体的检验方法如下。

我们选择股票型公募基金的历史收益率（过去一年、三年或半年的收益率）作为基金业绩排名的指标，一是因为投资者对该指标较为关注，二是因为该指标获取难度较低。具体操作为：首先对样本基金在过去 F 年的排名进行记录（即排序期为 F 年），随后对这些基金在未来 H 年的排名进行追踪（即检验期为 H 年），之后计算基金排序期排名与检验期排名之间的 Spearman 相关系数。以排序期和检验期都为一年为例，Spearman 相关性检验统计量可表示为：

$$\rho_t = 1 - \frac{6\sum_{i=1}^{n_t} d_{i,t}^2}{n_t(n_t^2 - 1)} \quad (4.1)$$

其中，$d_{i,t}=r_{i,t-1}-r_{i,t}$，$r_{i,t-1}$ 和 $r_{i,t}$ 分别为基金 i 在第 $t-1$ 年和第 t 年的收益率，n_t 为第 t 年基金的数量。如果 Spearman 相关系数显著大于 0，表明基金的排名具有持续性；反之，表明基金的排名具有反转性；如果相关系数接近于 0，则表明基金收益率的排名在排序期和检验期并没有显著的相关性。

投资者往往关注过往一段时间内收益率较高的基金能否在下一年继续获得较高收益率，因此在 Spearman 相关性检验中，我们主要关注排序期排名与检验期排名之间的正相关性。在一年的排序期和检验期条件下，2007~2024 年股票型公募基金业绩持续性的 Spearman 相关系数检验结果如表 4-1 所示。我们发现，在 5% 的显著性水平下，在 17 次检验中，只有 5 次检验的 Spearman 相关系数为正且显著、6 次检验为负显著、6 次检验不显著，这表明基金收益率排名在绝大多数年份都没有展现出持续性。具体来看，（2007）~2008 年、（2008）~2009 年、（2010）~2011 年、（2013）~2014 年、（2014）~2015 年、（2015）~2016 年、（2018）~2019 年和（2021）~2022 年基金排名的 Spearman 相关系数均呈现负显著，基金的收益率排名出现了明显的反转，即前一年收益率排名靠前的基金在下一年的收益率排名靠后。2008 年，全球金融危机的冲击使我国股票市场全面下挫，沪深 300 指数由年初的 5 338 点一度跌至 1 607 点，跌幅达 70%。直至同年 11 月，随着四万亿经济刺激计划的实施，股票市场才有所回暖。2009 年，沪深 300 指数在小幅震荡中持续上涨，回归至 3 576 点，全年涨幅高达 97%。在这样的市场行情下，2008 年股票仓位较高的基金普遍出现了大幅回撤，但是这些基金同样也能够抓住 2009 年市场上涨行情的机遇来赚取收益，因此 2008 年收益率排名靠后的基金能够在 2009 年实现逆转。2014 年下半年，随着深化资本市场改革战略方针的不断落实，A 股市场牛市行情启动，至年末涨幅已位于全球前列，沪深 300 指数全年涨幅达 53%。进入 2015 年，股票市场在经历千股涨停后又转入千股跌停的大幅震荡局面，沪深 300 指数全年小幅上涨，涨幅为 6%。2020 年下半年，经济逐步复苏，A 股市场再度活跃，沪深 300 指数稳步攀升，全年涨幅达 27.21%，并在 2021 年 2 月达到最高点 5 930 点，但随后进入了持续的回调和整理期。在市场剧烈变化的这段时间里，公募基金的收益排名出现较大变化。

但是，股票型公募基金在某些年度的业绩反而具有连续性。例如，（2019）~2020年期间，基金排名的Spearman相关系数为0.418，并且呈现正向的显著性。这表明2019年收益率排名较高的基金，在2020年同样保持了较好的排名。2019年，股票市场出现了结构性的行情，消费和科技板块领涨，核心蓝筹股受到投资者的青睐，而周期板块整体表现不佳。到了2020年，众多白酒股和啤酒股的涨幅接近翻倍，消费、医药、科技板块也实现了大幅增长。在这种市场环境下，专注于食品饮料、消费、医药、科技股的基金在2019~2020年能够持续其卓越的业绩。在最近的检验区间（2023）~2024年中，Spearman相关系数为0.173，同样显示出正向的显著性，基金业绩在2023~2024年保持了一定的连续性。然而，总体而言，股票型公募基金的一年收益率排名并不显示出明显的连续性。

表4-1　　股票型公募基金业绩持续性的Spearman相关性检验
（排序期为一年、检验期为一年）：2007~2024年

（排序期）~检验期	Spearman相关系数	T检验P值
（2007）~2008	-0.288	0.008
（2008）~2009	-0.338	<0.0001
（2009）~2010	0.011	0.894
（2010）~2011	-0.117	0.099
（2011）~2012	0.288*	<0.0001
（2012）~2013	0.015	0.792
（2013）~2014	-0.104	0.048
（2014）~2015	-0.135	0.007
（2015）~2016	-0.027	0.562
（2016）~2017	0.12*	0.004
（2017）~2018	0.051	0.201
（2018）~2019	-0.101	0.006
（2019）~2020	0.418*	<0.0001
（2020）~2021	0.050	0.100
（2021）~2022	-0.065	0.011
（2022）~2023	0.088*	<0.0001
（2023）~2024	0.173*	<0.0001

注：*表示在排序期和检验期，基金的业绩在5%的显著性水平下具有持续性。

鉴于一年的排序期较短且基金业绩波动较大，我们又以三年作为排序期、一年作为检验期，评估股票型公募基金在连续三年的总收益率排名与下一年收益率排名之间是否存在显著的相关性。结果显示，在15次检验中，有11次表明基金在前三年的收益与下一年的收益之间没有显著的正相关性，即基金业绩不具有持续性，如（2020~2022）~2023年期间，T检验P值大于0.05，Spearman相关系数为-4.3%。在5%的显著性水平下，仅在（2010~2012）~2013年、（2012~2014）~2015年、（2017~2019）~2020年和（2021~2023）~2024年四个时期的基金收益率排名呈现出正相关性且显著，相关系数分别为15.1%、11.3%、25.7%和12.2%。我们发现，基金排序期与检验期的收益率并没有显著的正相关性。因此得出结论：以三年为排序期、一年为检验期，我国股票型公募基金的收益不具有持续性。

表4-2　　　　股票型公募基金业绩持续性的Spearman相关性检验
（排序期为三年、检验期为一年）：2007~2024年

（排序期）~检验期	Spearman 相关系数	T检验P值
（2007~2009）~2010	-0.046	0.680
（2008~2010）~2011	0.143	0.117
（2009~2011）~2012	0.129	0.112
（2010~2012）~2013	0.151*	0.032
（2011~2013）~2014	-0.107	0.086
（2012~2014）~2015	0.113*	0.044
（2013~2015）~2016	-0.028	0.590
（2014~2016）~2017	-0.052	0.293
（2015~2017）~2018	0.042	0.374
（2016~2018）~2019	-0.093	0.027
（2017~2019）~2020	0.257*	<0.001
（2018~2020）~2021	-0.002	0.966
（2019~2021）~2022	-0.239	<0.001
（2020~2022）~2023	-0.043	0.179
（2021~2023）~2024	0.122*	<0.0001

注：*表示在排序期和检验期，基金的业绩在5%的显著性水平下具有持续性。

许多投资者同样会留意基金的短期表现，本章同样对以半年作为排序期和检验期时的收益率持续性进行了分析。我们将时间跨度缩短，研究了当排序期和检验期较短时，公募基金的业绩持续性是否与一年和三年的排序期保持一致。表4-3展

示了基金近 6 个月收益排名与未来 6 个月收益排名的 Spearman 相关系数检验结果。检验是基于半年周期的滚动方式，因此在排序期和检验期中，我们特别标注了各个时间点的月份，如（2007/06）~（2007/12）表示排序期为 2007 年 1 月至 6 月，检验期为 2007 年 7 月至 12 月的样本期。

分析结果显示，在 35 次滚动检验中，有 18 次检验的 Spearman 相关系数显著大于 0，超过了检验次数的一半，这表明了业绩的持续性。具体而言，（2017/06）~（2017/12）期间业绩持续是因为蓝筹股的上涨行情持续，重仓蓝筹股的基金能够维持其排名靠前。（2019/06）~（2019/12）期间，由于 A 股市场结构性牛市的出现，科技和消费等行业股票涨幅领先，风格一致的股票型基金在 2019 年全年业绩持续。（2021/06）~（2021/12）期间，受"双碳"目标的推动，新能源产业链表现突出，而家用电器、非银金融、食品饮料等行业下跌较多，基金持仓全年变化不大，业绩在上下半年持续。在最近的两个样本期，（2023/12）~（2024/06）期间，Spearman 相关系数为 5.4%，呈正显著。（2024/06）~（2024/12）期间，Spearman 相关系数不显著。综合多个样本期的检验结果，我们认为，当排序期和检验期缩短至半年时，股票型公募基金的业绩在超过半数的时间段内显示出持续性，且持续性有所提升。

表 4-3　　　　　股票型公募基金业绩持续性的 Spearman 相关性检验
（排序期为半年、检验期为半年）：2007~2024 年

（排序期）~检验期	Spearman 相关系数	T 检验 P 值
（2007/6）~（2007/12）	0.341*	0.002
（2007/12）~（2008/6）	-0.237	0.014
（2008/6）~（2008/12）	0.445*	<0.001
（2008/12）~（2009/6）	-0.373	<0.001
（2009/6）~（2009/12）	0.220*	0.006
（2009/12）~（2010/6）	0.114	0.132
（2010/6）~（2010/12）	0.201*	0.004
（2010/12）~（2011/6）	-0.171	0.009
（2011/6）~（2011/12）	0.017	0.789
（2011/12）~（2012/6）	0.107	0.073
（2012/6）~（2012/12）	0.204*	0.001
（2012/12）~（2013/6）	0.010	0.853
（2013/6）~（2013/12）	0.218*	<0.001
（2013/12）~（2014/6）	0.261*	<0.001

续表

（排序期）~检验期	Spearman 相关系数	T 检验 P 值
（2014/6）~（2014/12）	-0.100	0.045
（2014/12）~（2015/6）	-0.376	<0.001
（2015/6）~（2015/12）	0.021	0.651
（2015/12）~（2016/6）	0.242*	<0.001
（2016/6）~（2016/12）	0.447*	<0.001
（2016/12）~（2017/6）	0.121*	0.003
（2017/6）~（2017/12）	0.555*	<0.001
（2017/12）~（2018/6）	0.105*	0.006
（2018/6）~（2018/12）	-0.038	0.307
（2018/12）~（2019/6）	-0.261	<0.001
（2019/6）~（2019/12）	0.150*	<0.001
（2019/12）~（2020/6）	0.479*	<0.001
（2020/6）~（2020/12）	-0.101	0.001
（2020/12）~（2021/6）	0.018	0.515
（2021/6）~（2021/12）	0.132*	<0.001
（2021/12）~（2022/6）	0.029	0.2113
（2022/6）~（2022/12）	0.063*	0.003
（2022/12）~（2023/6）	0.050*	0.014
（2023/6）~（2023/12）	-0.023	0.251
（2023/12）~（2024/6）	0.054*	<0.001
（2024/6）~（2024/12）	-0.306	<0.001

注：*表示在排序期和检验期，基金的业绩在5%的显著性水平下具有持续性。

检验结果表明，当排序期和检验期较长时（排序期为一年至三年、检验期为一年），主动管理的股票型公募基金的业绩不存在明显的持续性。换句话说，之前一年或三年收益率较高的基金，在接下来的一年中未必能保持领先。然而，在较短的排序期和检验期（均为半年）情况下，尽管某些时段的相关性较低，但是主动管理的股票型公募基金的收益持续性还是有所提升的。这意味着，基金在近半年的收益排名对于投资者在未来半年内挑选基金时具有一定的参考意义。不过，考虑到基金交易的前后端费用，是否适宜采取短期持有并频繁更换基金的投资策略，仍需进一步探讨。

二、收益率持续性的绩效二分法检验

1995年，纽约大学和耶鲁大学的Brown与Goetzmann教授发表了一篇论文，运用绩效二分法评估了基金业绩的持续性。该方法的核心在于分析基金在排序期与检验期的排名变化，以此来判断基金整体业绩的持续性。肖奎喜和杨义群（2005年）采纳了绩效二分法，对2003年底之前存在的55只开放型基金的业绩持续性进行了研究。他们发现基金业绩仅在1~3个月的短期内表现出一定的持续性，而从长期来看，基金很难保持优秀的投资回报。

本节将探讨绩效二分法在中国基金市场的应用，分析股票型公募基金收益率排名的持续性。根据绩效二分法，我们将在排序期和检验期对样本基金按收益率进行高低排序，将排名前50%的基金归为赢组（Winner）、后50%的基金归为输组（Loser）。如果基金在两个时期都位于赢组，则被归类为赢赢组（WW）。按照基金在两个时期的排名表现，我们可以将基金分为赢赢组（WW）、赢输组（WL）、输赢组（LW）和输输组（LL）四个类别，如表4-4所示。

表4-4　　　　　　　　　绩效二分法检验中的基金分组

排序期	检验期	
	赢组（Winner）	输组（Loser）
赢组（Winner）	WW	WL
输组（Loser）	LW	LL

在对基金进行分组后，我们采用交叉积比率指标（cross-product ratio，CPR）来检验股票型公募基金收益率的持续性。若基金收益率表现出持续性，则基金在排序期与检验期的排名应相对稳定，此时4组基金在样本中的分布应呈现不均衡状态。具体来说，排序期属于赢组的基金，在检验期有很大概率仍然属于赢组；排序期属于输组的基金，在检验期继续留在输组的概率也较高。相反，若基金收益率缺乏持续性，则在检验期的排序将呈现随机性，排序期属于赢组和输组的基金在下一年位于赢组和输组的概率应相等，即上述4种情况在全部样本基金中的比例应为25%。由此，我们可以通过CPR这一综合了4个分组基金占比的指标，来检验基金业绩的持续性。CPR指标的计算方法如下：

$$\widetilde{CPR} = \frac{N_{WW} \times N_{LL}}{N_{WL} \times N_{LW}} \quad (4.2)$$

其中，N_{WW}、N_{LL}、N_{WL}、N_{LW}分别代表属于每组基金的样本数量。如果基金的业绩不存在持续性，则 CPR 的值应该为 1，即 $\ln(\widetilde{CPR}) = 0$。$\ln(\widetilde{CPR})$ 服从正态分布，其标准差为：

$$\sigma_{\ln(\widetilde{CPR})} = \sqrt{1/N_{WW} + 1/N_{WL} + 1/N_{LW} + 1/N_{LL}} \qquad (4.3)$$

我们使用 Z 统计量来检验 $\ln(\widetilde{CPR})$ 是否等于 0。在观测值相互独立时，Z 统计量服从标准正态分布：

$$\widetilde{Z} = \frac{\ln(\widetilde{CPR})}{\sigma_{\ln(\widetilde{CPR})}} \to Norm(0,1) \qquad (4.4)$$

如果 Z 统计量显著大于 0，则对应的 CPR 指标显著大于 1，表明基金的收益率具有持续性；反之，如果 Z 统计量显著小于 0，则对应的 CPR 指标显著小于 1，表明基金的收益排名在检验期出现了反转；若 Z 统计量和 0 相差不大，那么对应的 CPR 指标接近于 1，此时可以推断，检验期中 4 组基金数量大致相等，也就是说基金收益率排名是随机的。通过上述方法，我们能够对公募基金的业绩持续性作出判断。

在这里，我们关心的问题是，过去一年收益率排名在前 50% 的基金，下一年能否继续获得较高的收益？过去一年收益率排名在后 50% 的基金，下一年的收益率是否仍旧较低？若这两个问题的答案均为肯定的，则表明基金上一年的表现对投资者而言具有一定的参考意义；若答案是否定的，则说明公募基金的收益率缺乏持续性。鉴于本章主要探讨基金业绩的持续性问题，我们着重分析基金在排序期和检验期的业绩延续性，即赢赢组（WW）和输输组（LL）基金的比例是否显著超过 25%，以此作为判断依据。如果基金在检验期的表现毫无规律，那么它落入 4 个组别中任意一组的概率应为 25%。

图 4-1 展示了在不同检验组中，赢赢组（WW）、赢输组（WL）、输赢组（LW）和输输组（LL）基金的比例分布情况。在 17 个检验结果中，某些时段显示出基金的占比低于 25%。例如，在（2008）~2009 年，仅有 20.7% 的基金属于 WW 组；而其他时段，如（2019）~2020 年，有 33.1% 的基金属于 WW 组，占比显著高于 25%。此外，也有时段各组基金的占比与 25% 相差不大。总体而言，基金在检验期间的组别分布显得较为随机。为了验证这些比例是否显著地高于或低于随机分布下预期的 25% 概率，我们对不同时间段内公募基金所属组别分布的显著性进行了测试。

表 4-5 展示了股票型公募基金在排序期和检验期的组别分布，以及 CPR 等统计指标的具体信息。我们发现，在 17 次检验中，当显著性水平设定为 5% 时，仅在（2011）~2012 年、（2019）~2020 年、（2022）~2023 年和（2023）~2024 年，CPR 值超过 1 且 P 值低于 0.05，表明基金业绩具有持续性。而在其余 13 个样本期，CPR 指标不显著或显著小于 1。例如，在（2008）~2009 年、（2010）~2011 年、（2018）~2019 年和（2021）~2022 年，CPR 指标均显著小于 1，说明基金的业绩在后一年出

现了反转。综合 17 个样本期的检验结果，我们得出结论：当检验期为一年时，公募基金的收益率缺乏持续性。

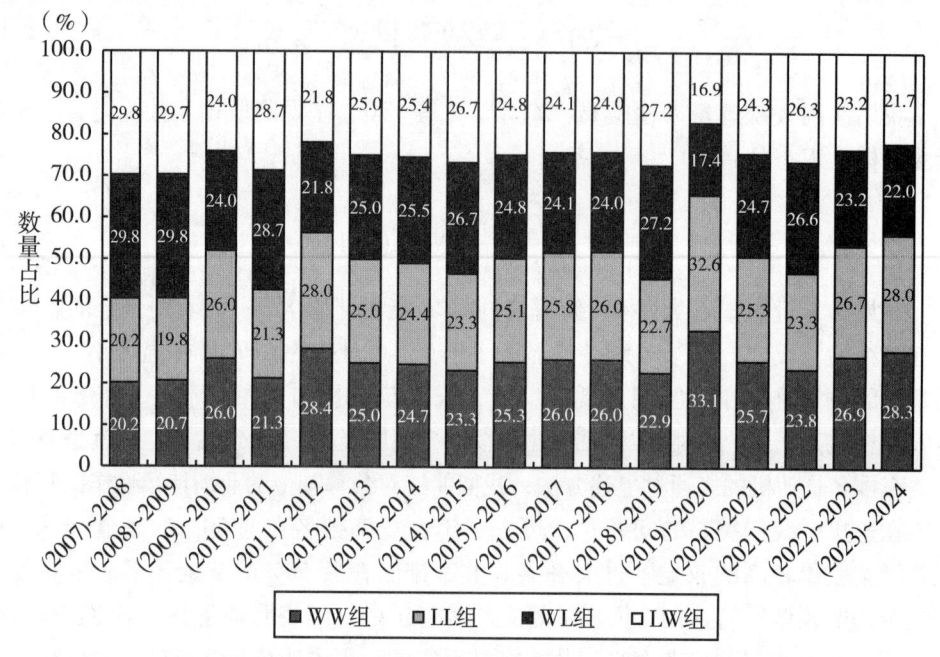

图 4-1 股票型公募基金业绩持续性绩效二分法检验各组比例
（排序期为一年、检验期为一年）：2007~2024 年

表 4-5   股票型公募基金业绩持续性的绩效二分法检验
（排序期为一年、检验期为一年）：2007~2024 年

（排序期）~检验期	CPR	Z 统计量	P 值	WW 组比例（%）	LL 组比例（%）	WL 组比例（%）	LW 组比例（%）
（2007）~2008	0.46	-1.73	0.083	20.2	20.2	29.8	29.8
（2008）~2009	0.46	-2.08	0.038	20.7	19.8	29.8	29.7
（2009）~2010	1.17	0.48	0.629	26.0	26.0	24.0	24.0
（2010）~2011	0.55	-2.10	0.036	21.3	21.3	28.7	28.7
（2011）~2012	1.68*	2.05	0.040	28.4	28.0	21.8	21.8
（2012）~2013	1.00	0.00	1.000	25.0	25.0	25.0	25.0
（2013）~2014	0.93	-0.37	0.714	24.7	24.4	25.5	25.4
（2014）~2015	0.76	-1.39	0.164	23.3	23.3	26.7	26.7
（2015）~2016	1.03	0.14	0.889	25.3	25.1	24.8	24.8
（2016）~2017	1.16	0.88	0.379	26.0	25.8	24.1	24.1

续表

（排序期）~检验期	CPR	Z统计量	P值	WW组比例（%）	LL组比例（%）	WL组比例（%）	LW组比例（%）
（2017）~2018	1.17	0.96	0.339	26.0	26.0	24.0	24.0
（2018）~2019	0.70	-2.39	0.017	22.9	22.7	27.2	27.2
（2019）~2020	3.67*	9.13	<0.001	33.1	32.6	17.4	16.9
（2020）~2021	1.09	0.67	0.503	25.7	25.3	24.7	24.3
（2021）~2022	0.79	-2.27	0.023	23.8	23.3	26.6	26.3
（2022）~2023	1.33*	3.34	0.001	26.9	26.7	23.2	23.2
（2023）~2024	1.66*	6.29	<0.0001	28.3	28.0	22.0	21.7

注：*表示在排序期和检验期，基金的业绩在5%的显著性水平下具有持续性。

接下来，我们以三年作为排序期、一年作为检验期，重新对股票型公募基金的收益持续性进行绩效二分法检验。图4-2显示，在大多数样本期内，WW组和LL组基金的数量占比几乎与随机分布的25%相仿，这与基金业绩随机波动的模式相

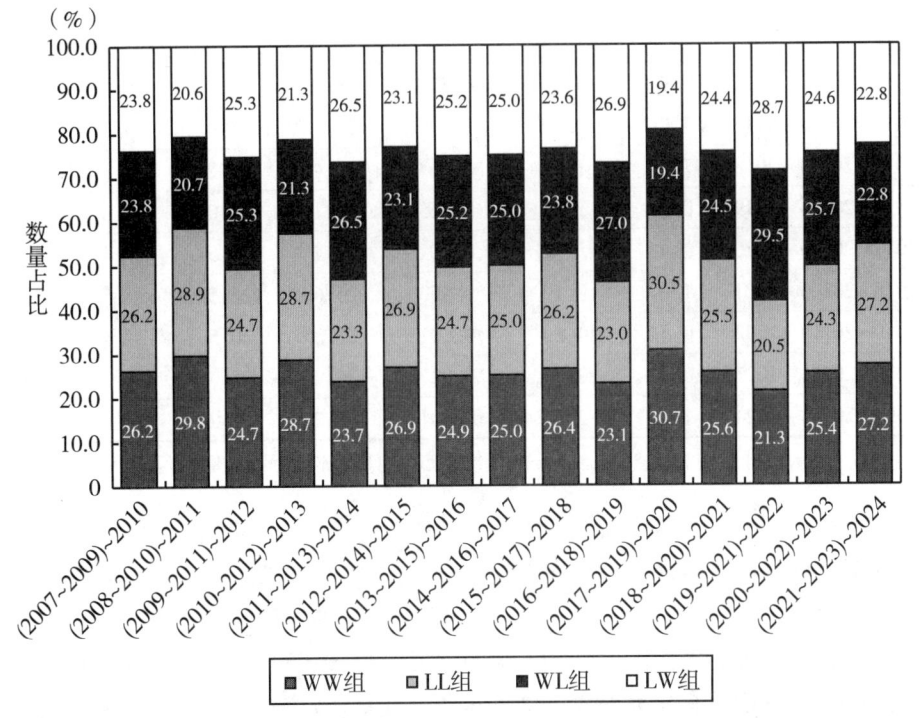

图4-2 股票型公募基金业绩持续性绩效二分法检验各组比例
（排序期为三年、检验期为一年）：2007~2024年

吻合。结合表4-6中 CPR 的具体指标可以发现，15次检验中仅3次的 CPR 指标显著超过1，表明基金业绩只在这些年间表现出持续性，分别是（2010~2012）~2013年、（2017~2019）~2020年和（2021~2023）~2024年。这个结果表明，过去三年表现优秀的基金在接下来一年的业绩排名往往具有随机性。尽管在最近的一个检验区间（2021~2023）~2024年，P值小于0.05，表明检验结果具有统计学上的显著性，然而从总体上来看，三年基准期与一年基准期得出的结论保持一致，即在2007~2024年期间主动管理的股票型公募基金的业绩并未显示出显著的持续性。

表4-6 股票型公募基金业绩持续性的绩效二分法检验（排序期为三年、检验期为一年）：2007~2024年

（排序期）~检验期	CPR	Z统计量	P值	WW组比例（%）	LL组比例（%）	WL组比例（%）	LW组比例（%）
（2007~2009）~2010	1.21	0.44	0.663	26.2	26.2	23.8	23.8
（2008~2010）~2011	2.02	1.90	0.058	29.8	28.9	20.7	20.6
（2009~2011）~2012	0.95	-0.16	0.872	24.7	24.7	25.3	25.3
（2010~2012）~2013	1.82*	2.10	0.036	28.7	28.7	21.3	21.3
（2011~2013）~2014	0.79	-0.94	0.350	23.7	23.3	26.5	26.5
（2012~2014）~2015	1.36	1.35	0.177	26.9	26.9	23.1	23.1
（2013~2015）~2016	0.97	-0.16	0.875	24.9	24.7	25.2	25.2
（2014~2016）~2017	1.00	0.00	1.000	25.0	25.0	25.0	25.0
（2015~2017）~2018	1.23	1.12	0.263	26.4	26.2	23.8	23.6
（2016~2018）~2019	0.73	-1.85	0.065	23.1	23.0	27.0	26.9
（2017~2019）~2020	2.48*	5.52	<0.001	30.7	30.5	19.4	19.4
（2018~2020）~2021	1.09	0.59	0.553	25.6	25.5	24.5	24.4
（2019~2021）~2022	0.51	-4.80	<0.001	21.3	20.5	29.5	28.7
（2020~2022）~2023	0.97	-0.22	0.827	25.4	24.3	25.7	24.6
（2021~2023）~2024	1.43*	3.44	<0.001	27.2	27.2	22.8	22.8

注：*表示在排序期和检验期，基金的业绩在5%的显著性水平下具有持续性。

在上述检验中，我们分别以一年和三年作为排序期、一年作为检验期，结果表明股票型公募基金的表现无法保持稳定。那么，如果将排序期和检验期缩短至半年，上述结论是否依旧成立？绩效二分法的测试结果在图4-3和表4-7中呈现。我们观察到，在35次测试中，有14次的P值小于0.05，且 CPR 指标超过1，与随机分布的25%相比有显著差异。这意味着，在这14个样本期间，过去半年表现优秀的基金，在接下来的半年里有很大可能继续保持优秀；同样，过去半年表现不佳的基金，在接下来的半年里也很可能继续表现不佳，其持续性相较于一年和三年

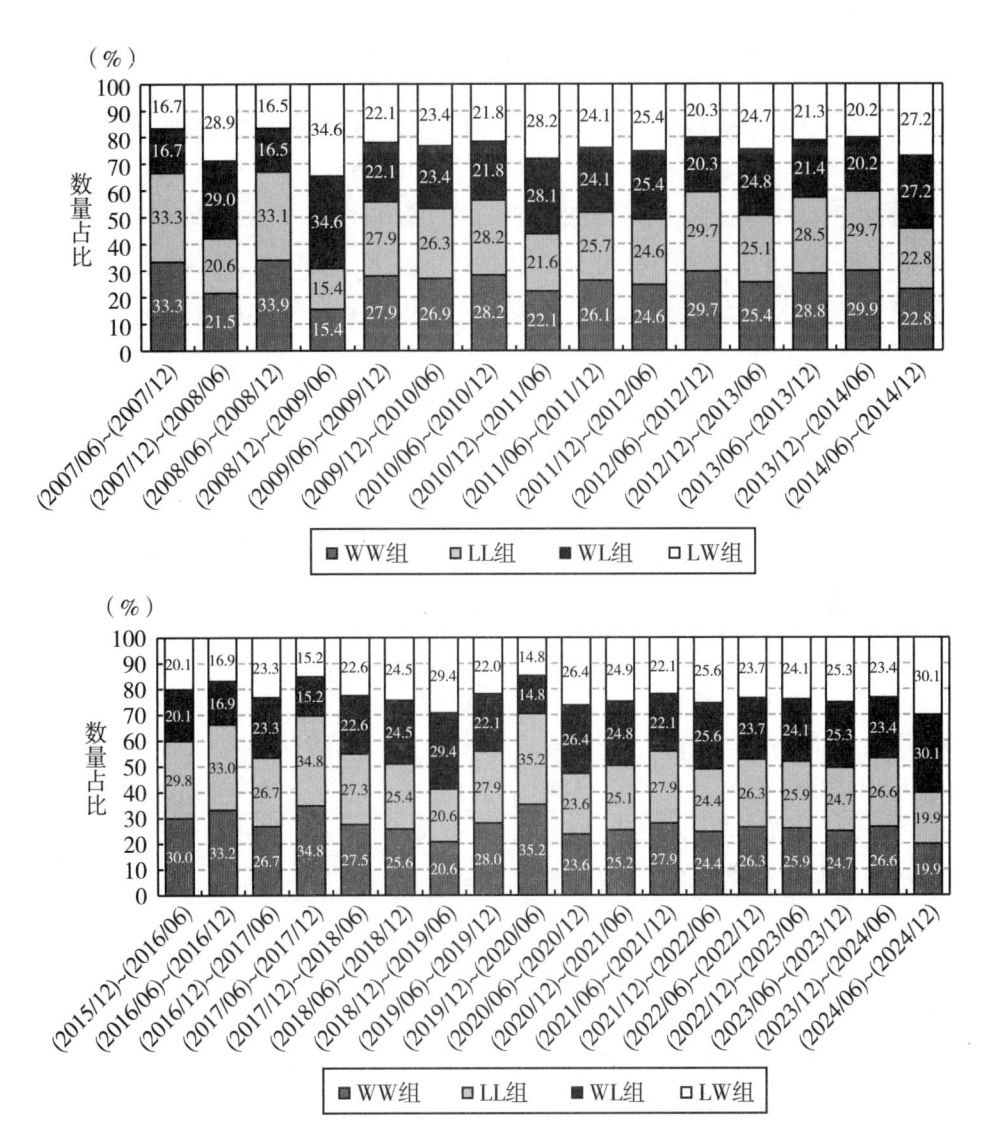

图 4-3 股票型公募基金业绩持续性绩效二分法检验各组比例
（排序期为半年、检验期为半年）：2007~2024 年

的排序期有所增强。以（2019/06）~（2019/12）为例，CPR 指标达到 5.61，远超 1，赢赢组和输输组的基金占比均为 35.2%，远高于随机分布下的 25%。2019 年，A 股市场经历了结构性牛市，万得全 A 指数全年涨幅达到 33%，深证成指和创业板指的涨幅更是超过了 40%，科技、消费等行业的股票涨幅领先。在整体市场上涨的背景下，风格持续一致的股票型基金在 2019 年上下半年的表现得以保持。此外，我们注意到，在某些年份，排序期和检验期都属于赢组或输组的基金占比明显低于 25%，如在（2018/12）~（2019/06）期间，基金在排序和检验期都属于赢组

或输组的占比仅为 20.6%。2018 年下半年，我国股市持续下跌，沪深 300 指数创下了十年来最大的年度跌幅。到 2019 年上半年，股市总体呈现上升趋势，但市场分化明显，蓝筹股的涨幅普遍高于市场平均水平，而表现较差的股票则明显下跌。因此，采取不同选股策略的基金在 2018 年下半年和 2019 年上半年的业绩出现了反转。在最近的两个测试区间，（2023/12）~（2024/06）和（2024/06）~（2024/12），前者 CPR 值大于 1 且 P 值小于 0.05，测试结果显著，表明在该时期内业绩具有明显的持续性；而后者 CPR 小于 1 且 P 值小于 0.05，说明基金业绩在后半年发生了反转。

表 4-7　　　股票型公募基金业绩持续性的绩效二分法检验
（排序期为半年、检验期为半年）：2007~2024 年

（排序期）~检验期	CPR	Z 统计量	P 值	WW 组比例（%）	LL 组比例（%）	WL 组比例（%）	LW 组比例（%）
（2007/06）~（2007/12）	4.00*	2.99	0.003	33.3	33.3	16.7	16.7
（2007/12）~（2008/06）	0.53	-1.64	0.102	21.5	20.6	29.0	28.9
（2008/06）~（2008/12）	4.10*	3.65	0.001	33.9	33.1	16.5	16.5
（2008/12）~（2009/06）	0.20	-4.34	<0.001	15.4	15.4	34.6	34.6
（2009/06）~（2009/12）	1.60	1.45	0.148	27.9	27.9	22.1	22.1
（2009/12）~（2010/06）	1.29	0.83	0.406	26.9	26.3	23.4	23.4
（2010/06）~（2010/12）	1.68	1.82	0.068	28.2	28.2	21.8	21.8
（2010/12）~（2011/06）	0.60	-1.90	0.057	22.1	21.6	28.1	28.2
（2011/06）~（2011/12）	1.15	0.56	0.575	26.1	25.7	24.1	24.1
（2011/12）~（2012/06）	0.95	-0.24	0.812	24.6	24.6	25.4	25.4
（2012/06）~（2012/12）	2.16*	3.35	0.001	29.7	29.7	20.3	20.3
（2012/12）~（2013/06）	1.04	0.16	0.872	25.4	25.1	24.8	24.7
（2013/06）~（2013/12）	1.79*	2.76	0.006	28.8	28.5	21.4	21.3
（2013/12）~（2014/06）	2.17*	3.77	0.001	29.9	29.7	20.3	20.2
（2014/06）~（2014/12）	0.70	-1.79	0.074	22.8	22.8	27.2	27.2
（2014/12）~（2015/06）	0.30	-5.93	<0.001	17.9	17.6	32.3	32.2
（2015/06）~（2015/12）	1.22	1.07	0.284	26.4	26.1	23.7	23.8
（2015/12）~（2016/06）	2.21*	4.50	<0.001	30.0	29.8	20.1	20.1
（2016/06）~（2016/12）	3.85*	7.61	<0.001	33.2	33.0	16.9	16.9
（2016/12）~（2017/06）	1.31	1.63	0.103	26.7	26.7	23.3	23.3
（2017/06）~（2017/12）	5.20*	9.53	<0.001	34.8	34.8	15.2	15.2

续表

（排序期）~检验期	CPR	Z统计量	P值	WW组比例（%）	LL组比例（%）	WL组比例（%）	LW组比例（%）
（2017/12）~（2018/06）	1.47*	2.49	0.013	27.5	27.3	22.6	22.6
（2018/06）~（2018/12）	1.08	0.55	0.582	25.6	25.4	24.5	24.5
（2018/12）~（2019/06）	0.49	-4.96	<0.001	20.6	20.6	29.4	29.4
（2019/06）~（2019/12）	1.60*	3.46	0.001	28.0	27.9	22.1	22.0
（2019/12）~（2020/06）	5.61*	12.49	<0.001	35.2	35.2	14.8	14.8
（2020/06）~（2020/12）	0.80	-1.85	0.065	23.6	23.6	26.4	26.4
（2020/12）~（2021/06）	1.03	0.25	0.801	25.2	25.1	24.8	24.9
（2021/06）~（2021/12）	1.58*	4.51	<0.001	27.9	27.9	22.1	22.1
（2021/12）~（2022/06）	0.91	-0.97	0.332	24.4	24.4	25.6	25.6
（2022/06）~（2022/12）	1.23*	2.46	0.014	26.3	26.3	23.7	23.7
（2022/12）~（2023/06）	1.16	1.78	0.076	25.9	25.9	24.1	24.1
（2023/06）~（2023/12）	0.96	-0.57	0.568	24.7	24.7	25.3	25.3
（2023/12）~（2024/06）	1.29*	3.36	0.0008	26.6	26.6	23.4	23.4
（2024/06）~（2024/12）	0.43	-10.89	<0.0001	19.9	19.9	30.1	30.1

注：*表示在排序期和检验期，基金的业绩在5%的显著性水平下具有持续性。

综合来看，Spearman相关性检验与绩效二分法检验得出的结论大致相同。与排序期为一年和三年、检验期为一年的绩效二分法检验结果相比，若排序期和检验期均缩短至半年，基金收益率的持续性则显得更为显著。

三、收益率持续性的描述统计检验

基于前述研究发现，Spearman相关性检验与绩效二分法检验均通过构建相应的统计量，对基金收益率的持续性进行了检验。接下来，我们将采用更为直观的描述统计方法，深入探讨股票型公募基金的收益率是否呈现出持续性特征。

在本节，我们选定的检验期与排序期的时间跨度与前两节保持一致。首先，在排序期，我们依据收益率进行排序，从高到低将基金分成4组，将第1组定义为收益率最高的组（收益率排名前25%），将第4组定义为收益率最低的组（收益率排名后25%）。接下来，我们审视每组基金在检验期的分组状况。如果基金的收益率展现出持续性，那么在排序期属于第1组的基金，在检验期也应该有较高比例保持在第 1 组。相反，如果基金的收益率缺乏持续性，则无论基金在排序期处于哪个等级，在检验期的排名应呈现随机分布，即排序期属于第 1 组的基金，在检验期各等级的比例应为 25%。鉴于本章主要探讨公募基金收益率的持续性问题，这里重点关注基金在排序期与检验期所属等级的连续性。

我们通过计算确定了在 2007~2024 年的时间跨度内 17 个在排序期收益率处于第 1 组的基金，在随后的检验期同样保持在该组别的比例。随后，我们计算了这 17 个比例的平均值，从而得到了 2007~2024 年期间收益率在排序期和检验期均处于第 1 组的平均比例。图 4-4 展示了在一年的排序期中，属于第 1 组、第 2 组、第 3 组和第 4 组的基金，在接下来一年的检验期中所属各组的比例。观察图 4-4 可知，排序期处于第 1 组的基金，在检验期有 25.9% 的比例仍旧保持在第 1 组，这与随机分布预期的 25% 相差无几；而排序期处于第 4 组的基金，在检验期有 27.7% 的比例仍旧处于第 4 组，略高于随机分布情况下的 25%。接下来，我们将运用 T 检验，进一步验证这两个比例是否在统计学上显著地不同于 25%。

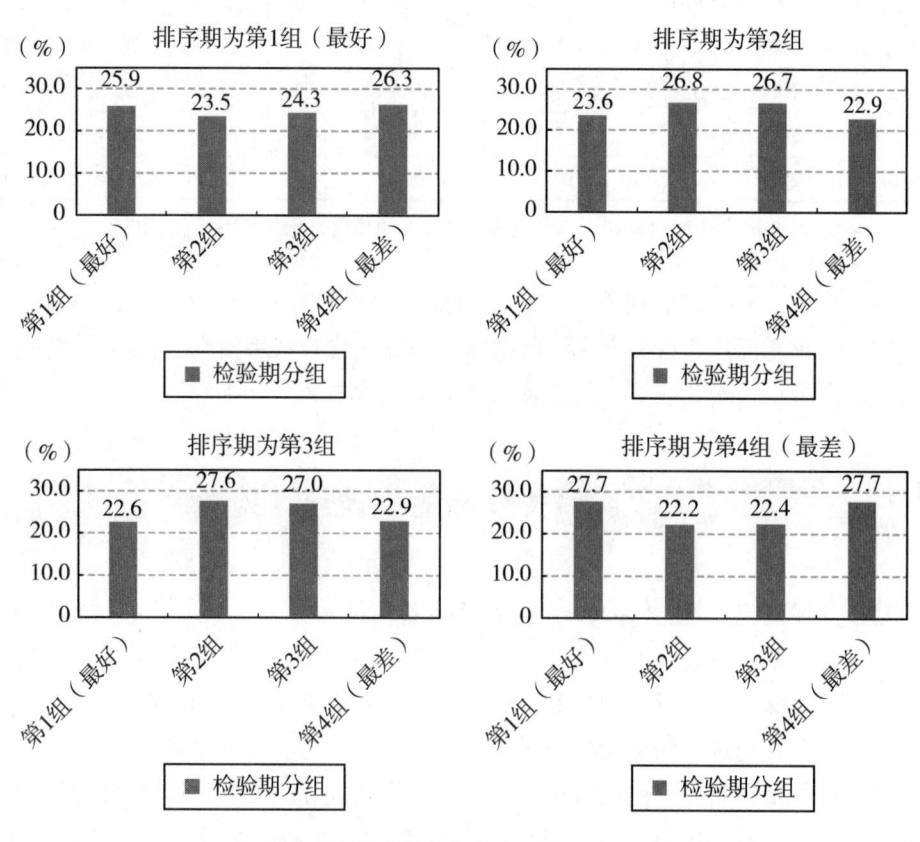

图 4-4 股票型公募基金收益率在检验期组别变化的分布
（排序期为一年、检验期为一年）：2007~2024 年

表 4-8 展示了股票型公募基金在一年排序期和一年检验期的收益率变化情况，并进行了 T 检验。结果显示，无论是排序期还是检验期，处于第 1 组、第 2 组、第 3 组和第 4 组的基金 T 检验的 P 值均超过了 0.05。这意味着，在 95% 的置信水平下，前一年表现优秀的基金在接下来一年继续保持优秀表现的概率，与随机情况下的 25% 无显著差异。同样，前一年表现不佳的基金在后一年依旧表现不佳的概率，也与随机情况下的 25% 相近。

表 4-8　股票型公募基金收益率在检验期组别变化的 T 检验
（排序期为一年、检验期为一年）：2007~2024 年

排序期组别	检验期组别	平均百分比（%）	t 值	T 检验 P 值
1 （最好的基金组）	1	25.9	0.37	0.719
	2	23.5	-1.07	0.299
	3	24.3	-0.49	0.634
	4	26.3	0.61	0.548
2	1	23.6	-1.62	0.124
	2	26.8	1.50	0.154
	3	26.7	2.15	0.047
	4	22.9	-2.47	0.025
3	1	22.6	-2.35	0.032
	2	27.6	2.26	0.039
	3	27.0	1.21	0.242
	4	22.9	-1.44	0.168
4 （最差的基金组）	1	27.7	1.21	0.244
	2	22.2	-2.77	0.014
	3	22.4	-2.36	0.032
	4	27.7	1.58	0.135

注：*表示在排序期和检验期，基金的业绩在 5% 的显著性水平下具有持续性。

为了更清楚地了解基金在排序期和检验期夏普比率排名的实际变动情况，我们选取了 2007~2024 年期间排序期收益率前 5% 和后 5% 的基金，并与检验期的排名进行了比较，以进一步探讨表现优异和表现较差基金的业绩是否具有持续性。表 4-9 展示了当排序期为一年时，前一年收益率排名前 5% 的基金在接下来一年仍保持前 5% 排名的数量和比例。结果显示，平均仅有 7.7% 的基金能在检验期维持前 5% 的排名，这意味着在前一年收益率最高的基金，在后一年仅有 7.7% 的

概率保持领先，而有 92.3% 的基金排名没有进入前 50% 的行列。在（2007）~2008年、（2010）~2011 年、（2015）~2016 年、（2017）~2018 年和（2019）~2020 年这五个样本期内，排序期排名前 5% 的基金在检验期无一能保持前 5% 的排名，占比为 0%。在最近的样本期（2023）~2024 年，只有 9.5% 的公募基金在检验期仍能保持前 5% 的排名。综合分析多个样本期的数据，我们得出结论：当考察范围限定在前 5% 时，基金业绩的持续性并没有显著的持续性。每年表现最佳的公募基金在下一年检验期的收益排名都有很大的波动，因此上一年基金的收益对投资者而言并不具备实际的参考意义。

表 4-9　收益率前 5% 的股票型公募基金在检验期仍处于前 5% 的比例
（排序期为一年、检验期为一年）：2007~2024 年

排序期	检验期	排序期中前 5% 的基金数量（只）	检验期中仍处于前 5% 的基金数量（只）	检验期中仍处于前 5% 的基金比例（%）
2007	2008	4	0	0.0
2008	2009	6	1	16.7
2009	2010	7	1	14.3
2010	2011	10	0	0.0
2011	2012	12	1	8.3
2012	2013	15	2	13.3
2013	2014	18	1	5.6
2014	2015	20	1	5.0
2015	2016	23	0	0.0
2016	2017	28	3	10.7
2017	2018	31	0	0.0
2018	2019	36	1	2.8
2019	2020	43	0	0.0
2020	2021	53	10	18.9
2021	2022	76	4	5.3
2022	2023	107	22	20.6
2023	2024	126	12	9.5
平均值		—	—	7.7

在附录三中，我们具体展示了排序期和检验期都为一年时，2021~2024 年在排序期排名前 30 位的基金在检验期的排名及对应的收益率指标，并用★标记出检验期中仍排名 30 位的基金。此外，在附录四中我们展示了当排序期为一年时，在排

序期和检验期分别排名前30位的基金名单及其收益率，同样用★标注出排序期和检验期都排名前30位的基金，以便读者参考。

表4-10展示了当排序期设定为一年时，那些在排序期中收益率位于后5%的基金在检验期同样处于后5%的基金比例。从表4-10中数据来看，在17次检验中，平均有7.8%的基金在排序期和检验期均位于后5%，这一比例并不显著，表明那些收益率最低的基金表现缺乏持续性。在最近的样本期（2023）~2024年，有15.9%的基金收益率在检验期依旧处于后5%，这一比例较之前周期有所上升，显示出较大的随机性。综合2007~2024年的数据，那些在基金业绩中持续处于后5%的基金，在检验期保持同样排名的比例仍然较低，因此，那些收益率垫底的股票型公募基金的业绩表现同样缺乏持续性。

表4-10　收益率后5%的股票型公募基金在检验期仍处于后5%的比例
（排序期为一年、检验期为一年）：2007~2024年

排序期	检验期	排序期中后5%的基金数量（只）	检验期中仍处于后5%的基金数量（只）	检验期中仍处于后5%的基金比例（%）
2007	2008	4	0	0.0
2008	2009	6	0	0.0
2009	2010	7	1	14.3
2010	2011	10	0	0.0
2011	2012	12	2	16.7
2012	2013	15	0	0.0
2013	2014	18	0	0.0
2014	2015	20	0	0.0
2015	2016	22	3	13.6
2016	2017	28	3	10.7
2017	2018	31	5	16.1
2018	2019	36	2	5.6
2019	2020	43	10	23.3
2020	2021	53	5	9.4
2021	2022	76	2	2.6
2022	2023	107	5	4.7
2023	2024	126	20	15.9
平均值		—	—	7.8

我们将排序期延长至三年,以持续评估股票型公募基金在更长时间段内的业绩稳定性。通过滚动方式的计算,我们可以得出在 15 个评估期中,那些被归入第 1 组的基金在随后的检验期是否依然保持在第 1 组。接着,我们计算这 15 个比例的平均值,从而得到 2007~2024 年间,评估期和检验期内基金收益率均处于第 1 组的平均比例,结果如图 4-5 所示。当评估期设定为三年时,那些在评估期收益率最高的、被划分为第 1 组的基金,在检验期有 26.2%依然保持在收益率最高的第 1 组;而那些在评估期收益率最低、被归为第 4 组的基金,在检验期有 25.4%仍旧处于收益率最低的第 4 组。

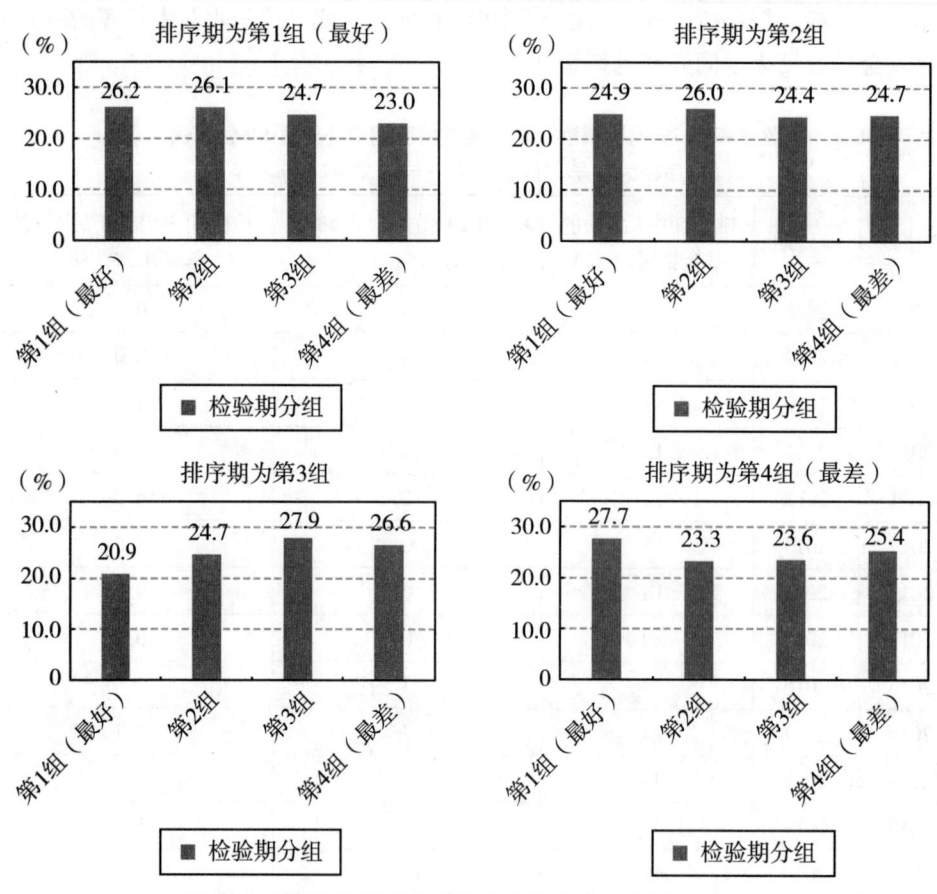

图 4-5 股票型公募基金收益率在检验期组别变化的分布
(排序期为三年、检验期为一年):2007~2024 年

为了验证基金分布比例在统计学上是否显著不等于 25%,我们对 2007~2024 年期间的公募基金收益率进行了 T 检验,检验结果如表 4-11 所示。结果显示,在排序期和检验期均处于第 1 组、第 2 组或第 4 组的基金,其 T 检验的 P 值均超过 0.05,这意味着在 5%的显著性水平下,这些比例与 25%无显著差异;然而,当排

序期和检验期均处于第 3 组时，T 检验的 P 值小于 0.05，表明有 27.9% 的基金在检验期依旧保留在第 3 组。在多数情况下，基金在排序期的组别与其在检验期的组别分布呈现随机性。因此，可以得出结论：当排序期为三年时，公募基金的收益缺乏显著的持续性，投资者不能依据基金过去三年的收益排名来预测其未来一年的收益表现。

表 4-11　　股票型公募基金收益率在检验期组别变化的 T 检验
（排序期为三年、检验期为一年）：2007~2024 年

排序期组别	检验期组别	平均百分比（%）	t 值	T 检验 P 值
1 （最好的基金组）	1	26.2	0.74	0.472
	2	26.1	0.68	0.509
	3	24.7	-0.22	0.828
	4	23.0	-1.16	0.264
2	1	24.9	-0.08	0.939
	2	26.0	0.91	0.376
	3	24.4	-0.54	0.599
	4	24.7	-0.21	0.839
3	1	20.9	-2.87	0.012
	2	24.7	-0.21	0.836
	3	27.9*	2.97	0.010
	4	26.6	1.64	0.123
4 （最差的基金组）	1	27.7	1.42	0.178
	2	23.3	-1.26	0.230
	3	23.6	-1.13	0.277
	4	25.4	0.18	0.857

注：*表示在排序期和检验期，基金的业绩在 5% 的显著性水平下具有持续性。

表 4-12 展示了在排序期收益率非常靠前的属于前 5% 的基金在检验期仍排名前 5% 的基金数量及占比。15 个样本期的检验结果显示，平均只有 3.2% 的基金在排序期和检验期的收益率均排名前 5%，占比不高，且在（2007~2009）~2010 年、（2008~2010）~2011 年、（2009~2011）~2012 年、（2011~2013）~2014 年、（2014~2016）~2017 年、（2015~2017）~2018 年、（2016~2018）~2019 年、（2017~2019）~2020 年和（2020~2022）~2023 年，没有一只过去三年排名靠前的基金在下一年延续了其优秀的业绩。其他样本期中，检验期仍排名前 5% 的基金占比的随机性也较

强。因此，大多数前三年收益排名非常靠前的基金在检验期很难继续维持其之前的收益水平。

表 4-12 收益率前 5%的股票型公募基金在检验期仍处于前 5%的比例
（排序期为三年、检验期为一年）：2007~2024 年

排序期	检验期	排序期中前 5%的基金数量（只）	检验期中仍处于前 5%的基金数量（只）	检验期中仍处于前 5%的基金比例（%）
2007~2009	2010	4	0	0.0
2008~2010	2011	6	0	0.0
2009~2011	2012	7	0	0.0
2010~2012	2013	10	2	20.0
2011~2013	2014	12	0	0.0
2012~2014	2015	15	1	6.7
2013~2015	2016	18	1	5.6
2014~2016	2017	20	0	0.0
2015~2017	2018	22	0	0.0
2016~2018	2019	28	0	0.0
2017~2019	2020	31	0	0.0
2018~2020	2021	36	3	8.3
2019~2021	2022	42	2	4.8
2020~2022	2023	51	0	0.0
2021~2023	2024	73	2	2.7
平均值		—	—	3.2

表 4-13 展示了在三年排序期间收益率位于后 5%的公募基金，在随后的检验期间依旧保持在后 5%位置的基金数量及其所占比例。从表 4-13 可知，与收益率位于前 5%的基金相比，那些收益率持续处于后 5%的基金比例有所上升，平均大约为 12.28%，这一比例仍然不算高。其中，8 个样本期内检验期仍属于后 5%的基金占比小于 10%，同时，有 4 个样本期基金仍排在后 5%的基金占比超过了 20%，相对较高。在最新一个样本期（2021~2023）~2024 年，73 只排序期收益率后 5%的基金中，有 6 只在检验期同样位于后 5%，占比为 8.22%。综合分析多个样本期的数据，我们可以得出结论：无论是在排序期还是在检验期，收益率均处于后 5%的基金比例依旧较低，这表明投资者不能仅凭某基金过去一年的收益率排名来预测其下一年的排名。

表 4-13　收益率后 5% 的股票型公募基金在检验期仍处于后 5% 的比例
（排序期为三年、检验期为一年）：2007~2024 年

排序期	检验期	排序期中后 5% 的基金数量（只）	检验期中仍处于后 5% 的基金数量（只）	检验期中仍处于后 5% 的基金比例（%）
2007~2009	2010	4	1	25.00
2008~2010	2011	6	1	16.67
2009~2011	2012	7	2	28.57
2010~2012	2013	10	0	0.00
2011~2013	2014	12	1	8.33
2012~2014	2015	15	3	20.00
2013~2015	2016	18	3	16.67
2014~2016	2017	20	1	5.00
2015~2017	2018	22	5	22.73
2016~2018	2019	28	0	0.00
2017~2019	2020	31	4	12.90
2018~2020	2021	36	1	2.78
2019~2021	2022	42	4	9.52
2020~2022	2023	51	4	7.84
2021~2023	2024	73	6	8.22
平均值		—	—	12.28

Spearman 相关性检验和绩效二分法检验的结果显示，当以半年为周期进行排序和评估时，基金收益在某些时段呈现出一定的持续性，对投资者而言具有一定的参考价值。那么，收益率持续性的描述统计检验是否能得出同样的结果？接下来，我们缩短排序期和检验期至半年，以观察在较短周期内公募基金收益率的排序期与检验期变化。如图 4-6 所示，在过去半年中收益最高的第 1 组基金，在接下来的半年里有 30.0% 仍保持在第 1 组；同样，过去半年收益最低的第 4 组基金，在接下来的半年里有 29.3% 仍处于第 4 组，这两个比例均超过了随机分布预期的 25%。表 4-14 进一步验证了这两个比例显著高于 25% 的可能性，其中，同时处于最好收益组的基金 T 检验 P 值为 0.004，同时处于最差收益组的基金 T 检验 P 值为 0.014，均低于 0.05 的显著性水平。因此，当排序期和检验期设定为半年时，排名靠前和靠后的基金业绩显示出持续性，投资者在选择基金时，可以将此作为参考。

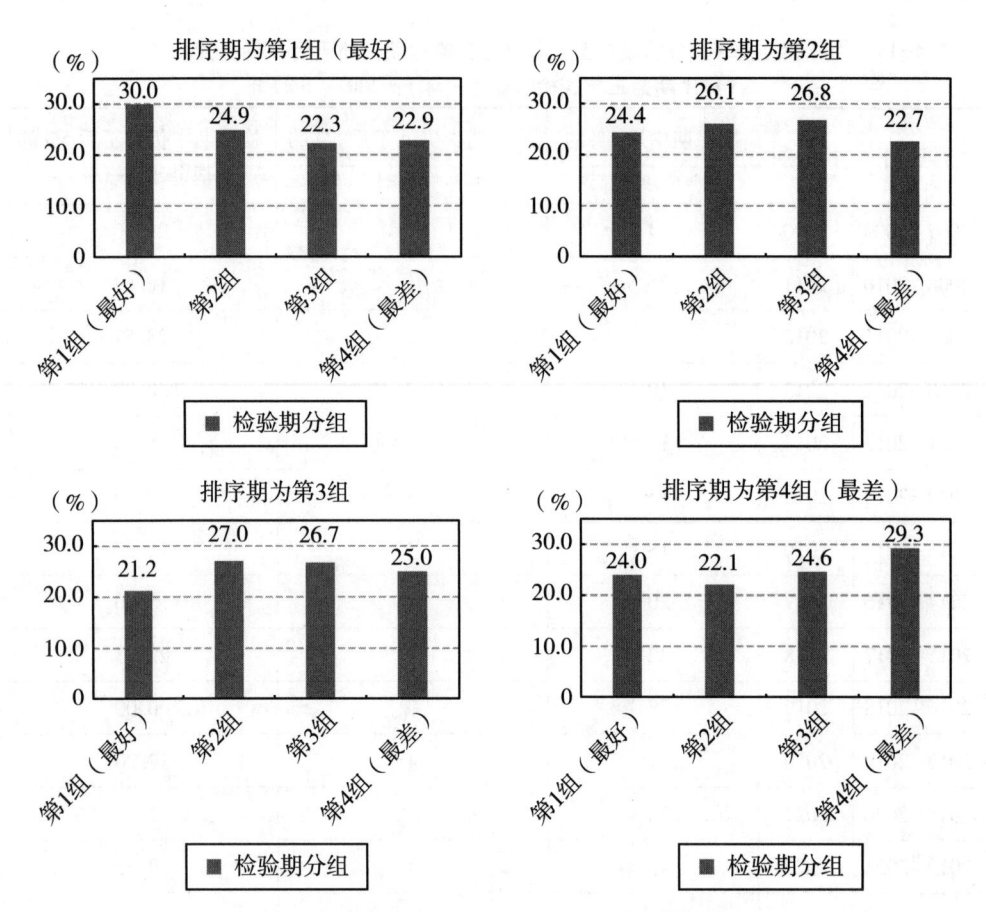

图 4-6　股票型公募基金收益率在检验期组别变化的分布
（排序期为半年、检验期为半年）：2007~2024 年

表 4-14　　股票型公募基金收益率在检验期组别变化的 T 检验
（排序期为半年、检验期为半年）：2007~2024 年

排序期组别	检验期组别	平均百分比（%）	t 值	T 检验 P 值
1 （最好的基金组）	1	30.0*	3.06	0.004
	2	24.9	−0.13	0.897
	3	22.3	−3.50	0.001
	4	22.9	−1.10	0.281
2	1	24.4	−0.51	0.611
	2	26.1	1.22	0.233
	3	26.8	1.89	0.067
	4	22.7	−2.90	0.007

续表

排序期组别	检验期组别	平均百分比（%）	t 值	T 检验 P 值
3	1	21.2	-4.35	0.000
	2	27.0	2.52	0.017
	3	26.7*	2.77	0.009
	4	25.0	0.03	0.980
4（最差的基金组）	1	24.0	-0.53	0.602
	2	22.1	-2.78	0.009
	3	24.6	-0.39	0.700
	4	29.3*	2.58	0.014

注：*表示在排序期和检验期，基金的业绩在5%的显著性水平下具有持续性。

鉴于收益率作为衡量基金过往表现的关键指标，我们在前文运用了绩效二分法、Spearman相关性分析和描述性统计分析等手段，对股票型公募基金收益率的持续性进行了深入研究。研究发现，若以一年或三年为排序期、一年为检验期，股票型基金的业绩通常不显示出持续性。然而，当排序期和检验期均缩短至半年时，基金收益率的持续性有所提升，为投资者提供了有价值的参考信息。投资者在考虑基金转换时，还需注意频繁操作可能带来的交易成本对投资回报的影响。

四、夏普比率持续性的描述统计检验

在基金投资过程中，投资者不仅要留意基金可能带来的盈利，同样重要的是考虑投资所涉及的风险。接下来，我们将采用夏普比率这一反映基金风险调整后收益的指标，用以评估基金业绩的持续性。通过选取一年和三年作为排序期、一年作为检验期，我们可以在2007~2024年的时间跨度内，对夏普比率进行滚动计算。具体而言，当排序期为一年时，我们能够确定17只在排序期夏普比率位于第1组的基金，在检验期是否同样保持在第1组。通过计算这17只基金的比例平均值，我们能够得出排序期和检验期夏普比率均位于第1组的平均比例。这里，我们重点观察基金在检验期是否能够保持其在排序期的排名。

表4-15展示了在排序期夏普比率位于第1组、第2组、第3组和第4组的基金，在检验期各组基金所占的比例。结果显示，排序期夏普比率位于第1组的基金，在检验期有29.9%的基金保持在第1组，T检验的P值为0.018，显著高于随

机分布下预期的25%，意味着前一年夏普比率排名前25%的基金，在接下来的一年中有29.9%的可能性继续保持领先。另外，排序期夏普比率位于第4组的基金，在检验期有31.1%的基金仍旧处于第4组，其T检验的P值为0.002，这一比例同样显著高于25%，表明前一年夏普比率排在后25%的基金，在未来一年有31.1%的概率仍然保持落后。因此，我们可以得出结论：过去一年夏普比率较高或较低的基金，在接下来的一年中都有很大的可能性保持其先前的业绩表现，投资者在选择基金时可以依据这一规律。

表4-15 　　股票型公募基金夏普比率在检验期组别变化的T检验
（排序期为一年、检验期为一年）：2007~2024年

排序期组别	检验期组别	平均百分比（%）	t值	T检验P值
1 （最好的基金组）	1	29.9*	2.63	0.018
	2	26.9	1.73	0.103
	3	22.4	-2.48	0.025
	4	20.8	-2.89	0.011
2	1	27.3	2.58	0.020
	2	27.4*	2.38	0.030
	3	23.5	-1.44	0.169
	4	21.8	-4.34	0.001
3	1	22.9	-1.48	0.158
	2	24.7	-0.25	0.808
	3	26.4	1.48	0.159
	4	26.0	0.96	0.351
4 （最差的基金组）	1	19.6	-2.51	0.023
	2	21.1	-2.33	0.034
	3	28.2	2.18	0.045
	4	31.1*	3.62	0.002

注：*表示在排序期和检验期，基金的业绩在5%的显著性水平下具有持续性。

根据检验结果，夏普比率位于前25%和后25%的股票型基金表现出了持续性。那么，当这个范围缩小到5%时，这一结论是否依然有效？表4-16展示了2007~2024年，以一年为排序期，夏普比率位于前5%的基金在接下来一年仍保持在前5%的基金数量及比例。总体而言，排序期夏普比率位于前5%的基金，在检验期仍保持在前5%的仅占8.4%，比例并不高。因此，我们得出结论：夏普比率极高的基金在下一年难以持续稳定地保持高夏普比率。

表 4-16 夏普比率前 5%的股票型公募基金在检验期仍处于前 5%的比例
（排序期为一年、检验期为一年）：2007~2024 年

排序期	检验期	排序期中前 5%的基金数量（只）	检验期中仍处于前 5%的基金数量（只）	检验期中仍处于前 5%的基金比例（%）
2007	2008	4	0	0.0
2008	2009	6	1	16.7
2009	2010	7	0	0.0
2010	2011	10	0	0.0
2011	2012	12	2	16.7
2012	2013	15	1	6.7
2013	2014	18	0	0.0
2014	2015	20	4	20.0
2015	2016	23	1	4.3
2016	2017	28	3	10.7
2017	2018	31	0	0.0
2018	2019	36	4	11.1
2019	2020	43	2	4.7
2020	2021	53	5	9.4
2021	2022	76	12	15.8
2022	2023	107	18	16.8
2023	2024	126	13	10.3
平均值		—	—	8.4

附录五具体展示了 2021~2024 年间，以一年为排序期时股票型公募基金夏普比率排名前 30 位的基金在检验期的排名及其对应的夏普比率，并用★标记出检验期中仍排名前 30 位的基金，供读者对比参考。

我们同样对 2007~2024 年夏普比率位于后 5%的基金业绩的持续性进行了分析，结果如表 4-17 所示。检验结果显示，在 17 次检验中，平均有 7.1%的基金在后续检验中依然保持在后 5%的位置，这一比例相对较低。在不同的样本区间内，夏普比率持续处于后 5%的基金比例有所差异，仅有一个样本区间该比例超过了 20%。特别地，在（2007）~2008 年、（2008）~2009 年、（2010）~2011 年、（2012）~2013 年和（2013）~2014 年，没有任何一只基金的夏普比率持续处于最低排名。因此，我们可以得出结论：当评估期为一年时，夏普比率处于后 25%的基

金业绩具有一定的持续性；然而，当排名范围缩小至后5%时，这种持续性便不再显著。

表4-17 夏普比率后5%的股票型公募基金在检验期仍处于后5%的比例
（排序期为一年、检验期为一年）：2007~2024年

排序期	检验期	排序期中后5%的基金数量（只）	检验期中仍处于后5%的基金数量（只）	检验期中仍处于后5%的基金比例（%）
2007	2008	4	0	0.0
2008	2009	6	0	0.0
2009	2010	7	1	14.3
2010	2011	10	0	0.0
2011	2012	12	1	8.3
2012	2013	15	0	0.0
2013	2014	18	0	0.0
2014	2015	20	1	5.0
2015	2016	22	4	18.2
2016	2017	28	2	7.1
2017	2018	31	4	12.9
2018	2019	36	1	2.8
2019	2020	43	10	23.3
2020	2021	53	7	13.2
2021	2022	76	5	6.6
2022	2023	107	5	4.7
2023	2024	126	6	4.8
平均值	—	—	—	7.1

我们将排序期延长至三年，并保持检验期为排序期之后的一年，以进一步审视股票型公募基金夏普比率的持久性。在此过程中，我们同样重点关注基金在排序期的分组在检验期的持续性。表4-18展示了2007~2024年，分别归入第1组、第2组、第3组和第4组的基金，在随后一年的检验期中所属各组的比例及T检验结果。研究发现，在5%的显著性水平下，过去三年夏普比率表现最好的第1组基金

和表现最差的第4组基金，并未显著超过25%。因此，过去三年的夏普比率在未来一年内无法保持，对投资者而言，其参考价值有限。

表4-18　　股票型公募基金夏普比率在检验期组别变化的T检验
（排序期为三年、检验期为一年）：2007~2024年

排序期组别	检验期组别	平均百分比（%）	t值	T检验P值
1 （最好的基金组）	1	28.7	1.96	0.070
	2	26.5	1.26	0.228
	3	23.4	-0.92	0.374
	4	21.4	-2.55	0.023
2	1	25.4	0.42	0.682
	2	26.6	1.08	0.301
	3	24.8	-0.13	0.898
	4	23.1	-1.19	0.255
3	1	22.3	-3.06	0.009
	2	25.2	0.26	0.797
	3	26.5	1.55	0.143
	4	25.9	0.63	0.537
4 （最差的基金组）	1	23.2	-0.8	0.434
	2	21.8	-2.28	0.039
	3	25.7	0.49	0.631
	4	29.3	2.08	0.057

注：*表示在排序期和检验期，基金的业绩在5%的显著性水平下具有持续性。

观察表4-19可知，在三年的排序期间，夏普比率位于前5%的基金，在后续的检验期间，平均仅有5.8%的基金能保持在前5%的位置，显示出整体比例较低。在不同的样本区间，夏普比率持续保持在前5%的基金比例有所差异。在4个样本区间内，没有任何一只基金能在检验期保持其卓越的夏普比率表现。特别是在（2021~2023）~2024年的样本区间内，有73只基金的夏普比率曾位于前5%，其中只有4只继续在检验期延续其优异的业绩。通过分析多个样本期的数据，我们发现只有极少数基金能在检验期维持前5%的排名，证明那些夏普比率极高的公募基金的业绩并不具备持续性。

表 4-19　夏普比率前 5%的股票型公募基金在检验期仍处于前 5%的比例
（排序期为三年、检验期为一年）：2007~2024 年

排序期	检验期	排序期中前 5%的基金数量（只）	检验期中仍处于前 5%的基金数量（只）	检验期中仍处于前 5%的基金比例（%）
2007~2009	2010	4	0	0.0
2008~2010	2011	6	0	0.0
2009~2011	2012	7	0	0.0
2010~2012	2013	10	1	10.0
2011~2013	2014	12	1	8.3
2012~2014	2015	15	0	0.0
2013~2015	2016	18	2	11.1
2014~2016	2017	20	4	20.0
2015~2017	2018	22	2	8.7
2016~2018	2019	28	1	3.6
2017~2019	2020	31	1	3.2
2018~2020	2021	36	2	5.6
2019~2021	2022	42	3	7.1
2020~2022	2023	51	2	3.9
2021~2023	2024	73	4	5.5
平均值		—	—	5.8

表 4-20 展示了当排序期设定为三年时，夏普比率排名后 5%的基金在下一年仍然排名后 5%的基金数量和占比。在 15 次检验中，平均有 8.8%的基金在后续的检验期中夏普比率依旧维持在后 5%的位置。在其中的 11 次检验中，这些基金的占比均未超过 10%。而在最近的一个样本区间（2021~2023）~2024 年，仅有 6.8%的基金夏普比率持续处于检验期的底部，占比相对较小。在那些夏普比率最差（即处于后 5%）的基金中，能够在检验期保持其夏普比率的基金比例依然较低，显示出夏普比率的持续性并不强。

表 4-20　夏普比率后 5%的股票型公募基金在检验期仍处于后 5%的比例
（排序期为三年、检验期为一年）：2007~2024 年

排序期	检验期	排序期中后 5%的基金数量（只）	检验期中仍处于后 5%的基金数量（只）	检验期中仍处于后 5%的基金比例（%）
2007~2009	2010	4	1	25.0
2008~2010	2011	6	0	0.0

续表

排序期	检验期	排序期中后5%的基金数量（只）	检验期中仍处于后5%的基金数量（只）	检验期中仍处于后5%的基金比例（%）
2009~2011	2012	7	2	28.6
2010~2012	2013	10	0	0.0
2011~2013	2014	12	1	8.3
2012~2014	2015	15	2	13.3
2013~2015	2016	18	1	5.6
2014~2016	2017	20	0	0.0
2015~2017	2018	22	1	4.5
2016~2018	2019	28	1	3.6
2017~2019	2020	31	6	19.4
2018~2020	2021	36	2	5.6
2019~2021	2022	42	4	9.5
2020~2022	2023	51	1	2.0
2021~2023	2024	73	5	6.8
平均值		—	—	8.8

五、小结

投资者经常通过关注各大媒体和金融机构定期发布的公募基金排名和评选榜单，挑选那些当年表现出色的产品进行投资。本章探讨了投资者依据业绩排名来选择当年表现优秀的股票型公募基金、剔除表现不佳的基金，以期望在来年获得更高回报的投资策略是否合理，即对公募基金业绩持续性的检验。在研究过程中，我们选取了一年、三年和半年作为排序期，一年和半年作为检验期，运用Spearman相关性检验、绩效二分法检验、描述统计检验及夏普比率的描述统计检验等方法，分析了主动管理的股票型公募基金历史业绩与未来业绩之间的关系。

检验结果表明，在2007~2024年期间，若排序期为一年或三年，仅在少数年份的样本期中，股票型公募基金的收益率显示出持续性，同时，在很多时段内，基金的收益率排名出现了反转。然而，当排序期和检验期缩短至半年时，具有持续性的检验区间显著增加，且位于前25%和后25%的基金均显示出持续性，表明过去半年收益率较高的基金在未来半年很可能继续取得良好收益，而过去半年收益较低的基金在未来半年很可能收益依旧不佳，这说明基金的短期收益可作为投资者的参考。

进一步地，通过考虑基金风险因素的夏普比率持续性检验，我们发现，当排序期为一年时，夏普比率排名靠前（或靠后）的基金在下一年的夏普比率排名很可能保持靠前（或靠后），投资者应密切关注并考虑这些基金。但是，当排序期延长至三年时，夏普比率在未来一年内并未显示出持续性。

第五章

股票型基金经理的选股与择时能力

在公募基金的管理过程中,基金经理的作用日益凸显,尤其是在主动管理的公募基金中,基金经理作为管理团队的核心和灵魂,对投资组合的资产配置策略起着决定性作用。近年来,随着基金中基金(FOF)产品的流行,市场对基金经理个人特质的关注也在增加,因为选择优秀的基金经理是 FOF 投资的关键环节之一。之前的章节中,我们已经以"基金管理团队"为主线,分析了公募基金的选股和择时能力。然而,在我国公募基金市场中,一位基金经理管理多只基金或一只基金由多位基金经理共同管理的现象非常普遍,投资者在选择基金时往往会追随那些表现出色的基金经理。根据中国证券投资基金业协会 2021 年 11 月发布的《全国公募基金市场投资者状况调查报告(2020 年度)》,32%的投资者会因为基金经理发生变动而赎回基金。这引出一个问题:明星基金经理是否具备与平台相独立的获取超额收益的能力?为了回答这个问题,我们需要在评估单只基金的基础上,进一步从基金经理个体层面对其管理能力和业绩持续性进行综合评估。本章将聚焦于主动管理的股票型公募基金经理,基于他们在任职期间所管理的所有基金的合并数据,对在职基金经理与离职基金经理的业绩分别进行研究。我们的目的是揭示基金经理的个人能力如何影响基金的表现,并探讨他们是否能够持续地为投资者创造超额收益。

在对股票型公募基金经理进行评估时,我们将他们分为在职和离职两类的原因主要有以下几点。首先,许多公募基金经理离职后会转向私募基金领域。与公募基金相比,私募基金往往运营时间较短且信息披露不够透明,这使得投资者难以依据基金经理管理私募基金时的短期业绩来准确评价基金经理的能力,而利用基金经理在公募基金任职期间的业绩评价其能力在一定程度上弥补了上述缺陷。其次,研究目前在职基金经理的主动管理能力对投资者来说至关重要,能够为他们在挑选基金和评估当前所持有的基金时提供有效的参考依据。最后,有些优秀基金之所以拥有优秀的历史业绩,是因为已离职的基金经理的贡献(如华夏大盘精选在 2005~2012 年给投资者带来了超过 10 倍的回报,但是明星基金经理王亚伟于 2012 年离职),如果投资者只关注某只基金的历史业绩,而不关注历史业绩是由已离职的还是在职的基金经理取得的，可能会导致投资者决策失误，从而遭受损失。

在我国公募基金市场，基金经理离职现象较为普遍，且离职后去向多样，包括内部转岗、其他公募基金或是私募基金等。因此，区分在职和离职基金经理对于评估其投资能力具有重大意义。评估基金经理的选股与择时能力需要较长时间序列的数据，因此，我们的样本只包括在公募基金行业任职三年以上的在职基金经理以及同样任职三年以上但已经离职的基金经理。需要注意的是，有些基金经理虽然不再管理公募基金产品，但仍在公募基金公司任职，为特定客户管理专户型产品，这类产品的净值不对外公布，对于这种情形，我们同样将基金经理视为离职基金经理。

本章内容包括三个部分。第一部分，我们介绍基金经理的样本空间并详细说明如何构建基金经理合并收益序列；第二部分，基于第一部分中构建的基金经理合并收益序列，采用 Treynor-Mazuy 四因子模型评估在职和离职基金经理的选股能力；第三部分，采用 Treynor-Mazuy 四因子模型评估在职和离职的基金经理的择时能力。在附录六至附录九中，我们具体展示了样本中每位基金经理合并收益序列后的业绩表现，以及他们选股能力和择时能力的分析结果。由于篇幅较长，读者可扫描本书前言中的二维码参阅。

一、样本空间

本章依据 Wind 数据库中基金的二级分类标准，将管理过股票多空型基金、偏股混合型基金、灵活配置型基金、平衡混合型基金（股票基准比例≥50%）、普通股票型基金和增强指数型基金的基金经理定义为股票型基金经理，并通过合并后的基金经理收益序列来研究其任职期间的业绩，进而分析其选股和择时能力。本部分从公募基金经理数量、任职期限等角度介绍我国股票型公募基金经理群体的整体发展情况，并详细阐述构造股票型公募基金经理合并收益序列的方法。我们使用的基金经理数据所涵盖的时间范围为 1998 年 1 月至 2024 年 12 月，数据来源包括万得、Resset 和天天基金网等数据库。

（一）在职与离职基金经理数量

表 5-1 展示了 1998~2024 年新任和离职的股票型公募基金经理数量。1997 年，国务院颁布《证券投资基金管理暂行办法》，为公募基金行业规范发展奠定了基础。次年，我国首批基金管理公司国泰基金、南方基金、华夏基金、博时基金和鹏华基金相继成立，首批股票型公募基金经理也随之亮相，初始人数仅为 6 人。随着我国公募基金市场的不断发展和股票市场的波动，1998~2015 年新任基金经理数量

逐年上升，2015年更是达到429人。2015年上半年股票市场持续上涨，公募基金市场规模和新发行的基金数量一路攀升，对基金经理的需求大幅增加。然而，自2016年起，新任基金经理的增幅有所放缓，特别是在2018年资管新规颁布后，我国资产管理市场向更加规范的方向发展，公募基金行业也迎来内部的整合升级。离职基金经理层面，过去27年离职基金经理人数呈逐年波动上升趋势，2014年之前每年离职人数不超过100人，而2024年有252人离职，人数达到顶峰。公募基金经理离职的主要原因包括业绩不佳被迫离职、加入其他资管机构和转投私募基金。截至2024年底，在职和离职的股票型基金经理总人数分别为2 118人和2 157人，基金经理总数达4 275人。

表5-1　股票型公募基金经理新任、离职以及累计数量：1998~2024年　单位：人

年份	新任数量	离职数量	在职总人数	离职总人数	基金经理总数
1998	6	0	6	0	6
1999	15	0	21	0	21
2000	18	7	32	7	39
2001	23	7	48	14	62
2002	37	7	78	21	99
2003	40	17	101	38	139
2004	59	12	148	50	198
2005	66	27	187	77	264
2006	78	27	238	104	342
2007	104	52	290	156	446
2008	84	37	337	193	530
2009	94	49	382	242	624
2010	101	62	421	304	725
2011	105	59	467	363	830
2012	115	55	527	418	945
2013	128	87	568	505	1 073
2014	176	102	642	607	1 249
2015	429	142	929	749	1 678
2016	281	81	1 129	830	1 959
2017	269	90	1 308	920	2 228
2018	289	143	1 454	1 063	2 517
2019	254	171	1 537	1 234	2 771

续表

年份	新任数量	离职数量	在职总人数	离职总人数	基金经理总数
2020	276	162	1 651	1 396	3 047
2021	358	166	1 843	1 562	3 405
2022	305	151	1 997	1 713	3 710
2023	302	192	2 107	1 905	4 012
2024	263	252	2 118	2 157	4 275

（二）基金经理的任职期限

以 2024 年 12 月为界限，我们将所有股票型基金经理划分为两组：截至 2024 年底时仍然在管理公募基金产品的基金经理为在职基金经理；截至 2024 年底已经离职的基金经理为离职基金经理。

在我国公募基金市场中，基金经理的任职特征呈现出复杂性，包括平均任职期较短、同一时期管理多只基金产品，以及任职经历不连续等现象。为了更好地分析基金经理在管理公募基金期间的业绩，我们首先界定公募基金经理的任职年限，并用月度数据进行度量。以华夏基金管理有限公司明星基金经理王亚伟的任职履历为例，王亚伟在公募基金任职期间，共管理过 4 只股票型基金产品，分别为"基金兴华""华夏成长""华夏大盘精选""华夏策略精选"。通过表 5-2 展示的王亚伟管理 4 只基金的起始和终止时间，我们发现他曾在同一时间点管理着 2 只以上的基金产品。考虑到时间重叠，王亚伟实际管理股票型公募基金的时间区间为 1998 年 4 月 28 日至 2005 年 4 月 12 日以及 2005 年 12 月 31 日至 2012 年 5 月 4 日。我们将两段时间区间跨越的月份总数视为其管理公募基金产品的总时间长度，即公募基金经理的任职总期限。按照这一界定原则，王亚伟管理公募基金产品的总时长为 163 个月。我们采取同样的处理方式计算其他公募基金经理的任职期限。

表 5-2　　　　　　基金经理王亚伟在公募基金的任职履历

基金产品	基金类型	万得二级分类	起始时间	终止时间	任职时长（月）
基金兴华	股票型基金	普通股票型基金	1998/04/28	2002/01/08	44
华夏成长	股票型基金	偏股混合型基金	2001/12/18	2005/04/12	39
华夏大盘精选	股票型基金	偏股混合型基金	2005/12/31	2012/05/04	76
华夏策略精选	股票型基金	灵活配置型基金	2008/10/23	2012/05/04	42

基于上述界定方法，我们统计了股票型公募基金经理的任职时间，具体结果如表 5-3 所示。结果显示，在职基金经理的平均任职时间为 57 个月，说明目前大部

分在职基金经理已经积累了一定的任职经验。在所有在职基金经理中，魏东任职期限最长，他目前就职于国联安基金管理有限公司，截至2024年底，他已在公募基金行业工作245个月，累计管理7只基金产品。此外，离职基金经理平均任职时间为47个月。在所有已离职基金经理中，陈军管理公募基金时间最长，他作为基金经理在公募基金行业工作了199个月，累计管理过9只公募基金，离职前一直就职于东吴基金管理有限公司。由于公募基金的业绩在很大程度上依赖于基金经理的主动管理能力，基金经理的离职会导致其管理的基金产品的业绩出现波动，因此，研究基金经理的主动管理能力具有十分重要的意义。同时，对于基金管理公司而言，选聘、考核基金经理时，如何准确评估其历史投资表现，客观认识和评价其管理能力也极为重要，是人才管理和风险控制的关键环节，对基金公司的长期发展和市场竞争力有着深远影响。

表5-3　　　　　　　股票型公募基金经理任职时间描述性统计量　　　　　单位：月

基金经理	均值	标准差	最小值	25%分位数	中位数	75%分位数	最大值
在职	57	42	1	23	47	84	245
离职	47	32	1	22	38	64	199

（三）基金经理合并收益序列

在确定了基金经理的任职期限后，我们计算基金经理在任职期间管理的所有基金产品的加权平均收益，其中，每只基金的资产规模用于确定其在加权计算中的权重，由此得到该基金经理的收益时间序列并称为"合并收益序列"。我们基于该收益序列数据对基金经理的主动管理能力进行评价。合并后的数据全面反映了基金经理任职期间管理的所有产品的业绩表现，因此，基于该数据的评估结果是对基金经理投资能力的综合评估。

基金经理合并收益序列的计算方法如下。假设某一位基金经理在t月共管理N只基金，第i只基金当月收益率为r_{it}，规模为AUM_{it}，[①] 则该基金经理当月以资产管理规模为权重的加权平均收益为：

$$R_{it} = \sum_{i=1}^{N} \omega_{it} r_{it}, \text{其中} \omega_{it} = \frac{AUM_{it-1}}{\sum_{i=1}^{N} AUM_{it-1}}$$

在合并收益序列的过程中我们发现，基金经理管理产品的履历类型主要包括四种（见表5-4）。

[①] 本部分我们采用的月度基金规模数据为基金净值乘以最近报告期的基金份额数据。

表 5-4　　　　　　　　　基金经理任职履历类型

类别	管理产品数量	履历类型	合并收益
情形 1	1 只	——	合并收益为管理的产品收益
情形 2	2 只（或多只）	—— ——	合并收益为管理的产品收益，中间未管理产品，收益设置为零
情形 3	2 只（或多只）	══	管理一只产品时，合并收益为单只产品收益；重合区间为规模加权收益
情形 4	2 只（或多只）	══	管理一只产品时，合并收益为单只产品收益；重合区间为规模加权收益

那么，在不同情形下，应如何合并基金经理的收益序列？以曾任职于华夏基金管理有限公司的基金经理王亚伟为例，我们来具体介绍合并收益序列的计算方法。图 5-1 展示了王亚伟任职期间管理的 4 只基金产品所对应的时间段。表 5-5 详细列出了不同时间段合并收益序列的构成。据图 5-1 和表 5-5 可知，王亚伟在公募基金行业任职期间，部分时间只管理 1 只基金产品，如在 2005 年 12 月至 2008 年 10 月，王亚伟仅管理"华夏大盘精选"。按照基金经理合并收益序列计算方法，此时基金经理的合并收益应直接等于其管理的该基金产品收益。而在某些时间段，王亚伟同时管理两只基金产品。例如，在 2001 年 12 月至 2002 年 1 月，王亚伟同时管理"基金兴华"与"华夏成长"；在 2008 年 10 月到 2012 年 5 月，同时管理"华夏大盘精选"与"华夏策略精选"。在上述两个区间内，基金经理的合并收益序列分别等于各自对应的两只产品按照上期规模加权的收益平均值。如果基金经理在同一时间段管理超过两只基金产品，我们也采取相同的处理方法。此外，由于基金经理任职起始月与离职月的当月工作时间不足一个月，在计算合并收益序列时需剔除这两个月的收益。

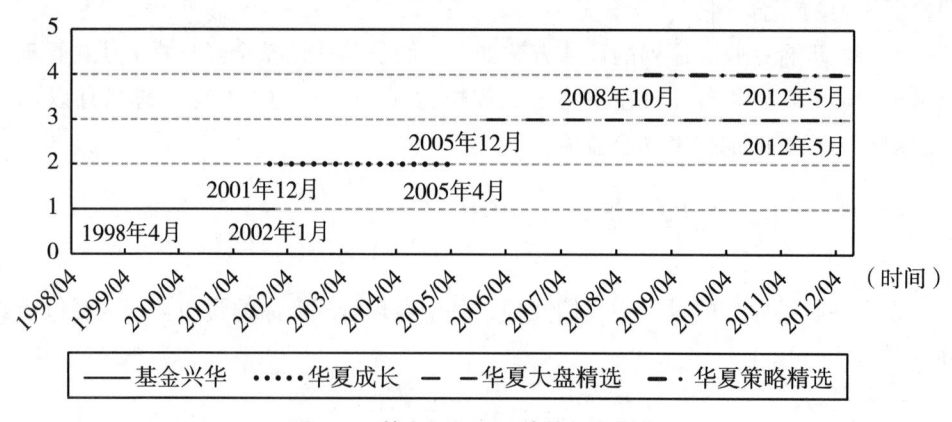

图 5-1　基金经理王亚伟的任职履历

第五章 股票型基金经理的选股与择时能力

表 5-5　　　　　　　　基金经理王亚伟的合并收益序列

时间	基金兴华	华夏成长	华夏大盘精选	华夏策略精选	合并收益序列	备注
1998/04	$Ret_{基金兴华}$				0	初始管理基金兴华，管理不足1个月
1998/05~2001/11	$Ret_{基金兴华}$				$Ret_{基金兴华}$	
2001/12	$Ret_{基金兴华}$	$Ret_{华夏成长}$			$Ret_{基金兴华}$	初始管理华夏成长，管理不足1个月
2002/01	$Ret_{基金兴华}$	$Ret_{华夏成长}$			$Ret_{华夏成长}$	退出基金兴华，管理不足1个月
2002/02~2005/03		$Ret_{华夏成长}$			$Ret_{华夏成长}$	
2005/04~2005/12					0	
2006/01~2008/10			$Ret_{华夏大盘精选}$		$Ret_{华夏大盘精选}$	
2008/11~2012/04			$Ret_{华夏大盘精选}$	$Ret_{华夏策略精选}$	$W_1 \times Ret_{华夏大盘精选} + W_2 \times Ret_{华夏策略精选}$	W_1、W_2 为两只基金上一期规模权重
2012/05			$Ret_{华夏大盘精选}$	$Ret_{华夏策略精选}$	0	退出华夏大盘精选与华夏策略精选，管理均不足1个月

在得到基金经理合并收益序列后，我们进一步计算基金经理任职期间业绩的历史净值。图 5-2 展示了王亚伟管理的不同产品的净值曲线及其任职期间整体业绩的净值曲线。结合基金经理合并收益序列及任职期间的净值，我们可以计算每位基金经理任职期间的收益与风险指标。需要特别指出的是，任意两位基金经理的任职时间并不完全重叠，因此基金经理彼此间的业绩（如收益、风险指标）不具有可比性，但是将每位基金经理的业绩与同期万得全 A 指数的表现进行比较是有意义的。为了方便读者进行对比，附录六和附录七（见本书前言中二维码）分别展示了在职和离职基金经理任职期间所管理的所有基金产品合并收益后的收益与风险指标，以及同期万得全 A 指数的收益与风险指标。

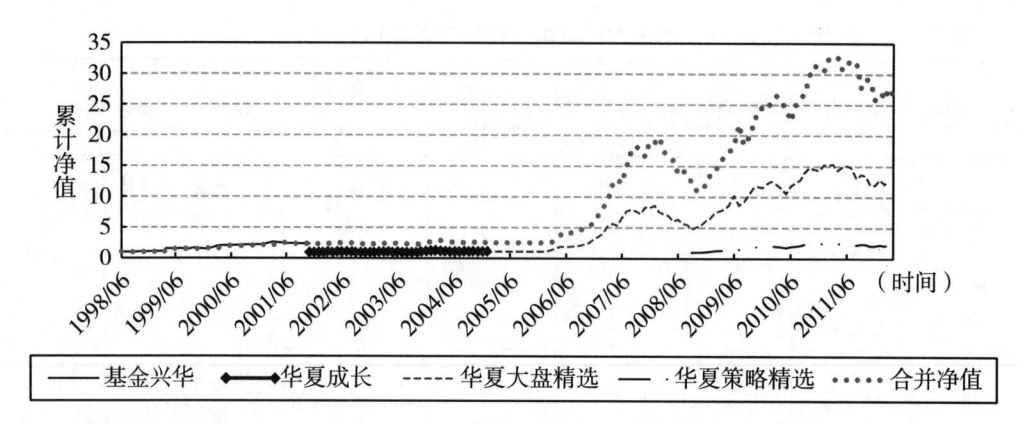

图 5-2　王亚伟管理的产品净值以及合并收益历史净值（第一天的净值设为 1 元）

二、基金经理的选股能力

在本章，我们继续采用 Treynor-Mazuy 四因子模型（模型构造方法请参考第三章）来研究基金经理的选股和择时能力，市场收益率采用万得全 A 综合指数的收益率。由于评估选股和择时能力需要较长的时间序列数据，我们要求基金经理拥有至少三年的任职时间，以便对其合并月度收益数据进行研究。表 5-6 展示了在职以及离职的基金经理数量，截至 2024 年 12 月底，共有 2 261 位股票型基金经理任职时间达到或超过三年，其中 1 347 位仍然在职，另外 914 位已经离职。

表 5-6　　　　　在职与离职股票型基金经理样本数量　　　　单位：位

时间	在职基金经理	离职基金经理	合计
1998~2024 年	1 347	914	2 261

（一）在职基金经理选股能力

表 5-7 列出了截至 2024 年 12 月底在职股票型基金经理选股能力 α 的显著性估计的结果统计。图 5-3 展示了 1 347 位基金经理所对应的 α 的 t 值（从高到低排列）。我们使用单边假设检验，来判断基金经理是否具有正确的选股能力。具体地，在 5% 的显著性水平下，当基金经理的 α 呈正显著性，t 值高于 1.64 的临界值

水平,则认为他具有正确的选股能力;当基金经理所对应α的t值是不显著的,则认为他们不具有选股能力;当基金经理的α呈负显著性,即t值低于-1.64,则认为他们具有错误的选股能力。因此,表5-7说明,在职的基金经理中,只有260位(占比19.3%)基金经理具有正确的选股能力;有1 055位(占比78.3%)基金经理不具有选股能力;此外,还有32位(占比2.4%)基金经理具有错误的选股能力。整体来看,大部分在职基金经理不具备选股能力。

表5-7　　　　　　　　　　在职基金经理的选股能力

项目	显著性	基金经理数量(位)	占比(%)
选股能力	正显著	260	19.3
	不显著	1055	78.3
	负显著	32	2.4
总计		1 347	100.0

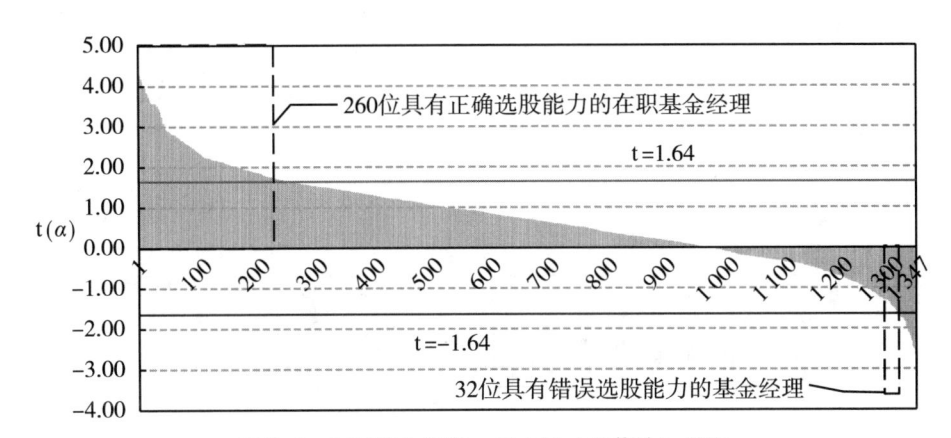

图5-3　在职基金经理α的t值(显著性)排列

注:正确选股能力代表t(α)>1.64,错误选股能力代表t(α)<-1.64,未表现出选股能力代表-1.64≤t(α)≤1.64。基金经理具有选股能力是指基金经理表现出正确的选股能力,基金经理不具有选股能力代表基金经理表现出错误的或未表现出选股能力。

表5-8和图5-4展示了在职基金经理Treynor-Mazuy四因子模型的回归结果。按照基金经理的选股能力年化α,我们把基金等分为10组。第1组为α最高的组,第10组为α最低的组。表5-8和图5-4具体展示了每组基金经理所对应的α、γ、β_{mkt}、β_{smb}、β_{hml}、β_{mom},以及刻画模型拟合程度的调整后R^2的平均值。其中,α为反映基金经理选股能力的系数,γ为反映择时能力的系数。

表 5-8　　　　　　在职基金经理 Treynor-Mazuy 模型回归结果（选股能力）

组别	年化 α（%）	γ	β_{mkt}	β_{smb}	β_{hml}	β_{mom}	调整后 R^2（%）
1（α 最高组）	13.65	−0.84	0.89	−0.10	−0.34	0.12	67
2	8.75	−0.58	0.84	−0.10	−0.19	0.07	70
3	6.61	−0.30	0.78	−0.05	−0.28	0.12	69
4	5.15	−0.25	0.73	−0.05	−0.22	0.12	70
5	3.90	−0.07	0.66	−0.05	−0.23	0.11	67
6	2.69	−0.07	0.68	−0.05	−0.21	0.11	68
7	1.35	0.00	0.71	−0.01	−0.25	0.15	69
8	−0.42	0.08	0.75	−0.02	−0.25	0.10	70
9	−2.50	0.10	0.75	−0.01	−0.32	0.11	70
10（α 最低组）	−8.74	0.31	0.76	−0.01	−0.34	0.14	72

注：此表汇报每一组基金经理对应的 α、γ、β_{mkt}、β_{smb}、β_{hml}、β_{mom}，以及调整后 R^2 的平均值。

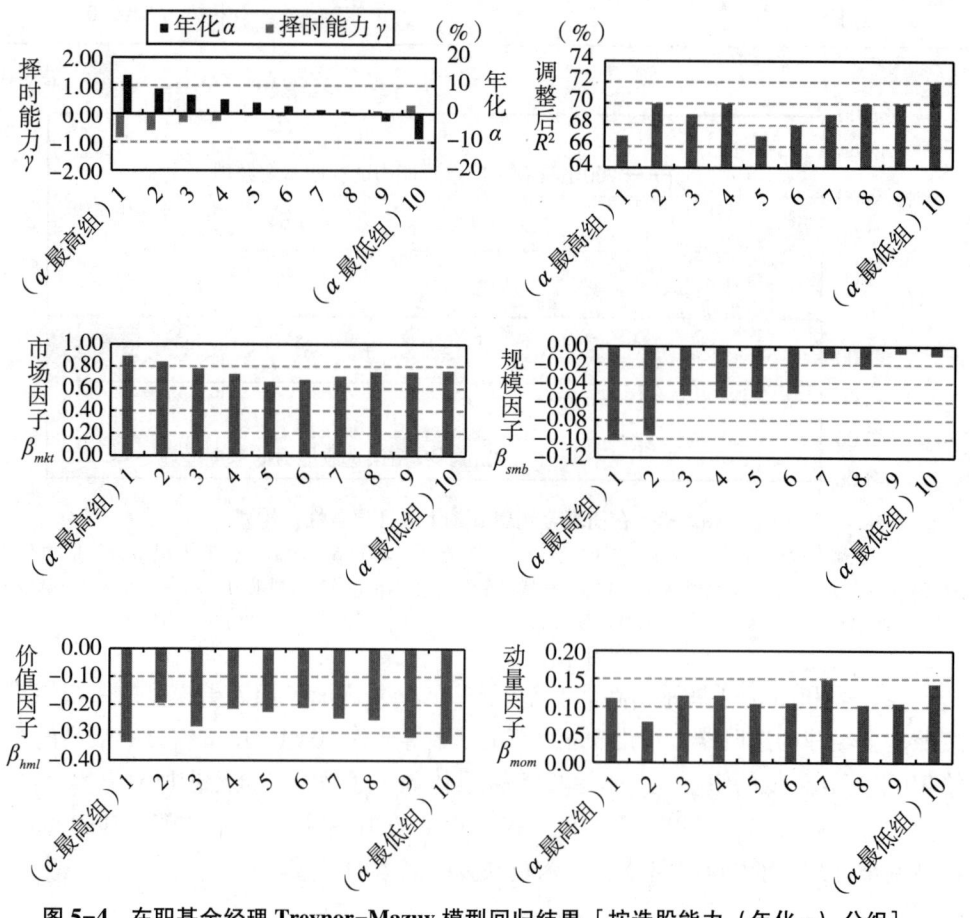

图 5-4　在职基金经理 Treynor-Mazuy 模型回归结果［按选股能力（年化 α）分组］

表 5-8 和图 5-4 显示，在职基金经理年化选股能力 α 在 -8.74%~13.65% 之间。其中，前 7 组基金经理的平均选股能力为正，另外 3 组基金经理的平均选股能力为负。在选股能力最高的第 1 组中，基金经理的平均年化 α 为 13.65%，而在选股能力最低的第 10 组中，基金经理的平均年化 α 为 -8.74%，两组相差超过 22 个百分点。有关选股能力（α）与择时能力（γ）的相关性我们在下一部分讨论。此外，大盘指数收益的敏感系数 β_{mkt} 值在 0.66~0.89 之间，这意味着多数基金经理对市场风险因子的暴露较高，因此其表现与市场同涨同跌。规模因子的敏感度系数 β_{smb} 在 -0.10~-0.01 之间，随着各组基金经理年化 α 的减小，β_{smb} 的值呈现增大趋势，说明具有较好选股能力的基金经理持有大盘股的仓位更高。价值因子的敏感度系数 β_{hml} 在 -0.34~-0.19 之间，随着每组基金经理选股能力的减小，β_{hml} 组别间的数值呈现先略微上升后略微下降的变化，但选股能力最高和最低组并无明显差异，这说明基金经理在价值与成长股的仓位偏好与其选股能力无单调关系。趋势因子的敏感度系数 β_{mom} 在 0.07~0.15 之间，总体数值不高。随着每组基金经理年化 α 的减小（选股能力的下降），β_{mom} 没有呈现单调上升的趋势，因此在第 1 组和第 10 组的基金经理在追涨杀跌方面区别不大。模型调整后的 R^2 大约为 69%，说明我们使用的模型可以较好地解释在职基金经理的超额收益。

接下来，我们具体分析具有显著选股能力的 260 位基金经理的情况。表 5-9 展示了 Treynor-Mazuy 四因子模型中 α 为正显著的基金经理名单、任职区间和选股能力 α 的估计值。这些基金经理的年化 α 在 1.79%~28.71% 之间，平均任职 93 个月。我们在附录八（见本书前言中二维码）中给出所有在职股票型基金经理的选股能力 α 和所有因子的 β（风险暴露程度），供读者了解每一位在职基金经理的业绩。

表 5-9　具有选股能力的在职股票型公募基金经理（按年化 α 排序）：1998~2024 年

编号	基金经理	当前任职公司	任职区间	任职时间（月）	管理基金数量（只）	年化 α（%）	t(α)
1	熊哲颖	华安基金	2021/03~2024/12	39	4	28.71	2.11
2	崔宸龙	前海开源基金	2020/07~2024/12	54	6	24.00	1.88
3	郑巍山	银河基金	2019/05~2024/12	68	4	22.83	1.72
4	农冰立	景顺长城基金	2018/06~2024/12	71	5	21.83	2.89
5	郑玲	国联基金	2020/07~2024/12	47	6	20.02	1.87
6	韩创	大成基金	2019/01~2024/12	72	8	19.32	2.75
7	李恒	摩根基金	2017/01~2024/12	89	7	18.70	2.75
8	王鹏	宏利基金	2017/11~2024/12	86	7	18.10	1.69

续表

编号	基金经理	当前任职公司	任职区间	任职时间（月）	管理基金数量（只）	年化α（%）	t(α)
9	王元春	易方达基金	2018/12~2024/12	73	4	17.87	2.14
10	苏文杰	广发基金	2018/10~2024/12	70	4	17.51	2.41
11	杨思亮	宝盈基金	2018/03~2024/12	82	9	17.38	2.93
12	高楠	永赢基金	2017/11~2024/12	74	11	16.92	1.85
13	张序	华安基金	2020/05~2024/12	56	2	16.91	2.03
14	刘畅畅	华安基金	2020/01~2024/12	60	4	16.85	2.94
15	孙伟	泉果基金	2016/01~2024/12	94	5	16.84	3.36
16	施红俊	鹏扬基金	2020/06~2024/12	55	3	16.41	2.12
17	于洋	富国基金	2017/10~2024/12	70	7	16.36	2.23
18	吴秉韬	泰信基金	2019/07~2024/12	66	4	16.14	1.73
19	王斌	华安基金	2018/10~2024/12	75	6	16.11	2.50
20	王鹏	广发基金	2019/09~2024/12	58	5	15.80	1.92
21	张昌平	西部利得基金	2020/11~2024/12	50	2	15.50	1.72
22	胡宜斌	华安基金	2015/11~2024/12	110	7	15.40	2.69
23	李旻	银华基金	2017/11~2024/12	64	3	15.39	2.39
24	陆迪	创金合信基金	2021/08~2024/12	41	2	15.07	1.91
25	冯明远	信达澳亚基金	2016/10~2024/12	99	10	14.96	2.48
26	刘晓晨	宏利基金	2018/01~2024/12	69	6	14.61	3.97
27	郑中华	格林基金	2019/03~2024/12	56	3	14.57	2.42
28	王浩冰	财通证券资产	2021/01~2024/12	41	6	14.55	1.75
29	张玮升	工银瑞信基金	2017/10~2024/12	87	6	14.40	2.37
30	胡银玉	银华基金	2020/04~2024/12	57	3	14.40	2.34
31	姜诚	中泰证券资产	2014/08~2024/12	94	10	14.23	2.66
32	刘旭	大成基金	2015/07~2024/12	114	9	14.14	3.84
33	李欣	嘉实基金	2018/03~2024/12	82	2	13.92	2.34
34	胡宇飞	嘉实基金	2018/02~2024/12	83	4	13.90	2.45
35	周智硕	建信基金	2020/09~2024/12	52	4	13.88	1.93
36	樊勇	汇添富基金	2018/10~2024/12	72	7	13.79	1.66
37	冀楠	博时基金	2017/06~2024/12	88	9	13.72	2.47
38	董伟炜	西部利得基金	2015/05~2024/12	73	6	13.71	3.46

续表

编号	基金经理	当前任职公司	任职区间	任职时间（月）	管理基金数量（只）	年化 α（%）	t(α)
39	盛震山	工银瑞信基金	2015/09~2024/12	60	9	13.71	3.24
40	张金涛	嘉实基金	2016/05~2024/12	104	8	13.57	3.56
41	韩威俊	交银施罗德基金	2016/01~2024/12	108	7	13.54	2.26
42	宁君	富国基金	2018/09~2024/12	76	2	13.38	2.02
43	刘莉莉	富国基金	2018/07~2024/12	78	6	13.27	2.29
44	胡昕炜	汇添富基金	2016/04~2024/12	105	6	13.12	2.18
45	周思越	东方基金	2020/08~2024/12	53	3	13.05	1.73
46	杨宗昌	易方达基金	2019/04~2024/12	69	4	12.95	1.92
47	徐慕浩	泰信基金	2019/08~2024/12	65	2	12.94	2.18
48	蔡宇滨	招商基金	2017/12~2024/12	79	6	12.55	3.58
49	林庆	富国基金	2015/05~2024/12	116	3	12.50	3.27
50	宋仁杰	泰康基金	2019/09~2024/12	64	2	12.47	2.15
51	郭斐	交银施罗德基金	2017/09~2024/12	88	4	12.40	1.94
52	范琨	融通基金	2016/02~2024/12	107	6	12.19	2.66
53	刘元海	东吴基金	2013/01~2024/12	149	10	12.19	2.31
54	刘健维	易方达基金	2019/07~2024/12	66	3	12.19	1.96
55	蔡丞丰	嘉实基金	2017/07~2024/12	78	7	12.17	2.64
56	齐炜中	大成基金	2020/02~2024/12	59	8	12.11	2.00
57	张宇帆	工银瑞信基金	2016/03~2024/12	106	3	12.03	2.72
58	万建军	华安基金	2018/03~2024/12	82	7	11.97	1.75
59	季新星	华夏基金	2017/01~2024/12	93	10	11.92	2.16
60	许炎	富国基金	2016/08~2024/12	101	5	11.87	1.78
61	李锦文	南方基金	2018/12~2024/12	73	7	11.66	1.69
62	钟赟	南方基金	2017/02~2024/12	92	7	11.62	1.82
63	孙彬	富国基金	2019/05~2024/12	68	11	11.58	2.40
64	赵枫	睿远基金	2001/09~2024/12	124	3	11.49	3.09
65	蒲世林	富国基金	2018/12~2024/12	73	7	11.45	2.83
66	鲍无可	景顺长城基金	2014/06~2024/12	127	10	11.38	3.58
67	詹杰	汇添富基金	2018/08~2024/12	73	5	11.37	2.02
68	张汉毅	鑫元基金	2016/12~2024/12	66	6	11.33	2.80

续表

编号	基金经理	当前任职公司	任职区间	任职时间（月）	管理基金数量（只）	年化 α（%）	$t(\alpha)$
69	乔迁	兴证全球基金	2017/07~2024/12	90	5	11.18	3.57
70	杨锐文	景顺长城基金	2014/10~2024/12	123	12	11.15	2.89
71	杨浩	交银施罗德基金	2015/08~2024/12	113	4	11.08	2.79
72	王园园	富国基金	2017/06~2024/12	91	7	11.08	1.79
73	莫海波	万家基金	2015/05~2024/12	116	13	11.00	1.86
74	周云	上海东方证券资产	2015/09~2024/12	112	11	10.97	3.52
75	尚烁徽	华泰保兴基金	2017/03~2024/12	94	10	10.90	2.13
76	徐彦	大成基金	2012/10~2024/12	133	13	10.88	3.57
77	查晓磊	华泰证券资产	2016/03~2024/12	90	12	10.86	3.09
78	王丹	嘉实基金	2019/01~2024/12	72	3	10.78	1.70
79	王君正	华夏基金	2013/08~2024/12	130	11	10.76	3.55
80	徐成	国海富兰克林基金	2017/07~2024/12	90	3	10.71	2.44
81	冯汉杰	广发基金	2018/12~2024/12	66	6	10.70	2.66
82	张烨	大成基金	2017/09~2024/12	88	4	10.62	2.01
83	孟杰	宏利基金	2020/09~2024/12	52	5	10.59	1.86
84	李欣	华安基金	2015/07~2024/12	114	7	10.54	2.04
85	陆秋渊	华安基金	2017/06~2024/12	91	4	10.46	2.03
86	高远	长信基金	2017/01~2024/12	96	4	10.41	3.47
87	张竞	安信基金	2017/12~2024/12	85	6	10.39	2.18
88	黄珺	中银基金	2019/03~2024/12	70	6	10.32	1.65
89	张铮烁	德邦基金	2018/08~2024/12	59	3	10.31	2.54
90	秦绪文	上海东方证券资产	2016/01~2024/12	108	6	10.27	2.72
91	李晓星	银华基金	2015/07~2024/12	114	15	10.24	2.58
92	缪玮彬	金元顺安基金	2016/12~2024/12	97	2	10.20	2.09
93	吴昊	方正富邦基金	2019/05~2024/12	68	11	10.14	2.00
94	陈伟	博时基金	2019/10~2024/12	63	2	10.12	1.94
95	刘鹏	交银施罗德基金	2018/05~2024/12	80	3	10.05	2.23
96	江峰	中信保诚基金	2020/04~2024/12	57	2	10.05	1.66
97	陈博	上银基金	2020/02~2024/12	59	5	10.03	1.91
98	何帅	交银施罗德基金	2015/07~2024/12	114	4	10.02	2.66

续表

编号	基金经理	当前任职公司	任职区间	任职时间（月）	管理基金数量（只）	年化 α（%）	$t(\alpha)$
99	张燕	中信建投证券	2015/05~2024/12	97	10	10.02	1.76
100	郑迎迎	南方基金	2015/08~2024/12	103	2	9.94	2.62
101	林乐峰	南方基金	2017/12~2024/12	85	4	9.86	2.62
102	李博	大成基金	2015/04~2024/12	117	6	9.86	2.53
103	黄文倩	华夏基金	2016/02~2024/12	107	6	9.86	1.81
104	陈鹏辉	泰康基金	2019/07~2024/12	56	5	9.85	2.06
105	张峰	富国基金	2015/06~2024/12	115	8	9.81	2.14
106	盛骅	华安基金	2018/02~2024/12	83	5	9.81	1.71
107	张峰	农银汇理基金	2015/09~2024/12	112	6	9.78	2.16
108	吴晖	长信基金	2019/04~2024/12	69	3	9.77	3.59
109	陈宇	兴证全球基金	2017/09~2024/12	88	2	9.72	1.97
110	付伟	博时基金	2015/08~2024/12	94	9	9.63	1.98
111	李骥	合煦智远基金	2010/02~2024/12	55	2	9.60	2.15
112	费逸	广发基金	2017/07~2024/12	90	9	9.54	1.66
113	杨鑫鑫	工银瑞信基金	2013/06~2024/12	136	6	9.50	3.97
114	李耀柱	广发基金	2016/11~2024/12	99	9	9.48	2.21
115	高钥群	华安基金	2017/04~2024/12	93	4	9.47	2.50
116	邹慧	兴业基金	2020/11~2024/12	50	5	9.46	1.74
117	杨嘉文	易方达基金	2017/12~2024/12	85	6	9.43	2.85
118	栾江伟	中信建投基金	2015/07~2024/12	107	10	9.18	2.22
119	黎莹	德邦基金	2015/06~2024/12	115	7	9.15	2.81
120	田俊维	博时基金	2015/06~2024/12	110	8	9.05	2.22
121	徐幼华	富国基金	2018/05~2024/12	80	2	8.94	2.33
122	陈俊华	交银施罗德基金	2016/11~2024/12	98	2	8.94	2.24
123	陈怡	泰康基金	2017/11~2024/12	86	3	8.94	1.68
124	袁蓓	建信基金	2004/08~2024/12	71	2	8.91	1.79
125	宋炳珅	工银瑞信基金	2014/01~2024/12	132	7	8.89	2.08
126	周杨	上海东方证券资产	2019/06~2024/12	67	5	8.88	2.03
127	祁禾	易方达基金	2017/12~2024/12	85	8	8.69	1.68
128	周海栋	华商基金	2014/05~2024/12	128	10	8.47	2.24

续表

编号	基金经理	当前任职公司	任职区间	任职时间（月）	管理基金数量（只）	年化α（%）	t(α)
129	王宁	长盛基金	2001/07~2024/12	216	15	8.42	3.52
130	林念	工银瑞信基金	2016/09~2024/12	100	4	8.29	1.76
131	张媛	英大基金	2018/01~2024/12	84	5	8.27	1.99
132	陈富权	农银汇理基金	2013/08~2024/12	137	12	8.24	2.26
133	杜洋	工银瑞信基金	2015/02~2024/12	119	11	8.23	2.14
134	王崇	交银施罗德基金	2014/10~2024/12	123	3	8.19	2.13
135	谢治宇	兴证全球基金	2013/01~2024/12	144	6	8.09	2.55
136	是星涛	信达澳亚基金	2016/02~2024/12	101	6	8.07	2.35
137	何以广	兴证全球基金	2015/05~2024/12	107	12	8.06	1.76
138	轩璇	嘉实基金	2019/11~2024/12	54	2	8.05	4.17
139	董晗	景顺长城基金	2014/07~2024/12	116	10	8.04	2.22
140	聂世林	安信基金	2016/02~2024/12	107	6	8.03	2.02
141	王颖	中信保诚基金	2017/02~2024/12	95	7	8.01	3.72
142	吴昊	中信保诚基金	2015/11~2024/12	110	10	7.90	2.47
143	倪超	金鹰基金	2015/06~2024/12	115	10	7.90	1.92
144	任相栋	兴证全球基金	2015/01~2024/12	105	4	7.89	2.13
145	刘佃贵	国联安基金	2021/06~2024/12	43	3	7.88	1.86
146	刚登峰	泉果基金	2015/05~2024/12	106	9	7.87	1.93
147	杨栋	富国基金	2015/08~2024/12	113	9	7.85	2.56
148	胡耀文	海富通基金	2015/06~2024/12	112	4	7.79	1.96
149	胡中原	华商基金	2019/03~2024/12	70	2	7.75	1.72
150	王金祥	海富通基金	2018/11~2024/12	74	2	7.69	1.93
151	王睿	中银基金	2018/11~2024/12	74	8	7.60	1.86
152	金宏伟	泰康基金	2017/08~2024/12	89	5	7.52	2.00
153	沈楠	交银施罗德基金	2015/05~2024/12	116	3	7.45	2.52
154	高源	万家基金	2015/07~2024/12	111	14	7.40	2.07
155	蓝小康	中欧基金	2017/05~2024/12	92	4	7.39	1.68
156	谭丽	嘉实基金	2017/04~2024/12	93	11	7.38	1.75
157	陈梦舒	银华基金	2017/12~2024/12	63	3	7.38	1.65
158	孙蒙	华夏基金	2020/03~2024/12	58	5	7.36	2.17

续表

编号	基金经理	当前任职公司	任职区间	任职时间（月）	管理基金数量（只）	年化 α（%）	t(α)
159	范妍	富国基金	2015/10~2024/12	106	14	7.34	2.73
160	任慧娟	泰康基金	2016/05~2024/12	104	3	7.22	1.84
161	曹名长	中欧基金	2006/07~2024/12	218	11	7.04	2.59
162	戴军	大成基金	2015/05~2024/12	116	4	6.99	2.21
163	魏晓雪	路博迈基金	2012/11~2024/12	138	10	6.97	2.07
164	黄春逢	南方基金	2015/12~2024/12	109	6	6.85	2.01
165	林英睿	广发基金	2015/05~2024/12	111	10	6.83	1.67
166	余广	景顺长城基金	2010/05~2024/12	176	8	6.74	2.04
167	赵鹏飞	汇添富基金	2016/06~2024/12	103	6	6.73	1.69
168	陆奔	华安基金	2018/09~2024/12	76	5	6.47	2.82
169	刘怡敏	国海富兰克林基金	2019/01~2024/12	72	1	6.45	4.28
170	薄官辉	银华基金	2015/04~2024/12	117	8	6.43	1.87
171	骆帅	南方基金	2015/05~2024/12	116	11	6.42	1.93
172	黄弢	创金合信基金	2020/05~2024/12	56	4	6.37	2.17
173	刘敦	申万菱信基金	2018/03~2024/12	82	5	6.32	1.99
174	李玉良	诺安基金	2015/07~2024/12	114	7	6.17	1.71
175	鄢耀	工银瑞信基金	2013/08~2024/12	137	10	6.16	2.24
176	杨衡	长盛基金	2015/06~2024/12	115	21	6.14	2.13
177	伍旋	鹏华基金	2011/12~2024/12	157	8	6.13	2.53
178	苏秉毅	大成基金	2014/01~2024/12	108	4	6.11	2.05
179	王莉	国海富兰克林基金	2019/09~2024/12	64	1	6.10	3.97
180	侯春燕	大成基金	2015/12~2024/12	109	10	6.05	2.09
181	蔡滨	博时基金	2014/12~2024/12	121	13	6.01	2.21
182	韩冬燕	诺安基金	2015/11~2024/12	110	5	6.01	2.03
183	李宇璐	宏利基金	2021/07~2024/12	42	2	5.97	2.38
184	何肖颉	工银瑞信基金	2005/02~2024/12	172	7	5.97	1.89
185	朱少醒	富国基金	2005/11~2024/12	230	2	5.93	2.03
186	贲兴振	银华基金	2013/02~2024/12	139	9	5.92	1.77
187	邹维	圆信永丰基金	2019/01~2024/12	72	4	5.88	1.86
188	刘方旭	兴业基金	2015/12~2024/12	109	7	5.86	1.79

续表

编号	基金经理	当前任职公司	任职区间	任职时间（月）	管理基金数量（只）	年化α（%）	t(α)
189	曾健飞	华宝基金	2020/07~2024/12	48	3	5.80	4.27
190	王海峰	银华基金	2016/03~2024/12	106	7	5.80	1.84
191	田汉卿	华泰柏瑞基金	2013/08~2024/12	137	11	5.73	2.99
192	王一兵	创金合信基金	2017/07~2024/12	61	2	5.67	2.17
193	周蔚文	中欧基金	2006/11~2024/12	215	11	5.61	2.27
194	刘晓	国海富兰克林基金	2017/02~2024/12	95	6	5.54	1.87
195	张芊	广发基金	2015/11~2024/12	110	7	5.46	3.57
196	劳杰男	汇添富基金	2015/07~2024/12	114	8	5.45	1.72
197	魏东	国联安基金	2004/05~2024/12	245	7	5.42	1.87
198	张露	嘉实基金	2017/08~2024/12	89	4	5.31	1.94
199	徐嶒	蜂巢基金	2015/05~2024/12	105	8	5.28	1.76
200	周益鸣	华安基金	2019/12~2024/12	61	1	5.26	2.86
201	徐荔蓉	国海富兰克林基金	2006/03~2024/12	175	5	5.16	1.69
202	方旻	富国基金	2017/06~2024/12	66	4	5.08	1.64
203	孙少锋	博时基金	2015/09~2024/12	112	2	5.02	2.18
204	郑青	华泰柏瑞基金	2020/06~2024/12	55	4	4.97	3.42
205	盛泽	东方基金	2018/08~2024/12	77	6	4.96	1.65
206	刘涛	鹏华基金	2018/03~2024/12	43	3	4.92	2.19
207	李建	中银基金	2012/09~2024/12	148	5	4.88	3.51
208	陈莹	景顺长城基金	2020/07~2024/12	54	3	4.83	4.41
209	龙悦芳	金鹰基金	2018/06~2024/12	79	1	4.82	3.84
210	魏孛	中信证券资产	2017/03~2024/12	92	9	4.82	1.71
211	王欢	国联安基金	2017/12~2024/12	85	3	4.80	2.83
212	王涛	安信基金	2019/01~2024/12	67	2	4.69	2.10
213	黄华	中欧基金	2018/12~2024/12	73	3	4.64	2.81
214	周雪军	海富通基金	2012/06~2024/12	148	8	4.60	1.83
215	薛玲	建信基金	2017/05~2024/12	92	4	4.58	2.16
216	陈乐	南方基金	2017/12~2024/12	85	5	4.54	3.65
217	樊艳	华安证券资产	2020/10~2024/12	51	1	4.54	1.86
218	张睿	安信基金	2021/11~2024/12	38	3	4.49	1.77

续表

编号	基金经理	当前任职公司	任职区间	任职时间（月）	管理基金数量（只）	年化 α（%）	t(α)
219	李炳智	前海开源基金	2017/01~2024/12	96	4	4.47	1.98
220	王平	招商基金	2016/03~2024/12	106	5	4.45	1.70
221	李一硕	易方达基金	2016/08~2024/12	101	4	4.44	4.11
222	杨康	易方达基金	2020/04~2024/12	57	21	4.43	3.02
223	邱世磊	广发基金	2016/01~2024/12	102	6	4.38	3.99
224	纪文静	上海东方证券资产	2015/07~2024/12	114	2	4.37	3.73
225	张惠	华富基金	2016/06~2024/12	103	6	4.18	3.67
226	林昊	华宝基金	2017/03~2024/12	94	5	4.18	3.57
227	胡永青	嘉实基金	2014/10~2024/12	123	10	4.14	3.31
228	王琳	国泰基金	2017/01~2024/12	96	10	4.11	1.91
229	潘巍	国联基金	2020/04~2024/12	43	3	4.11	1.75
230	叶朝明	鹏华基金	2018/08~2024/12	64	4	4.08	4.03
231	曲径	中欧基金	2016/01~2024/12	108	11	4.05	1.65
232	孔令超	上海东方证券资产	2016/08~2024/12	101	1	3.93	3.81
233	吴迪	广发基金	2021/04~2024/12	45	1	3.93	2.11
234	余芽芳	招商基金	2017/04~2024/12	93	7	3.78	2.80
235	王垠	招商基金	2018/09~2024/12	65	5	3.69	2.17
236	华李成	中欧基金	2018/03~2024/12	82	1	3.67	3.59
237	吴江宏	汇添富基金	2016/04~2024/12	105	3	3.66	4.18
238	李栋梁	华宝基金	2015/10~2024/12	111	8	3.65	2.25
239	吴剑毅	南方基金	2015/05~2024/12	116	8	3.65	1.92
240	郑煜	华夏基金	2006/08~2024/12	221	16	3.65	1.77
241	李君	安信基金	2017/12~2024/12	85	4	3.63	2.60
242	孙丹	大成基金	2017/05~2024/12	92	7	3.59	4.42
243	张翼飞	安信基金	2015/05~2024/12	116	3	3.55	3.08
244	王艺伟	交银施罗德基金	2019/11~2024/12	62	7	3.48	2.76
245	石雨欣	华安基金	2016/02~2024/12	107	5	3.34	2.86
246	赖礼辉	嘉实基金	2020/12~2024/12	49	5	3.32	2.76
247	孙倩倩	金鹰基金	2016/06~2024/12	78	4	3.25	2.90
248	李晓博	广发基金	2020/07~2024/12	54	1	3.17	2.57

续表

编号	基金经理	当前任职公司	任职区间	任职时间（月）	管理基金数量（只）	年化 α（%）	$t(\alpha)$
249	苗婷	中银基金	2016/08~2024/12	101	7	3.04	2.67
250	胡剑	易方达基金	2016/02~2024/12	72	8	3.04	1.87
251	王石千	鹏华基金	2018/11~2024/12	74	1	2.96	2.82
252	刘铭	银河基金	2017/05~2024/12	93	9	2.90	2.90
253	朱才敏	华安基金	2015/05~2024/12	116	6	2.77	3.25
254	李君	鹏华基金	2015/05~2024/12	116	13	2.75	1.96
255	谈云飞	海富通基金	2015/04~2024/12	117	7	2.66	2.08
256	张文平	平安基金	2015/06~2024/12	96	6	2.53	1.82
257	赵楠楠	银华基金	2019/09~2024/12	64	5	2.34	2.24
258	谭昌杰	广发基金	2015/01~2024/12	120	3	2.13	1.70
259	谷丹青	万家基金	2020/11~2024/12	50	2	1.80	2.40
260	王康佳	鹏华基金	2021/10~2024/12	39	2	1.79	3.85

具体而言，我们从表5-9展示的基金经理中选取几个代表性的样本，分析其选股能力和基金管理的投资逻辑。我们首先选取年化收益率（α）达到21.83%，排名第四且远超大盘表现的景顺长城基金管理有限公司的基金经理农冰立作为研究对象。农冰立2017年加入工银瑞信基金，并于2018年开始管理迷你基金。2022年10月农冰立加入景顺长城基金，2023年7月起担任股票投资部基金经理，目前在管基金产品共2只，总规模为15.55亿元（2024年12月31日数据）。农冰立研究经历丰富，有近11年的"买方—卖方—买方"的投研生涯。早期买方的研究经历使其形成了相对完善的买方投资框架；而卖方研究员的职业变化，让他有机会更细致地观察上市公司的经营和战略变化，对产业链的理解更具纵深感，审视公司兼具投资和经营视角。兼具买方和卖方研究经验的农冰立，深入研究过大量的企业，长期跟踪过一批上市公司的经营决策，在经历市场牛熊更迭、上市公司起伏兴衰中，积累了许多产业分析的案例，从而能更好地识别产业趋势的发展方向。

农冰立投资整体风格自下而上、精选个股，但将产业中观趋势放在首位，更愿意把握"时代的贝塔"来作为投资立足点。在具体公司选择上，农冰立除了把握这家公司的产业属性之外，还会比较严格地研究公司自身所处的经营阶段与经营策略是否相匹配，他深耕高端制造，愿意聚焦产业趋势中有核心壁垒、具备长期经营理念和眼光、有潜在非线性增长空间的企业。在组合管理上，农冰立强调的原则是"组合平衡，回撤控制"，投资上注重"行业分散，个股集中"，不会把组合全部投资于某个细分领域，更会对组合持仓的生命周期做分散。农冰立的投资风格较为稳健，注重长期投资，避免频繁交易。

农冰立在长期的职业生涯中逐渐磨练出显著的选股能力，通过发挥他在 TMT、新兴制造业等领域的投资优势，在关注产业趋势的基础上，力求挖掘出质地好且经营周期与产业周期共振的优秀公司。图 5-5 为农冰立管理的基金与万得全 A 指数同期净值图。农冰立在 2018 年刚接手迷你基金时更强调风控，以相对分散的组合去控制流动性风险，同时跟住基准指数，因此这时他管理的基金与市场指数净值变化相似。2019 年市场转好后，农冰立不断调整组合，尝试各种投资方法，逐步积累投资原则和体系，此时他管理的基金表现开始逐渐优于市场指数。之后，农冰立开始在一个长期深耕的行业里赚取更多的 α，而在一些新兴的机会领域里，通过 3~4 个月的集中研究后，争取把握第二波行情，他的历史组合（对电动车、光伏领域股票的持有）帮助他赚到了很重要的回报，如在 2018~2022 年期间他管理的"工银智能制造 A"基金表现较好，任期回报为 92.58%。2022 年是市场波动比较大的一年，也促使农冰立对自己的组合方法做了深入的反思，他发现自己低估了一些产业在不利发展阶段市场对其的定价容忍度以及向下探的安全边际，因此他开始重视投资在产业上的分散，以及产业发展阶段可能面临的负面情况。2023 年，股票市场相对低迷，农冰立管理的基金业绩也出现回撤，但 2024 年，在 AI 创新周期以及电子产品迭代升级等因素的推动下，消费电子走出了相对强势的表现，农冰立管理的基金产品，如"景顺长城品质长青"基金，较好地把握了这波行情，涨幅非常明显。

图 5-5 基金经理农冰立以及万得全 A 指数同期净值

我们进一步关注与农冰立的就职期间比较接近，且同样厚积薄发，在 2024 年业绩表现亮眼的国联基金经理郑玲。郑玲2015年加入中邮创业基金管理股份有限公司，2020年开始管理证券投资基金；2022年11月，郑玲加入国联基金管理有限公司，担任价值投资部联席价值投资总监，现任公司总裁助理、研究部总经理。郑玲目前在管基金产品共4只，总规模为25.96亿元（2024年12月31日数据）。郑玲有着长达14年的证券从业经历，她早期做专户投资，之后才管理公募产品。受早期从业经历影响，郑玲非常注重绝对收益，她的客户中，机构投资者占比不少。例如，郑玲管理的"国联优势产业混合A"基金的规模从2022年底的1.29亿元增长到2024年6月底的21.29亿元，增幅达1 550.39%。该基金规模大幅增长的主要原因是机构投资者的增持：2022年底，机构持有人比例不到1%，但2024年6月底，机构持有人比例达到78.98%。

郑玲的投资理念可以概括为八个字：以守为攻，稳健回报。一直以来，郑玲都要求产品长期投资业绩稳健，她把"投资者盈利"作为核心目标，通过严控组合回撤，以绝对收益理念做好投资，因此她在投资中非常关注回撤这个指标，也很重视为个股进行合理估值和定价，主要通过提高选股命中率来控制回撤。郑玲采取自上而下和自下而上相结合的策略，先从中观维度结合宏观环境、经济结构并对比行业景气度来优选行业，再从行业中精选个股，主要依靠选股取胜，很少择时。在选择个股时，郑玲会优先选择基本面过硬、估值便宜、未来具备上涨空间的投资标的进行跟踪观察，在达到心理价位时开始建仓；在这个过程中如果标的继续下跌，她会通过深度调研反复验证买入逻辑，只要个股基本面和买入逻辑没有变，就会拉开价差分批次建仓，直至达到适当仓位，耐心等待公司价值兑现。郑玲对于所建仓的个股都会给出目标价位和市值，一旦上涨达到预期目标则会按照投资纪律果断减仓、兑现收益，绝不恋战，她偏向于左侧分批次建仓，越跌越买。郑玲对于自己的组合要求非常严格，包括个股仓位、买入价、卖出价等都有很精确的测算，所以对于交易过程也会进行精细化管理。由于对军工有较深研究，郑玲主要关注军工行业和低估值行业，集中配置，轮动较少。

图5-6为郑玲管理的基金以及同期万得全A指数净值图。在2020~2021年，由于市场整体呈现结构性行情，低估值板块和中小盘股票表现突出，郑玲的低估值中小盘策略与市场风格契合，推动了基金净值的快速上升。此外，郑玲通过逆周期布局，在市场低谷时提前建仓，捕捉了后续的估值修复和业绩改善机会。例如，她在2020年7月接管中邮风格轮动基金后，短短4个月内净值增长25.07%，远超大盘及同类平均。从2022年开始，可以看到郑玲更加优越的控制波动和回撤的能力，即使在2023年股市行情不好的状况下，其基金月度收益始终没有低于-4%，优于万得全A指数，具备较强的穿越牛熊的能力。2024年，郑玲管理的基金持续稳步增长。

第五章　股票型基金经理的选股与择时能力

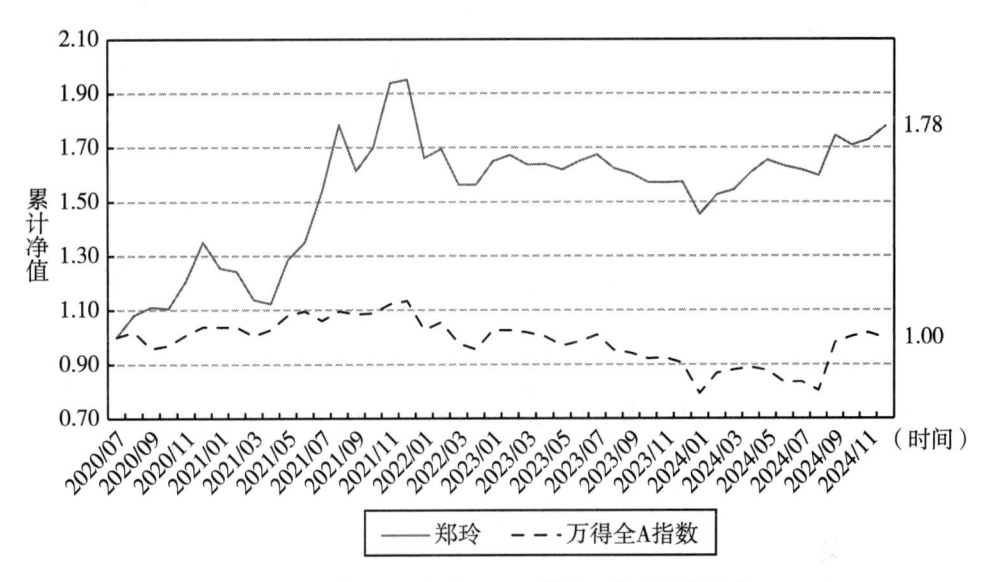

图 5-6　基金经理郑玲以及万得全 A 指数同期净值

（二）离职基金经理选股能力

表 5-10 展示了截至 2024 年 12 月底，914 位已离职股票型基金经理选股能力的统计结果。图 5-7 展示了基金经理选股能力所对应 α 的 t 值（从高到低排列）。同样地，我们使用单边假设检验。在 5% 的显著性水平下，有 202 位（占比 22.1%）基金经理的 α 呈正显著性，t 值高于 1.64，说明他们具有正确的选股能力；有 662 位（占比 72.4%）基金经理的 α 不显著，说明他们不具有明显的选股能力；有 50 位（占比 5.5%）基金经理的 α 呈负显著性，其 t 值低于 -1.64，说明这些基金经理具有错误的选股能力。总体来看，只有 22.1% 已离职的基金经理具有选股能力，与具备选股能力的在职基金经理所占比例差不多。

表 5-10　　　　　　　　离职基金经理选股能力结果

项目	显著性	基金经理数量（位）	占比（%）
选股能力	正显著	202	22.1
	不显著	662	72.4
	负显著	50	5.5
总计		914	100.0

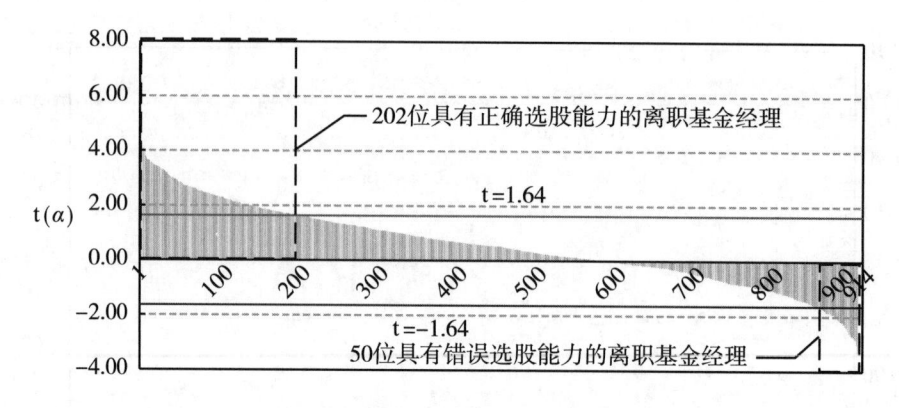

图 5-7　离职股票型基金经理 α 的 t 值（显著性）排列

注：正确选股能力代表 $t(\alpha)>1.64$，错误选股能力代表 $t(\alpha)<-1.64$，未表现出选股能力代表 $-1.64\leq t(\alpha)\leq 1.64$。基金经理具有选股能力是指基金经理表现出正确的选股能力，基金经理不具有选股能力代表基金经理表现出错误的或未表现出选股能力。

在分析选股能力时，需要评估用于衡量基金经理选股能力 α 的估计值。我们采用 Treynor-Mazuy 四因子模型对已离职基金经理的选股能力进行回归分析，结果展示在表 5-11 和图 5-8 中。按照离职基金经理的选股能力（年化 α）由大到小，我们将基金经理分为 10 组，第 1 组为 α 最高的组，第 10 组为 α 最低的组。表 5-11 和图 5-8 具体列示出每一组基金经理所对应的 α、γ、β_{kt}、β_{smb}、β_{hml}、β_{mom}，以及反映模型拟合程度的调整后 R^2 的平均值。

表 5-11　离职基金经理 Treynor-Mazuy 模型回归结果（选股能力）

组别	年化 α（%）	γ	β_{mkt}	β_{smb}	β_{hml}	β_{mom}	调整后 R^2（%）
1（α 最高组）	16.26	-0.48	0.74	-0.17	-0.18	0.22	79
2	9.81	-0.39	0.76	-0.10	-0.20	0.18	78
3	7.13	-0.33	0.74	-0.07	-0.22	0.22	78
4	5.07	-0.24	0.67	-0.06	-0.18	0.18	73
5	3.23	-0.02	0.65	-0.04	-0.18	0.13	73
6	1.61	-0.08	0.70	0.00	-0.23	0.16	73
7	-0.06	0.12	0.70	0.01	-0.13	0.21	75
8	-2.01	0.14	0.78	0.03	-0.17	0.21	78
9	-4.97	0.29	0.76	0.09	-0.23	0.21	78
10（α 最低组）	-11.58	0.74	0.80	0.13	-0.13	0.22	78

注：此表汇报每一组基金经理对应的 α、γ、β_{mkt}、β_{smb}、β_{hml}、β_{mom}，以及调整后 R^2 的平均值。

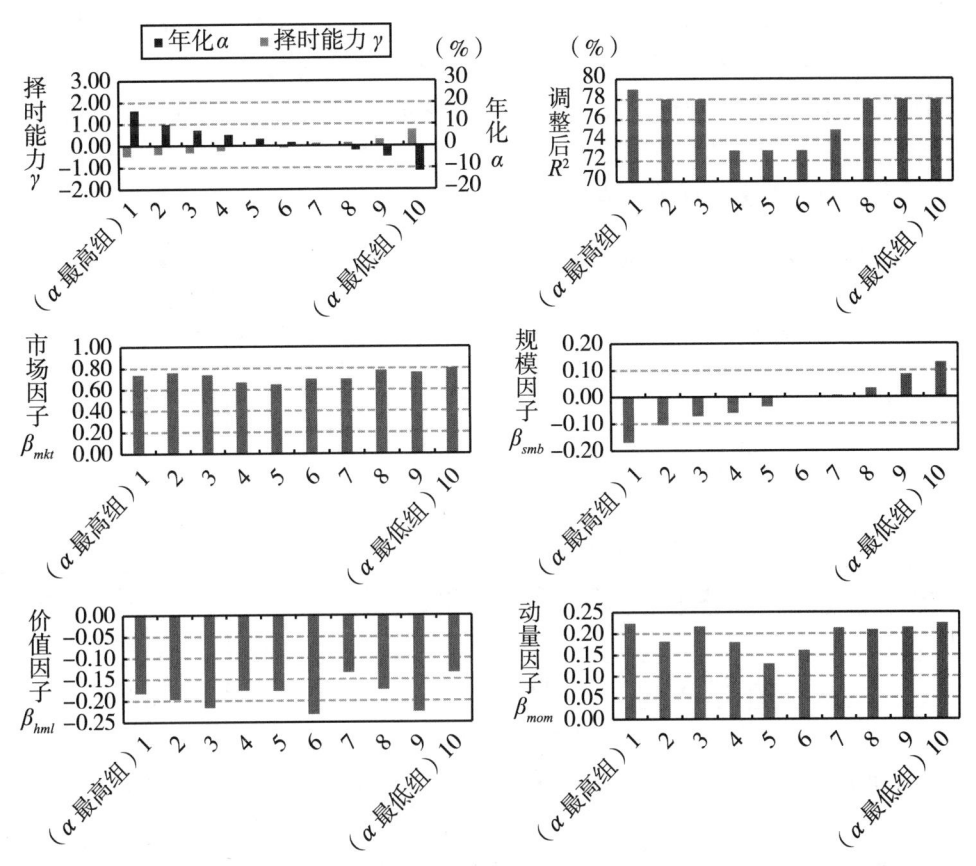

图 5-8　离职基金经理 Treynor-Mazuy 模型回归结果［按选股能力（年化 α）分组］

从表 5-11 和图 5-8 可以看出，离职基金经理的年化 α 在 -11.58%~16.26% 之间。大盘指数对应的敏感系数 β_{mkt} 在 0.65~0.8 之间，每组基金经理在大盘指数上的风险暴露都较高，说明离职基金经理管理的产品与大盘具有较强的相关性。规模因子对应的敏感系数 β_{smb} 在 -0.17~0.13 之间，且随着每组基金经理平均年化 α 的下降，基金经理在规模因子上的风险暴露逐渐升高，这意味着在年化 α 较高的组别中，基金经理持有的投资组合偏重大盘股。价值因子对应的敏感度系数 β_{hml} 在 -0.23~-0.13 之间，随着年化 α 的下降，基金经理在价值因子上的风险暴露并无明显变化，说明基金经理持有价值股或成长股的仓位与其选股能力无明显关系。趋势因子对应的敏感系数 β_{mom} 在 0.13~0.22 之间，整体而言，我们发现离职基金经理的追涨杀跌在各组之间无明显的差别。调整后的 R^2 在 76% 左右，表明该模型很好地解释了离职基金经理的超额收益。有关选股能力（α）和择时能力（γ）的相关性，我们在下一部分讨论。

表 5-12 列出了 Treynor-Mazuy 四因子模型中 α 为正显著，即具有正确选股能

力的202位离职基金经理的名单，并展示了每位基金经理的任职时间及选股能力α的估计值。这些基金经理对应的年化α在2.08%~25.69%之间，平均任职时间为72个月，管理4只基金产品。附录九（见本书前言中二维码）具体给出了所有已离职的股票型基金经理的选股能力年化α以及各因子的风险暴露程度β，供读者了解每一位已离职基金经理的业绩。

表5-12 具有选股能力的离职股票型公募基金经理（按年化α排序）：1998~2024年

编号	基金经理	离职前任职公司	任职区间	任职时间（月）	管理基金数量（只）	年化α（%）	t(α)
1	黄敬东	九泰基金	2006/09~2015/11	45	5	25.69	2.33
2	游海	招商基金	2007/01~2010/06	43	3	25.65	3.42
3	孙延群	摩根基金	2004/06~2009/06	58	3	24.89	3.94
4	李志嘉	景顺长城基金	2006/06~2010/04	48	2	24.52	3.33
5	吴域	中银基金	2007/08~2010/09	39	1	23.98	3.57
6	苏彦祝	南方基金	2006/11~2010/01	40	1	23.65	1.93
7	李学文	景顺长城基金	2003/08~2007/08	48	4	23.16	3.44
8	肖勇	南方基金	2015/07~2020/11	43	6	22.82	3.01
9	骆海涛	嘉合基金	2018/03~2021/04	39	4	22.19	2.36
10	冉华	易方达基金	2004/02~2007/12	48	1	21.63	2.52
11	张亮	华安基金	2018/10~2022/07	47	2	21.45	2.96
12	葛秋石	易方达基金	2018/03~2022/08	55	2	19.93	3.19
13	高阳	博时基金	2002/10~2008/01	65	3	19.84	3.41
14	盖婷婷	交银施罗德基金	2015/07~2018/08	39	3	19.50	3.40
15	刘天君	嘉实基金	2006/08~2013/05	83	4	19.14	3.28
16	江湧	广发基金	2005/02~2009/08	56	2	19.10	2.58
17	郑泽鸿	华夏基金	2017/06~2024/06	86	6	18.99	2.00
18	岳爱民	中信保诚基金	2006/04~2009/06	40	2	18.87	2.31
19	刘博	富国基金	2018/07~2021/12	43	3	18.66	2.73
20	张翎	工银瑞信基金	2005/05~2010/03	57	4	18.29	2.86
21	刘武	易方达基金	2018/12~2023/06	56	4	18.25	1.82
22	张晖	汇添富基金	2002/11~2007/11	48	3	18.00	2.81
23	黄明仁	华泰柏瑞基金	2016/11~2019/12	39	1	17.96	2.31
24	林鹏	上海东方证券资产	2014/09~2020/04	69	8	17.95	3.48

续表

编号	基金经理	离职前任职公司	任职区间	任职时间（月）	管理基金数量（只）	年化 α（%）	t(α)
25	韩冬	上海东方证券资产	2016/01~2022/08	81	4	17.94	3.29
26	郑拓	交银施罗德基金	2005/04~2009/07	50	5	17.91	2.53
27	曲泉儒	诺安基金	2019/04~2022/09	43	4	17.66	2.20
28	李文忠	富国基金	2000/07~2008/10	82	3	17.41	2.86
29	何震	广发基金	2004/07~2008/01	44	2	17.34	2.49
30	曾昭雄	信达澳亚基金	2003/04~2008/12	55	7	16.74	2.55
31	邹志新	博时基金	2002/01~2010/10	107	4	16.69	4.24
32	仇秉则	汇安基金	2016/12~2020/04	42	8	16.67	2.02
33	刘欣	嘉实基金	2003/07~2006/09	40	3	16.38	3.37
34	周应波	中欧基金	2015/11~2022/02	77	8	16.20	3.65
35	王义克	易方达基金	2014/12~2018/02	40	1	16.14	2.31
36	况群峰	银华基金	2006/09~2011/08	61	3	15.85	2.45
37	陈鹏	建信基金	2004/12~2009/08	52	3	15.82	2.25
38	丘栋荣	中庚基金	2014/09~2024/06	112	7	15.73	3.47
39	忻怡	嘉实基金	2006/12~2010/09	47	2	15.70	1.78
40	张益驰	华夏基金	2004/09~2009/06	59	5	15.64	2.62
41	梁丰	华泰柏瑞基金	2004/03~2010/04	73	4	15.56	2.92
42	郝康	工银瑞信基金	2016/12~2020/03	41	3	15.47	2.83
43	崔海峰	交银施罗德基金	2003/01~2010/05	86	7	15.42	3.25
44	付伟琦	融通基金	2015/06~2020/01	57	5	15.40	2.71
45	崔莹	华安基金	2015/06~2021/12	80	7	15.38	3.34
46	温震宇	工银瑞信基金	2005/02~2009/08	50	3	15.24	2.34
47	江晖	工银瑞信基金	2002/01~2007/04	52	3	15.20	3.45
48	芮崑	摩根基金	2006/04~2009/09	43	2	15.11	1.94
49	肖华	博时基金	2000/08~2006/11	73	3	15.03	2.07
50	刘晓明	景顺长城基金	2014/11~2020/04	67	4	15.02	2.33
51	栾杰	农银汇理基金	2003/07~2011/03	84	5	14.98	3.00
52	孙建冬	华夏基金	2005/06~2010/01	57	2	14.81	2.52
53	康晓云	国投瑞银基金	2006/04~2011/01	59	2	14.39	2.33
54	康赛波	海富通基金	2003/04~2011/03	82	3	14.20	3.20

续表

编号	基金经理	离职前任职公司	任职区间	任职时间（月）	管理基金数量（只）	年化α（%）	t(α)
55	孔学峰	信达澳亚基金	2016/10~2020/09	48	1	14.07	3.11
56	许翔	银华基金	2003/05~2009/10	75	4	13.99	2.66
57	郝继伦	融通基金	2001/09~2010/01	71	2	13.80	2.23
58	易祺坤	英大基金	2017/12~2022/02	52	1	13.63	2.05
59	徐大成	富国基金	2002/11~2007/05	57	3	13.61	3.08
60	肖坚	易方达基金	2002/03~2007/12	71	3	13.39	3.31
61	党开宇	嘉实基金	2005/01~2010/05	63	6	13.30	2.00
62	颜媛	嘉实基金	2015/03~2021/07	71	4	13.27	1.95
63	吕俊	摩根基金	2002/05~2007/07	60	4	13.23	3.49
64	周力	博时基金	2005/02~2011/06	78	2	13.11	2.26
65	庞飒	东方基金	2005/08~2013/02	86	3	13.07	2.39
66	汪沛	建信基金	2007/03~2011/04	51	1	12.87	2.04
67	彭一博	泰康基金	2014/05~2017/11	40	5	12.72	1.69
68	李华	建信基金	2001/09~2007/09	48	2	12.69	2.22
69	王美芹	鑫元基金	2017/12~2021/02	40	1	12.69	1.77
70	田彧龙	交银施罗德基金	2019/05~2024/05	62	4	12.62	1.66
71	周鹏	弘毅远方基金	2018/10~2022/06	46	3	12.54	1.90
72	李明阳	圆信永丰基金	2017/12~2021/10	48	4	12.50	1.88
73	陈志民	易方达基金	2001/06~2011/03	120	4	12.49	3.57
74	李欣	中欧基金	2016/01~2019/07	44	3	12.48	2.71
75	黄健斌	博时基金	2003/12~2009/11	60	2	12.35	2.67
76	邓晓峰	博时基金	2007/03~2014/11	94	1	12.30	3.07
77	罗成	鹏扬基金	2018/03~2023/12	71	2	12.27	2.46
78	杨毅平	长城基金	2002/03~2013/05	123	5	12.27	2.95
79	黄皓	九泰基金	2020/08~2024/10	52	2	12.21	1.80
80	易万军	融通基金	2003/09~2007/02	43	1	12.14	2.37
81	张强	诺安基金	2017/03~2024/10	93	2	12.11	1.86
82	江作良	易方达基金	2001/06~2007/06	72	2	12.10	3.42
83	朱伟东	合煦智远基金	2018/09~2023/10	63	1	12.08	1.73
84	陈小玲	国投瑞银基金	2014/01~2017/12	49	3	12.06	2.31

续表

编号	基金经理	离职前任职公司	任职区间	任职时间（月）	管理基金数量（只）	年化α（%）	t(α)
85	张航	国金基金	2019/04~2022/08	42	7	12.01	2.11
86	许彤	长盛基金	2004/10~2009/04	56	1	11.95	1.64
87	王延飞	上海东方证券资产	2015/06~2024/09	112	6	11.90	2.64
88	徐占杰	九泰基金	2016/09~2021/12	65	1	11.80	2.54
89	刘春雨	银华基金	2012/04~2015/04	38	1	11.55	1.81
90	李昇	银河基金	2002/09~2009/07	85	4	11.50	2.74
91	沙炜	博时基金	2015/05~2024/11	116	9	11.38	2.71
92	任竞辉	华夏基金	2010/10~2015/09	49	3	11.25	1.79
93	许春茂	光大保德信基金	2006/06~2010/03	47	2	11.15	1.75
94	吴刚	工银瑞信基金	2002/09~2008/01	59	5	11.11	2.53
95	张佳荣	国投瑞银基金	2015/12~2020/12	62	2	11.06	1.91
96	陈戈	富国基金	2005/04~2014/03	109	1	11.00	2.44
97	程世杰	鹏华基金	2005/05~2015/06	123	5	10.91	3.23
98	王新艳	建信基金	2002/11~2013/11	117	6	10.86	3.53
99	王雄辉	中海基金	2001/06~2008/03	67	3	10.84	2.20
100	陈丰	博时基金	2003/08~2008/11	66	2	10.77	2.73
101	刘青山	宏利基金	2003/04~2013/01	119	2	10.73	2.58
102	林森	易方达基金	2016/03~2022/04	75	6	10.71	3.74
103	郁琦	中国人保资产	2018/11~2022/08	47	2	10.69	2.67
104	胡军华	招商基金	2005/08~2008/12	41	2	10.66	1.82
105	谢振东	华安基金	2015/03~2019/10	57	6	10.54	3.82
106	王国卫	华安基金	1998/06~2005/04	84	2	10.53	2.46
107	周炜炜	光大保德信基金	2005/08~2014/07	102	4	10.46	2.45
108	袁芳	工银瑞信基金	2015/12~2022/10	84	6	10.43	2.12
109	李旭利	交银施罗德基金	2000/03~2009/05	104	4	10.33	3.05
110	厉叶淼	富国基金	2015/08~2023/10	99	5	10.25	2.13
111	孙林	嘉实基金	2003/01~2007/03	52	2	10.24	2.13
112	赵若琼	益民基金	2017/02~2022/08	68	6	10.18	2.11
113	周伟锋	国泰基金	2013/06~2020/07	87	10	10.18	1.95
114	唐倩	交银施罗德基金	2011/04~2018/06	84	2	10.15	1.72

续表

编号	基金经理	离职前任职公司	任职区间	任职时间（月）	管理基金数量（只）	年化α（%）	t(α)
115	刘新勇	华安基金	2003/09~2009/02	67	2	10.14	1.91
116	黄中	鹏华基金	2001/09~2006/10	63	1	10.09	2.40
117	罗泽萍	华夏基金	2005/04~2014/02	108	4	10.04	2.02
118	任明	天弘基金	2021/09~2024/09	38	3	9.96	1.98
119	王俊	博时基金	2015/01~2020/12	73	12	9.94	3.02
120	黄刚	国泰基金	2002/05~2008/04	47	3	9.92	1.73
121	曹庆	中庚基金	2012/08~2022/08	87	8	9.87	1.80
122	冯刚	摩根基金	2006/06~2014/11	87	4	9.72	2.45
123	尚志民	华安基金	1999/06~2015/01	189	6	9.64	3.62
124	陈志龙	浙商基金	2007/08~2014/09	66	3	9.53	2.00
125	余昊	广发基金	2016/06~2021/04	60	4	9.41	1.74
126	石波	华夏基金	2001/01~2007/07	80	4	9.34	2.31
127	胡建平	华夏基金	2006/03~2013/12	93	4	9.33	2.22
128	常昊	光大保德信基金	2002/11~2007/05	53	3	9.27	2.63
129	肖林	易方达基金	2016/05~2019/08	41	2	9.26	2.67
130	陈键	南方基金	2005/04~2015/12	130	6	9.12	2.85
131	梁辉	宏利基金	2005/04~2015/03	121	10	8.97	2.22
132	王创练	诺安基金	2015/03~2024/07	114	7	8.95	2.10
133	张丹华	嘉实基金	2017/05~2023/01	70	12	8.84	1.67
134	王亚伟	华夏基金	1998/04~2012/04	163	4	8.79	2.87
135	冯士祯	信达澳亚基金	2015/05~2019/04	49	6	8.78	2.03
136	杨军	工银瑞信基金	2003/10~2013/12	109	4	8.77	1.90
137	李振兴	南方基金	2014/04~2022/11	96	8	8.76	1.89
138	易海波	国联基金	2017/01~2020/02	39	4	8.69	2.11
139	詹凌蔚	嘉实基金	2002/09~2014/03	106	4	8.69	2.84
140	梁裕宁	易方达基金	2016/01~2020/05	54	3	8.61	1.82
141	张冰	招商基金	2004/06~2011/06	86	3	8.51	1.86
142	王磊	兴银基金	2017/07~2020/12	43	3	8.50	1.99
143	金昉毅	光大保德信基金	2015/05~2021/10	66	13	8.44	2.17
144	李权胜	博时基金	2012/08~2020/07	97	3	8.43	2.29

续表

编号	基金经理	离职前任职公司	任职区间	任职时间（月）	管理基金数量（只）	年化 α（%）	t(α)
145	任慧峰	中邮创业基金	2018/08～2023/05	59	4	8.31	2.02
146	郭敏	汇丰晋信基金	2015/05～2020/05	61	2	8.27	2.38
147	季文华	兴证全球基金	2016/03～2024/09	100	5	8.21	1.73
148	季侃乐	兴证全球基金	2014/11～2021/06	81	2	8.16	1.84
149	吕一凡	招商基金	2003/12～2014/12	72	7	8.05	1.84
150	张堃	诺安基金	2015/08～2023/09	99	5	8.05	2.03
151	丁玥	鑫元基金	2017/09～2022/05	58	5	8.03	2.24
152	郭党钰	中金基金	2015/06～2019/10	54	8	8.02	1.98
153	佟巍	华夏基金	2015/02～2022/06	90	10	8.02	1.73
154	陈洪	海富通基金	2003/08～2014/05	131	5	7.70	2.96
155	王华	银华基金	2006/11～2017/07	130	5	7.64	2.13
156	赵雪芹	前海开源基金	2016/01～2020/06	55	5	7.61	2.21
157	翟琳琳	嘉实基金	2014/02～2017/10	46	5	7.51	1.94
158	陈勤	嘉实基金	2006/10～2015/05	102	4	7.49	1.97
159	闵昱	长盛基金	2002/06～2006/04	47	5	7.48	1.78
160	张慧	华泰柏瑞基金	2013/09～2023/05	118	9	7.46	1.83
161	何江旭	工银瑞信基金	2002/11～2014/06	138	7	7.42	2.70
162	邵健	嘉实基金	2004/04～2015/06	136	3	7.31	1.86
163	徐轶	嘉实基金	2000/06～2006/11	79	3	7.26	2.12
164	姚爽	招商基金	2016/12～2021/06	50	2	7.23	2.98
165	李林益	大成基金	2015/07～2023/01	92	4	7.14	1.84
166	邓钟锋	国海富兰克林基金	2016/06～2019/09	41	7	7.05	4.11
167	刘模林	融通基金	2004/03～2011/03	86	3	7.04	1.72
168	俞岱曦	中银基金	2008/04～2011/08	42	2	7.04	1.68
169	茅炜	南方基金	2016/02～2024/07	103	16	7.03	1.88
170	王航	国泰基金	2008/05～2016/05	98	7	7.00	1.69
171	田擎	建信基金	2004/02～2010/03	52	3	6.78	1.67
172	于进杰	光大保德信基金	2009/10～2016/03	78	5	6.67	1.75
173	姜锋	建信基金	2011/07～2024/05	155	8	6.57	2.04
174	王筱苓	工银瑞信基金	2007/01～2023/10	160	11	6.38	2.44

续表

编号	基金经理	离职前任职公司	任职区间	任职时间（月）	管理基金数量（只）	年化α（%）	t(α)
175	徐彬	大成基金	2002/01~2006/05	53	3	6.37	1.80
176	韩阅川	易方达基金	2019/06~2022/07	39	17	6.36	3.66
177	戴鹤忠	德邦基金	2016/06~2023/02	81	3	6.34	1.69
178	王晓明	兴证全球基金	2005/11~2013/09	96	2	6.21	1.77
179	董承非	兴证全球基金	2007/02~2021/09	177	5	6.03	2.64
180	石国武	大成基金	2013/04~2017/08	54	5	6.03	1.89
181	王茜	嘉实基金	2015/07~2020/09	64	3	5.98	2.03
182	谢军	广发基金	2016/02~2021/03	63	11	5.83	6.64
183	吴欣荣	易方达基金	2004/02~2014/03	123	3	5.78	1.82
184	谷琦彬	天弘基金	2018/05~2024/11	79	7	5.77	1.70
185	曲扬	嘉实基金	2016/04~2020/11	58	11	5.54	3.96
186	蒋征	海富通基金	2003/01~2013/12	127	8	5.53	2.21
187	方磊	汇丰晋信基金	2016/03~2024/08	103	2	5.52	1.72
188	高翰昆	万家基金	2015/05~2018/07	40	14	5.49	2.40
189	张栓伟	鹏华基金	2016/08~2022/09	75	10	5.46	3.57
190	徐昀君	东方基金	2013/12~2017/04	42	3	5.33	2.65
191	蒋雯文	中欧基金	2018/07~2022/06	49	3	5.31	1.90
192	钟敬棣	建信基金	2013/09~2018/04	57	1	5.04	2.41
193	李娜	交银施罗德基金	2015/08~2020/11	65	13	4.97	4.77
194	林彤彤	汇丰晋信基金	1998/06~2013/12	183	7	4.72	1.72
195	夏妍妍	海富通基金	2018/01~2024/02	75	2	4.32	3.65
196	万梦	景顺长城基金	2015/07~2021/07	74	8	4.13	4.11
197	周薇	东方基金	2015/04~2020/04	62	5	3.61	2.14
198	苏玉平	华安基金	2014/04~2018/01	46	3	3.35	1.70
199	周恩源	鹏华基金	2016/02~2019/07	43	5	3.05	2.49
200	钟智伦	富国基金	2015/05~2019/02	47	7	2.90	2.13
201	张萌	中邮创业基金	2015/05~2019/03	48	1	2.53	1.94
202	闫沛贤	中加基金	2015/12~2024/05	103	1	2.08	2.47

第五章 股票型基金经理的选股与择时能力

我们选取一位代表性的离职基金经理——基金经理孙延群，进行分析。孙延群先后就职于景顺长城基金管理有限公司和摩根基金管理（中国）有限公司。2005年6月，孙延群加入上投摩根，先后担任阿尔法股票基金基金经理和内需动力股票基金基金经理、投资总监和公司总经理助理。其执掌的阿尔法基金为广大基金持有人带来了丰厚的回报。自2005年12月初始，阿尔法股票基金一路高歌猛进，在同类型基金表现中一直处于绝对领先位置。在孙延群完整执掌该基金的第一年——2006年，阿尔法基金就获得了该年基金业绩排行的第2名。根据晨星统计，孙延群执掌的阿尔法基金2006年净值增长率为173.01%，在79只股票型基金中排名第2位；2007年净值增长率为139.91%，在138只股票型基金中排名第41位；2008年净值增长率为-4.62%，在189只股票型基金中排名第33位；截至2009年3月25日孙延群因病暂停履行基金经理职务时，阿尔法基金自设立以来的总回报近300%。

孙延群投资风格鲜明，以基本面分析为主，较少考虑市场因素，也较少择时。孙延群认为要尽量减少错误，只有尽量把握更多的确定性，比如一只股票的长期趋势由大的宏观背景、行业趋势、资金流动状况等因素决定，从这些层面分析可确定性要高很多。而要预测一只股票的短期走势，错误的概率就大得多。孙延群认为投资组合要讲究均衡，不在一个行业一只个股上赌得很重。这种投资哲学使上投摩根阿尔法股票基金获得了优异的业绩。孙延群提出，市场往往总是处于过度反应的状态，不是过度悲观，就是过度乐观，他喜欢在其他人都悲观的时候出手，因为这是买入真正优质公司的最好时机。

图 5-9 基金经理孙延群以及万得全 A 指数同期净值

三、基金经理的择时能力

(一) 在职基金经理择时能力

我们同样采用 Treynor-Mazuy 四因子模型来分析评估基金经理的择时能力。表 5-13 展示了截至 2024 年 12 月底,所有在职基金经理择时能力的估计结果。图 5-10 展示了模型估计出的基金经理择时能力 γ 的 t 值排列。我们关心在职基金经理是否真正具有择时能力,因此我们使用单边假设检验。结果显示,截至 2024 年 12 月还在任职的基金经理共有 1 347 位,在 5%的显著性水平下,有 109 位(占比 8.1%)基金经理的 γ 呈正显著,表明这些基金经理具有正确的择时能力;有 131 位(占比 9.7%)基金经理的 γ 呈负显著,说明他们具有错误的择时能力;有 1 107 位(占比 82.2%)基金经理的择时能力系数 γ 不显著,即不具有择时能力。总体来看,具有正确择时能力的在职基金经理占比很少,不到一成,绝大部分在职基金经理没有择时能力。

表 5-13　　　　　　　　　在职基金经理择时能力

项目	显著性	基金经理数量(位)	占比(%)
择时能力	正显著	109	8.1
	不显著	1 107	82.2
	负显著	131	9.7
总计		1 347	100.0

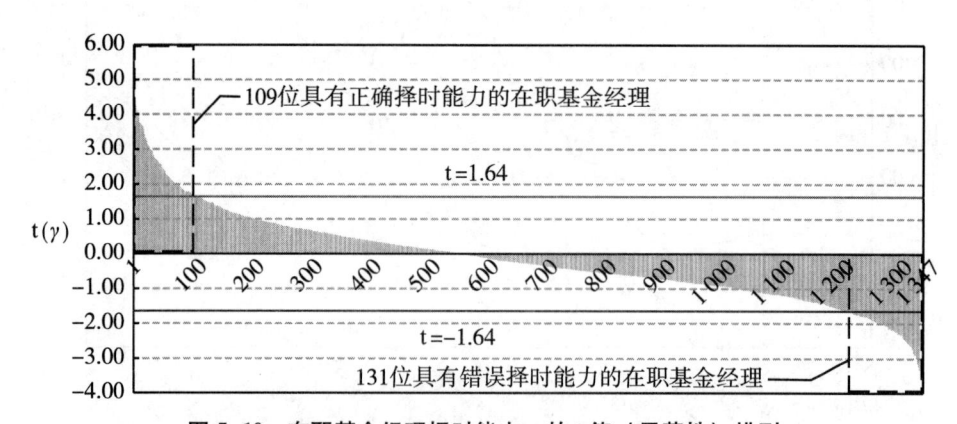

图 5-10　在职基金经理择时能力 γ 的 t 值(显著性)排列

注:正确择时能力代表 $t(\gamma) > 1.64$,错误择时能力代表 $t(\gamma) < -1.64$,未表现出择时能力代表 $-1.64 \leq t(\gamma) \leq 1.64$。基金经理具有择时能力是指基金经理表现出正确的择时能力,基金经理不具有择时能力代表基金经理表现出错误的或未表现出择时能力。

我们还采用 Treynor-Mazuy 四因子模型对在职基金经理的择时能力进行回归分析，表 5-14 和图 5-11 展示了模型的回归结果。按照基金经理择时能力 γ 的高低，

表 5-14　在职基金经理 Treynor-Mazuy 模型回归结果（择时能力）

组别	γ	年化 α（%）	β_{mkt}	β_{smb}	β_{hml}	β_{mom}	调整后 R^2（%）
1（γ 最高组）	1.06	-2.39	0.62	-0.03	-0.36	0.16	66
2	0.50	0.30	0.71	-0.01	-0.28	0.16	69
3	0.26	1.39	0.70	-0.02	-0.27	0.14	70
4	0.10	2.14	0.67	-0.02	-0.21	0.15	70
5	-0.06	2.56	0.69	-0.02	-0.24	0.11	71
6	-0.23	3.68	0.75	-0.05	-0.29	0.10	71
7	-0.38	3.79	0.77	-0.04	-0.27	0.10	71
8	-0.56	4.51	0.83	-0.06	-0.24	0.10	69
9	-0.84	6.35	0.84	-0.09	-0.26	0.07	68
10（γ 最低组）	-1.49	8.12	0.94	-0.13	-0.20	0.05	66

注：此表汇报每一组基金经理对应的 α、γ、β_{mkt}、β_{smb}、β_{hml}、β_{mom}，以及调整后 R^2 的平均值。

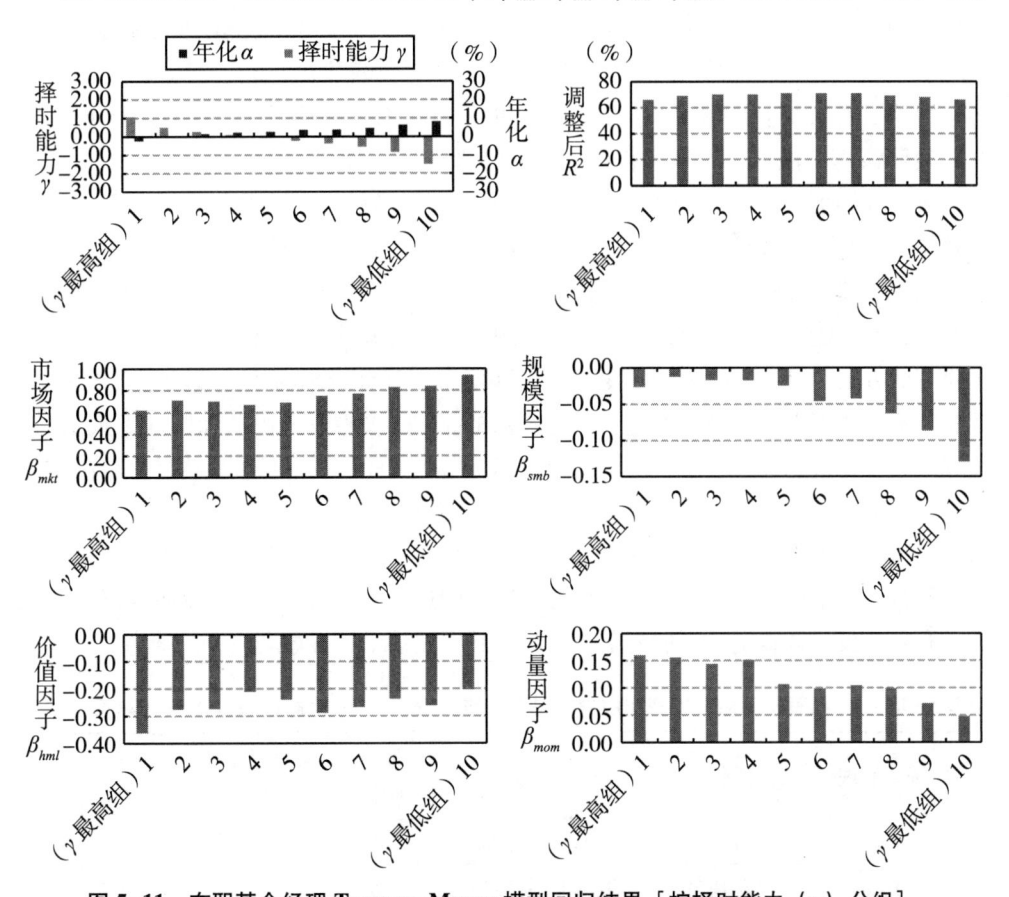

图 5-11　在职基金经理 Treynor-Mazuy 模型回归结果［按择时能力（γ）分组］

我们把基金经理等分为10组,第1组为γ最高的组,第10组为γ最低的组。表5-14具体列示了每一组基金经理的择时能力系数γ、选股能力年化α、β_{mkt}、β_{smb}、β_{hml}、β_{mom},以及反映模型拟合程度的调整后R^2的平均值。

从表5-14和图5-11我们发现,在择时能力较高的组中,基金经理的选股能力更差,而在择时能力较低的组中,基金经理的选股能力相对更强,即在职基金经理的选股能力和择时能力呈现负相关关系。具体地,在基金经理择时能力最高的第1组,基金经理的年化α仅为-2.39%;在择时能力最低的第10组,基金经理的年化α为8.12%,图5-11(第一个图)清楚地展示了这种负相关关系。同时我们发现,基于择时能力γ分组后,10组基金的市场因子敏感度β_{mkt}均在0.62以上,说明不论基金经理择时能力的高低,各基金组合均与大盘指数有着较高的正相关性。规模因子的敏感度系数β_{smb}在-0.13~-0.01之间,随着各组基金经理择时能力γ的减小,β_{smb}的值呈现减小趋势,说明具有较好择时能力的基金经理持有大盘股的仓位更高。价值因子的敏感度系数β_{hml}在-0.36~-0.20之间,随着各组基金经理择时能力γ的减小,β_{hml}的值呈现趋势不太明显,说明在第1组和第10组的基金经理,他们在是否持有价值股或成长股方面区别不大。趋势因子的敏感度系数β_{smb}在0.05~0.16之间,随着各组基金经理择时能力γ的减小,β_{mom}的值呈现减小趋势,说明具有较好择时能力的基金经理更加追涨杀跌。调整后R^2平均在69%左右,表明该模型能够较好地解释在职基金经理的超额收益。

表5-15列出了Treynor-Mazuy模型中γ为正显著的在职基金经理,即具有正确择时能力的在职基金经理名录。这些基金经理平均任职101个月,管理8只基金。这里我们主要关心反映择时能力的系数γ的显著性,不难发现,具有择时能力的在职基金经理数量在所有在职基金经理中占比不到一成。公募基金经理择时能力不足的原因主要有两方面。首先,在复杂多变的市场环境中,基金经理的择时成功率普遍偏低。近几年来,随着资管新规的实施、医药改革的推进、《中华人民共和国外商投资法》的正式颁布、科创板的开市、注册制的加速实施、人民币的升值以及内外循环战略的调整,再加上中美贸易摩擦和新冠疫情等多重因素的影响,市场风格发生了剧烈变化,使得基金经理在适应市场风格调整方面面临很大挑战。其次,当市场风格变动时,基金经理很难在短时间内通过交易来迅速调整仓位以获取收益。这种情况下,及时、有效的策略调整变得更加复杂,限制了其在波动中捕捉盈利机会的能力。

表5-15 具有择时能力的在职股票型基金经理[按照t(γ)排序]:1998~2024年

编号	基金经理	当前任职公司	任职区间	任职时间(月)	管理基金数量(只)	γ	t(γ)
1	牟琼屿	永赢基金	2019/06~2024/12	67	1	1.65	5.40
2	刘志辉	广发基金	2018/03~2024/12	46	2	1.99	4.91

续表

编号	基金经理	当前任职公司	任职区间	任职时间（月）	管理基金数量（只）	γ	t(γ)
3	张洋	工银瑞信基金	2015/08~2024/12	113	1	0.63	4.30
4	李韵怡	鹏华基金	2015/07~2024/12	114	15	0.96	4.22
5	王景	招商基金	2011/12~2024/12	156	16	1.15	4.22
6	李化松	平安基金	2015/12~2024/12	105	15	1.88	4.12
7	范晶伟	鹏华基金	2021/08~2024/12	41	3	1.54	4.10
8	蒋秋洁	南方基金	2014/12~2024/12	121	11	1.33	4.09
9	刘斌	嘉实基金	2009/11~2024/12	177	7	0.65	3.98
10	李栋梁	华宝基金	2015/10~2024/12	111	8	0.55	3.95
11	王东杰	建信基金	2015/05~2024/12	116	8	1.31	3.75
12	陈良栋	长城基金	2015/11~2024/12	110	12	1.57	3.75
13	袁忠伟	瑞达基金	2015/05~2024/12	98	9	1.01	3.72
14	吴剑毅	南方基金	2015/05~2024/12	116	8	0.57	3.71
15	贺涛	华安基金	2015/05~2024/12	116	7	0.76	3.71
16	郭堃	长盛基金	2015/11~2024/12	105	11	0.99	3.68
17	卢玉珊	南方基金	2015/12~2024/12	109	7	0.94	3.66
18	洪流	嘉实基金	2014/11~2024/12	115	13	0.86	3.61
19	赵晓东	国海富兰克林基金	2010/11~2024/12	170	6	0.87	3.59
20	曾刚	广发基金	2015/11~2024/12	78	7	0.74	3.43
21	杨景涵	华泰柏瑞基金	2015/04~2024/12	117	18	1.04	3.34
22	夏林锋	华宝基金	2014/10~2024/12	123	7	1.07	3.33
23	马强	长城基金	2015/06~2024/12	115	10	0.91	3.27
24	褚艳辉	浦银安盛基金	2014/06~2024/12	127	6	0.51	3.26
25	张翼飞	安信基金	2015/05~2024/12	116	3	0.29	3.13
26	梁永强	汇泉基金	2008/09~2024/12	161	9	0.90	3.11
27	钱亚婷	中欧基金	2021/11~2024/12	38	6	1.26	3.10
28	范妍	富国基金	2015/10~2024/12	106	14	0.78	3.06
29	王克玉	泓德基金	2010/07~2024/12	170	12	0.63	3.05
30	龙川	中航基金	2017/07~2024/12	72	4	1.12	3.01
31	吴西燕	鹏扬基金	2015/06~2024/12	69	10	0.79	2.98
32	罗博	银河基金	2016/12~2024/12	97	6	0.94	2.97

续表

编号	基金经理	当前任职公司	任职区间	任职时间（月）	管理基金数量（只）	γ	$t(\gamma)$
33	苏谋东	万家基金	2015/05~2024/12	110	10	0.34	2.96
34	陶敏	海富通基金	2018/04~2024/12	81	2	1.09	2.95
35	倪权生	摩根基金	2015/03~2024/12	115	9	0.87	2.82
36	姜晓丽	天弘基金	2014/03~2024/12	100	15	0.59	2.82
37	谢屹	诺德基金	2015/07~2024/12	111	8	1.08	2.76
38	张旭	东兴基金	2015/08~2024/12	107	8	0.79	2.76
39	陈梁	中邮创业基金	2014/07~2024/12	126	8	1.09	2.72
40	提云涛	中信保诚基金	2016/09~2024/12	100	10	0.62	2.72
41	邓岳	新华基金	2017/11~2024/12	38	5	1.33	2.71
42	阳琨	华夏基金	2007/06~2024/12	211	9	0.56	2.68
43	姚海明	新华基金	2021/12~2024/12	37	2	1.14	2.68
44	邹新进	国联安基金	2010/03~2024/12	178	4	0.52	2.63
45	许文波	东方基金	2015/08~2024/12	109	12	0.83	2.59
46	刘霄汉	民生加银基金	2010/05~2024/12	135	8	0.68	2.56
47	盛豪	华泰柏瑞基金	2015/10~2024/12	111	16	0.35	2.56
48	钱文成	国联基金	2013/01~2024/12	119	18	0.62	2.55
49	徐俊	国联安基金	2019/06~2024/12	67	1	1.65	2.55
50	桂跃强	泰康基金	2011/06~2024/12	160	10	0.69	2.48
51	左剑	汇添富基金	2015/05~2024/12	106	5	1.32	2.47
52	李炳智	前海开源基金	2017/01~2024/12	96	4	0.72	2.44
53	张清华	易方达基金	2015/04~2024/12	117	13	0.91	2.41
54	杨扬	中航基金	2018/11~2024/12	55	2	0.99	2.38
55	李崟	招商基金	2016/02~2024/12	107	8	1.20	2.37
56	滕祖光	渤海汇金证券资产	2014/04~2024/12	115	5	0.84	2.32
57	戴钢	鹏华基金	2012/06~2024/12	151	5	0.28	2.30
58	杨旭	山西证券	2015/06~2024/12	101	14	0.68	2.26
59	张跃鹏	中欧基金	2015/11~2024/12	110	16	0.74	2.25
60	苗婷	中银基金	2016/08~2024/12	101	7	0.34	2.23
61	程琨	广发基金	2013/02~2024/12	143	9	0.60	2.23
62	于志浩	上海海通证券资产	2021/12~2024/12	37	1	1.56	2.21

续表

编号	基金经理	当前任职公司	任职区间	任职时间（月）	管理基金数量（只）	γ	$t(\gamma)$
63	胡中原	华商基金	2019/03~2024/12	70	2	1.24	2.20
64	余科苗	中欧基金	2017/12~2024/12	56	5	0.77	2.18
65	谈云飞	海富通基金	2015/04~2024/12	117	7	0.22	2.17
66	王智伟	银华基金	2020/11~2024/12	50	5	1.43	2.16
67	吴潇	招商基金	2016/12~2024/12	91	10	0.83	2.08
68	程瑶	国泰基金	2021/07~2024/12	42	1	0.32	2.08
69	俞诚	申万菱信基金	2017/07~2024/12	79	5	1.17	2.07
70	笪篁	华泰柏瑞基金	2020/05~2024/12	56	3	1.06	2.05
71	左金保	长信基金	2015/03~2024/12	118	14	0.49	2.05
72	栾庆帅	富安达基金	2021/07~2024/12	42	6	1.03	2.02
73	薛小波	泰康基金	2015/02~2024/12	108	8	0.57	2.01
74	曾国富	信达澳亚基金	2008/07~2024/12	187	12	0.65	2.00
75	张锋	上海东方证券资产	2008/06~2024/12	93	8	0.75	1.99
76	史博	南方基金	2004/07~2024/12	202	14	0.37	1.98
77	杨凡	金鹰基金	2017/12~2024/12	65	6	1.86	1.98
78	姚锦	建信基金	2009/12~2024/12	173	8	0.55	1.98
79	于渤	富国基金	2019/07~2024/12	66	3	0.84	1.97
80	张文平	平安基金	2015/06~2024/12	96	6	0.21	1.93
81	王鹏	国投瑞银基金	2015/04~2024/12	117	4	0.54	1.92
82	杨子江	国联安基金	2017/12~2024/12	85	4	0.77	1.90
83	陈振宇	安信基金	2012/06~2024/12	102	4	0.81	1.87
84	周中	交银施罗德基金	2018/09~2024/12	76	4	1.09	1.87
85	毛文博	华宝基金	2015/04~2024/12	117	3	0.51	1.85
86	周雪军	海富通基金	2012/06~2024/12	148	8	0.39	1.85
87	苏俊杰	鹏华基金	2018/09~2024/12	57	5	0.78	1.83
88	李守峰	富安达基金	2015/12~2024/12	109	9	0.68	1.83
89	林忠晶	长安基金	2015/05~2024/12	116	12	0.87	1.82
90	钱亚风云	中欧基金	2015/07~2024/12	107	12	0.74	1.82
91	袁航	鹏华基金	2014/11~2024/12	122	14	0.66	1.79

续表

编号	基金经理	当前任职公司	任职区间	任职时间（月）	管理基金数量（只）	γ	$t(\gamma)$
92	张迎军	博道基金	2009/01~2024/12	140	9	0.61	1.78
93	梁辰	招商基金	2017/07~2024/12	80	8	1.16	1.78
94	张文	新疆前海联合基金	2020/10~2024/12	51	1	0.64	1.78
95	王明旭	广发基金	2018/10~2024/12	75	8	1.17	1.78
96	王霞	前海开源基金	2014/12~2024/12	121	13	0.57	1.78
97	赵治烨	上银基金	2015/05~2024/12	116	9	0.56	1.77
98	章劲	弘毅远方基金	2017/12~2024/12	44	3	1.04	1.76
99	李黄海	富荣基金	2015/11~2024/12	54	7	0.78	1.73
100	刘俊	博道基金	2014/05~2024/12	98	7	0.51	1.71
101	樊利安	国泰基金	2014/10~2024/12	123	29	0.23	1.71
102	曲扬	前海开源基金	2015/04~2024/12	117	18	0.65	1.70
103	袁朔	西部利得基金	2021/10~2024/12	39	4	1.63	1.70
104	蔡青	中信证券资产	2020/09~2024/12	52	2	1.86	1.69
105	赵耀	红塔红土基金	2015/05~2024/12	116	15	0.47	1.67
106	江刘玮	中邮创业基金	2021/03~2024/12	46	6	0.94	1.65
107	杜聪	大成基金	2020/08~2024/12	46	3	1.84	1.65
108	袁蓓	建信基金	2004/08~2024/12	71	2	0.50	1.64
109	郑青	华泰柏瑞基金	2020/06~2024/12	55	4	0.28	1.64

（二）离职基金经理择时能力

表5-16展示了使用Treynor-Mazuy四因子模型估计出的所有离职基金经理择时能力的统计结果。图5-12展示了基金经理择时能力系数γ的t值排列。这里我们同样使用单边假设检验。结果显示，离职基金经理共有914位，在5%的显著性水平下，有109位（占比11.9%）基金经理的择时能力系数γ的t值大于1.64，呈正显著，说明他们具有正确择时的能力；此外，有103位（占比11.3%）基金经理的择时能力系数γ呈负显著，说明他们具有错误的择时能力；还有702位（占比76.8%）基金经理的择时能力系数γ接近0，表明他们不具有择时能力。总的来说，只有一成左右的离职基金经理具备择时能力，绝大多数离职的股票型公募基金经理缺乏择时能力。

第五章　股票型基金经理的选股与择时能力

表 5-16　　　　　　　　　　离职基金经理择时能力结果

项目	显著性	基金经理数量（位）	占比（%）
择时能力	正显著	109	11.9
	不显著	702	76.8
	负显著	103	11.3
总计		914	100.0

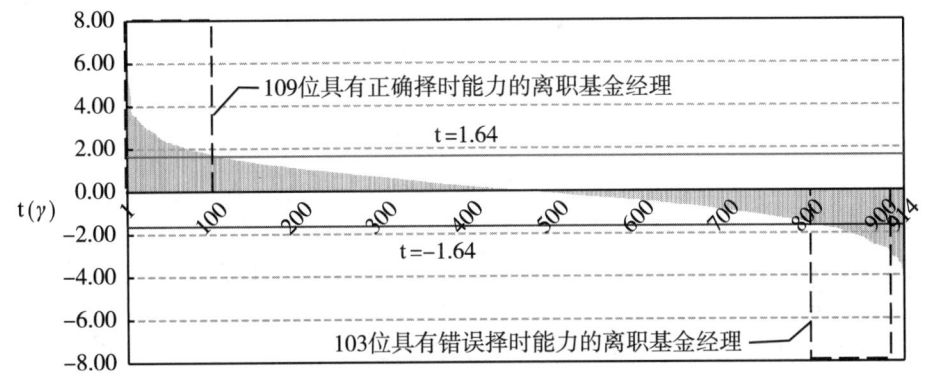

图 5-12　离职基金经理择时能力 γ 的 t 值（显著性）排列

注：正确择时能力代表 $t(\gamma)>1.64$，错误择时能力代表 $t(\gamma)<-1.64$，未表现出择时能力代表 $-1.64 \leq t(\gamma) \leq 1.64$。基金经理具有择时能力是指基金经理表现出正确的择时能力，基金经理不具有择时能力代表基金经理表现出错误的或未表现出择时能力。

我们按照基金经理择时能力系数 γ 的高低把基金经理等分为 10 组。第 1 组为 γ 最高的组，第 10 组为 γ 最低的组。表 5-17 和图 5-13 展示了每一组离职基金经理的择时能力系数 γ、选股能力年化 α、β_{mkt}、β_{smb}、β_{hml}、β_{mom}，以及反映模型拟合程度的调整后 R^2 的平均值。表 5-17 和图 5-13 的结果显示，在择时能力较高的组中，基金经理的选股能力更低，而在择时能力较低的组中，基金经理的选股能力相对更高，即离职基金经理的选股能力和择时能力同样呈现负相关关系。具体来看，择时能力 γ 最高的第 1 组对应的年化 α 为 -3.93%，择时能力 γ 最低的第 10 组对应的年化 α 为 7.31%，图 5-13（第一幅图）同样展示了该负相关关系。此外，各组离职基金经理的 β_{mkt} 均在 0.70 以上，表明按离职基金经理择时能力 γ 排序的投资组合与大盘的相关性较高。规模因子的敏感度系数 β_{smb} 在 -0.09~0.04 之间，随着各组基金经理择时能力 γ 的减小，β_{smb} 的值呈现减小趋势，说明具备较好择时能力的离职基金经理同样持有更高大盘股的仓位。价值因子的敏感度系数 β_{hml} 在 -0.25~-0.11 之间，但 β_{hml} 的值并不随各组离职基金经理择时能力 γ 的变化而单调变化，说明离职基金经理的择时能力同样与持有价值股或成长股仓位的高低关系不大。趋势因子的敏感度系数 β_{smb} 在 0.05~0.27 之间，随着各组离职基金经理择时能力 γ 的减小，β_{mom} 的值呈现减小趋势，说明具有较好择时能力的离职基金经理同样容易追涨杀跌。调整后 R^2 平均在 76% 左右,表明该模型能够较好地解释在职基金经理的超额收益。

表 5-17　　离职基金经理 Treynor-Mazuy 模型回归结果(择时能力)

分组	γ	年化 α (%)	β_{mkt}	β_{smb}	β_{hml}	β_{mom}	调整后 R^2 (%)
1(γ最高组)	1.46	−3.93	0.73	0.04	−0.11	0.27	72
2	0.62	−1.64	0.71	0.01	−0.14	0.24	74
3	0.36	1.37	0.74	0.00	−0.19	0.27	79
4	0.20	1.03	0.75	−0.03	−0.21	0.23	79
5	0.07	2.17	0.70	−0.01	−0.16	0.19	81
6	−0.05	3.52	0.74	−0.02	−0.20	0.21	80
7	−0.18	4.38	0.71	0.00	−0.20	0.18	79
8	−0.35	5.95	0.72	−0.05	−0.22	0.21	78
9	−0.66	4.41	0.76	−0.03	−0.16	0.12	74
10(γ最低组)	−1.73	7.31	0.75	−0.09	−0.25	0.05	67

注:此表汇报每一组基金经理对应的 α、γ、β_{mkt}、β_{smb}、β_{hml}、β_{mom},以及调整后 R^2 的平均值。

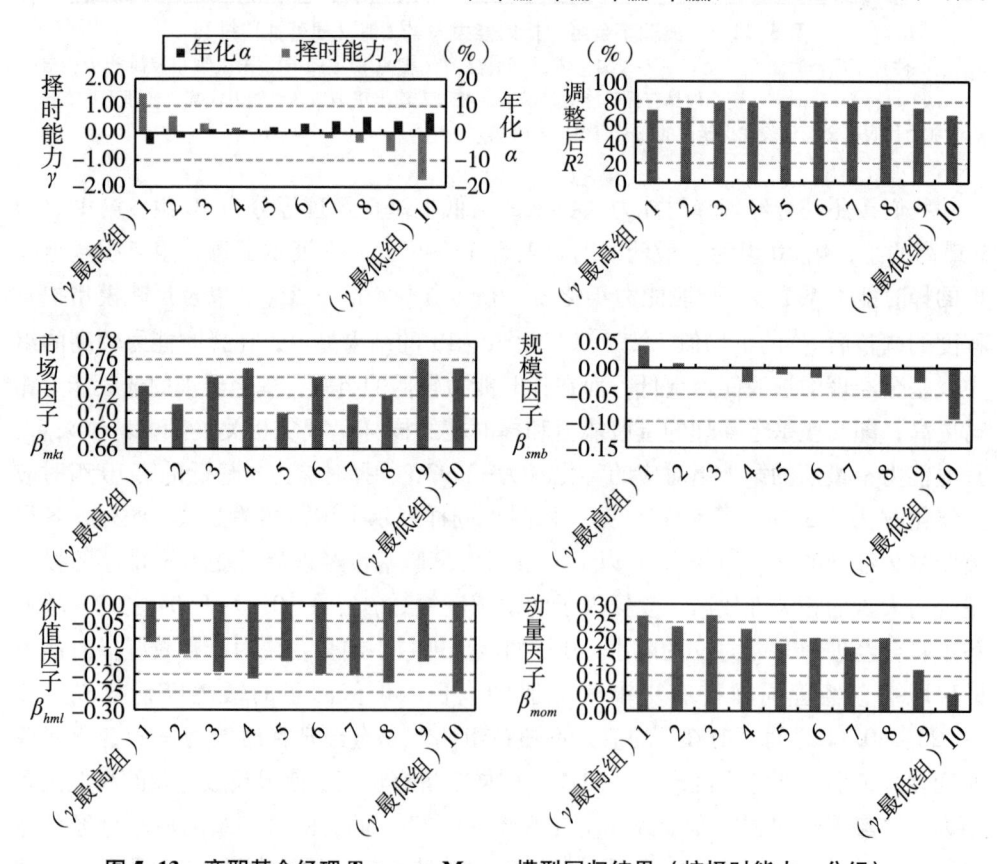

图 5-13　离职基金经理 Treynor-Mazuy 模型回归结果(按择时能力 γ 分组)

表 5-18 给出 Treynor-Mazuy 四因子模型中 γ 为正显著的基金经理名单，即具有正确择时能力但已经离职的基金经理。109 位有择时能力的离职基金经理的平均任职期限为 75 个月，平均曾管理 4 只产品。

表 5-18　具有择时能力的离职股票型基金经理［按照 t(γ) 排序］：1998~2024 年

编号	基金经理	离职前任职公司	任职区间	任职时间（月）	管理基金数量（只）	γ	t(γ)
1	王亚伟	华夏基金	1998/04~2012/04	163	4	0.86	5.89
2	李源海	南方基金	2008/07~2015/01	76	4	1.65	5.74
3	丁楹	华夏基金	1999/04~2006/10	86	4	1.01	5.13
4	王卫东	新华基金	2008/07~2013/12	67	3	1.79	4.85
5	徐立平	前海开源基金	2014/09~2018/02	43	3	2.19	4.55
6	刘建伟	博时基金	2010/12~2015/08	50	4	2.89	3.80
7	刘强	泰信基金	2007/02~2012/11	71	1	0.89	3.65
8	朱虹	建信基金	2015/10~2021/04	56	3	0.95	3.63
9	金涛	富国基金	1999/05~2002/10	42	1	0.92	3.57
10	杨凯玮	安信基金	2014/09~2020/03	58	3	1.47	3.56
11	游凛峰	工银瑞信基金	2012/04~2022/03	121	5	1.05	3.55
12	王晓明	兴证全球基金	2005/11~2013/09	96	2	0.56	3.49
13	钟光正	安信基金	2012/08~2022/05	102	6	0.52	3.41
14	蒋畅	新华基金	2001/02~2006/06	47	2	2.16	3.38
15	王国卫	华安基金	1998/06~2005/04	84	2	0.89	3.31
16	林彤彤	汇丰晋信基金	1998/06~2013/12	183	7	0.45	3.28
17	葛鹤军	银华基金	2014/10~2018/06	46	4	0.39	3.19
18	刘红辉	诺安基金	2008/05~2018/12	125	3	0.64	3.18
19	王战强	信达澳亚基金	2008/07~2015/07	86	3	1.10	3.16
20	姚昆	融通基金	2012/07~2015/07	38	1	1.12	3.10
21	彭一博	泰康基金	2014/05~2017/11	40	5	1.20	3.05
22	谭鹏万	中信保诚基金	2011/09~2015/05	45	3	2.17	3.01
23	周战海	摩根基金	2015/12~2024/05	103	3	1.65	2.97
24	游典宗	国都证券	2015/12~2020/03	53	2	1.13	2.94
25	董承非	兴证全球基金	2007/02~2021/09	177	5	0.37	2.94
26	谭琦	华夏基金	2007/09~2014/04	81	3	0.52	2.93

续表

编号	基金经理	离职前任职公司	任职区间	任职时间（月）	管理基金数量（只）	γ	$t(\gamma)$
27	贺庆	招商基金	2003/04~2006/12	46	2	1.21	2.93
28	吴鹏飞	民生加银基金	2013/12~2021/08	67	7	0.95	2.87
29	贾成东	招商基金	2013/11~2024/05	113	9	2.84	2.86
30	王翔	华富基金	2014/11~2017/12	39	5	0.83	2.86
31	王梁	中加基金	2018/08~2023/04	58	3	1.68	2.82
32	邵秋涛	嘉实基金	2010/11~2020/05	116	4	0.78	2.78
33	刘晓龙	广发基金	2010/11~2017/02	77	3	0.76	2.78
34	戴斌	东吴基金	2014/12~2020/03	77	6	1.17	2.75
35	司巍	摩根士丹利基金	2015/01~2018/11	48	3	1.49	2.72
36	魏欣	工银瑞信基金	2015/05~2021/06	75	2	0.76	2.59
37	许雪梅	广发基金	2008/02~2013/01	61	3	0.77	2.58
38	潘峰	易方达基金	2007/04~2014/11	93	1	0.55	2.57
39	袁芳	工银瑞信基金	2015/12~2022/10	84	6	1.07	2.49
40	胡建平	华夏基金	2006/03~2013/12	93	4	0.54	2.48
41	程广飞	国都证券	2015/12~2019/06	44	4	0.72	2.46
42	冯天戈	国联安基金	2004/03~2010/04	65	5	0.52	2.46
43	寇文红	国联基金	2019/05~2024/03	60	2	5.59	2.41
44	易阳方	广发基金	2003/12~2020/01	195	10	0.43	2.41
45	张晓东	国海富兰克林基金	2006/06~2014/11	103	2	0.45	2.36
46	黄万青	大成基金	2010/04~2022/11	129	14	0.80	2.36
47	张翔	西部利得基金	2015/07~2022/11	83	3	0.88	2.34
48	戴益强	富国基金	2012/10~2018/01	65	5	0.95	2.31
49	钱斌	摩根士丹利基金	2010/07~2014/08	47	4	2.82	2.30
50	王汉博	嘉实基金	2014/09~2022/05	42	5	1.22	2.30
51	陈俏宇	华安基金	2007/03~2015/05	100	6	0.48	2.29
52	曹剑飞	中欧基金	2008/08~2016/03	90	6	0.72	2.28
53	李响	九泰基金	2019/12~2024/11	61	12	1.20	2.28
54	姜文涛	天弘基金	2005/04~2016/10	82	6	0.49	2.22
55	欧庆铃	申万菱信基金	2005/10~2015/08	106	6	0.52	2.22

续表

编号	基金经理	离职前任职公司	任职区间	任职时间（月）	管理基金数量（只）	γ	$t(\gamma)$
56	张继荣	景顺长城基金	2004/07~2015/06	104	7	0.63	2.21
57	李勇钢	益民基金	2011/09~2014/11	40	1	1.60	2.21
58	黄一明	民生加银基金	2013/08~2020/05	66	6	0.96	2.20
59	刘文正	华富基金	2013/06~2017/02	46	3	0.66	2.19
60	王炯	东吴基金	2006/12~2011/04	54	2	0.72	2.17
61	程崟	海富通基金	2010/04~2013/11	44	2	2.04	2.16
62	冯烜	兴业基金	2017/05~2022/02	59	5	1.38	2.15
63	陈守红	工银瑞信基金	2005/03~2011/03	66	3	0.60	2.12
64	刘小山	博时基金	1999/10~2002/12	55	3	2.22	2.12
65	崔海鸿	泰信基金	2005/10~2009/12	47	3	1.12	2.11
66	季侃乐	兴证全球基金	2014/11~2021/06	81	2	0.63	2.10
67	付琦	东吴基金	2013/08~2019/12	63	3	0.93	2.07
68	黄健斌	博时基金	2003/12~2009/11	60	2	0.36	2.07
69	李华	建信基金	2001/09~2007/09	48	2	0.84	2.06
70	黄韵	永赢基金	2014/10~2024/11	113	11	0.48	2.06
71	黄祥斌	富荣基金	2013/12~2023/07	101	8	0.79	2.04
72	何震	广发基金	2004/07~2008/01	44	2	0.84	1.99
73	欧阳沁春	汇添富基金	2007/06~2018/12	140	3	0.64	1.97
74	刘红兵	天治基金	2004/06~2008/06	49	2	0.43	1.97
75	尹诚庸	万家基金	2019/03~2023/04	51	4	0.64	1.96
76	孙占军	博时基金	2008/02~2014/01	73	4	0.50	1.94
77	孙绍冰	富安达基金	2015/05~2023/07	100	3	1.51	1.94
78	彭海平	中海基金	2016/04~2021/08	66	3	2.14	1.93
79	尚鹏岳	富国基金	2008/01~2015/05	86	4	0.58	1.93
80	区伟良	华宝基金	2015/04~2018/06	40	3	0.89	1.92
81	徐爽	申万菱信基金	2008/01~2015/05	90	3	0.43	1.92
82	宫雪	国金基金	2014/08~2022/12	102	6	0.52	1.91
83	吴鹏	摩根基金	2006/09~2012/08	68	5	0.42	1.90
84	刘柯	工银瑞信基金	2014/11~2018/06	45	4	0.90	1.90

续表

编号	基金经理	离职前任职公司	任职区间	任职时间（月）	管理基金数量（只）	γ	$t(\gamma)$
85	王咏辉	信达澳亚基金	2018/06~2022/03	46	5	1.86	1.89
86	张亮	华富基金	2015/02~2021/02	74	2	0.85	1.89
87	王颢	先锋基金	2017/06~2020/06	38	4	1.33	1.88
88	刘芷冰	华泰柏瑞基金	2021/06~2024/08	39	1	3.36	1.87
89	马少章	国投瑞银基金	2009/04~2014/11	69	4	0.68	1.86
90	王超	易方达基金	2013/05~2021/04	98	7	0.64	1.86
91	雷鸣	汇添富基金	2014/03~2022/01	96	5	0.71	1.84
92	乔敏	永赢基金	2019/10~2023/04	43	2	3.80	1.83
93	魏博	中欧基金	2012/08~2022/11	125	5	0.62	1.80
94	周德昕	大成基金	2009/12~2017/11	61	3	0.67	1.79
95	蒋宁	华宝基金	2010/07~2013/07	38	1	1.42	1.78
96	姜培正	浙商基金	2011/05~2015/05	50	1	0.83	1.76
97	冯文光	大成基金	2011/03~2016/10	63	4	0.66	1.75
98	李志磊	中银基金	2008/04~2011/09	43	2	0.42	1.73
99	陈丰	博时基金	2003/08~2008/11	66	2	0.30	1.73
100	盛军锋	摩根士丹利基金	2009/07~2014/02	49	4	0.94	1.72
101	孔庆卿	南华基金	2013/08~2023/07	65	4	0.75	1.71
102	郭鹏飞	华宝基金	2010/06~2015/03	59	2	1.30	1.71
103	薛子徵	新华基金	2015/04~2024/09	109	12	0.48	1.71
104	党开宇	嘉实基金	2005/01~2010/05	63	6	0.42	1.71
105	陶羽	嘉实基金	2009/03~2017/06	101	2	0.38	1.70
106	丁骏	前海开源基金	2006/12~2020/04	140	7	0.24	1.69
107	蔡锋亮	民生加银基金	2011/04~2016/06	64	5	0.53	1.66
108	陈小鹭	工银瑞信基金	2016/09~2024/11	100	6	1.51	1.65
109	颜正华	平安基金	2007/07~2013/04	42	4	0.47	1.64

四、小结

在选择基金时，投资者不仅关注基金产品本身，还特别重视管理基金的基金经理。各大公司的明星基金经理在产品发行时，通常能够迅速募集到大量资金。在我国的基金市场中，频繁更换基金经理和短期任职现象屡见不鲜。为此，本章收集并整理了市场上股票型公募基金经理的数据，以 2024 年 12 月 31 日为界，将基金经理分为在职和离职两组，随后以基金经理管理所有产品的合并收益序列为主线，对其选股能力和择时能力进行研究。

  本章的研究结果显示，截至 2024 年 12 月底，我国在职基金经理共有 2 118 位，累计离职基金经理有 2 157 位，基金经理总数达 4 275 位。其中，有三年以上任职记录的在职股票型公募基金经理有 1 347 位，离职股票型公募基金经理有 914 位，这些有三年以上业绩的基金经理是我们的研究对象。在选股能力方面，拥有正确选股能力的在职基金经理在所有在职基金经理中占比 19.3%。此外，具有选股能力的离职基金经理在所有离职基金经理中占比为 22.1%。择时能力方面，具有正确择时能力的在职基金经理占比为 8.1%，离职基金经理占比为 11.9%，均只有一成左右。长期来看，相较于选股能力，我国公募基金市场中具有择时能力的基金经理数量更为稀少，择时能力更加难能可贵。另一个值得关注的发现是，无论是在职还是离职基金经理，他们的选股能力与择时能力呈现明显的负相关性，即具有最好选股能力的基金经理往往不具备择时能力，而具有最好择时能力的基金经理往往不具备选股能力，选股能力和择时能力难以兼得。

第六章

我国 ETF 市场发展与科创企业融资

ETF（exchange-traded fund）是一种在证券交易所上市交易的开放式指数基金，旨在通过追踪特定的股票指数、债券指数、商品或其他资产类别，为投资者提供多元化投资机会。与传统公募基金类似，ETF 也具备分散风险的特性，但其交易方式与股票类似，投资者可以像买卖股票一样在二级市场上买卖 ETF 份额。这种灵活的交易方式使 ETF 具备了低成本、高透明度和高度灵活性的优势，因此越来越受到投资者的青睐。

自 20 世纪 90 年代初在美国首次推出以来，ETF 在全球迅速发展，已经成为全球投资市场的重要组成部分。据 ETFGI 数据显示，2024 年底全球 ETF 资产管理规模已达到 14.7 万亿美元，且每年保持着高速增长的态势。美国作为全球最大的 ETF 市场，占据了约 70% 的市场份额，市场高度成熟且多样化，涵盖了股票、债券、商品、行业板块及主题投资等多种类型。除了美国，欧洲和亚洲的 ETF 市场也在快速发展，尤其在德国、法国和英国等主要经济体，ETF 已成为个人和机构投资者的重要选择。在我国，随着金融市场逐步开放和投资者教育的逐步深入，ETF 的接受度持续增加。除了沪深 300、上证 50 等主要宽基指数的 ETF 外，行业板块和主题类 ETF 也在逐渐增多，为投资者提供了更加丰富的投资选择。此外，随着债券 ETF、黄金 ETF 等另类投资工具的推出，ETF 基金的投资范围进一步拓展。Wind 数据显示，截至 2024 年底，我国 ETF 市场的总规模已达到 3.7 万亿元，成为全球 ETF 市场的重要组成部分。

近年来，随着资本市场的进一步开放和政策支持的加强，ETF 在支持科技创新和科创企业融资方面发挥了越来越重要的作用。我国通过资本市场支持科创企业发展的力度不断加大，科创主题基金和科创板 ETF 的推出为投资者提供了便捷的投资工具。以追踪科创板指数的 ETF 为例，投资者可以通过这种 ETF 集中投资一篮子科技创新型企业，不仅帮助这些企业在资本市场获得更多的融资机会，也在一定程度上提升了这些企业的市场流动性和市值。ETF 的便捷性和低成本优势，使其成为资本市场融资的一种重要渠道。特别是科创企业，往往面临融资难题，ETF 通过提供一个集中的投资平台，吸引了大量个人和机构投资者的资金，这不仅为科创企业提供了更为广泛的融资支持，也增强了科创板企业的市场影响力和吸引力。在这样的背景下，ETF 的发展与科创企业的成长互为促进，为我国科技创新领域的企业提供了强有力的资本支持。本章将重点分析 ETF 的发展情况，以及 ETF 发展如何服务科创企业融资。

一、指数投资兴起与 ETF 市场发展

（一）指数投资优点与全球发展现状

全球 ETF 的总规模和数量自 2003 年起呈现出显著的增长趋势。ETFGI 数据显示，全球 ETF 总规模在 2003 年起步时较小，但随着时间的推移，尤其是从 2017 年开始，增长速度逐渐加快，到 2024 年已接达 14.7 万亿美元，与此同时，全球 ETF 数量也在稳步增加。总规模和数量的双重增长反映了投资者对 ETF 这一金融工具的逐渐认同和需求的增加。

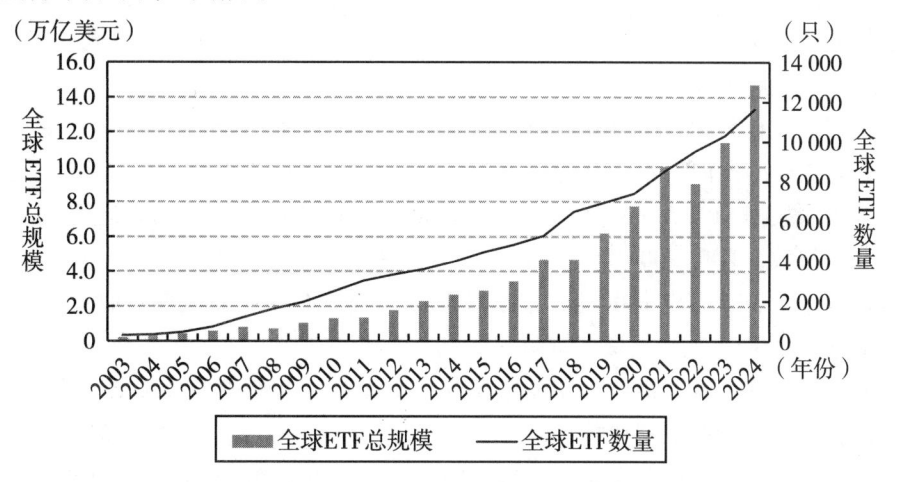

图 6-1　2003~2024 年全球 ETF 市场的总体规模

从时间脉络上，全球 ETF 的发展历程大致可划分为三个阶段。第一阶段是初创探索期。随着市场有效性的提升，主动管理基金难以连续跑赢市场，指数投资理念在美国等发达国家逐渐兴起。1993 年，美国证券交易委员会（SEC）正式批准了全球首只 ETF 上市。此后，多家公司纷纷推出了与标普 500 指数基金相关联的各类产品。在该阶段，ETF 仍然属于小众的投资工具。第二阶段是稳步发展期。2000 年互联网泡沫破裂，主动管理型基金表现不佳导致投资者逐渐转向被动指数型产品。在此期间，ETF 规模稳步增长，资产种类和投资策略不断丰富，市场相继

迎来了第一只 Smart Beta ETF、固定收益 ETF、商品 ETF、杠杆 ETF 以及主动管理型 ETF 的上市。第三阶段是快速扩张期。2010 年，美国 ETF 规模在突破 1 万亿美元后继续保持快速增长的趋势。而在产品创新方面，专注于特定投资主体的主题 ETF 逐渐兴起，挂钩比特币期货和单一个股的 ETF 陆续推出。同时，ETF 凭借其灵活的机制发挥了更多的交易功能，以 ETF 期权、期货和杠杆/反向 ETF 为代表的 ETF 衍生品也在推动 ETF 总资产的持续扩大。

相对于主动管理的基金，ETF 的优势特征可从以下两个方面进行概括，即供给端和需求端。在供给端，ETF 分别在市场环境、相对收益、产品费率、交易机制等方面具有明显优势；而在需求端，美国市场的养老金改革和投顾模式转变共同影响资产配置更加青睐 ETF 产品。

从市场环境来看，全球低利率环境促使投资者寻求更高收益的资产配置工具，而 ETF 凭借其多样化的资产类别和灵活的交易机制，成为理想的替代品。其中，伴随着房地产和金融风险的释放，2008 年美国长短端利率不断下行，并在 2010 年和 2012 年美联储推出两轮 QE 期间维持低位震荡的走势，直到 2015 年底加息才开始逐步上行。低利率背景下，居民资产端收益率逐渐下降，而美股在此期间整体收益率表现出色，根据 Wind 统计，2008~2015 年标普 500 和纳斯达克的阶段性涨幅分别接近 40% 和 90%，熊短牛长带来的收益率特征在低利率环境中进一步凸显。这也促使美国居民通过增持 ETF 来不断积累金融资产的财富规模。

从相对收益来看，根据有效市场经典假说和众多学者近年来的实证研究，美国市场在较长时间段内基本均属有效市场，表明主动管理型基金获取超额收益正变得越发困难。根据 SPIVA 的数据统计，平均每年有超过 64% 的主动管理型基金跑输标普 500 指数，且自 2001 年至今仅有 3 年以美国大盘股为对象的主动权益类产品跑输比例小于 50%。由此可见，主动管理型基金长期业绩的低迷令收益更高且更稳定的指数型 ETF 更受投资者青睐。

从产品费率来看，指数产品天然具备费率优势，投资成本显著低于主动产品，且美国指数基金费率长期保持下降趋势。究其原因，一方面，指数基金相对较为同质化、竞争激烈，使得基金管理人具备持续主动降费的激励；另一方面，大量中长期资金倾向于投入费率低廉的基金产品中，促进指数产品规模大幅提升，而规模增长又能进一步放大成本优势，形成正向循环。ICI 数据显示，2023 年美国指数股票型基金平均综合费率已低至 0.05%，较 20 世纪 90 年代的约 0.25% 大幅下降，且显著低于主动产品。可以看出，投资费用降低对投资者收益的提升作用相对直接，低费率产品受到市场的广泛关注，进一步刺激其规模增长。

从交易机制来看，ETF 与公募基金在透明度、定价、税收、交易策略等多个维度都存在显著差异，ETF 的交易机制整体上更为灵活与便捷。一方面，ETF 的持仓完全透明，投资者可以像买卖股票一样在二级市场交易，根据供需关系实时定价，日内可多次交易，这与公募基金按照每个交易日结束后净值结算的方式有根本差异，能极大地提高交易的灵活性和效率。另一方面，ETF 在赎回时较少或无需卖出持有的浮盈证券来满足要求，一般不会产生资本利得税。而在交易策略方面，ETF 可以执行保证金购买、卖空和止损等多元化策略。

值得一提的是，层出不穷的创新产品也有助于实现针对 ETF 的投资需求。ETF 通常跟踪指数，涵盖多种资产或多个行业，能够有效分散单一资产或行业的风险，适合长期投资策略。从我国市场来看，非货币型和债券型基金的市场份额较为均衡且占据主导地位；股票型基金的规模紧随其后，占比 20.73%，在主要类别中排名第三；其他类别基金（QDII、货币市场型基金、另类投资、非货币 ETF）的规模占比较小。

ETF 借助需求端获得的相对优势则更多源自政策驱动的制度性改革。在私人养老金改革的现实背景下，养老资产逐渐从待遇确定型计划（DB）向缴费确定型计划（DC）与个人退休账户（IRA）转移。由于利率市场化改革导致美国长期利率走低，货币型基金对中长期资金的吸引力有所下降，主要由公募基金管理的这两类养老金持续涌入指数型权益产品，为后续 ETF 兴起提供了大量资金。

从投顾模式转型而言，投顾的盈利方式从传统以主动管理为主的佣金模式转向以被动管理为主的资产管理模式，即从销售产品获取佣金转向根据管理规模收费。与此同时，尤其自 2010 年智能投顾市场兴起以来，投资公司将 ETF 作为核心资产配置工具，通过组合不同类型的 ETF 构建个性化投资策略以满足不同投资者的收益率与风险目标，并收取顾问服务费用，这令 ETF 在资产配置中的比例不断上升。ICI 数据表明，2012~2022 年通过投顾机构投资于 ETF 的比例由 14% 大幅提升至 45%，而投资于公募基金的家庭资产则由 80% 降至 49%。随着智能投顾业务的不断升级，ETF 的应用空间仍能进一步提高。

然而，ETF 也具有一些内在的局限性。一方面，作为一种被动投资工具，ETF 的收益与跟踪指数的表现紧密相关，在市场下跌时无法提供主动管理型基金可能的超额收益。此外，ETF 的跟踪误差可能导致实际表现与指数存在偏差，且在某些情况下，市场可能并非完全有效，被动投资可能错过某些主动管理型基金能够捕捉的机会。另一方面，尽管 ETF 为普通投资者提供了便利，使其能够以较低成本和门槛参与多元化投资，但仍存在与股票交易逻辑类似的行为偏差问题。ETF 的高流动性和便利程度可能导致投资者过度交易，倾向于追涨杀跌的短期化操作，从而偏离长期投资的目标。这种行为不仅增加了交易成本，还可能因市场波动而承受额外的风险。另外，投资者在交易 ETF 时，往往缺乏对市场机制和产品特性的深入理解，尤其是在面对 ETF 的异常折溢价状态时，难以作出专业判断。例如，2024 年一些跨境 ETF 因市场情绪和供需失衡出现了短期溢价，部分投资者因未能及时识别和处理这种异常状态而蒙受损失。

（二）我国ETF发展与"耐心资本"建设

自2021年以来，我国ETF市场呈现出快速发展趋势，各类ETF产品数量显著增长，市场规模不断扩大。通过图6-2可以发现，2019~2024年我国ETF数量从284只增至1 046只，从产品类型来看，股票型ETF始终占据主导地位。2019年股票型ETF数量约为300只，占总ETF数量的70%；到2024年，股票型ETF数量为832只，占比提高至80%，体现了股票型ETF因其流动性高、跟踪指数丰富，成为市场参与者的重要选择。同时，新兴类别ETF基金产品如跨境ETF的数量也呈现稳定上升趋势，虽然其整体数量仍相对较少，但其增长幅度表明市场对多元化、国际化产品的需求逐渐增加，跨境ETF数量从2019年的18只增至2024年的137只。债券型ETF、商品型ETF和货币型ETF产品数量变化相对较小。

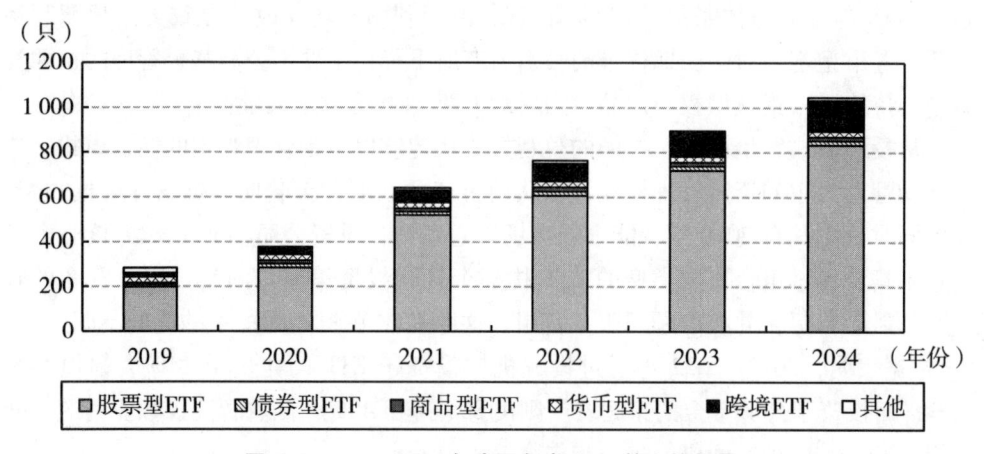

图6-2　2019~2024年我国各类ETF基金的数量

图6-3展示了2019~2024年我国各类ETF的资产规模变化情况。从中可以发现，各种类型ETF的资产规模整体呈上升趋势。尤其是股票型ETF在2023~2024年增长迅速，至2024年底，达到2.9万亿元，占ETF总规模的78%；其次为跨境ETF和债券型ETF，资产规模分别为4 240亿元和1 740亿元。

我国ETF市场的快速发展离不开国家监管部门的政策支持，这些政策为市场的规范化发展和创新提供了坚实的制度保障。自2020年以来，监管部门陆续出台了一系列政策，推动ETF市场的高质量创新和发展。例如，2020年深交所和上交所分别发布了关于跨市场债券类ETF和基础设施REITs的相关规则，使得投资者能够通过更加丰富的工具参与不同资产类别的投资，也为ETF产品的多样化奠定了基础。2021年的《公开募集证券投资基金运作指引第3号——指数基金指引》（以下简称《指数基金指引》）进一步规范了指数基金的投资运作，明确了ETF

产品的管理要求和风险控制措施，确保 ETF 产品的稳健发展。2022 年，《关于加快推进公募基金行业高质量发展的意见》明确提出加快推动 ETF 产品创新和提高权益类基金占比，为资本市场注入更多长期资金，起到支持科技创新和实体经济的效果。2023 年，《上海证券交易所基金自律监管规则适用指引第 1 号——指数基金开发》（以下简称《指数基金开发指引》）缩短了非宽基股票指数产品的开发时间，进一步提升了市场活跃度，为投资者提供了更多细分领域的布局机会。2024 年，《关于加强监管防范风险 推动资本市场高质量发展的若干意见》（以下简称新"国九条"）和《关于深化科创板改革 服务科技创新和新质生产力发展的八条措施》（以下简称"科创板八条"）的出台，进一步推动了权益类基金和 ETF 的快速发展，为投资者提供了更多选择，同时也为科创企业融资提供了更广阔的平台。这些政策的实施，为我国 ETF 市场的繁荣和健康发展提供了有力保障。

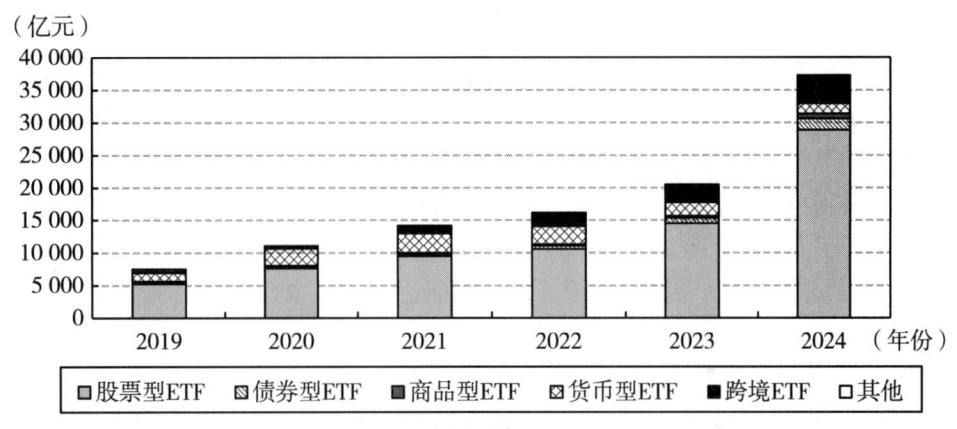

图 6-3　2019~2024 年我国各类 ETF 的资产规模

2020年：《深圳证券交易所证券投资基金交易和申购赎回实施细则》：明确将推出包含银行间债券市场流通品种的跨市场债券类ETF。
上交所发布《关于就基础设施领域不动产投资信托基金（REITs）相关配套业务规则公开征求意见的通知》：积极推动公募REITs产品开发上市。

2021年：《指数基金指引》：进一步规范了指数基金的投资运作，包括ETF及其联接基金的管理，明确要求基金管理人加强ETF的认申购管理，并在完成拟合标的指数后方可上市交易。

2022年：《关于加快推进公募基金行业高质量发展的意见》：明确提出加快推动ETF产品创新发展、提高权益类基金占比、推动ETF集合申购业务试点转常规等支持ETF发展的措施。

2023年：《指数基金开发指引》：将非宽基股票指数产品开发所需的指数发布时间由6个月缩短为3个月。

2024年：新"国九条"：大力发展权益类公募基金，大幅提升权益类基金占比，建立交易型开放式指数基金（ETF）快速审批通道，推动指数化投资发展。
"科创板八条"：提出完善交易机制、丰富科创板指数和ETF等一系列举措。

图 6-4　2020~2024 年我国监管部门支持 ETF 发展的相关政策

我国大力出台支持 ETF 产品运作和创新的政策举措，旨在通过优化直接融资结构比重，维护金融体系稳定，推进资本市场双向开放，从而更好地引导我国实体经济迈向高质量发展。ETF 能满足投资者多元化的资产配置需求，有助于吸引长期资金积极入市。

首先，ETF 投资门槛较低，投资者可以用较少的资金实现分散化投资，进一步降低投资风险，同时简化组合管理流程，为专业机构和普通投资者提供了便利。相较于普通基金，ETF 具备更高的流动性和更低的波动率，投资者既可以通过长期持有获取市场平均收益，也能够借助波段操作把握中短期趋势，还可以结合股指期货、期权等衍生品实现多元化投资组合。此外，通过 ETF 可以便捷、高效地投资特定行业、跨资产类别或跨市场标的，从而满足长期和价值投资的需求。我国商业银行、保险公司和养老基金等机构的参与，为 ETF 市场带来了稳定的增量资金，有助于优化我国资本市场的资产结构。

其次，ETF 作为促进境内外市场互联互通的重要载体，有助于加快我国资本市场对外开放的步伐。ETF 因其连接多市场和多资产的特性，在推动市场联通中发挥了关键作用。投资者通过 ETF 能够高效联通不同市场，不仅能提升交易效率，还可以实现分散投资组合风险的目标，并优化自身的资产配置结构。在增强市场流动性的基础上，市场之间互联互通程度的提升对于促进各市场的共同繁荣发展也具有重要意义。目前，我国已推出 H 股 ETF、纳斯达克 ETF 和日经 ETF 等代表性产品，未来将通过推出连接更多市场的 ETF 产品，切实扩大我国资本市场的对外开放程度。

最后，ETF 基金借助产品创新推动经济转型升级和创新发展。在相关利好政策的带动下，金融机构通过推出具有特色主题的 ETF 产品，如围绕区域发展、国企改革、创新驱动和绿色发展等方向，能够引导市场聚焦特定领域或投资标的，强化价值投资理念，从而促进区域经济发展和经济结构优化升级，更好地服务国家战略目标。其中，2019 年国企改革 ETF 产品的推出，意味着通过将国企股权转换为 ETF 不仅可以吸引社会资本，还能进一步提高国企的治理水平，为实现从"管资产"到"管资本"的转变提供多元丰富的配置渠道。我国资本市场侧重于投资功能的生态建设，而 ETF 恰恰是建设中的重要环节。当前，资本市场迎来国家战略层面的改革机遇期，在政治局会议提出"努力提振资本市场"的整体基调下，改革定位越发重视投资功能建设、加强投资者保护，并严格把控上市公司质量、构建追责体系，从而打造更加完善健康的市场生态。ETF 是这一多层次体系建设的重要组成部分。一方面，ETF 作为分散配置的权益产品，在市场承压时通常能有效发挥"稳定器"和"缓冲垫"的作用，有利于抑制市场的无序波动；另一方面，ETF 以一篮子证券的形式，为包括个人和机构在内的各类投资者提供便利的可交易产品，相比于单个证券而言，能显著降低非系统性风险，达到改善风险收益特征的目的，有效拓宽投资者的资产配置领域。

耐心资本的主要特征是不以追求短期收益为首要目标,而更加重视投资的长期回报,且较少受到市场短期波动干扰。ETF作为"耐心资本"建设的重要环节,因其具备的独特优势可以为科创企业提供长期稳定的资金支持。首先,ETF的主要投资者通常秉持价值投资的理念,尤其是保险、银行理财、企业年金等机构的中长期资金来源,其具有的长久期投资特征能更好地匹配科创企业的长周期融资需求,使其能够专注于扩大研发规模、改善创新质量,进而推动关键技术进步和产业迭代升级,同时也在一定程度上缓解相关板块的整体价格波动。其次,集体降低股票ETF费率已成为当前稳步推进公募基金费率改革的重要举措,图6-5和图6-6显示,当前我国ETF的管理费率和托管费率主要集中在0.45~0.55和0.09~0.11区间。从实际的带动效应看,头部基金公司ETF降费后,可能推动全市场股票ETF费率水平的新一轮下调。低费率有利于进一步提升产品本身的性价比和竞争力,在流动性虹吸效应和规模化成本优势的双重加持下,ETF产品有足够空间吸引更多服务于科技创新的耐心资本入市,形成长钱长投的良好行业生态,促进资本市场高质量发展。同时,ETF通过分散投资于数量众多的科创企业,降低了聚焦单一企业经常产生的异质性风险,即便指数中的个别成分股出现重大利空,由于其在指数中的权重有限,对资产收益的影响并不显著,相较个股更适合各类风险偏好的投资者买入并长期持有,有利于增加针对新兴产业和高科技企业的资金供给。此外,被纳入ETF的科创企业往往易获市场认可,有机会提升企业自身估值并放大品牌效应,有助于其进一步实现再融资,并将技术落地推动商业化发展,这种市场认可也间接为"耐心资本"提供了更广泛的投资机会和可观的预期回报。

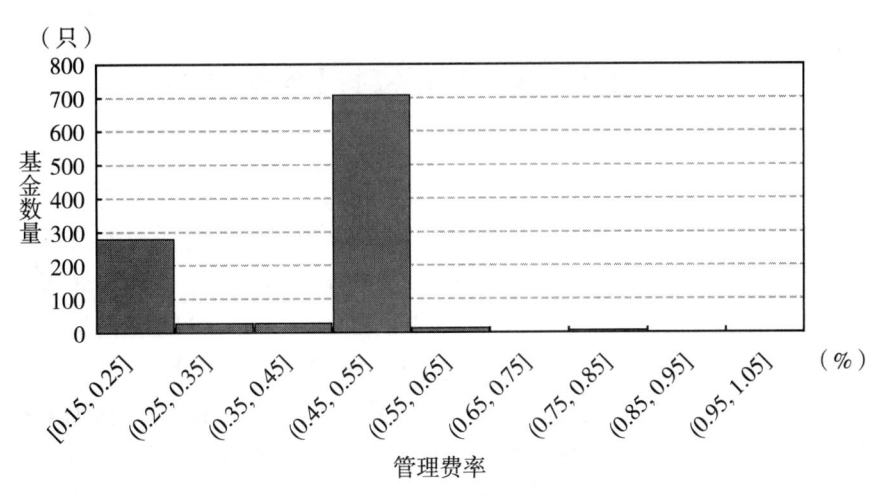

图6-5 我国ETF基金的管理费率水平分布

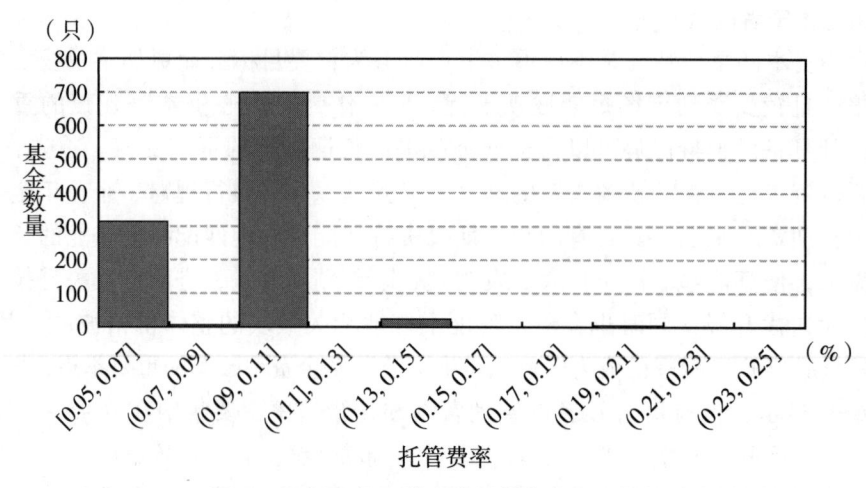

图 6-6 我国 ETF 基金的托管费率水平分布

国家通过一系列政策支持 ETF 市场的创新和发展，如《指数基金指引》和《关于加快推进公募基金行业高质量发展的意见》，从制度层面为 ETF 产品的稳健发展提供了有力保障，展现了监管层对于将 ETF 作为"耐心资本"资金池的坚定动力。ETF 的高透明度和流动性特征使得投资者能够更清晰地了解投资标的和市场动态，缓解传统工具可能造成的信息不对称问题，进而增强投资者的长期持有信心。因此，ETF 基于其资金来源、费率下调、风险分散、市场认可、政策支持和市场透明度等新兴优势，已逐渐成为"耐心资本"建设的重要环节，不仅能为科创企业提供稳定的资金支持，也在推动我国科技事业进步和经济高质量发展方面开始发挥重要作用。

二、ETF 发展与服务科创企业融资

2025 年 1 月，在上海证券交易所正式发布上证科创板综合指数后，12 家公募机构率先申报旗下跟踪该指数的 ETF 产品，这意味着面向科创企业的投资工具箱即将得到进一步丰富。经 Wind 数据整理可以发现，科创类 ETF 的资产净值在这五年间呈现出显著的增长趋势，尤其是在 2023 年和 2024 年，资产净值的增幅尤为明显，而 ETF 数量尽管也有一定增长，但增速相对较为平缓（见图 6-7）。以上两点表明，一方面，伴随着科创领域资本投入的持续增加，资本市场对于科创类资产的关注度在逐步抬升；而另一方面，投资者对科创类 ETF 的需求主要集中在已有产品的规模扩张上，增量产品有待创新和丰富。相比之下，科创 50 ETF 的资产净值和数量均出现较大幅度的增长，这反映出该指数及其囊括的科技型企业龙头在科创

类 ETF 中占据了较为领先的地位。而从另一个角度，科创类 ETF 较之综合类的股票型 ETF 等具有更快的整体扩张趋势，这也说明以科创板为代表的先进技术领域投资热度有所提升，以及市场对于借助 ETF 工具高效配置有成长潜力的科创企业的逐步认可。

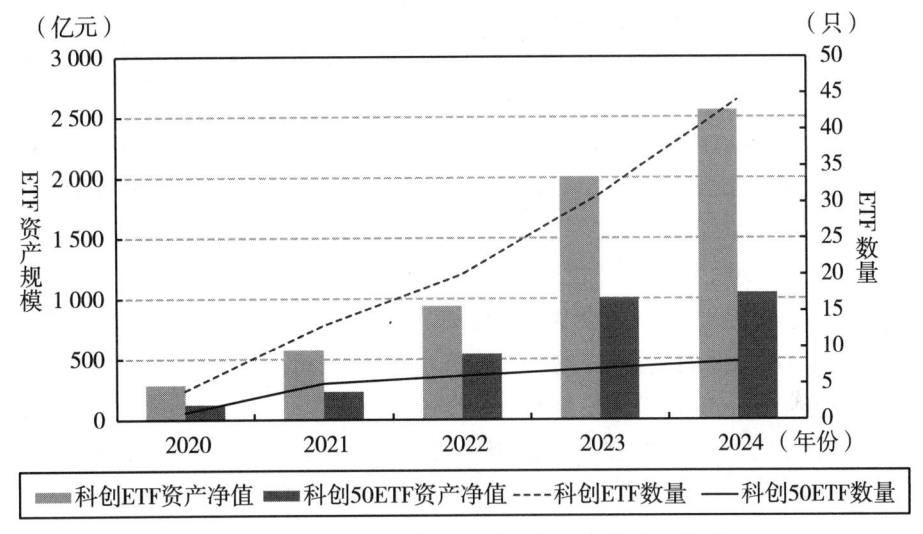

图 6-7　2020~2024 年我国科创类 ETF 的发展情况

科创企业具有高不确定性、高信息不对称、高投入和长周期（"三高一长"）的基础特点，因此 ETF 的发展对于直接推动科创企业融资具有重要意义。首先，科创企业通常面临技术研发和商业化过程中较高的不确定性，投资者往往因单个企业风险过大而望而却步。ETF 通过分散投资来覆盖位于多个细分行业的科创企业，将单一企业的高风险转化为组合的平均风险，从而有效降低了投资者的风险顾虑。其次，科创企业因其技术复杂性和财务透明度不足而存在经典的信息不对称问题，而 ETF 通过指数跟踪和成分股筛选标准的透明化，提升了市场对科创企业的信任度，帮助企业克服信息不对称带来的融资障碍。此外，科创企业的前期技术研发和产业化阶段需要大量资金支持，但传统的由商业银行发放信贷的融资方式难以满足这一需求。ETF 凭借其吸纳大规模资本的能力，不仅成为科创企业的重要融资渠道，还通过活跃的二级市场交易为企业吸引了更多来源的长期资金。更为重要的是，科创企业的创新发展周期较长，而 ETF 的长期投资属性和高流动性特征能够帮助投资者灵活退出，以支持企业专注于长期技术突破和商业化进程。通过提高市场关注程度和估值定价水平，ETF 促进了资本市场对已上市科创企业的支持力度与效率，帮助企业在克服融资难题的同时实现创新发展。由此可见，ETF 作为科创企业应对"三高一长"特点而拓展的融资工具，将在我国资本市场未来的整体战略中体现出不可或缺的增量价值。

ETF 的壮大对于培育新质生产力具有关键的引导作用。作为资本市场的指数型投资工具，ETF 可以通过追踪特定行业、风格或主题指数，将资金精准导向以人工智能、新能源、生物医药为代表的我国新兴优势产业，有效推动资源从传统低效领域向高效创新领域畅通流动，实现生产要素的优化配置。与此同时，ETF 内在具备的透明性和标准化特性，能极大提升市场范围内对科技型中小企业的关注度，不仅可以促使企业加强信息披露与治理能力，也会增强投资者践行价值投资理念的信心，从而为稳步助力我国关键技术的突破创造物质基础和时间窗口。另外，ETF 还有着低成本、高流动性的主要特点，能降低投资门槛、吸引广泛的长期资本前来参与，这为占据相当比重的中小投资者提供了间接支持创新型企业成长的机遇，从而进一步丰富了发展新质生产力的资金来源。不仅如此，ETF 的发展还催生了相关衍生工具，如 ETF 期权和股指期货等，以此提升资本市场的效率与风险管理能力，为不同行业的科创企业带来了资金用途更加多元的长期供给。而在推动经济转型升级的方向上，ETF 在绿色低碳主题领域的快速崛起，能有力引导资本流向环保和可持续发展产业，并为绿色技术创新和应用提供资源支撑，加速从传统的资源密集型经济向以创新驱动为核心的技术密集型经济的转变。综上所述，ETF 的壮大和完善为我国加快新质生产力的培育注入了充足动力，也是赋能资本市场高质量发展、提升服务实体经济质效的重要体现。

ETF 的诸多特点使其相比于其他产品更适合作为服务科创企业的金融工具。第一，ETF 通过追踪指数来完成分散化投资，将资金分布在一篮子科创企业中，显著降低了由单个企业基本面风险带来的投资不确定性，且其低门槛和低成本的特点有利于散户投资者参与支持科创企业的发展，而无须承担直接买入科创企业股票潜在的高风险。第二，ETF 自身的流动性极高，投资者通过实时买卖完成交易，在便利需求的同时也为科创企业的融资稳定性奠定基础。第三，ETF 的成分股名单和权重公开透明，主要由专业机构来负责筛选和构建指数，能提升投资者对科创企业发展前景及其产生合理回报的整体预期，也能改善企业在资本市场具体运作时的品牌形象。其中，ETF 的主题化设计还能全面覆盖特定的高新技术领域，如人工智能、新能源、生物医药等，更加高效地将生产要素分配至国家战略支持的前沿领域。第四，ETF 通过提高二级市场的活跃程度，能够较为及时地反映科创企业的真实价值、纠正估值偏差，为企业后续阶段的融资和扩大再生产形成助力。第五，ETF 的国际化特征也令其成为吸引境外资本的工具之一，通过改革将 ETF 纳入互联互通提高了外资参与我国 ETF 的便利度和可投资额度，以及逐渐增进外资对于 A 股市场相应产品的直观和深刻认知，从而进一步增强其投资意愿，科创企业在未来将有广阔的机会融入全球市场并提升估值上的国际竞争力。整体而言，ETF 的分散风险、低门槛、高流动性和精准化特点，不仅能有效缓解科创企业面临的高不确定性、高信息不对称等固有问题，还进一步推动了资本市场在硬科技创新发展中的积极影响,从而更好促进"资本—技术—产业"的良性循环。

三、小结

本章探讨了全球和我国 ETF 市场的发展情况及其对科创企业融资的推动作用。ETF 作为一种灵活的投资工具,凭借低成本、高透明度和便捷的交易方式,逐渐在全球范围内获得了广泛的关注和应用。从全球视角看,ETF 市场自 2003 年以来持续增长,特别是在美国,ETF 已经成为个人和机构投资者的重要资产配置工具。与传统的主动管理型基金相比,ETF 通过被动跟踪市场指数,降低了投资者的管理费用,并且在低利率背景下提供了更多的投资机会和收益空间。此外,ETF 的高度灵活性使其成为一种理想的投资工具,满足了投资者在多元化资产配置和交易便利性方面的需求。

在我国,随着金融市场的不断开放和资本市场改革的深入,ETF 市场也迎来了快速发展。ETF 的种类日益丰富,涵盖了股票、债券、商品等多种资产类别,尤其是科创板指数 ETF 的推出,为科创企业提供了重要的融资渠道。通过 ETF,投资者可以方便地投资一篮子科创企业的股票,在分散风险的同时,为这些企业提供了更多的资本支持。这一发展不仅促进了科创企业的资金流入,也提升了它们在资本市场上的流动性和市场影响力,为科技创新领域注入动力。

展望未来,ETF 市场将在几个方面继续发挥重要作用。首先,随着我国资本市场对外开放步伐的加快,跨境 ETF 和国际化投资将成为市场发展的重要趋势。投资者对全球资产配置的需求日益增加,跨境 ETF 将帮助投资者更好地分散风险,分享全球经济增长红利。其次,科创企业的融资支持将成为 ETF 市场发展的一个重要方向。随着科创板企业的逐步壮大,ETF 将继续作为资本市场的重要融资工具,为创新型企业提供更多的资金支持,推动科技创新和产业升级。特别是在创新驱动发展战略背景下,科创企业的资本需求将愈加迫切。ETF 的低成本优势和灵活性将进一步发挥作用,为这些企业提供更加稳定和高效的融资渠道。

附录一 股票型公募基金近五年业绩描述统计表（按年化收益率排序）：2020~2024 年

本表展示的是近五年主动管理的股票型公募基金的收益和风险指标。其中，收益指标包括年化收益率、夏普比率及索丁诺比率，风险指标包括年化波动率、年化下行风险及最大回撤率。在评估基金的收益和风险时，我们选取万得全 A 指数作为评估标准，并在表中第 0 行给出相关指标的结果。

编号	基金名称	年化收益率(%)	年化波动率(%)	年化下行风险(%)	最大回撤率(%)	年化夏普比率	年化索丁诺比率
0	万得全 A 指数	7.07	17.84	8.94	22.95	0.39	0.77
1	交银趋势优先 A	21.44	21.76	7.52	17.80	0.93	2.69
2	金鹰科技创新 A	21.09	29.47	17.43	35.25	0.75	1.27
3	大成新锐产业	20.58	24.81	9.66	35.13	0.82	2.09
4	万家汽车新趋势 A	19.88	32.45	15.93	43.34	0.67	1.37
5	农银汇理海棠三年定开	19.86	26.66	10.35	41.87	0.75	1.94
6	万家臻选 A	19.71	29.96	13.75	39.04	0.70	1.52
7	华夏行业景气	19.32	29.44	13.95	46.07	0.69	1.47
8	易方达科融	19.15	28.47	13.44	43.57	0.70	1.49
9	前海开源公用事业	18.68	30.00	13.22	42.10	0.67	1.51
10	工银战略转型主题 A	18.50	21.30	8.23	23.77	0.83	2.15
11	招商稳健优选 A	18.41	28.35	14.46	46.40	0.69	1.34
12	万家社会责任定开 A	18.41	30.59	14.02	41.41	0.65	1.42
13	招商量化精选 A	18.23	20.58	9.37	16.52	0.84	1.85
14	宏利转型机遇 A	18.09	37.35	17.25	61.57	0.59	1.27
15	华安信消费服务 A	18.08	18.64	7.71	24.57	0.91	2.19

附录一　股票型公募基金近五年业绩描述统计表(按年化收益率排序):2020~2024年

续表

编号	基金名称	年化收益率(%)	年化波动率(%)	年化下行风险(%)	最大回撤率(%)	年化夏普比率	年化索丁诺比率
16	大成高新技术产业A	17.97	17.44	7.64	23.10	0.95	2.17
17	建信中小盘A	17.81	25.87	12.67	38.25	0.70	1.44
18	中银智能制造A	17.48	29.39	13.67	44.44	0.64	1.38
19	工银物流产业A	17.42	21.11	10.29	33.61	0.80	1.63
20	华商上游产业A	17.40	23.56	9.25	17.88	0.73	1.86
21	中庚小盘价值	17.33	25.21	12.28	28.97	0.70	1.44
22	华夏经典配置	17.03	23.06	10.20	28.10	0.73	1.65
23	工银生态环境A	16.94	32.70	14.95	56.61	0.59	1.29
24	大成优势企业A	16.88	17.01	7.16	23.16	0.92	2.18
25	中信保诚周期轮动A	16.63	28.09	13.55	46.78	0.63	1.31
26	工银精选平衡	16.61	15.32	5.44	10.67	0.98	2.77
27	中信建投价值甄选A	16.45	23.25	11.32	27.02	0.71	1.45
28	大成科创主题A	16.41	24.18	11.56	31.19	0.69	1.44
29	中金新锐A	16.21	24.65	13.04	34.44	0.67	1.27
30	创金合信资源主题A	15.82	29.22	13.18	32.60	0.59	1.31
31	华宝资源优选A	15.72	25.15	9.78	26.66	0.64	1.65
32	嘉实资源精选A	15.66	24.17	9.43	24.66	0.66	1.69
33	中信建投行业轮换A	15.62	23.01	11.79	28.11	0.68	1.33
34	大成产业升级A	15.50	22.43	10.92	32.82	0.69	1.41
35	农银汇理行业轮动A	15.36	25.22	13.04	36.52	0.63	1.23

续表

编号	基金名称	年化收益率(%)	年化波动率(%)	年化下行风险(%)	最大回撤率(%)	年化夏普比率	年化索丁诺比率
36	融通内需驱动AB	15.30	17.95	8.56	16.27	0.80	1.68
37	招商行业精选	15.29	22.98	9.91	34.97	0.66	1.54
38	万家人工智能A	15.26	33.70	17.09	55.79	0.54	1.07
39	金鹰中小盘精选A	15.14	24.37	14.35	31.66	0.64	1.09
40	建信潜力新蓝筹A	15.03	24.34	11.86	36.88	0.63	1.30
41	圆信永丰优悦生活	14.85	19.16	9.35	26.16	0.74	1.52
42	工银新金融A	14.84	21.74	9.17	40.99	0.67	1.60
43	中信建投策略精选	14.84	24.87	13.07	32.28	0.62	1.18
44	长盛量化红利策略	14.84	15.02	5.65	13.80	0.90	2.38
45	富国文体健康A	14.41	21.65	10.00	27.50	0.66	1.42
46	招商优势企业A	14.40	29.42	13.88	35.35	0.55	1.16
47	华安低碳生活	14.30	29.19	14.86	49.66	0.55	1.08
48	华商高端装备制造A	14.28	26.11	13.03	48.12	0.58	1.17
49	富荣福锦A	14.18	24.39	9.47	37.37	0.60	1.54
50	金鹰信息产业A	14.12	32.17	16.20	49.39	0.52	1.04
51	金鹰核心资源A	14.11	27.96	16.57	35.99	0.56	0.95
52	广发电子信息传媒产业精选A	14.09	31.55	16.01	37.06	0.53	1.04
53	招商优质成长	14.06	22.22	10.09	34.35	0.63	1.39
54	中信保诚中小盘A	14.06	32.16	16.10	53.26	0.52	1.04
55	工银研究精选	13.96	22.33	9.57	34.93	0.63	1.46

附录一 股票型公募基金近五年业绩描述统计表(按年化收益率排序):2020~2024年

续表

编号	基金名称	年化收益率(%)	年化波动率(%)	年化下行风险(%)	最大回撤率(%)	年化夏普比率	年化索丁诺比率
56	华夏能源革新A	13.96	35.84	17.15	52.63	0.49	1.03
57	中信保诚至远动力A	13.83	24.62	11.03	44.39	0.58	1.30
58	大成竞争优势A	13.81	14.66	7.07	14.40	0.86	1.78
59	景顺长城公司治理	13.78	26.62	14.73	37.61	0.56	1.02
60	申万菱信智能驱动A	13.75	24.39	12.10	43.52	0.59	1.18
61	大成消费主题A	13.74	22.06	11.07	26.61	0.63	1.25
62	万家智造优势A	13.73	30.61	15.36	46.36	0.52	1.04
63	华润元大信息传媒科技A	13.69	33.04	16.54	39.95	0.50	1.01
64	华商盛世成长	13.68	20.45	9.42	19.58	0.66	1.42
65	景顺长城沪港深精选A	13.39	13.33	5.84	7.99	0.90	2.05
66	诺安低碳经济A	13.32	17.64	6.86	21.49	0.71	1.83
67	景顺长城成长之星A	13.31	20.15	8.64	24.85	0.64	1.50
68	英大国企改革主题A	13.20	20.42	8.62	26.43	0.63	1.50
69	圆信永丰致优A	13.08	20.19	9.56	27.56	0.63	1.34
70	广发睿毅领先A	13.05	20.10	8.52	30.55	0.63	1.50
71	嘉实科技创新	13.02	27.54	14.76	45.18	0.53	0.98
72	大成景恒	13.01	23.46	13.18	26.80	0.58	1.02
73	西部利得量化成长A	12.86	22.40	12.18	36.47	0.59	1.08
74	工银创新动力	12.77	15.30	5.33	12.09	0.76	2.19
75	华宝服务优选	12.66	27.88	12.41	38.85	0.51	1.14

续表

编号	基金名称	年化收益率(%)	年化波动率(%)	年化下行风险(%)	最大回撤率(%)	年化夏普比率	年化索丁诺比率
76	大成睿享A	12.64	13.89	6.77	15.74	0.82	1.68
77	国联竞争优势	12.61	25.24	13.00	40.70	0.54	1.04
78	长信金利趋势	12.59	19.75	9.33	32.94	0.62	1.32
79	工银新能源汽车A	12.52	33.17	15.88	59.91	0.47	0.99
80	金信消费升级A	12.45	25.19	11.22	33.97	0.53	1.19
81	长信银利精选A	12.44	19.45	8.78	31.87	0.62	1.38
82	鹏华价值精选	12.35	25.84	12.51	42.45	0.52	1.07
83	华夏创新前沿	12.33	25.07	11.82	41.72	0.53	1.12
84	圆信永丰优加生活	12.28	20.50	9.83	28.64	0.59	1.24
85	大成景阳领先A	12.24	19.96	9.34	26.30	0.60	1.29
86	新华优选消费	12.18	25.82	13.58	39.29	0.51	0.98
87	大成策略回报	12.18	14.33	7.12	13.50	0.77	1.55
88	易方达科技创新	12.13	26.49	14.05	35.19	0.51	0.96
89	景顺长城能源基建	12.11	11.26	4.61	6.19	0.94	2.30
90	国联安主题驱动	11.93	20.16	8.39	33.75	0.58	1.40
91	华安智能装备主题A	11.88	28.69	15.16	46.81	0.48	0.91
92	国联安远见成长	11.84	26.06	12.22	35.85	0.50	1.06
93	诺安先进制造A	11.83	18.22	8.45	29.08	0.62	1.34
94	中欧先进制造A	11.79	30.97	13.48	55.63	0.46	1.06
95	国寿安保智慧生活A	11.63	25.23	14.43	39.75	0.50	0.88

附录一　股票型公募基金近五年业绩描述统计表（按年化收益率排序）：2020~2024年

续表

编号	基金名称	年化收益率(%)	年化波动率(%)	年化下行风险(%)	最大回撤率(%)	年化夏普比率	年化索丁诺比率
96	前海开源股息率100强A	11.60	16.31	6.36	14.44	0.66	1.69
97	嘉实低价策略	11.60	19.24	8.45	22.58	0.59	1.34
98	国融融盛龙头严选A	11.59	32.76	17.14	44.49	0.45	0.86
99	国金量化多因子A	11.53	19.91	10.93	23.21	0.57	1.04
100	诺安行业轮动A	11.51	17.54	8.27	28.00	0.62	1.32
101	华宝动力组合A	11.49	29.67	14.54	42.61	0.46	0.94
102	诺安先锋A	11.38	21.30	11.72	34.22	0.54	0.99
103	汇丰晋信中小盘	11.37	22.45	10.25	23.93	0.52	1.14
104	国海证券量化优选一年持有A	11.31	20.65	10.12	22.14	0.55	1.12
105	国联安行业领先	11.27	25.12	12.04	40.24	0.49	1.02
106	嘉实新消费	11.26	19.42	8.95	26.59	0.57	1.23
107	中庚价值领航	11.26	23.68	11.60	26.99	0.50	1.03
108	汇丰晋信珠三角区域	11.22	27.89	13.63	33.78	0.46	0.95
109	工银新材料新能源行业	11.21	24.58	10.98	42.38	0.49	1.10
110	宏利行业精选A	11.19	22.98	10.86	33.79	0.51	1.08
111	华夏智胜价值成长A	11.07	18.79	9.99	20.29	0.57	1.08
112	国富深化价值	10.96	19.42	8.22	34.11	0.55	1.30
113	西部利得事件驱动	10.94	26.00	13.83	46.75	0.47	0.88
114	中银主题策略A	10.93	22.85	11.50	36.92	0.50	1.00
115	工银高端制造行业	10.87	30.13	15.96	52.94	0.44	0.83

· 183 ·

续表

编号	基金名称	年化收益率（%）	年化波动率（%）	年化下行风险（%）	最大回撤率（%）	年化夏普比率	年化索丁诺比率
116	海富通国策导向 A	10.83	24.69	11.68	29.91	0.48	1.00
117	富国新兴产业 A	10.81	30.05	16.31	43.12	0.44	0.81
118	信澳先进智造	10.80	32.04	18.25	57.17	0.44	0.76
119	国泰研究精选两年	10.78	27.33	13.69	35.42	0.45	0.90
120	汇添富中国高端制造 A	10.76	21.08	9.52	34.51	0.52	1.14
121	农银汇理低估值高增长	10.74	28.12	14.23	45.09	0.45	0.89
122	华夏盛世精选	10.73	24.07	11.55	40.55	0.48	1.00
123	国联策略优选 A	10.72	24.95	12.97	43.02	0.47	0.91
124	华泰柏瑞积极优选 A	10.66	24.82	12.58	31.43	0.47	0.93
125	嘉实价值精选	10.65	20.99	8.63	24.59	0.51	1.24
126	红土创新新科技	10.61	36.17	17.69	64.50	0.41	0.84
127	农银汇理量化智慧动力	10.56	22.11	11.79	33.00	0.50	0.93
128	汇丰晋信低碳先锋 A	10.55	36.75	18.15	61.33	0.41	0.83
129	工银中小盘成长	10.54	31.51	16.96	56.38	0.43	0.79
130	中银战略新兴产业 A	10.53	24.59	11.34	48.72	0.47	1.01
131	易方达国防军工 A	10.51	32.08	16.61	51.47	0.42	0.81
132	交银先进制造 A	10.50	22.14	10.98	45.35	0.49	0.99
133	南华瑞盈 A	10.46	25.76	13.20	34.60	0.45	0.88
134	财通福盛多策略 A	10.40	26.91	13.28	38.90	0.44	0.90
135	新华行业周期轮换 A	10.37	26.61	12.50	36.17	0.44	0.94

附录一　股票型公募基金近五年业绩描述统计表(按年化收益率排序):2020~2024年

续表

编号	基金名称	年化收益率(%)	年化波动率(%)	年化下行风险(%)	最大回撤率(%)	年化夏普比率	年化索丁诺比率
136	鹏华核心优势 A	10.36	23.84	12.30	37.66	0.47	0.91
137	富国中小盘精选 A	10.31	24.34	12.43	42.64	0.46	0.90
138	景顺长城量化小盘	10.27	22.96	12.37	33.76	0.47	0.88
139	华夏节能环保 A	10.24	33.01	17.83	50.89	0.41	0.76
140	易方达价值精选	10.23	21.69	10.47	26.66	0.49	1.01
141	银河量化优选 A	10.19	19.02	9.32	29.00	0.52	1.07
142	国泰优势行业 A	10.18	33.93	17.44	50.81	0.41	0.79
143	广发制造业精选 A	10.12	29.49	15.42	51.02	0.42	0.80
144	中欧科创主题 A	10.10	27.94	16.71	46.87	0.43	0.72
145	广发中小盘精选 A	10.09	30.67	15.38	40.12	0.41	0.83
146	招商体育文化休闲 A	10.07	32.20	15.90	43.62	0.41	0.82
147	建信大安全	10.00	20.08	8.40	27.94	0.50	1.19
148	国泰消费优选	9.96	23.41	10.96	29.66	0.45	0.97
149	新华优选成长	9.95	25.12	11.37	44.81	0.44	0.97
150	中信保诚红利精选 A	9.94	17.11	7.25	20.88	0.55	1.30
151	中欧养老产业	9.92	23.97	12.05	37.50	0.45	0.89
152	华安科技动力 A	9.91	27.90	14.55	46.70	0.42	0.81
153	鹏华研究智选	9.90	20.08	9.80	38.54	0.49	1.01
154	泰信中小盘精选	9.90	36.18	20.26	62.11	0.40	0.72
155	信澳新能源产业	9.86	30.53	16.76	55.77	0.41	0.75

· 185 ·

续表

编号	基金名称	年化收益率(%)	年化波动率(%)	年化下行风险(%)	最大回撤率(%)	年化夏普比率	年化索丁诺比率
156	富国互联科技A	9.84	29.40	13.48	48.81	0.41	0.89
157	国泰智能汽车A	9.80	34.44	18.02	59.48	0.40	0.76
158	南方国策动力	9.79	22.32	10.31	36.91	0.46	0.99
159	华安研究精选A	9.78	23.57	10.61	47.03	0.45	0.99
160	长盛成长价值	9.75	13.57	6.98	11.43	0.64	1.25
161	长信量化中小盘	9.68	22.25	11.11	39.18	0.46	0.92
162	建信核心精选	9.63	19.37	8.13	28.75	0.49	1.17
163	合煦智远嘉选A	9.60	18.52	9.21	30.53	0.51	1.02
164	汇安行业龙头A	9.60	35.24	18.26	59.06	0.39	0.75
165	中邮研究精选	9.59	20.52	10.41	27.22	0.47	0.93
166	工银文体产业A	9.55	20.43	8.90	37.80	0.47	1.08
167	融通消费升级A	9.54	24.67	11.42	33.72	0.43	0.92
168	安信企业价值优选A	9.53	17.37	8.06	19.51	0.52	1.13
169	银河新动能A	9.51	30.89	13.63	56.77	0.39	0.89
170	工银国企改革主题	9.48	20.71	9.08	33.05	0.47	1.06
171	工银新蓝筹A	9.44	16.50	7.60	25.41	0.54	1.17
172	鹏华医药科技A	9.41	28.05	15.05	37.52	0.41	0.76
173	建信健康民生A	9.41	22.62	12.18	41.40	0.44	0.83
174	鹏华量化先锋	9.41	18.58	9.39	23.45	0.49	0.98
175	鹏华环保产业	9.39	28.78	13.18	58.46	0.40	0.87

附录一　股票型公募基金近五年业绩描述统计表（按年化收益率排序）：2020~2024 年

续表

编号	基金名称	年化收益率(%)	年化波动率(%)	年化下行风险(%)	最大回撤率(%)	年化夏普比率	年化索丁诺比率
176	兴全多维价值 A	9.32	21.56	12.37	37.21	0.45	0.79
177	万家精选 A	9.29	26.80	13.69	26.20	0.41	0.80
178	华夏产业升级 A	9.26	32.52	16.76	40.10	0.39	0.75
179	华商改革创新 A	9.26	24.79	12.59	38.15	0.42	0.82
180	易方达国企改革	9.26	25.44	13.04	31.72	0.41	0.81
181	汇丰晋信新动力 A	9.26	26.31	12.25	31.08	0.41	0.87
182	鹏华先进制造	9.25	22.09	10.39	35.15	0.44	0.93
183	兴全商业模式优选	9.24	21.19	11.56	35.41	0.45	0.83
184	南方高增长	9.23	19.81	9.95	28.63	0.47	0.93
185	银河创新成长 A	9.23	37.91	20.39	62.73	0.38	0.71
186	广发科技创新 A	9.22	31.95	17.10	49.81	0.39	0.72
187	易方达信息产业 A	9.20	29.05	14.89	46.30	0.39	0.77
188	长城优化升级 A	9.14	28.54	14.60	51.12	0.39	0.77
189	中欧电子信息产业 A	9.13	31.68	15.96	47.31	0.38	0.76
190	南方智诚	9.13	20.22	10.39	31.24	0.46	0.89
191	永赢智能领先 A	9.07	30.92	13.74	54.15	0.38	0.85
192	国泰事件驱动 A	9.07	25.49	14.15	50.31	0.41	0.74
193	嘉实物流产业 A	9.06	17.69	7.39	28.49	0.49	1.17
194	申万菱信行业轮动 A	9.05	31.41	15.83	46.13	0.38	0.76
195	汇丰晋信价值先锋 A	9.05	21.71	11.23	32.68	0.44	0.84

· 187 ·

续表

编号	基金名称	年化收益率(%)	年化波动率(%)	年化下行风险(%)	最大回撤率(%)	年化夏普比率	年化索丁诺比率
196	富国价值优势A	9.02	22.51	9.87	46.02	0.43	0.97
197	富国睿泽回报	9.01	17.74	8.21	30.88	0.49	1.05
198	工银信息产业A	8.99	22.82	11.01	45.78	0.42	0.88
199	摩根动力精选A	8.98	36.76	18.31	63.88	0.37	0.75
200	华安逆向策略A	8.97	20.73	9.45	43.36	0.44	0.97
201	工银智能制造A	8.96	25.88	13.76	54.66	0.40	0.75
202	汇添富外延增长主题A	8.94	18.67	7.93	28.07	0.47	1.10
203	博道伍佰智航	8.93	20.51	10.85	30.02	0.44	0.84
204	中信保诚精萃成长A	8.93	22.95	11.31	44.55	0.42	0.85
205	工银战略新兴产业A	8.91	21.35	9.98	50.28	0.43	0.93
206	光大风格轮动A	8.88	18.28	9.81	30.45	0.47	0.88
207	富国周期优势A	8.86	19.23	8.73	36.05	0.46	1.01
208	华安中小盘成长	8.83	27.43	14.26	47.51	0.39	0.75
209	恒越核心精选A	8.79	26.93	13.77	56.14	0.39	0.76
210	光大景气先锋	8.78	28.61	14.77	53.65	0.38	0.74
211	建信信久价值	8.78	25.62	11.91	54.58	0.39	0.85
212	富国通胀通缩主题A	8.77	24.00	12.98	42.69	0.41	0.75
213	汇安裕阳三年持有	8.77	34.13	17.31	58.29	0.37	0.73
214	汇丰晋信智造先锋A	8.76	36.38	19.22	64.87	0.37	0.69
215	银华盛利A	8.75	26.60	13.92	56.82	0.39	0.74

附录一　股票型公募基金近五年业绩描述统计表（按年化收益率排序）：2020~2024年

续表

编号	基金名称	年化收益率(%)	年化波动率(%)	年化下行风险(%)	最大回撤率(%)	年化夏普比率	年化索丁诺比率
216	建信改革红利A	8.70	28.29	13.82	58.14	0.38	0.78
217	摩根新兴动力A	8.68	29.13	13.79	53.69	0.37	0.79
218	宝盈人工智能A	8.68	30.54	15.55	55.73	0.37	0.73
219	易方达科讯	8.68	25.80	13.24	46.39	0.39	0.76
220	易方达资源行业	8.67	29.67	14.26	40.29	0.37	0.77
221	鹏华盛世创新A	8.63	16.96	7.86	21.91	0.48	1.04
222	国联安新科技	8.57	24.45	13.48	45.61	0.40	0.72
223	国泰智能装备A	8.55	33.50	17.44	54.45	0.37	0.70
224	华宝高端制造	8.54	24.60	14.45	45.23	0.40	0.67
225	前海开源中药研究精选A	8.53	24.06	12.50	28.71	0.40	0.76
226	富国产业驱动A	8.50	22.14	10.22	44.86	0.41	0.88
227	建信创新中国	8.49	25.29	12.64	43.38	0.39	0.77
228	工银聚焦30	8.48	22.04	9.86	46.90	0.41	0.91
229	长信量化价值驱动A	8.47	19.68	8.18	27.68	0.43	1.04
230	信澳核心科技	8.40	31.28	16.89	57.80	0.36	0.67
231	景顺长城环保优势	8.39	26.56	15.38	48.32	0.38	0.66
232	东方新能源汽车主题	8.39	37.77	17.81	68.55	0.35	0.75
233	博道启航	8.37	19.03	9.03	30.77	0.44	0.92
234	财通资管价值成长A	8.36	26.62	14.21	52.66	0.38	0.70
235	南方人工智能主题	8.35	23.59	11.91	41.66	0.39	0.78

· 189 ·

续表

编号	基金名称	年化收益率(%)	年化波动率	年化下行风险(%)	最大回撤率	年化夏普比率	年化索丁诺比率
236	工银红利	8.35	23.66	11.92	38.78	0.39	0.78
237	创金合信量化多因子A	8.34	22.03	12.22	34.82	0.40	0.73
238	国富中小盘A	8.33	20.96	8.88	28.47	0.41	0.97
239	招商移动互联网A	8.33	36.86	19.91	53.64	0.36	0.66
240	金鹰稳健成长	8.31	24.12	10.92	47.51	0.38	0.85
241	银华新能源新材料量化A	8.30	31.56	14.85	59.50	0.36	0.76
242	招商中小盘精选	8.27	21.75	9.50	42.97	0.40	0.92
243	华安制造先锋A	8.24	34.24	16.63	56.23	0.35	0.73
244	博时主题A	8.23	20.63	9.07	34.28	0.41	0.93
245	华安成长创新A	8.20	22.28	12.51	36.95	0.40	0.71
246	海富通电子信息传媒产业A	8.19	34.65	18.37	57.54	0.35	0.67
247	长信内需成长A	8.16	24.76	12.35	46.14	0.38	0.75
248	富国城镇发展	8.08	18.49	8.45	33.14	0.43	0.94
249	景顺长城中小创A	8.07	23.57	13.87	32.32	0.38	0.65
250	工银主题策略A	8.05	33.11	18.48	62.11	0.35	0.63
251	易方达科翔	7.98	22.38	11.46	40.59	0.39	0.75
252	建信中国制造2025A	7.93	23.99	10.95	52.15	0.37	0.81
253	博时特许价值	7.91	28.62	15.32	51.15	0.35	0.66
254	嘉合锦程价值精选A	7.88	23.53	10.16	45.96	0.37	0.86
255	建信信息产业A	7.85	26.60	13.62	47.28	0.36	0.70

附录一　股票型公募基金近五年业绩描述统计表(按年化收益率排序)：2020~2024 年

续表

编号	基金名称	年化收益率(%)	年化波动率(%)	年化下行风险(%)	最大回撤率(%)	年化夏普比率	年化索丁诺比率
256	诺德周期策略	7.85	27.67	12.90	50.12	0.35	0.75
257	鹏华优选价值	7.83	16.06	7.86	19.08	0.45	0.93
258	汇添富国企创新增长 A	7.82	22.02	10.50	42.07	0.38	0.80
259	财通集成电路产业 A	7.80	32.43	17.17	52.28	0.34	0.65
260	富国阿尔法两年持有	7.77	15.51	7.78	21.20	0.46	0.92
261	华商电子行业量化 A	7.77	29.03	16.86	49.18	0.35	0.61
262	大摩品质生活精选 A	7.77	26.84	14.89	46.43	0.35	0.64
263	圆信永丰高端制造	7.77	29.25	14.29	47.47	0.35	0.71
264	广发睿阳三年定开	7.76	13.88	6.48	18.46	0.50	1.07
265	农银汇理策略价值	7.74	19.41	8.67	42.51	0.40	0.90
266	中信保诚新兴产业 A	7.73	35.86	17.30	69.75	0.34	0.70
267	长信低碳环保行业量化 A	7.71	34.01	15.22	65.40	0.34	0.75
268	景顺长城智能生活	7.69	23.79	13.18	49.16	0.37	0.66
269	中银美丽中国	7.68	18.51	8.61	38.27	0.41	0.88
270	诺德价值优势	7.58	27.80	12.90	50.76	0.34	0.74
271	工银大盘蓝筹	7.56	17.56	7.20	27.09	0.41	1.01
272	诺安中小盘精选 A	7.54	17.34	8.68	27.22	0.42	0.83
273	长城久富 A	7.54	27.41	12.81	47.13	0.34	0.73
274	创金合信新能源汽车 A	7.48	35.42	16.41	63.11	0.33	0.71
275	华泰柏瑞战略新兴产业 A	7.44	22.44	11.18	43.17	0.36	0.73

· 191 ·

续表

编号	基金名称	年化收益率(%)	年化波动率	年化下行风险(%)	最大回撤率(%)	年化夏普比率	年化索丁诺比率
276	富国产业升级 A	7.44	21.99	10.67	40.03	0.36	0.75
277	工银美丽城镇主题 A	7.44	19.87	8.10	41.25	0.38	0.93
278	泰康产业升级 A	7.42	20.99	10.58	41.68	0.37	0.74
279	安信新常态沪港深精选 A	7.42	22.29	10.47	26.22	0.36	0.77
280	交银成长 30	7.42	21.37	10.79	33.53	0.37	0.73
281	华安幸福生活 A	7.36	26.22	13.07	55.43	0.34	0.68
282	中欧明睿新常态 A	7.35	29.20	13.49	57.62	0.33	0.72
283	金元顺安消费主题	7.32	20.80	9.83	32.20	0.37	0.78
284	宝盈品牌消费 A	7.31	22.38	12.10	41.91	0.36	0.66
285	景顺长城优质成长 A	7.31	25.49	12.87	41.58	0.34	0.67
286	交银品质升级 A	7.30	27.69	14.51	48.99	0.34	0.64
287	诺安价值增长 A	7.30	19.59	10.75	27.20	0.38	0.69
288	嘉实周期优选	7.28	18.95	8.92	25.85	0.38	0.82
289	中欧互通精选 A	7.27	19.23	8.70	30.51	0.38	0.84
290	浦银安盛环保新能源 A	7.27	31.92	16.78	54.31	0.33	0.63
291	嘉实先进制造	7.24	26.41	13.98	50.35	0.34	0.64
292	易方达 ESG 责任投资	7.22	26.14	13.70	38.80	0.34	0.65
293	泓德战略转型	7.22	24.45	11.88	48.86	0.34	0.70
294	南方盛元红利	7.21	19.35	8.30	34.58	0.38	0.87
295	交银股息优化	7.20	27.41	14.31	48.46	0.33	0.64

附录一　股票型公募基金近五年业绩描述统计表(按年化收益率排序):2020~2024年

续表

编号	基金名称	年化收益率(%)	年化波动率(%)	年化下行风险(%)	最大回撤率(%)	年化夏普比率	年化索丁诺比率
296	富国研究量化精选 A	7.16	23.57	11.90	48.01	0.34	0.68
297	交银消费新驱动	7.16	27.51	14.38	49.07	0.33	0.63
298	嘉实量化精选	7.15	19.82	9.60	27.91	0.37	0.76
299	博道远航 A	7.14	20.10	9.62	35.55	0.36	0.76
300	交银核心资产 A	7.13	17.35	8.50	33.21	0.40	0.81
301	景顺长城优选	7.09	22.01	12.77	42.83	0.35	0.61
302	富国品质生活 A	7.06	24.04	12.41	39.84	0.34	0.66
303	银河稳健	7.03	22.38	10.82	47.80	0.35	0.71
304	华泰柏瑞景气回报一年 A	7.03	22.04	9.78	37.91	0.35	0.78
305	金鹰行业优势	7.01	27.04	14.09	59.66	0.33	0.63
306	国联安价值优选	6.97	18.79	7.65	20.35	0.37	0.90
307	建信优势动力	6.95	24.50	12.77	49.25	0.33	0.64
308	宝盈国家安全战略沪港深 A	6.94	27.25	15.94	49.61	0.33	0.56
309	中信保诚量化阿尔法 A	6.92	18.61	8.23	26.37	0.37	0.83
310	民生加银持续成长 A	6.92	27.35	16.87	47.04	0.33	0.54
311	大成优选 A	6.92	17.94	9.08	28.30	0.38	0.74
312	浙商聚潮产业成长 A	6.89	23.40	10.49	40.58	0.33	0.74
313	泰信蓝筹精选	6.89	22.78	10.97	36.67	0.34	0.70
314	银华食品饮料 A	6.88	29.66	15.84	45.36	0.32	0.60
315	鹏扬景泰成长 A	6.87	30.52	13.96	60.10	0.31	0.69

续表

编号	基金名称	年化收益率(%)	年化波动率(%)	年化下行风险(%)	最大回撤率(%)	年化夏普比率	年化索丁诺比率
316	博时军工主题 A	6.87	33.21	16.49	54.54	0.31	0.63
317	景顺长城创新成长	6.86	26.20	15.09	49.01	0.33	0.57
318	鹏华精选成长 A	6.83	24.64	12.32	36.15	0.33	0.65
319	宏利市值优选 A	6.83	20.60	10.92	39.96	0.35	0.66
320	易方达改革红利	6.83	24.65	12.16	36.77	0.33	0.66
321	中银双息回报 A	6.81	14.67	7.35	32.81	0.42	0.84
322	摩根卓越制造	6.81	23.55	10.21	50.96	0.33	0.76
323	汇添富逆向投资 A	6.79	22.11	10.44	45.17	0.34	0.71
324	益民红利成长	6.79	25.07	11.73	40.11	0.32	0.69
325	工银养老产业 A	6.79	24.52	12.69	48.59	0.33	0.63
326	工银量化策略 A	6.78	19.44	9.15	44.51	0.35	0.75
327	万家瑞隆 A	6.75	23.10	12.95	47.11	0.33	0.59
328	博时量化多策略 A	6.75	16.49	7.36	24.53	0.38	0.86
329	中金瑞安	6.73	19.98	8.09	27.15	0.35	0.85
330	华泰保兴成长优选 A	6.73	24.68	13.08	44.46	0.32	0.61
331	易方达医疗保健 A	6.70	28.55	15.91	42.86	0.32	0.57
332	长盛医疗行业	6.68	30.06	15.11	49.90	0.31	0.62
333	富国低碳新经济 A	6.68	27.66	15.02	53.31	0.31	0.58
334	大成行业轮动 A	6.66	23.16	11.74	46.35	0.33	0.64
335	富国优质发展 A	6.64	19.88	9.06	35.98	0.34	0.75

附录一 股票型公募基金近五年业绩描述统计表(按年化收益率排序):2020~2024年

续表

编号	基金名称	年化收益率(%)	年化波动率(%)	年化下行风险(%)	最大回撤率(%)	年化夏普比率	年化索丁诺比率
336	兴全社会价值三年持有	6.60	25.09	13.46	46.33	0.32	0.59
337	广发睿瑞 A	6.59	26.14	14.78	51.57	0.32	0.56
338	国泰鑫睿	6.58	21.21	11.85	41.17	0.33	0.60
339	汇安宜创量化精选 A	6.58	18.79	8.13	33.84	0.35	0.81
340	工银前沿医疗 A	6.53	27.08	13.85	49.75	0.31	0.61
341	海富通风格优势	6.50	20.11	9.61	35.59	0.34	0.70
342	泓德研究优选	6.49	22.41	11.56	39.17	0.32	0.62
343	东方红启阳三年持有 A	6.48	21.97	10.85	39.91	0.32	0.66
344	海富通量通中小盘	6.44	31.59	15.99	59.12	0.30	0.60
345	华宝生态中国 A	6.44	25.22	13.25	48.68	0.31	0.59
346	南方高端装备 A	6.42	29.66	15.70	59.41	0.30	0.57
347	华安双核驱动 A	6.37	25.66	11.09	50.51	0.30	0.70
348	光大创业板量化优选 A	6.36	26.67	11.47	51.26	0.30	0.69
349	博时量化价值 A	6.36	15.68	7.09	20.82	0.37	0.82
350	博道嘉瑞 A	6.35	23.11	11.01	44.22	0.31	0.66
351	国富研究精选	6.34	25.38	10.85	44.24	0.30	0.71
352	富国沪港深业绩驱动 A	6.34	18.80	9.70	39.60	0.34	0.66
353	华宝创新优选	6.33	29.21	15.08	51.51	0.30	0.58
354	嘉实研究阿尔法 A	6.29	19.77	8.88	34.78	0.33	0.73
355	圆信永丰医药健康 A	6.29	28.86	16.25	39.11	0.30	0.54

· 195 ·

续表

编号	基金名称	年化收益率(%)	年化波动率(%)	年化下行风险(%)	最大回撤率(%)	年化夏普比率	年化索丁诺比率
356	中信保诚深度价值	6.29	14.50	7.01	27.25	0.39	0.80
357	广发行业领先A	6.28	20.35	9.15	25.21	0.32	0.72
358	建信龙头企业	6.28	21.24	8.81	45.22	0.32	0.76
359	东方核心动力A	6.27	17.41	7.75	24.87	0.35	0.78
360	鹏华沪深港互联网	6.27	29.79	14.84	57.30	0.29	0.59
361	宏利首选企业A	6.27	24.83	11.46	41.72	0.30	0.66
362	汇添富创新活力A	6.25	22.90	11.44	44.84	0.31	0.62
363	富国消费升级A	6.25	22.92	11.12	48.54	0.31	0.64
364	泓德优选成长	6.25	22.04	11.54	35.59	0.31	0.60
365	富国消费主题	6.23	23.72	11.71	38.16	0.31	0.62
366	华宝价值发现A	6.22	20.86	8.79	23.48	0.32	0.75
367	汇添富环保行业	6.20	29.12	14.16	59.66	0.30	0.61
368	诺安新经济	6.20	23.43	10.93	33.72	0.31	0.65
369	广发核心精选	6.19	20.82	9.36	32.69	0.32	0.70
370	浦银安盛红利精选	6.16	26.10	14.81	44.66	0.30	0.53
371	圆信永丰汇利	6.16	22.36	10.03	44.15	0.31	0.68
372	华夏新兴消费A	6.15	25.24	11.64	47.37	0.30	0.64
373	华泰柏瑞量化先行A	6.13	18.89	8.91	28.63	0.33	0.69
374	嘉实沪港深精选	6.12	21.04	10.54	34.82	0.31	0.63
375	南方中小盘成长A	6.11	23.82	12.07	38.31	0.30	0.59

附录一 股票型公募基金近五年业绩描述统计表（按年化收益率排序）：2020~2024年

续表

编号	基金名称	年化收益率(%)	年化波动率(%)	年化下行风险(%)	最大回撤率(%)	年化夏普比率	年化索丁诺比率
376	天弘文化新兴产业A	6.10	24.39	13.50	41.14	0.30	0.54
377	兴全合润	6.10	21.82	11.74	44.06	0.31	0.57
378	诺安优化配置A	6.08	28.13	15.57	36.24	0.30	0.53
379	摩根智选30A	6.06	22.69	9.69	48.94	0.30	0.70
380	华宝国策导向A	6.06	21.12	10.67	37.55	0.31	0.61
381	华宝主题精选	6.03	24.27	10.94	37.58	0.29	0.65
382	申万菱信竞争优势A	5.96	30.09	14.50	56.64	0.29	0.60
383	华泰保兴多策略三个月	5.92	23.46	12.24	48.38	0.29	0.57
384	金鹰策略配置	5.90	37.84	18.26	64.48	0.29	0.61
385	大摩领先优势	5.88	25.50	14.56	45.33	0.29	0.51
386	平安医疗健康A	5.87	27.48	15.84	48.99	0.29	0.50
387	中航军民融合精选A	5.87	28.75	15.12	55.55	0.28	0.54
388	国投瑞银新能源A	5.85	40.24	17.82	70.90	0.29	0.66
389	嘉实价值优势A	5.85	19.82	8.42	36.27	0.31	0.72
390	国联安优势	5.82	22.62	12.23	39.41	0.29	0.54
391	华富成长趋势A	5.82	24.99	13.28	46.18	0.29	0.54
392	鹏扬元合量化大盘优选A	5.81	23.39	11.96	39.80	0.29	0.57
393	嘉实文体娱乐A	5.80	28.58	14.89	40.48	0.28	0.54
394	大成积极成长A	5.79	22.99	11.84	47.46	0.29	0.57
395	汇添富民营新动力	5.73	25.00	14.24	40.69	0.29	0.50

· 197 ·

续表

编号	基金名称	年化收益率（%）	年化波动率（%）	年化下行风险（%）	最大回撤率（%）	年化夏普比率	年化索丁诺比率
396	建信多因子量化	5.73	19.32	10.00	31.79	0.30	0.59
397	博道叁佰智航 A	5.71	18.72	8.71	33.65	0.31	0.66
398	国联安红利	5.69	17.76	7.11	15.17	0.31	0.78
399	华安智能生活	5.66	21.67	12.32	37.14	0.29	0.51
400	创金合信工业周期精选 A	5.66	30.77	13.83	61.18	0.28	0.61
401	银河蓝筹精选 A	5.66	28.67	14.19	56.01	0.28	0.56
402	南方产业智选	5.65	28.02	16.52	43.12	0.28	0.48
403	中银持续增长 A	5.65	24.64	11.96	52.16	0.28	0.58
404	光大行业轮动	5.64	24.60	12.25	38.71	0.28	0.56
405	景顺长城中小盘 A	5.64	23.74	13.49	34.21	0.29	0.50
406	富国军工主题	5.63	29.77	15.60	56.24	0.28	0.53
407	中银中小盘成长	5.59	23.93	13.56	47.86	0.28	0.50
408	光大新增长 A	5.58	23.83	12.19	45.14	0.28	0.55
409	工银核心价值	5.55	21.39	9.73	44.22	0.28	0.63
410	天弘永定成长 A	5.54	22.34	12.39	42.24	0.28	0.51
411	工银国家战略主题	5.52	29.50	12.69	42.12	0.27	0.63
412	景顺长城支柱产业 A	5.52	20.10	9.84	28.91	0.29	0.59
413	交银先锋 A	5.52	22.89	10.63	47.59	0.28	0.60
414	中欧时代智慧 A	5.49	25.31	12.54	43.28	0.27	0.55
415	工银消费服务 A	5.49	21.21	11.11	37.33	0.28	0.54

附录一　股票型公募基金近五年业绩描述统计表(按年化收益率排序):2020~2024年

续表

编号	基金名称	年化收益率(%)	年化波动率(%)	年化下行风险(%)	最大回撤率(%)	年化夏普比率	年化索丁诺比率
416	德邦乐享生活A	5.47	23.35	11.23	41.73	0.27	0.57
417	华安物联网主题A	5.45	23.84	12.75	45.44	0.28	0.52
418	汇添富红利增长A	5.44	19.12	8.03	38.77	0.29	0.69
419	长信量化策略A	5.43	20.06	9.07	37.61	0.28	0.63
420	光大银发商机主题A	5.40	20.67	10.12	37.83	0.28	0.57
421	富国转型机遇	5.39	20.34	9.34	38.04	0.28	0.61
422	东吴新产业精选A	5.39	22.42	11.66	50.13	0.28	0.53
423	湘财长顺A	5.37	23.29	13.32	51.85	0.28	0.48
424	安信量化优选A	5.36	20.70	10.91	35.56	0.28	0.53
425	中欧量化驱动A	5.35	18.71	9.92	41.60	0.29	0.55
426	恒越研究精选A	5.33	28.83	15.14	60.17	0.27	0.51
427	博道久航A	5.32	18.64	9.15	31.47	0.29	0.58
428	国富弹性市值	5.31	20.92	9.05	32.00	0.27	0.63
429	国投瑞银成长优选	5.30	19.26	9.52	42.21	0.28	0.57
430	建信社会责任	5.28	25.53	13.12	50.11	0.27	0.52
431	富国高端制造行业A	5.23	23.57	11.78	41.02	0.27	0.53
432	中信证券卓越成长两年持有A	5.22	22.46	11.70	37.90	0.27	0.51
433	泓德量化精选	5.21	20.95	11.14	44.21	0.27	0.51
434	中信保诚优胜精选A	5.20	20.17	10.45	41.40	0.28	0.53
435	国投瑞银核心企业	5.18	19.94	9.00	38.97	0.27	0.61

· 199 ·

续表

编号	基金名称	年化收益率(%)	年化波动率(%)	年化下行风险(%)	最大回撤率(%)	年化夏普比率	年化索丁诺比率
436	方正富邦红利精选A	5.14	21.12	9.79	35.48	0.27	0.58
437	嘉实环保低碳	5.14	28.20	14.25	60.85	0.26	0.52
438	泰康均衡优选A	5.11	19.72	10.09	45.28	0.27	0.53
439	国联安精选	5.09	25.44	13.91	46.10	0.26	0.48
440	银华行业轮动	5.07	19.32	9.04	39.63	0.27	0.58
441	中欧新动力A	5.05	20.63	9.90	40.04	0.27	0.55
442	建信环保产业A	5.05	27.54	13.05	57.71	0.26	0.54
443	银华积极成长A	5.04	21.40	9.99	39.95	0.26	0.56
444	建信优选成长A	5.03	22.33	9.44	36.87	0.26	0.61
445	创金合信科技成长A	5.00	29.65	16.41	43.68	0.26	0.47
446	朱雀产业臻选A	4.97	23.16	12.71	43.01	0.26	0.47
447	南方科技创新A	4.96	30.93	15.97	60.14	0.26	0.50
448	浙商智能行业优选A	4.95	21.28	10.73	41.81	0.26	0.51
449	财通多策略福瑞端	4.93	19.68	7.51	36.20	0.26	0.68
450	南方潜力新蓝筹A	4.93	25.42	13.62	42.69	0.25	0.47
451	景顺长城优势企业A	4.93	24.22	12.18	40.24	0.25	0.51
452	中欧价值发现A	4.92	20.80	9.49	26.59	0.26	0.57
453	金鹰主题优势	4.92	26.17	12.70	47.88	0.25	0.52
454	嘉合锦创优势精选	4.91	18.58	8.93	31.11	0.27	0.56
455	国富潜力组合A人民币	4.91	25.15	11.10	45.68	0.25	0.56

附录一 股票型公募基金近五年业绩描述统计表（按年化收益率排序）：2020~2024年

续表

编号	基金名称	年化收益率(%)	年化波动率(%)	年化下行风险(%)	最大回撤率(%)	年化夏普比率	年化索丁诺比率
456	宝盈医疗健康沪港深A	4.90	28.55	15.99	46.78	0.26	0.46
457	国联安锐意成长	4.90	24.03	12.26	40.25	0.25	0.50
458	华夏科技成长	4.87	25.37	14.17	48.06	0.25	0.45
459	嘉合睿金A	4.87	29.55	15.34	62.55	0.25	0.49
460	国泰区位优势A	4.87	24.88	13.63	42.94	0.25	0.46
461	华夏经济转型	4.85	24.23	13.57	45.57	0.25	0.45
462	宝盈策略增长	4.85	30.19	16.59	53.60	0.26	0.47
463	博道卓远A	4.83	22.55	11.98	41.05	0.25	0.48
464	富国美丽中国A	4.81	20.01	9.80	40.84	0.26	0.52
465	国投瑞银先进制造	4.81	39.91	17.78	71.64	0.27	0.60
466	前海联合科技先锋A	4.77	22.87	12.86	42.31	0.25	0.45
467	华泰保兴吉年丰A	4.74	27.98	15.50	53.71	0.25	0.45
468	华安核心优选A	4.74	25.17	11.68	48.26	0.24	0.52
469	博道志远A	4.73	22.72	12.02	44.88	0.25	0.47
470	博时逆向投资A	4.71	19.60	9.88	40.54	0.25	0.50
471	湘财长源A	4.71	22.92	12.92	47.97	0.25	0.44
472	大摩多因子策略	4.70	22.39	12.51	43.64	0.25	0.44
473	嘉实新能源新材料A	4.69	31.01	15.61	67.63	0.25	0.49
474	财通新兴蓝筹A	4.67	29.07	14.28	52.19	0.24	0.50
475	华宝先进成长	4.66	24.43	13.43	50.79	0.24	0.45

续表

编号	基金名称	年化收益率（%）	年化波动率（%）	年化下行风险（%）	最大回撤率（%）	年化夏普比率	年化索丁诺比率
476	景顺长城量化精选	4.66	19.75	9.86	36.19	0.25	0.50
477	汇添富民营活力A	4.65	23.10	11.92	43.58	0.24	0.47
478	博时新兴成长	4.64	29.60	16.58	52.98	0.25	0.44
479	鹏华价值驱动	4.62	21.18	10.49	41.69	0.24	0.49
480	银华明择多策略	4.61	23.41	12.16	42.70	0.24	0.47
481	中银创新医疗	4.59	30.03	17.17	52.24	0.25	0.44
482	国联高股息精选A	4.59	22.00	11.38	54.93	0.24	0.47
483	华宝大健康A	4.58	26.80	15.03	47.53	0.24	0.44
484	嘉实消费精选A	4.56	28.16	14.51	52.52	0.24	0.47
485	大成中小盘A	4.54	21.47	10.88	38.45	0.24	0.48
486	摩根核心优选A	4.54	24.41	12.53	57.40	0.24	0.47
487	中欧匠心两年A	4.49	20.14	9.86	40.61	0.24	0.49
488	银华中国梦30	4.48	23.80	11.53	44.38	0.24	0.49
489	交银创新成长	4.47	23.42	11.44	49.58	0.23	0.48
490	农银汇理消费主题A	4.47	22.22	11.66	48.22	0.24	0.45
491	中欧新趋势A	4.46	20.23	9.63	37.54	0.24	0.50
492	景顺长城核心竞争力A	4.45	19.00	9.77	33.51	0.24	0.47
493	鹏华优势企业	4.44	22.54	10.49	42.20	0.23	0.50
494	嘉实核心优势	4.42	23.44	12.00	45.71	0.23	0.46
495	招商大盘蓝筹	4.42	20.75	9.33	43.37	0.24	0.52

附录一　股票型公募基金近五年业绩描述统计表(按年化收益率排序):2020~2024年

续表

编号	基金名称	年化收益率(%)	年化波动率(%)	年化下行风险(%)	最大回撤率(%)	年化夏普比率	年化索丁诺比率
496	民生加银内需增长	4.41	19.42	9.12	44.53	0.24	0.51
497	嘉实企业变革	4.41	23.70	12.52	44.88	0.23	0.44
498	汇添富新兴消费A	4.35	26.40	12.34	45.81	0.23	0.49
499	申万菱信新动力A	4.35	21.27	10.27	50.47	0.23	0.48
500	诺安研究精选	4.34	22.78	12.01	45.15	0.23	0.44
501	富国大盘价值A	4.33	16.62	8.14	34.51	0.25	0.50
502	摩根健康品质生活A	4.33	26.92	15.45	45.12	0.23	0.41
503	建信高端医疗A	4.32	25.71	13.32	45.35	0.23	0.45
504	富国民裕沪港深精选A	4.28	25.57	13.42	54.47	0.23	0.44
505	长盛同德	4.28	19.58	8.54	37.36	0.23	0.53
506	广发均衡价值A	4.27	22.64	12.43	34.19	0.23	0.42
507	中邮战略新兴产业A	4.25	27.33	15.78	52.04	0.23	0.40
508	银华兴盛	4.24	25.40	12.26	51.75	0.23	0.47
509	国联安优选行业	4.22	34.93	17.73	63.72	0.24	0.48
510	兴全合泰A	4.20	25.77	14.34	51.87	0.23	0.41
511	建信现代服务业	4.19	20.54	8.56	40.87	0.22	0.54
512	信澳转型创新A	4.19	29.23	17.36	58.09	0.24	0.40
513	大成内需增长A	4.16	21.24	10.98	40.03	0.22	0.43
514	华安大国新经济A	4.13	23.54	12.84	47.36	0.22	0.41
515	圆信永丰精选回报	4.12	20.71	10.09	42.42	0.22	0.46

· 203 ·

续表

编号	基金名称	年化收益率(%)	年化波动率	年化下行风险(%)	最大回撤率(%)	年化夏普比率	年化索丁诺比率
516	景顺长城量化新动力	4.06	19.14	8.58	37.18	0.22	0.49
517	大摩量化多策略	4.06	19.72	9.84	39.71	0.22	0.44
518	摩根核心成长A	4.05	22.09	11.11	44.37	0.22	0.43
519	工银农业产业	4.05	20.70	11.16	43.17	0.22	0.41
520	富安达优势成长	4.01	18.28	9.05	32.91	0.22	0.45
521	国联安科技动力	4.01	35.00	17.81	63.92	0.24	0.47
522	交银医药创新A	4.00	26.32	13.43	52.18	0.22	0.43
523	嘉实优化红利	3.97	23.74	10.95	42.48	0.21	0.46
524	圆信永丰多策略精选	3.96	25.34	12.66	52.46	0.22	0.43
525	鹏华改革红利	3.95	22.53	12.63	43.12	0.22	0.39
526	海富通精选2号	3.93	25.98	14.02	46.56	0.22	0.40
527	工银医疗保健行业	3.92	26.49	14.16	50.93	0.22	0.41
528	银华消费主题A	3.91	25.68	12.95	46.33	0.21	0.42
529	银河研究精选A	3.90	24.73	12.67	51.28	0.21	0.42
530	光大中小盘A	3.90	27.12	13.90	50.90	0.22	0.42
531	华夏研究精选	3.88	20.08	9.34	42.30	0.21	0.45
532	银华裕利	3.87	20.15	10.39	32.28	0.21	0.41
533	华宝绿色领先	3.85	25.26	13.94	50.56	0.21	0.39
534	国泰金鹿	3.79	21.91	10.85	31.05	0.21	0.42
535	鹏华创新驱动	3.76	26.96	14.70	48.09	0.21	0.39

附录一　股票型公募基金近五年业绩描述统计表（按年化收益率排序）：2020~2024年

续表

编号	基金名称	年化收益率(%)	年化波动率(%)	年化下行风险(%)	最大回撤率(%)	年化夏普比率	年化索丁诺比率
536	华宝品质生活	3.75	24.19	11.86	42.95	0.21	0.42
537	工银互联网加	3.75	21.45	11.11	45.09	0.21	0.40
538	银华富裕主题 A	3.75	26.14	14.58	53.80	0.21	0.38
539	汇安多因子 A	3.74	22.36	11.68	40.26	0.21	0.39
540	宝盈研究精选 A	3.73	27.28	14.59	53.11	0.21	0.40
541	华夏潜龙精选	3.72	22.24	11.54	58.13	0.20	0.39
542	富国天合稳健优选	3.71	19.47	9.76	40.12	0.20	0.41
543	新华策略精选	3.70	27.82	14.31	52.40	0.21	0.41
544	工银科技创新	3.70	22.91	11.24	50.84	0.20	0.41
545	华夏优势增长	3.68	25.25	13.47	50.48	0.21	0.39
546	兴银先锋成长 A	3.68	18.26	9.94	36.45	0.20	0.38
547	农银汇理中小盘	3.68	20.87	9.84	46.89	0.20	0.43
548	博时汇悦回报	3.67	23.58	12.53	51.23	0.20	0.38
549	南方产业活力	3.66	19.04	8.86	39.33	0.20	0.43
550	招商中国机遇	3.62	25.85	13.52	59.85	0.21	0.39
551	华泰保兴吉年利	3.62	22.54	12.96	50.18	0.20	0.35
552	东方红内需增长 A	3.62	25.28	12.50	51.79	0.20	0.41
553	交银新成长	3.58	19.82	9.21	40.35	0.20	0.42
554	光大阳光启明星创新驱动 A	3.57	24.21	13.40	52.40	0.20	0.36
555	国泰央企改革 A	3.56	20.46	9.74	47.59	0.20	0.41

· 205 ·

续表

编号	基金名称	年化收益率(%)	年化波动率(%)	年化下行风险(%)	最大回撤率(%)	年化夏普比率	年化索丁诺比率
556	兴全绿色投资	3.54	21.52	12.28	50.90	0.20	0.35
557	广发资源优选A	3.52	28.23	14.38	54.47	0.21	0.40
558	中欧恒利三年定开	3.52	23.16	10.31	28.69	0.19	0.43
559	银华积极精选	3.49	21.08	10.20	41.40	0.19	0.40
560	国泰量化策略收益A	3.48	18.87	8.42	35.77	0.19	0.43
561	易方达蓝筹精选	3.48	28.87	15.07	51.10	0.21	0.40
562	华宝医药生物	3.48	27.01	14.86	47.49	0.20	0.37
563	富国生物医药科技A	3.44	28.18	15.03	49.66	0.20	0.38
564	国泰金鑫A	3.44	26.42	16.43	58.47	0.21	0.33
565	广发稳健策略	3.41	18.03	9.32	43.90	0.19	0.37
566	汇安核心成长	3.40	25.63	13.42	50.94	0.20	0.38
567	大成核心双动力A	3.39	22.39	10.97	34.70	0.19	0.38
568	新华中小市值优选	3.38	20.87	10.26	43.13	0.19	0.38
569	平安股息精选A	3.37	18.62	9.23	36.75	0.19	0.38
570	华宝大盘精选	3.37	28.12	12.89	61.12	0.20	0.43
571	天弘医疗健康A	3.34	25.86	13.10	47.49	0.19	0.38
572	汇添富文体娱乐主题A	3.33	24.64	13.25	51.97	0.19	0.36
573	银华大盘精选两年定开	3.32	22.67	10.28	51.36	0.19	0.41
574	华夏收入	3.32	23.18	11.50	42.47	0.19	0.38
575	汇丰晋信消费红利	3.32	22.01	12.62	44.87	0.19	0.33

附录一 股票型公募基金近五年业绩描述统计表（按年化收益率排序）：2020~2024年

续表

编号	基金名称	年化收益率(%)	年化波动率(%)	年化下行风险(%)	最大回撤率(%)	年化夏普比率	年化索丁诺比率
576	前海开源沪港深聚瑞	3.31	24.38	12.58	49.24	0.19	0.37
577	易方达消费行业	3.28	26.81	14.44	41.83	0.20	0.36
578	景顺长城研究精选A	3.28	22.86	13.89	45.25	0.19	0.31
579	华泰柏瑞研究精选A	3.26	22.57	11.10	46.03	0.18	0.37
580	嘉实量化阿尔法	3.26	19.30	8.97	36.83	0.18	0.39
581	西部利得策略优选A	3.25	40.03	17.77	51.68	0.23	0.51
582	建信内生动力A	3.24	23.55	10.46	51.21	0.18	0.41
583	华泰柏瑞医疗健康A	3.22	27.83	14.93	52.66	0.20	0.37
584	农银汇理行业成长A	3.22	22.09	10.62	42.85	0.18	0.38
585	农银汇理信息传媒A	3.22	24.64	12.55	40.77	0.19	0.36
586	嘉实增长	3.19	19.28	9.42	43.91	0.18	0.36
587	摩根阿尔法A	3.19	21.67	11.03	46.51	0.18	0.35
588	万家行业优选	3.18	32.94	17.52	63.54	0.21	0.40
589	兴业安保优选A	3.16	26.39	15.32	58.96	0.19	0.33
590	信澳产业升级	3.15	35.74	19.26	72.06	0.22	0.41
591	平安行业先锋	3.15	18.50	8.70	40.10	0.18	0.37
592	诺安高端制造	3.13	28.44	15.02	49.18	0.19	0.36
593	诺德量化蓝筹增强A	3.10	16.71	7.68	29.19	0.17	0.37
594	中欧盛世成长A	3.09	29.60	16.19	55.91	0.20	0.36
595	汇添富移动互联A	3.08	25.11	14.09	47.62	0.18	0.33

· 207 ·

续表

编号	基金名称	年化收益率(%)	年化波动率	年化下行风险(%)	最大回撤率	年化复普比率	年化索丁诺比率
596	工银金融地产A	3.07	21.17	10.63	28.16	0.17	0.35
597	平安核心优势A	3.06	26.17	14.36	53.89	0.19	0.34
598	富国天博创新主题	3.06	23.29	11.24	42.99	0.18	0.37
599	景顺长城品质投资A	3.01	21.47	12.23	45.68	0.17	0.31
600	朱雀产业智选A	3.01	21.93	12.41	43.34	0.17	0.31
601	中银金融地产A	2.99	22.74	9.81	36.66	0.17	0.39
602	中欧时代先锋A	2.98	23.47	12.12	46.12	0.18	0.34
603	海富通国内需热点	2.98	31.03	16.60	53.56	0.20	0.37
604	中信证券成长动力A	2.97	20.96	10.51	44.58	0.17	0.34
605	富国新兴成长量化精选A	2.96	20.62	10.84	41.49	0.17	0.32
606	宏利蓝筹价值	2.94	25.90	12.97	54.81	0.18	0.36
607	浦银安盛价值成长A	2.93	27.33	14.82	58.15	0.18	0.34
608	创金合信消费主题A	2.90	27.48	14.67	44.43	0.18	0.34
609	国寿安保成长优选A	2.89	26.88	15.99	47.78	0.18	0.31
610	天弘周期策略A	2.89	23.52	10.24	46.65	0.17	0.38
611	中银健康生活	2.87	16.90	8.41	40.36	0.16	0.32
612	长城中小盘成长A	2.83	24.95	13.33	57.15	0.17	0.33
613	南方绩优成长A	2.81	18.63	9.41	36.19	0.16	0.31
614	银华优质增长	2.74	19.23	9.33	43.22	0.15	0.32
615	诺安恒鑫	2.74	19.77	10.46	43.42	0.16	0.29

附录一 股票型公募基金近五年业绩描述统计表(按年化收益率排序):2020~2024年

续表

编号	基金名称	年化收益率(%)	年化波动率(%)	年化下行风险(%)	最大回撤率(%)	年化夏普比率	年化索丁诺比率
616	申万菱信量化小盘A	2.71	20.12	11.26	41.44	0.16	0.28
617	摩根成长先锋A	2.71	21.33	11.25	52.11	0.16	0.30
618	融通动力先锋AB	2.70	19.33	8.72	34.02	0.15	0.34
619	宏利逆向策略	2.70	20.83	10.18	44.64	0.16	0.32
620	南方新兴消费A	2.69	24.08	12.39	51.16	0.16	0.32
621	广发高端制造A	2.69	33.85	17.22	65.06	0.20	0.39
622	宝盈泛沿海增长	2.69	29.63	16.52	56.36	0.18	0.33
623	大摩主题优选	2.65	22.42	11.45	52.11	0.16	0.31
624	华泰柏瑞量化增强A	2.65	17.65	7.65	29.47	0.15	0.34
625	广发互联网+产业升级	2.62	23.61	11.22	46.45	0.16	0.33
626	汇添富消费升级A	2.60	27.55	15.04	53.02	0.17	0.32
627	建信富消费持续发展主题	2.59	26.94	12.43	53.61	0.17	0.36
628	财通可转债轮动A	2.59	23.53	12.14	48.95	0.16	0.31
629	东吴行业轮动A	2.59	26.98	14.60	55.43	0.17	0.32
630	工银医药健康A	2.59	26.00	14.11	48.71	0.17	0.31
631	海富通诺安策略	2.57	23.18	13.39	43.22	0.16	0.28
632	泓德泓益A	2.56	20.98	11.37	47.20	0.15	0.28
633	嘉实前沿科技A	2.52	28.25	16.16	53.28	0.17	0.31
634	泰康弘实3个月定开	2.52	19.59	10.04	40.16	0.15	0.28
635	鹏华优质治理A	2.52	23.06	11.94	50.63	0.15	0.30

续表

编号	基金名称	年化收益率(%)	年化波动率	年化下行风险(%)	最大回撤率	年化夏普比率	年化索丁诺比率
636	鹏华价值优势	2.48	20.62	10.15	40.98	0.14	0.29
637	光大红利 A	2.48	18.57	9.38	41.17	0.14	0.28
638	南方信息创新 A	2.47	33.39	19.01	54.41	0.19	0.34
639	嘉实稳健	2.46	14.97	7.75	31.12	0.13	0.26
640	华宝新兴产业	2.42	26.14	12.73	53.77	0.16	0.33
641	海富通量化前锋 A	2.40	21.06	11.01	42.50	0.14	0.27
642	华商新动力	2.39	25.54	13.82	46.84	0.16	0.29
643	银河行业优选 A	2.39	29.83	14.16	59.05	0.17	0.36
644	国泰金牛创新成长	2.39	23.02	13.71	49.98	0.15	0.25
645	华润元大量化优选 A	2.38	18.99	11.36	31.80	0.14	0.23
646	广发估值优势	2.37	25.17	12.97	49.77	0.15	0.30
647	华商计算机行业量化 A	2.37	30.41	15.09	45.41	0.17	0.35
648	大成健康产业	2.35	27.72	14.55	57.47	0.16	0.31
649	银河量化稳进	2.34	18.31	9.62	30.77	0.13	0.25
650	摩根大盘蓝筹 A	2.33	18.46	8.95	46.55	0.13	0.27
651	中海量化策略	2.32	21.49	9.56	41.14	0.14	0.31
652	诺安策略精选	2.26	19.34	11.04	38.23	0.13	0.23
653	国泰大健康 A	2.25	27.58	14.46	49.62	0.16	0.30
654	嘉实智能汽车	2.24	30.95	15.68	67.51	0.17	0.34
655	南方天元新产业	2.23	19.20	9.21	42.93	0.13	0.27

附录一　股票型公募基金近五年业绩描述统计表(按年化收益率排序):2020~2024年

续表

编号	基金名称	年化收益率(%)	年化波动率(%)	年化下行风险(%)	最大回撤率(%)	年化夏普比率	年化索丁诺比率
656	中欧启航三年持有期A	2.18	20.82	10.53	53.07	0.13	0.26
657	银河康乐A	2.18	25.62	14.95	51.10	0.15	0.26
658	银华估值优势	2.17	21.14	9.41	50.93	0.13	0.29
659	嘉实互融精选A	2.16	27.74	15.77	33.45	0.16	0.28
660	兴全精选	2.14	23.75	12.47	50.92	0.14	0.27
661	安信价值精选	2.13	22.52	10.73	41.31	0.13	0.28
662	中邮核心主题	2.12	23.32	11.62	56.69	0.14	0.28
663	诺安成长	2.11	35.44	19.60	63.06	0.19	0.35
664	招商行业领先A	2.11	24.06	13.20	48.79	0.14	0.26
665	农银汇理策略精选	2.09	17.22	9.42	43.45	0.12	0.21
666	富国天惠精选成长A	2.09	21.21	10.03	42.60	0.13	0.27
667	交银精选	2.09	19.65	9.49	42.05	0.12	0.25
668	申万菱信消费增长A	2.08	26.87	13.84	58.72	0.15	0.29
669	长盛城镇化主题A	2.06	36.89	20.24	59.26	0.19	0.35
670	汇丰晋信大盘波动精选A	2.05	15.53	7.90	18.57	0.11	0.21
671	华宝行业精选	2.05	26.88	14.89	55.20	0.15	0.27
672	诺安鸿鑫A	2.05	20.16	11.40	44.33	0.13	0.22
673	中欧行业成长A	2.03	20.84	10.56	51.12	0.13	0.25
674	南方策略优化	2.00	21.16	10.88	40.41	0.12	0.24
675	银华内需精选	1.99	24.80	13.53	41.08	0.14	0.26

· 211 ·

续表

编号	基金名称	年化收益率（%）	年化波动率（%）	年化下行风险（%）	最大回撤率（%）	年化夏普比率	年化索丁诺比率
676	光大阳光优选一年持有A	1.98	17.94	9.16	35.80	0.11	0.22
677	银华中小盘精选	1.96	25.23	14.11	48.96	0.14	0.25
678	国富健康优质生活	1.96	24.36	13.01	51.55	0.14	0.25
679	国寿安保研究精选A	1.94	29.45	16.52	49.45	0.16	0.28
680	农银汇理行业领先	1.93	17.14	9.42	42.27	0.11	0.20
681	鹏华研究驱动	1.93	21.29	10.40	45.87	0.12	0.25
682	南方智锐	1.90	19.27	9.68	48.91	0.11	0.22
683	北信瑞丰研究精选	1.89	23.06	11.95	43.66	0.13	0.25
684	交银阿尔法A	1.86	18.86	10.38	43.67	0.11	0.20
685	弘毅远方国企转型A	1.85	20.96	11.35	47.80	0.12	0.22
686	广发品牌消费A	1.84	27.61	14.59	53.60	0.15	0.27
687	民生加银优选	1.83	25.93	13.99	56.90	0.14	0.26
688	中欧永裕A	1.81	27.69	14.53	54.91	0.14	0.28
689	嘉实医药健康A	1.80	26.53	14.73	54.00	0.14	0.25
690	大摩进取优选	1.80	25.29	12.25	52.66	0.13	0.27
691	东方策略成长	1.79	22.57	11.49	45.34	0.12	0.24
692	长安宏观策略A	1.78	29.16	15.61	37.02	0.15	0.28
693	兴全全球视野	1.78	19.34	10.66	41.67	0.11	0.20
694	光大一带一路A	1.74	20.24	10.37	47.20	0.11	0.21
695	万家消费成长	1.73	19.58	10.01	33.91	0.11	0.21

· 212 ·

附录一　股票型公募基金近五年业绩描述统计表(按年化收益率排序)：2020~2024年

续表

编号	基金名称	年化收益率(%)	年化波动率(%)	年化下行风险(%)	最大回撤率(%)	年化夏普比率	年化索丁诺比率
696	北信瑞丰产业升级	1.73	33.61	17.59	66.36	0.17	0.32
697	嘉实沪港深回报	1.68	20.09	10.48	47.90	0.11	0.20
698	长信量化先锋A	1.67	21.63	11.13	45.61	0.11	0.22
699	汇添富行业整合主题A	1.67	19.94	9.74	50.45	0.10	0.21
700	诺安平衡	1.67	20.70	11.46	36.52	0.11	0.20
701	国泰互联网+	1.64	31.18	16.21	53.33	0.16	0.30
702	摩根新兴服务A	1.64	21.99	11.33	53.00	0.11	0.22
703	长信双利优选A	1.64	23.48	13.07	49.15	0.12	0.22
704	新华钻石品质企业	1.63	23.98	12.68	48.38	0.12	0.23
705	景顺长城鼎益A	1.63	29.36	14.22	52.93	0.14	0.30
706	南方隆元产业主题	1.60	18.31	8.75	41.35	0.09	0.19
707	融通医疗保健行业A	1.56	29.15	15.44	58.47	0.14	0.27
708	汇添富内需增长A	1.56	23.39	12.54	47.85	0.12	0.22
709	景顺长城资源垄断	1.55	25.98	12.36	42.67	0.12	0.26
710	华宝宝康消费品	1.54	19.87	9.39	42.38	0.10	0.20
711	汇丰晋信大盘A	1.54	20.03	10.50	42.98	0.10	0.19
712	华商产业升级	1.54	23.30	12.35	54.75	0.11	0.22
713	华夏常阳三年定开	1.52	20.19	10.76	47.85	0.10	0.19
714	华安升级主题A	1.51	21.09	10.14	47.90	0.10	0.21
715	人保研究精选A	1.48	20.92	11.88	47.74	0.10	0.18

· 213 ·

续表

编号	基金名称	年化收益率（%）	年化波动率（%）	年化下行风险（%）	最大回撤率（%）	年化夏普比率	年化索丁诺比率
716	东吴价值成长A	1.48	28.79	14.60	60.91	0.14	0.27
717	兴全轻资产	1.44	18.38	10.92	44.22	0.09	0.15
718	交银瑞丰	1.43	24.79	12.26	49.25	0.11	0.23
719	银河主题策略A	1.41	28.45	13.09	58.20	0.13	0.29
720	景顺长城内需增长	1.40	28.83	13.67	53.11	0.13	0.28
721	海富通研究精选A	1.38	22.49	12.16	43.75	0.10	0.19
722	民生加银稳健成长	1.37	26.54	14.52	57.86	0.12	0.23
723	嘉实领先成长	1.36	25.06	13.40	51.00	0.12	0.22
724	大摩健康产业A	1.35	28.11	15.13	58.31	0.13	0.24
725	中金新医药	1.35	26.59	14.74	49.69	0.12	0.23
726	华安行业轮动	1.34	20.43	9.72	47.58	0.09	0.19
727	景顺长城沪港深领先科技	1.28	21.80	12.86	51.70	0.10	0.17
728	工银稳健成长A	1.23	16.99	8.32	38.23	0.07	0.13
729	南方优选价值A	1.23	20.05	9.85	45.99	0.08	0.17
730	国泰估值优势A	1.22	29.19	14.84	54.22	0.13	0.26
731	摩根行业轮动A	1.18	26.67	13.57	63.05	0.12	0.23
732	汇添富智能制造A	1.11	27.29	13.22	59.86	0.12	0.24
733	景顺长城内需增长贰号	1.11	28.73	13.97	52.96	0.12	0.25
734	浙商全景消费A	1.07	24.92	13.38	45.50	0.10	0.19
735	国泰君安得明	1.07	18.67	10.71	41.81	0.07	0.12

附录一　股票型公募基金近五年业绩描述统计表(按年化收益率排序):2020~2024年

续表

编号	基金名称	年化收益率(%)	年化波动率(%)	年化下行风险(%)	最大回撤率(%)	年化夏普比率	年化索丁诺比率
736	招商国企改革	1.05	22.71	12.18	44.20	0.09	0.17
737	新华档势领航	1.05	28.54	14.74	64.74	0.12	0.24
738	交银持续成长 A	1.04	20.65	12.00	48.34	0.08	0.14
739	合晌智远消费主题 A	1.02	19.33	9.82	31.73	0.07	0.13
740	汇添富消费行业	1.01	27.25	14.53	50.96	0.11	0.21
741	易方达行业领先	1.01	22.78	11.53	48.03	0.09	0.17
742	华夏行业龙头	0.99	24.27	12.33	52.41	0.10	0.19
743	华泰柏瑞行业领先	0.98	26.73	14.12	50.27	0.11	0.21
744	鹏华医疗保健	0.97	26.25	14.97	49.82	0.11	0.19
745	华商价值精选	0.96	24.00	12.66	56.00	0.09	0.18
746	华商消费行业	0.95	26.31	13.88	49.69	0.11	0.20
747	摩根民生需求 A	0.87	22.20	11.65	54.76	0.08	0.15
748	汇添富策略回报	0.85	23.60	12.03	53.41	0.09	0.17
749	平安高端制造 A	0.83	28.24	13.80	58.09	0.11	0.23
750	鹏华文化传媒娱乐	0.82	23.39	13.86	30.63	0.09	0.15
751	景顺长城新兴成长 A	0.79	28.49	13.88	52.81	0.11	0.23
752	南华丰淳 A	0.78	26.22	13.79	56.22	0.10	0.19
753	南方 ESG 主题 A	0.78	21.78	9.63	54.08	0.07	0.16
754	华夏优势精选	0.76	32.32	16.01	67.56	0.13	0.27
755	招商安泰	0.75	20.15	9.13	42.25	0.06	0.13

续表

编号	基金名称	年化收益率(%)	年化波动率(%)	年化下行风险(%)	最大回撤率(%)	年化夏普比率	年化索丁诺比率
756	中银消费主题A	0.74	22.21	10.99	40.53	0.07	0.14
757	中欧明睿新起点	0.71	31.45	15.77	64.05	0.13	0.25
758	富国医疗保健行业A	0.69	28.95	15.63	56.77	0.11	0.21
759	广发沪港深新起点A	0.58	21.87	12.51	52.17	0.06	0.11
760	华商未来主题	0.54	24.14	13.52	40.19	0.08	0.14
761	中银新动力A	0.54	25.82	13.80	56.58	0.09	0.17
762	国泰中小盘成长	0.54	25.74	13.08	51.02	0.09	0.17
763	海富通先进制造A	0.52	37.20	20.16	56.87	0.16	0.29
764	工银产业升级A	0.50	30.87	14.23	46.13	0.11	0.24
765	汇添富美丽30A	0.47	22.73	11.10	42.53	0.06	0.13
766	信澳中小盘	0.45	35.17	19.22	71.93	0.14	0.26
767	摩根智慧互联A	0.43	30.24	16.58	62.87	0.11	0.21
768	广发资管核心精选一年持有A	0.37	22.21	12.01	45.90	0.06	0.11
769	中金精选A	0.36	20.94	11.61	42.77	0.05	0.09
770	农银汇理大盘蓝筹	0.35	16.40	8.33	38.56	0.01	0.02
771	工银精选金融地产A	0.35	21.29	11.02	34.65	0.05	0.09
772	鹏华新兴产业	0.33	21.02	10.63	47.20	0.05	0.09
773	中信保诚幸福消费A	0.32	23.44	13.18	40.95	0.06	0.11
774	前海开源股息率50强	0.29	18.78	9.98	27.73	0.03	0.05
775	银河竞争优势成长		23.90	11.62	49.07	0.06	0.13

附录一 股票型公募基金近五年业绩描述统计表(按年化收益率排序):2020~2024年

续表

编号	基金名称	年化收益率(%)	年化波动率(%)	年化下行风险(%)	最大回撤率(%)	年化夏普比率	年化索丁诺比率
776	嘉实农业产业 A	0.29	23.92	14.31	48.90	0.07	0.11
777	银华沪港深增长 A	0.27	21.64	11.56	48.31	0.05	0.09
778	长城研究精选 A	0.27	24.33	13.24	58.90	0.07	0.13
779	国联安智能制造 A	0.27	22.95	13.18	44.71	0.06	0.10
780	嘉实新兴产业	0.25	24.33	12.20	54.64	0.07	0.13
781	中金消费升级	0.25	24.71	14.18	52.14	0.07	0.12
782	华泰柏瑞基本面智选 A	0.24	30.10	15.02	66.97	0.10	0.21
783	华安红利精选 A	0.21	20.19	9.51	46.36	0.03	0.07
784	信澳领先增长 A	0.18	28.94	18.20	54.46	0.10	0.16
785	国富沪港深成长精选 A	0.18	21.08	10.24	57.50	0.04	0.08
786	景顺长城精选蓝筹	0.13	21.87	12.29	39.46	0.04	0.08
787	华宝多策略	0.02	21.20	10.39	34.62	0.03	0.06
788	银河和美生活 A	0.02	34.53	16.59	62.98	0.12	0.25
789	富国港股通量化精选 A	0.01	19.56	10.04	41.26	0.02	0.03
790	信澳量化多因子 A	-0.01	19.81	11.07	41.88	0.02	0.04
791	长城医疗保健 A	-0.02	26.83	14.75	53.42	0.08	0.14
792	博时优质保健行业 A	-0.03	26.67	14.64	55.58	0.07	0.13
793	泰信优质生活	-0.03	22.96	13.15	58.73	0.05	0.08
794	信澳消费优选	-0.05	25.35	13.76	46.38	0.06	0.11
795	海通品质升级一年持有 A	-0.07	22.02	11.30	48.66	0.04	0.07

· 217 ·

续表

编号	基金名称	年化收益率（%）	年化波动率（%）	年化下行风险（%）	最大回撤率（%）	年化夏普比率	年化索丁诺比率
796	广发轮动配置	-0.08	24.98	13.27	51.69	0.06	0.11
797	宏利红利先锋 A	-0.11	21.97	11.91	31.90	0.03	0.06
798	富国国家安全主题 A	-0.13	23.16	13.55	50.16	0.04	0.08
799	华泰柏瑞盛世中国	-0.15	28.28	13.53	63.76	0.08	0.16
800	招商医药健康产业	-0.15	29.27	14.84	58.18	0.09	0.17
801	中海消费主题精选 A	-0.18	27.28	14.33	57.69	0.07	0.13
802	光大核心 A	-0.20	18.83	11.02	43.80	0.00	0.00
803	睿远成长价值 A	-0.21	24.90	12.85	53.53	0.05	0.10
804	民生加银景气行业 A	-0.21	20.28	9.64	52.59	0.01	0.03
805	汇添富均衡增长	-0.21	21.64	11.32	51.13	0.03	0.05
806	华安生态优先 A	-0.21	24.63	12.83	57.15	0.05	0.10
807	汇添富经典成长	-0.22	25.50	14.00	60.78	0.06	0.10
808	诺德策略精选	-0.23	19.64	11.05	42.13	0.01	0.01
809	前海开源优势蓝筹 A	-0.25	15.21	8.80	37.11	-0.04	-0.07
810	中信保诚新机遇	-0.25	16.47	9.43	42.16	-0.03	-0.04
811	华泰柏瑞价值增长 A	-0.26	23.93	12.51	58.57	0.04	0.08
812	鹏华消费优选	-0.27	22.70	11.50	52.32	0.03	0.06
813	长城核心优势 A	-0.35	24.27	12.36	59.98	0.04	0.08
814	国投瑞银创新动力	-0.38	19.43	9.90	50.43	0.00	-0.01
815	汇丰晋信港股通双核策略	-0.39	28.41	15.61	55.50	0.07	0.13

附录一 股票型公募基金近五年业绩描述统计表(按年化收益率排序):2020~2024年

续表

编号	基金名称	年化收益率(%)	年化波动率(%)	年化下行风险(%)	最大回撤率(%)	年化夏普比率	年化索丁诺比率
816	博时行业轮动	-0.48	29.45	17.03	48.75	0.08	0.14
817	广发新动力	-0.50	23.08	11.43	48.46	0.02	0.05
818	诺安主题精选	-0.50	22.39	11.87	52.32	0.02	0.04
819	诺德新生活	-0.52	38.07	21.13	61.56	0.13	0.24
820	东海科技动力 A	-0.52	23.83	13.43	49.08	0.03	0.06
821	汇安趋势动力 A	-0.54	30.28	17.59	53.79	0.08	0.14
822	博时卓越品牌 A	-0.55	21.85	11.68	50.11	0.01	0.02
823	嘉实逆向策略	-0.56	27.20	14.98	57.44	0.06	0.10
824	华夏行业精选	-0.57	25.61	13.79	55.55	0.04	0.08
825	长信增利策略	-0.57	22.68	12.68	47.39	0.02	0.03
826	国泰大农业 A	-0.62	21.12	11.27	47.19	0.00	0.00
827	富国金融地产行业 A	-0.62	21.12	10.37	33.07	0.00	0.00
828	汇丰晋信龙腾 A	-0.64	28.80	15.39	45.30	0.06	0.12
829	海富通领先成长	-0.65	23.78	12.39	53.60	0.02	0.05
830	融通领先成长 A	-0.70	19.85	9.40	50.30	-0.02	-0.03
831	广发小盘成长 A	-0.70	31.10	16.28	57.41	0.08	0.15
832	银华医疗健康量化 A	-0.73	25.24	14.05	54.07	0.04	0.06
833	恒生前海沪港深新兴	-0.77	28.50	16.07	60.01	0.06	0.11
834	长盛研发回报	-0.78	20.45	10.51	57.99	-0.01	-0.03

续表

编号	基金名称	年化收益率(%)	年化波动率(%)	年化下行风险(%)	最大回撤率(%)	年化夏普比率	年化索丁诺比率
835	长信创新驱动	-0.79	32.71	18.78	66.06	0.09	0.16
836	中欧远见两年定开A	-0.79	19.16	10.04	44.56	-0.03	-0.05
837	华富科技动能A	-0.80	32.67	18.61	59.81	0.09	0.16
838	交银蓝筹	-0.80	21.10	11.69	50.78	-0.01	-0.01
839	创金合信医疗保健行业A	-0.81	28.54	15.77	61.34	0.06	0.11
840	摩根安全战略A	-0.86	21.41	10.65	55.58	-0.01	-0.02
841	国寿安保健康科学A	-0.87	23.92	12.66	53.42	0.02	0.03
842	万家经济新动能A	-0.87	33.78	17.91	63.38	0.09	0.18
843	华安汇智精选两年	-0.87	21.07	10.57	52.90	-0.01	-0.02
844	华宝科技先锋A	-0.91	28.35	15.98	62.52	0.05	0.10
845	汇添富价值创造	-0.92	25.13	13.91	55.35	0.03	0.05
846	嘉实主题新动力	-0.93	27.00	14.84	57.85	0.04	0.08
847	华泰保兴健康消费A	-0.95	21.00	10.58	50.58	-0.02	-0.03
848	华安策略优选A	-0.98	18.84	9.06	46.48	-0.04	-0.09
849	前海开源强势共识100强	-1.00	19.49	11.78	46.03	-0.03	-0.05
850	华宝事件驱动A	-1.02	25.07	13.10	51.48	0.02	0.04
851	诺德成长优势	-1.03	15.16	8.24	41.11	-0.09	-0.17
852	广发资管平衡精选一年持有A	-1.04	17.35	9.92	45.19	-0.06	-0.11
853	广发医疗保健A	-1.06	29.42	15.69	63.57	0.06	0.11

附录一 股票型公募基金近五年业绩描述统计表(按年化收益率排序):2020~2024年

续表

编号	基金名称	年化收益率(%)	年化波动率(%)	年化下行风险(%)	最大回撤率(%)	年化夏普比率	年化索丁诺比率
854	东海核心价值	-1.08	24.51	13.77	54.31	0.01	0.03
855	广发多元新兴	-1.09	28.97	15.17	57.80	0.05	0.10
856	光大国企改革主题A	-1.10	21.32	11.75	46.87	-0.02	-0.03
857	交银成长A	-1.10	21.02	11.68	51.16	-0.02	-0.04
858	中欧医疗健康A	-1.11	29.53	14.86	64.96	0.05	0.11
859	汇丰晋信沪港深A	-1.15	28.86	15.55	58.91	0.05	0.09
860	摩根中小盘A	-1.16	30.01	15.93	62.24	0.06	0.11
861	嘉实成长收益A	-1.17	22.16	10.98	55.21	-0.01	-0.03
862	摩根内需动力A	-1.19	26.66	13.05	61.85	0.03	0.06
863	富国改革动力	-1.20	19.79	10.04	43.01	-0.04	-0.08
864	富荣福康A	-1.21	26.46	14.00	42.36	0.03	0.05
865	广发沪港深新机遇	-1.21	27.01	13.20	59.50	0.03	0.06
866	汇添富沪港深医药保健A	-1.22	27.18	14.49	60.59	0.03	0.06
867	南方量化成长	-1.27	23.56	12.93	48.02	0.00	-0.01
868	浙商沪港深精选A	-1.27	24.85	13.84	54.89	0.01	0.02
869	景顺长城绩优成长A	-1.29	28.69	14.35	58.32	0.04	0.08
870	广发新经济A	-1.36	26.66	14.12	65.02	0.02	0.04
871	汇添富价值精选A	-1.38	18.09	9.30	47.60	-0.07	-0.14
872	前海开源再融资主题精选	-1.42	22.82	12.28	40.97	-0.02	-0.03

续表

编号	基金名称	年化收益率（%）	年化波动率	年化下行风险（%）	最大回撤率（%）	年化夏普比率	年化索丁诺比率
873	景顺长城量化港股通 A	-1.43	17.31	9.25	33.34	-0.09	-0.16
874	光大阳光价值 30 个月持有 A	-1.44	22.09	11.45	48.80	-0.03	-0.05
875	广发消费品精选 A	-1.48	22.04	12.00	50.24	-0.03	-0.05
876	中信保诚盛世蓝筹	-1.51	15.67	8.61	39.03	-0.12	-0.21
877	招商丰韵 A	-1.53	20.53	11.04	54.90	-0.05	-0.09
878	广发双擎升级 A	-1.58	30.62	15.76	60.84	0.05	0.09
879	银河消费驱动 A	-1.72	25.98	15.40	62.07	0.00	0.01
880	宏利效率优选	-1.74	18.30	11.54	50.95	-0.09	-0.14
881	银华农业产业 A	-1.75	23.68	14.89	50.20	-0.02	-0.03
882	中信证券臻选价值成长 A	-1.76	18.08	9.63	48.80	-0.09	-0.17
883	长城双动力 A	-1.77	29.34	17.88	37.21	0.04	0.06
884	华安宏利 A	-1.82	24.07	12.50	58.82	-0.02	-0.04
885	长城品牌优选 A	-1.88	26.90	13.77	54.79	0.00	0.01
886	博时创业成长	-1.91	18.61	10.43	50.92	-0.09	-0.17
887	景顺长城集英成长两年	-1.94	29.39	14.86	59.18	0.02	0.05
888	国富成长动力	-1.94	23.37	12.12	57.30	-0.04	-0.07
889	华富量子生命力 A	-1.95	22.74	12.29	50.44	-0.04	-0.08
890	中银优秀企业	-1.96	18.38	8.84	39.81	-0.10	-0.21
891	中信证券红利价值一年持有 A	-1.98	20.08	10.12	52.06	-0.08	-0.15

附录一　股票型公募基金近五年业绩描述统计表（按年化收益率排序）：2020~2024 年

续表

编号	基金名称	年化收益率（%）	年化波动率（%）	年化下行风险（%）	最大回撤率（%）	年化夏普比率	年化索丁诺比率
892	华宝消费升级	-2.01	24.16	13.13	53.33	-0.03	-0.05
893	广发消费升级	-2.04	25.09	13.30	59.71	-0.02	-0.04
894	同泰慧盈 A	-2.05	21.25	11.68	50.47	-0.07	-0.12
895	嘉实医疗保健	-2.07	26.66	14.96	58.51	0.00	-0.01
896	华夏科技创新 A	-2.07	30.55	17.67	60.53	0.03	0.06
897	长信消费精选行业量化 A	-2.08	30.31	16.64	57.50	0.03	0.05
898	嘉实互通精选	-2.10	23.89	13.58	49.59	-0.03	-0.06
899	嘉实红睿泽三年持有 A	-2.10	23.10	12.68	54.85	-0.04	-0.08
900	东方人工智能主题 A	-2.21	31.84	18.33	48.98	0.04	0.07
901	宝盈资源优选	-2.30	28.40	15.23	59.20	0.00	0.00
902	博时工业 4.0	-2.32	23.25	13.02	53.80	-0.05	-0.09
903	华夏复兴 A	-2.32	30.53	17.37	59.91	0.02	0.04
904	诺安积极配置 A	-2.37	23.15	12.23	50.32	-0.06	-0.11
905	嘉实金融精选 A	-2.39	25.11	12.63	42.51	-0.04	-0.08
906	天治核心成长	-2.40	25.89	14.44	57.82	-0.02	-0.04
907	国泰君安得鑫两年持有 A	-2.44	19.17	10.79	49.34	-0.11	-0.20
908	弘毅远方消费升级 A	-2.47	23.29	11.52	55.52	-0.06	-0.12
909	德邦量化优选 A	-2.53	19.66	12.24	44.50	-0.11	-0.17
910	长盛电子信息产业 A	-2.54	27.70	15.75	62.37	-0.01	-0.02

· 223 ·

续表

编号	基金名称	年化收益率（%）	年化波动率（%）	年化下行风险（%）	最大回撤率（%）	年化夏普比率	年化索丁诺比率
911	融通新蓝筹	-2.55	16.53	7.93	48.21	-0.17	-0.35
912	华商医药医疗行业	-2.65	24.56	13.75	50.99	-0.05	-0.09
913	鹏华养老产业	-2.66	24.57	13.60	55.51	-0.05	-0.09
914	鹏华精选回报三年定期开放	-2.69	23.62	12.28	57.91	-0.06	-0.12
915	摩根医疗健康A	-2.74	24.14	13.05	60.42	-0.06	-0.11
916	农银汇理医疗保健主题	-2.77	29.60	16.27	62.53	0.00	0.00
917	华安新丝路主题A	-2.78	26.03	13.08	62.53	-0.04	-0.08
918	长城量化精选A	-2.79	27.98	16.33	45.59	-0.02	-0.03
919	诺安精选价值	-2.83	25.83	15.83	53.17	-0.04	-0.06
920	博时新兴消费主题A	-2.86	20.91	11.82	48.33	-0.11	-0.19
921	博时主题行业	-2.89	16.92	9.60	45.14	-0.18	-0.32
922	国融融信消费严选A	-2.89	21.39	11.76	49.41	-0.10	-0.19
923	富国高新技术产业	-2.90	24.90	13.78	61.43	-0.06	-0.10
924	金鹰医疗健康产业A	-2.95	32.58	19.33	67.36	0.03	0.04
925	长城消费增值	-2.95	23.37	13.85	48.90	-0.08	-0.13
926	南方成份精选	-2.96	20.00	10.54	51.53	-0.13	-0.24
927	前海开源沪港深非周期A	-2.97	24.34	15.32	54.32	-0.06	-0.10
928	嘉实事件驱动	-2.98	20.13	10.45	50.18	-0.13	-0.25
929	西部利得个股精选A	-2.99	20.40	12.32	50.89	-0.12	-0.20

附录一　股票型公募基金近五年业绩描述统计表(按年化收益率排序)：2020~2024年

续表

编号	基金名称	年化收益率(%)	年化波动率(%)	年化下行风险(%)	最大回撤率(%)	年化夏普比率	年化索丁诺比率
930	大摩卓越成长	-3.00	22.56	12.27	54.29	-0.09	-0.17
931	金鹰先进制造A	-3.00	23.20	13.66	51.77	-0.08	-0.14
932	汇安量化先锋A	-3.05	23.34	13.28	50.81	-0.08	-0.14
933	中邮沪港深精选	-3.09	30.01	16.09	52.33	-0.01	-0.02
934	中银动态策略A	-3.10	25.87	12.66	57.13	-0.06	-0.11
935	海富通策略股票	-3.15	37.55	20.45	58.54	0.06	0.11
936	富国低碳环保	-3.17	16.35	9.24	35.88	-0.21	-0.37
937	中邮核心成长	-3.23	18.82	11.38	51.19	-0.16	-0.27
938	国联智选红利A	-3.24	23.35	12.99	57.04	-0.09	-0.16
939	华夏港股通精选A	-3.26	21.26	12.51	57.16	-0.12	-0.21
940	永赢高端制造A	-3.35	26.75	15.10	61.45	-0.05	-0.09
941	汇添富沪港深新价值	-3.36	25.15	13.21	55.65	-0.07	-0.14
942	广发优势增长	-3.50	26.61	14.76	63.86	-0.06	-0.11
943	广发科技动力	-3.50	26.17	15.00	59.71	-0.06	-0.11
944	嘉实价值企业	-3.53	25.15	13.61	64.25	-0.08	-0.15
945	嘉实优质成长	-3.54	20.55	10.76	57.01	-0.15	-0.28
946	凯石澜龙头经济一年持有	-3.54	24.00	12.89	60.85	-0.10	-0.18
947	博时国企改革主题A	-3.56	18.47	10.39	48.24	-0.19	-0.33
948	银华领先策略	-3.60	23.55	12.41	57.37	-0.11	-0.20

· 225 ·

续表

编号	基金名称	年化收益率(%)	年化波动率(%)	年化下行风险(%)	最大回撤率(%)	年化夏普比率	年化索丁诺比率
949	汇丰晋信科技先锋	-3.63	31.84	18.00	62.67	-0.01	-0.01
950	银河美丽优萃A	-3.63	26.55	13.88	59.91	-0.07	-0.13
951	汇添富成长焦点	-3.68	21.09	10.31	56.11	-0.15	-0.30
952	易方达中盘成长	-3.71	23.84	12.75	59.15	-0.11	-0.20
953	前海开源优质成长	-3.75	22.16	12.16	45.04	-0.13	-0.24
954	长城港股通价值精选多策略A	-3.76	25.69	14.96	63.22	-0.08	-0.14
955	信澳红利回报	-3.77	23.78	13.40	58.81	-0.11	-0.19
956	中欧医疗创新A	-3.79	31.58	16.33	70.88	-0.02	-0.03
957	格林创新成长A	-3.79	25.00	14.46	60.80	-0.09	-0.16
958	中欧品质消费A	-3.85	25.70	14.14	59.25	-0.09	-0.16
959	华夏逸享健康A	-3.89	20.39	12.53	45.02	-0.17	-0.27
960	申万菱信盛利精选A	-3.94	21.51	11.16	63.24	-0.15	-0.29
961	国泰成长优选	-3.96	21.00	12.63	57.21	-0.16	-0.26
962	国联医疗健康精选A	-3.97	26.60	16.29	52.57	-0.07	-0.12
963	平安消费精选A	-4.10	20.25	11.87	52.34	-0.18	-0.31
964	广发港股通优质增长A	-4.11	28.20	14.95	57.48	-0.07	-0.12
965	中海医疗保健A	-4.22	27.39	15.70	58.80	-0.08	-0.13
966	人保行业轮动	-4.25	20.75	12.00	57.45	-0.18	-0.31
967	摩根香港精选港股通A	-4.27	20.34	11.05	51.20	-0.19	-0.35

附录一　股票型公募基金近五年业绩描述统计表(按年化收益率排序):2020~2024年

续表

编号	基金名称	年化收益率(%)	年化波动率(%)	年化下行风险(%)	最大回撤率(%)	年化复普比率	年化索丁诺比率
968	中欧消费主题A	-4.34	24.15	13.27	57.73	-0.13	-0.23
969	汇添富社会责任A	-4.37	20.54	11.48	57.86	-0.19	-0.34
970	摩根领先优选A	-4.48	24.57	14.94	56.65	-0.13	-0.21
971	东吴新经济A	-4.55	34.82	19.73	74.33	0.00	-0.01
972	中海信息产业精选A	-4.58	31.85	18.24	59.86	-0.04	-0.06
973	兴全社会责任	-4.58	24.58	12.99	60.52	-0.13	-0.25
974	富国创新科技	-4.59	28.00	15.86	63.18	-0.08	-0.15
975	宏利领先中小盘	-4.65	27.82	15.65	64.35	-0.09	-0.16
976	金元顺安价值增长	-4.65	25.87	15.70	61.38	-0.11	-0.19
977	摩根核心精选A	-4.65	28.53	14.89	71.42	-0.08	-0.16
978	招商先锋	-4.66	15.56	8.75	50.14	-0.33	-0.58
979	汇添富创新医药	-4.72	25.68	14.28	64.53	-0.12	-0.22
980	民生加银新兴成长	-4.75	23.22	13.97	63.19	-0.16	-0.26
981	嘉实长青竞争优势A	-4.83	21.97	12.72	51.29	-0.19	-0.32
982	易方达科润	-4.85	17.68	10.09	39.52	-0.28	-0.49
983	招商核心优选A	-4.87	20.33	10.87	53.91	-0.22	-0.41
984	泰信发展主题	-4.88	33.98	17.61	70.94	-0.03	-0.05
985	汇添富港股通专注成长	-4.90	26.91	13.49	59.11	-0.11	-0.23
986	华夏领先	-4.92	27.75	15.14	55.24	-0.10	-0.18

续表

编号	基金名称	年化收益率(%)	年化波动率(%)	年化下行风险(%)	最大回撤率	年化夏普比率	年化索丁诺比率
987	博时第三产业成长	-4.94	18.87	11.09	51.44	-0.25	-0.43
988	嘉实瑞虹三年定开	-5.15	20.45	10.88	57.28	-0.23	-0.44
989	工银沪港深A	-5.22	24.27	13.37	57.97	-0.16	-0.30
990	中信建投价值增长A	-5.36	22.78	12.27	61.00	-0.20	-0.37
991	银华核心价值优选	-5.47	22.65	12.40	57.41	-0.20	-0.37
992	东方城镇消费主题	-5.66	26.94	14.49	62.57	-0.14	-0.26
993	泰信现代服务业	-5.71	33.43	16.90	68.94	-0.06	-0.12
994	银河乐活优享A	-5.78	25.55	13.35	62.38	-0.17	-0.32
995	中邮核心优选	-5.80	19.94	12.43	56.92	-0.27	-0.44
996	光大阳光A	-6.02	20.48	12.58	60.40	-0.27	-0.45
997	安信消费医药主题	-6.08	23.30	13.37	55.29	-0.22	-0.38
998	光大阳光智造A	-6.18	24.97	13.26	65.15	-0.19	-0.36
999	东方量化多策略A	-6.19	21.24	12.14	53.84	-0.27	-0.47
1000	汇丰晋信港股通精选	-6.20	25.15	13.90	55.40	-0.19	-0.35
1001	嘉实研究精选A	-6.20	21.81	11.68	59.47	-0.26	-0.48
1002	前海开源价值策略	-6.31	24.80	14.25	65.47	-0.20	-0.34
1003	中航混改精选A	-6.63	23.29	12.44	49.09	-0.24	-0.44
1004	华安沪港深优选	-6.69	28.77	17.32	64.40	-0.15	-0.24
1005	国泰君安君得诚	-6.69	22.87	12.94	58.49	-0.26	-0.45

附录一　股票型公募基金近五年业绩描述统计表（按年化收益率排序）：2020~2024 年

续表

编号	基金名称	年化收益率(%)	年化波动率(%)	年化下行风险(%)	最大回撤率(%)	年化夏普比率	年化索丁诺比率
1006	广发聚丰 A	-6.69	25.41	14.46	69.09	-0.21	-0.36
1007	恒生前海港股通精选	-6.93	25.95	14.91	59.41	-0.21	-0.36
1008	同泰开泰 A	-6.98	35.05	17.82	73.64	-0.08	-0.17
1009	东方阿尔法优选 A	-7.80	23.59	13.34	65.65	-0.29	-0.51
1010	天治转型升级	-7.83	28.04	14.11	66.22	-0.21	-0.42
1011	光大优势 A	-7.85	19.87	12.27	50.53	-0.39	-0.63
1012	同泰慧择 A	-8.31	29.33	18.13	69.31	-0.20	-0.32
1013	汇添富沪港深大盘价值 A	-8.51	27.24	14.69	62.90	-0.25	-0.47
1014	大摩量化配置 A	-8.69	19.76	11.35	60.10	-0.44	-0.76
1015	诺德中小盘	-9.24	25.10	15.01	58.39	-0.32	-0.53
1016	广发沪港深行业龙头	-9.37	25.74	14.50	64.32	-0.31	-0.56
1017	天治量化核心精选 A	-9.82	25.83	16.51	68.95	-0.32	-0.51
1018	中信证券稳健回报 A	-11.30	23.95	13.31	65.59	-0.44	-0.80
1019	民生加银创新成长 A	-11.74	28.85	17.89	75.29	-0.34	-0.54
1020	东吴双三角	-13.45	26.31	15.24	70.24	-0.47	-0.82
1021	民生加银精选	-14.07	21.98	14.11	63.74	-0.64	-1.00
1022	方正富邦创新动力 A	-15.54	29.48	15.85	74.57	-0.48	-0.89
1023	光大精选 A	-15.55	21.55	13.91	64.66	-0.74	-1.15
	指标平均值	4.30	24.29	12.50	46.22	0.23	0.47

· 229 ·

附录二　股票型公募基金经理的选股能力和择时能力（按年化 α 排序）：2020～2024 年

本表展示的是基于 Carhart 四因子模型改进得到的 Treynor-Mazuy 四因子模型对过去五年的股票型公募基金进行回归拟合所得结果，所用模型为：

$$R_{i,t} - R_{f,t} = \alpha_i + \beta_{i,mkt} \times (R_{mkt,t} - R_{f,t}) + \gamma_i \times (R_{mkt,t} - R_{f,t})^2 + \beta_{i,smb} \times SMB_t + \beta_{i,hml} \times HML_t + \beta_{i,mom} \times MOM_t + \varepsilon_{i,t}$$

其中，$R_{i,t} - R_{f,t}$ 为 t 月基金 i 的超额收益率；$R_{mkt,t} - R_{f,t}$ 为 t 月大盘指数（万得全 A 指数）的超额收益率，$R_{f,t}$ 为 t 月无风险收益率。SMB_t 为规模因子，代表小盘股与大盘股之间的溢价，是第 t 月小公司与大公司的收益率之差；HML_t 为价值因子，代表价值股与成长股之间的溢价，是第 t 月价值股（高账面市值比公司）与成长股（低账面市值比公司）的收益率之差；MOM_t 为动量因子，代表过去一年收益率最高的（前 30%）股票与收益率最低的（后 30%）股票第 t 月收益率之差（$t-1$ 个月到 $t-11$ 个月）股票收益率之差。α_i 代表基金经理的选股能力给投资者带来的超额收益，γ_i 代表基金经理的择时能力。我们用 A 股所有上市公司的数据自行计算规模因子、价值因子和动量因子。*表示在 5% 的显著水平下不具有选股能力或择时能力的基金。另外，本表还展示了这些股票型公募基金的年化收益率、年化波动率、年化夏普比率及最大回撤率，供读者查阅。

编号	基金名称	年化 α(%)	t(α)	γ	t(γ)	β_{mkt}	β_{smb}	β_{hml}	β_{mom}	年化收益率（%）	年化波动率（%）	年化夏普比率	最大回撤率（%）	调整后 R^2(%)
1	前海开源公用事业	24.64	1.84*	−1.95	−1.23	0.84	−0.06	−0.49	0.06	18.68	13.22	0.67	42.10	38
2	宏利转型机遇 A	23.75	1.61	−0.88	−0.50	0.99	−0.27	−1.01	0.32	18.09	17.25	0.59	61.57	51
3	华夏能源革新 A	22.45	1.69*	−2.22	−1.41	1.34	−0.12	−0.45	0.13	13.96	17.15	0.49	52.63	57
4	金鹰科技创新 A	21.93	2.27*	−2.34	−2.05	1.04	0.31	−0.50	0.13	21.09	17.43	0.75	35.25	66
5	金鹰信息产业 A	21.15	1.97*	−2.16	−1.70	1.08	−0.07	−0.92	0.05	14.12	16.20	0.52	49.39	65
6	万家社会责任定开 A	21.05	1.65*	−0.47	−0.31	0.94	−0.25	−0.37	0.25	18.41	14.02	0.65	41.41	46
7	万家汽车新趋势 A	19.92	1.98*	−1.40	−1.17	1.07	0.11	−0.80	0.36	19.88	15.93	0.67	43.34	70
8	银河创新成长 A	19.79	1.29	−1.86	−1.03	0.90	−0.18	−1.40	−0.09	9.23	20.39	0.38	62.73	49

附录二　股票型公募基金经理的选股能力和择时能力（按年化 α 排序）：2020~2024 年

续表

编号	基金名称	年化 α(%)	t(α)	γ	t(γ)	β_{mkt}	β_{smb}	β_{hml}	β_{mom}	年化收益率（%）	年化波动率（%）	年化夏普比率	最大回撤率（%）	调整后 R^2（%）
9	万家臻选 A	19.60	1.57	0.06	0.04	0.86	-0.20	-0.48	0.21	19.71	13.75	0.70	39.04	46
10	大成新锐产业 A	19.39	2.33*	-0.67	-0.67	1.04	-0.09	0.25	0.48	20.58	9.66	0.82	35.13	65
11	万家人工智能 A	18.99	1.44	-0.89	-0.57	0.93	-0.13	-0.97	0.08	15.26	17.09	0.54	55.79	52
12	易方达科融	18.56	2.14*	-0.73	-0.71	0.98	-0.03	-0.74	0.16	19.15	13.44	0.70	43.57	71
13	大成高新技术产业 A	18.56	3.14*	-0.81	-1.16	0.77	-0.14	0.27	0.30	17.97	7.64	0.95	23.10	64
14	易方达 ESG 责任投资	18.27	1.88*	-1.24	-1.08	1.09	-0.54	0.30	0.01	7.24	13.70	0.34	38.80	57
15	大成消费主题 A	17.83	2.72*	-1.70	-2.20	1.06	-0.08	0.10	0.06	13.74	11.07	0.63	26.61	72
16	工银生态环境	17.77	1.55	-0.78	-0.58	0.97	-0.06	-0.87	0.35	16.94	14.95	0.59	56.61	62
17	嘉实资源精选 A	17.32	2.06*	-0.29	-0.29	0.93	-0.28	-0.19	0.15	15.66	9.43	0.66	24.66	62
18	农银汇理海棠三年定开	17.25	1.69*	0.59	0.49	0.86	-0.22	-0.30	0.20	19.86	10.35	0.75	41.87	54
19	大成优势企业 A	17.09	2.96*	-0.83	-1.21	0.75	-0.10	0.22	0.29	16.88	7.16	0.92	23.16	64
20	工银智能制造 A	16.76	2.01*	-1.92	-1.95	0.95	-0.22	-0.65	0.08	8.96	13.76	0.40	54.66	68
21	景顺长城公司治理	16.60	2.38*	-1.10	-1.33	1.02	-0.07	-0.79	-0.27	13.78	14.73	0.56	37.61	79
22	建信中小盘 A	16.43	2.34*	-1.42	-1.71	1.06	0.13	-0.12	0.52	17.81	12.67	0.70	38.25	77
23	融通内需驱动 AB	16.19	2.39*	-1.06	-1.33	0.70	-0.08	0.20	0.42	15.30	8.56	0.80	16.27	56
24	农银汇理行业轮动 A	15.84	2.29*	-1.14	-1.39	0.90	0.00	-0.69	0.18	15.36	13.04	0.63	36.52	76
25	合煦智远嘉选 A	15.50	2.19*	-2.18	-2.61	0.72	-0.07	-0.07	0.22	9.60	9.21	0.51	30.53	54
26	大成科创主题 A	15.32	1.83*	-0.99	-0.99	0.75	0.07	-0.55	0.30	16.41	11.56	0.69	31.19	62

续表

编号	基金名称	年化 α(%)	$t(\alpha)$	γ	$t(\gamma)$	β_{mkt}	β_{smb}	β_{hml}	β_{mom}	年化收益率(%)	年化波动率(%)	年化夏普比率	最大回撤率(%)	调整后R^2(%)
27	华宝资源优选A	15.30	1.50	-0.11	-0.09	0.84	-0.18	0.00	0.38	15.72	9.78	0.64	26.66	49
28	招商稳健优选A	15.27	1.49	-0.34	-0.28	0.74	0.05	-0.75	0.44	18.41	14.46	0.69	46.40	59
29	诺安先进制造A	15.22	2.82*	-0.88	-1.38	0.82	-0.25	-0.04	0.10	11.83	8.45	0.62	29.08	73
30	中信证券卓越成长两年持有A	15.16	1.93*	-2.35	-2.53	1.06	-0.23	0.16	-0.05	5.22	11.70	0.27	37.90	62
31	民生加银持续成长A	15.07	1.60	-2.72	-2.43	1.04	0.00	-0.45	0.07	6.92	16.87	0.33	47.04	63
32	诺安行业轮动A	14.92	2.81*	-1.01	-1.61	0.81	-0.22	0.02	0.11	11.51	8.27	0.62	28.00	71
33	华安低碳生活	14.87	1.58	-0.52	-0.47	0.96	-0.08	-0.82	0.07	14.30	14.86	0.55	49.66	67
34	中银智能制造A	14.84	1.66*	-0.03	-0.02	0.87	-0.06	-0.92	0.34	17.48	13.67	0.64	44.44	71
35	华安信消费服务A	14.82	2.40*	-0.17	-0.23	0.78	-0.05	0.24	0.38	18.08	7.71	0.91	24.57	66
36	富国文体健康A	14.75	2.49*	-0.51	-0.72	0.90	-0.20	-0.11	0.38	14.41	10.00	0.66	27.50	77
37	华夏行业景气	14.68	1.55	-0.55	-0.49	0.98	0.23	-0.61	0.17	19.32	13.95	0.69	46.07	68
38	易方达科技创新	14.67	1.61	-1.18	-1.10	0.78	-0.06	-0.84	0.15	12.13	14.05	0.51	35.19	63
39	广发电子信息传媒产业精选A	14.60	1.19	-0.90	-0.62	0.73	0.11	-1.11	0.03	14.09	16.01	0.53	37.06	53
40	新华优选消费	14.59	1.61	-0.70	-0.65	1.14	-0.16	0.33	0.07	12.18	13.58	0.51	39.29	61
41	易方达蓝筹精选	14.59	1.37	-1.09	-0.86	1.23	-0.53	0.43	-0.07	3.48	15.07	0.21	51.10	57
42	工银研究精选	14.58	1.86*	-0.35	-0.38	0.97	-0.18	0.30	0.16	13.96	9.57	0.63	34.93	61
43	工银新金融A	14.57	2.38*	-0.03	-0.04	0.89	-0.26	-0.12	0.30	14.84	9.17	0.67	40.99	75
44	嘉实科技创新	14.56	1.74*	-0.61	-0.62	1.05	-0.15	-0.54	0.11	13.02	14.76	0.53	45.18	71

附录二 股票型公募基金经理的选股能力和择时能力（按年化α排序）：2020~2024年

续表

编号	基金名称	年化α(%)	t(α)	γ	t(γ)	β_{mkt}	β_{smb}	β_{hml}	β_{mom}	年化收益率(%)	年化波动率(%)	年化夏普比率	最大回撤率(%)	调整后R^2(%)
45	交银稳势优先A	14.52	1.75*	0.35	0.35	0.76	0.05	0.11	0.40	21.44	7.52	0.93	17.80	55
46	鹏华医药科技A	14.49	1.28	-1.44	-1.07	1.00	-0.11	-0.24	0.09	9.41	15.05	0.41	37.52	49
47	创金合信资源主题A	14.16	1.22	0.33	0.24	0.85	-0.20	-0.23	0.58	15.82	13.18	0.59	32.60	50
48	华夏经典配置	14.10	2.03*	-0.21	-0.26	0.98	-0.08	0.34	0.60	17.03	10.20	0.73	28.10	72
49	西部利得事件驱动	14.06	1.79*	-1.27	-1.37	1.05	-0.07	-0.44	0.00	10.94	13.83	0.47	46.75	72
50	工银精选平衡	14.02	2.50*	0.30	0.45	0.57	-0.16	0.09	0.18	16.61	5.44	0.98	10.67	58
51	银华食品饮料A	13.65	1.21	-0.41	-0.31	1.20	-0.41	0.29	-0.09	6.88	15.84	0.32	45.36	55
52	佰嘉核心精选A	13.65	1.48	-1.48	-1.36	0.91	-0.14	-0.62	0.24	8.79	13.77	0.39	56.14	63
53	农银汇理量化智慧动力	13.53	2.54*	-1.37	-2.17	0.95	-0.08	-0.44	0.04	10.56	11.79	0.50	33.00	82
54	易方达国企改革	13.51	1.51	0.02	0.02	1.06	-0.43	0.41	0.09	9.26	13.04	0.41	31.72	62
55	工银新能源汽车A	13.44	1.10	-0.73	-0.51	1.12	0.01	-0.55	0.15	12.52	15.88	0.47	59.91	58
56	诺安价值增长A	13.34	2.09*	-1.67	-2.20	0.91	-0.21	0.18	0.24	7.30	10.75	0.38	27.20	67
57	金鹰中小盘精选A	13.20	1.52	-1.71	-1.66	0.78	0.41	-0.34	-0.08	15.14	14.35	0.64	31.66	60
58	银华富裕主题A	13.18	1.14	-1.26	-0.92	0.81	-0.44	0.13	0.36	3.75	14.58	0.21	53.80	39
59	中金新锐A	13.17	1.88*	-0.80	-0.97	0.92	0.17	-0.48	0.07	16.21	13.04	0.67	34.44	75
60	华安研究精选A	13.13	1.50	-1.11	-1.07	0.73	-0.18	-0.41	0.43	9.78	10.61	0.45	47.03	57
61	工银物流产业A	13.04	1.71*	0.64	0.71	0.73	-0.12	-0.18	0.13	17.42	10.29	0.80	33.61	59
62	交银股息优化	13.01	1.39	-0.42	-0.38	1.19	-0.39	0.19	-0.10	7.20	14.31	0.33	48.46	63

续表

编号	基金名称	年化 α(%)	t(α)	γ	t(γ)	β_{mkt}	β_{smb}	β_{hml}	β_{mom}	年化收益率(%)	年化波动率(%)	年化夏普比率	最大回撤率(%)	调整后 R^2(%)
63	交银品质升级 A	12.89	1.36	-0.37	-0.33	1.19	-0.39	0.21	-0.08	7.31	14.51	0.34	48.99	63
64	景顺长城优势企业 A	12.83	1.44	-0.94	-0.90	0.99	-0.44	0.12	0.06	4.93	12.18	0.25	40.24	58
65	富荣福锦 A	12.82	1.59	0.39	0.41	0.98	-0.20	-0.10	-0.06	14.18	9.47	0.60	37.37	66
66	交银消费新驱动	12.73	1.35	-0.38	-0.34	1.19	-0.38	0.19	-0.09	7.16	14.38	0.33	49.07	63
67	中欧时代智慧 A	12.70	1.53	-1.13	-1.15	1.11	-0.37	0.07	0.13	5.49	12.54	0.27	43.28	66
68	天弘文化新兴产业 A	12.63	1.54	-0.31	-0.32	1.06	-0.46	0.29	-0.16	6.10	13.50	0.30	41.14	65
69	中信保诚中小盘 A	12.57	1.14	-0.39	-0.30	0.92	0.04	-0.91	0.33	14.06	16.10	0.52	53.26	63
70	农银汇理低估值高增长	12.55	1.21	-0.90	-0.74	0.83	-0.03	-0.80	0.09	10.74	14.23	0.45	45.09	58
71	广发科技创新 A	12.55	1.22	-1.32	-1.08	0.89	-0.03	-1.12	0.31	9.22	17.10	0.39	49.81	68
72	景顺长城沪港深精选	12.35	2.49*	-0.14	-0.24	0.55	-0.13	0.37	0.21	13.39	5.84	0.90	7.99	57
73	新华行业周期轮换 A	12.31	1.17	-0.40	-0.32	0.73	-0.20	-0.61	0.27	10.37	12.50	0.44	36.17	51
74	华商盛世成长	12.25	1.71*	-0.48	-0.57	0.86	0.01	0.06	0.01	13.68	9.42	0.66	19.58	61
75	建信潜力新蓝筹 A	12.23	1.93*	-0.77	-1.03	0.98	0.07	-0.16	0.51	15.03	11.86	0.63	36.88	79
76	兴全商业模式优选	12.18	2.66*	-1.06	-1.96	1.02	-0.16	-0.16	0.03	9.24	11.56	0.45	35.41	85
77	华安成长创新 A	12.15	1.88*	-1.03	-1.34	0.94	-0.16	-0.40	-0.22	8.20	12.51	0.40	36.95	74
78	景顺长城优质成长 A	12.12	1.53	-0.35	-0.38	1.13	-0.37	0.04	-0.14	7.31	12.87	0.34	41.58	70
79	工银主题策略 A	12.11	1.11	-1.34	-1.03	1.02	-0.04	-1.03	0.18	8.05	18.48	0.35	62.11	66
80	中信保诚周期轮动 A	11.98	1.14	0.33	0.27	0.87	-0.01	-0.34	0.45	16.63	13.55	0.63	46.78	56

· 234 ·

附录二 股票型公募基金经理的选股能力和择时能力（按年化 α 排序）：2020~2024 年

续表

编号	基金名称	年化 α(%)	$t(\alpha)$	γ	$t(\gamma)$	β_{mkt}	β_{smb}	β_{hml}	β_{mom}	年化收益率(%)	年化波动率(%)	年化夏普比率	最大回撤率(%)	调整后 R^2(%)
81	华商高端装备制造A	11.95	1.48	−0.34	−0.35	0.69	0.02	−0.97	0.26	14.28	13.03	0.58	48.12	70
82	嘉实核心优势	11.91	1.57	−0.77	−0.86	1.06	−0.44	0.21	−0.09	4.42	12.00	0.23	45.71	67
83	景顺长城研究精选A	11.87	1.59	−1.69	−1.91	1.02	−0.31	−0.12	−0.07	3.28	13.89	0.19	45.25	67
84	博时行业轮动	11.87	1.12	−2.86	−2.27	1.16	−0.24	−0.34	0.14	−0.48	17.03	0.08	48.75	59
85	华安智能装备主题A	11.86	1.31	−0.52	−0.48	0.87	−0.03	−0.95	0.11	11.88	15.16	0.48	46.81	69
86	广发聚瑞A	11.85	1.58	−1.05	−1.18	0.99	−0.23	−0.73	−0.11	6.59	14.78	0.32	51.57	74
87	宏利行业精选A	11.84	1.93*	−0.92	−1.26	0.96	−0.07	−0.27	0.26	11.19	10.86	0.51	33.79	78
88	工银新材料新能源行业	11.77	1.77*	−0.32	−0.41	0.89	−0.21	−0.55	0.34	11.21	10.98	0.49	42.38	77
89	招商体育文化休闲A	11.75	0.87	−0.26	−0.16	1.07	−0.11	−0.18	0.02	10.07	15.90	0.41	43.62	45
90	华商电子行业A	11.68	1.10	−1.56	−1.25	0.80	0.02	−0.95	0.12	7.77	16.86	0.35	49.18	59
91	国泰优势行业	11.67	0.94	−0.78	−0.53	0.98	−0.02	−0.85	0.38	10.18	17.44	0.41	50.81	58
92	易方达价值精选	11.66	1.96*	−0.07	−0.09	0.95	−0.29	−0.11	0.04	10.23	10.47	0.49	26.66	77
93	中欧科创主题A	11.64	1.37	−1.27	−1.26	1.06	0.08	−0.57	−0.02	10.10	16.71	0.43	46.87	71
94	汇添富国企创新增长A	11.63	1.64	−0.93	−1.10	0.81	−0.23	−0.46	0.15	7.82	10.50	0.38	42.07	67
95	华商改革创新A	11.62	1.65*	−1.08	−1.29	0.95	−0.06	−0.61	−0.06	9.26	12.59	0.42	38.15	75
96	鹏扬元合量化大盘优选A	11.59	1.60	−0.89	−1.04	0.94	−0.33	−0.43	−0.05	5.81	11.96	0.29	39.80	70
97	兴全社会价值三年持有	11.58	1.79*	−1.24	−1.61	1.21	−0.20	−0.06	−0.04	6.60	13.46	0.32	46.33	79
98	广发沪港深新起点A	11.50	1.37	−1.64	−1.66	0.88	−0.47	0.07	0.04	0.58	12.51	0.06	52.17	54

续表

编号	基金名称	年化α(%)	t(α)	γ	t(γ)	β_{mkt}	β_{smb}	β_{hml}	β_{mom}	年化收益率(%)	年化波动率(%)	年化夏普比率	最大回撤率(%)	调整后R^2(%)
99	工银新蓝筹A	11.48	1.97*	−0.38	−0.56	0.66	−0.27	0.21	0.30	9.44	7.60	0.54	25.41	61
100	中欧先进制造A	11.47	1.01	0.28	0.21	0.89	−0.21	−0.75	0.31	11.79	13.48	0.46	55.63	58
101	国联安优势	11.41	1.55	−0.76	−0.87	1.03	−0.33	0.19	−0.06	5.82	12.23	0.29	39.41	67
102	金鹰核心资源A	11.40	1.20	−1.62	−1.44	0.89	0.48	−0.48	−0.09	14.11	16.57	0.56	35.99	64
103	永赢智能领先A	11.33	1.08	−0.45	−0.36	0.96	−0.21	−0.80	0.33	9.07	13.74	0.38	54.15	64
104	大成景阳领先A	11.30	1.79*	−0.69	−0.93	0.84	−0.02	0.01	0.29	12.24	9.34	0.60	26.30	69
105	景顺长城环保优势	11.27	1.63	−1.08	−1.32	0.98	−0.05	−0.86	−0.22	8.39	15.38	0.38	48.32	79
106	诺安优化配置A	11.22	0.97	−1.27	−0.93	0.94	−0.02	−0.41	−0.46	6.08	15.57	0.30	36.24	47
107	国泰智能汽车A	11.21	1.03	−1.02	−0.79	1.26	0.08	−0.69	0.02	9.80	18.02	0.40	59.48	69
108	中邮研究精选	11.17	1.70*	−0.87	−1.12	0.71	−0.06	−0.61	−0.12	9.59	10.41	0.47	27.22	68
109	圆信永丰优悦生活	11.12	2.85*	−0.05	−0.10	0.82	−0.03	−0.23	0.22	14.85	9.35	0.74	26.16	87
110	创金合信新能源汽车A	11.12	0.80	−0.85	−0.52	1.02	−0.09	−0.84	0.24	7.48	16.41	0.33	63.11	52
111	富国沪港深业绩驱动A	10.87	1.41	−1.07	−1.17	0.69	−0.22	0.04	0.19	6.34	9.70	0.34	39.60	47
112	华安智能生活	10.84	1.78*	−1.21	−1.67	0.98	−0.19	−0.27	−0.25	5.66	12.32	0.29	37.14	75
113	中信建投价值甄选A	10.80	1.88*	−0.03	−0.04	0.87	0.10	−0.44	0.26	16.45	11.32	0.71	27.02	81
114	富国阿尔法两年持有	10.80	2.05*	−0.77	−1.23	0.66	−0.20	−0.08	0.00	7.77	7.78	0.46	21.20	64
115	华夏产业升级A	10.79	0.93	−1.64	−1.19	0.93	0.12	−0.56	0.76	9.26	16.76	0.39	40.10	60
116	中信建投行业轮换A	10.78	1.74*	−0.26	−0.36	0.82	0.13	−0.49	0.23	15.62	11.79	0.68	28.11	77

附录二 股票型公募基金经理的选股能力和择时能力（按年化 α 排序）：2020~2024 年

续表

编号	基金名称	年化 α(%)	t(α)	γ	t(γ)	β_{mkt}	β_{smb}	β_{hml}	β_{mom}	年化收益率(%)	年化波动率(%)	年化夏普比率	最大回撤率(%)	调整后 R^2(%)
117	财通资管价值成长A	10.78	1.56	-0.79	-0.96	1.17	-0.14	-0.31	-0.03	8.36	14.21	0.38	52.66	79
118	富国产业升级A	10.75	1.81*	-0.52	-0.73	0.88	-0.32	-0.36	0.18	7.44	10.67	0.36	40.03	77
119	广发睿毅领先A	10.67	1.40	0.58	0.64	0.78	-0.17	0.38	0.05	13.05	8.52	0.63	30.55	55
120	嘉实价值精选	10.60	1.66*	0.54	0.72	0.88	-0.35	0.24	0.19	10.65	8.63	0.51	24.59	71
121	天弘永定成长A	10.59	1.25	-0.49	-0.49	0.90	-0.35	0.17	0.01	5.54	12.39	0.28	42.24	55
122	国融融盛龙头严选A	10.58	0.76	1.33	0.81	0.95	-0.28	-0.34	-0.13	11.59	17.14	0.45	44.49	44
123	东方策略成长	10.57	1.42	-1.80	-2.04	0.99	-0.33	-0.05	0.13	1.79	11.49	0.12	45.34	66
124	长信内需成长A	10.56	1.12	-0.31	-0.27	0.90	-0.27	0.01	0.30	8.16	12.35	0.38	46.14	55
125	海富通电子信息传媒产业A	10.56	0.75	-1.07	-0.64	0.65	0.07	-1.18	0.39	8.19	18.37	0.35	57.54	48
126	招商移动互联网A	10.55	0.73	-0.34	-0.20	0.68	-0.07	-1.48	0.28	8.33	19.91	0.36	53.64	52
127	汇丰晋信低碳先锋A	10.52	0.88	-0.24	-0.17	1.37	-0.01	-0.54	0.10	10.55	18.15	0.41	61.33	67
128	金元顺安消费主题	10.47	1.77*	0.18	0.26	0.95	-0.41	0.46	-0.03	7.32	9.83	0.37	32.20	75
129	海富通国策导向A	10.45	1.18	-0.41	-0.39	0.90	-0.11	-0.07	0.43	10.83	11.68	0.48	29.91	60
130	泓德战略转型	10.45	1.59	-0.43	-0.55	1.03	-0.31	-0.31	0.11	7.22	11.88	0.34	48.86	77
131	诺安高端制造A	10.43	1.39	-1.55	-1.74	1.30	-0.22	-0.34	-0.18	3.13	15.02	0.19	49.18	78
132	易方达消费行业	10.38	1.12	-0.48	-0.44	1.15	-0.47	0.36	0.04	3.28	14.44	0.20	41.83	62
133	南方智诚	10.36	1.31	-0.04	-0.05	0.68	-0.28	-0.03	0.29	9.13	10.39	0.46	31.24	52
134	大成竞争优势A	10.33	2.38*	-0.36	-0.69	0.69	0.08	0.26	0.09	13.81	7.07	0.86	14.40	73

续表

编号	基金名称	年化 α(%)	$t(\alpha)$	γ	$t(\gamma)$	β_{mkt}	β_{smb}	β_{hml}	β_{mom}	年化收益率(%)	年化波动率(%)	年化夏普比率	最大回撤率(%)	调整后 R^2(%)
135	景顺长城能源基建A	10.30	2.48*	-0.08	-0.17	0.48	-0.07	0.36	0.13	12.11	4.61	0.94	6.19	57
136	嘉实低价策略	10.25	1.74*	0.43	0.62	0.81	-0.26	0.31	0.29	11.60	8.45	0.59	22.58	71
137	诺安成长	10.25	0.78	-1.37	-0.87	0.97	-0.20	-1.23	-0.03	2.11	19.60	0.19	63.06	56
138	国联安精选	10.22	1.74*	-1.43	-2.06	1.09	-0.15	-0.59	-0.09	5.09	13.91	0.26	46.10	83
139	富国品质生活A	10.21	1.24	-0.22	-0.23	1.01	-0.32	0.17	0.11	7.06	12.41	0.34	39.84	63
140	华商上游产业A	10.16	1.20	0.91	0.90	0.75	0.00	-0.27	0.27	17.40	9.25	0.73	17.88	59
141	国联安竞争优势	10.13	1.48	-0.72	-0.89	0.92	0.08	-0.44	0.44	12.61	13.00	0.54	40.70	77
142	诺安中小盘精选A	10.10	2.12*	-0.94	-1.66	0.81	-0.16	0.00	0.13	7.54	8.68	0.42	27.22	77
143	嘉实互融精选A	10.09	0.96	-1.43	-1.15	1.00	-0.22	-0.52	-0.32	2.16	15.77	0.16	33.45	55
144	国联安新科技	10.06	1.43	-0.70	-0.84	0.88	-0.13	-0.63	0.18	8.57	13.48	0.40	45.61	74
145	宏利市值优选A	10.04	1.33	-0.02	-0.02	0.71	-0.41	0.04	0.34	6.83	10.92	0.35	39.96	58
146	富国周期优势A	10.04	1.91*	-0.52	-0.83	0.83	-0.19	-0.15	0.18	8.86	8.73	0.46	36.05	77
147	摩根健康品质生活A	10.01	1.00	-1.50	-1.27	1.10	-0.11	-0.10	-0.06	4.33	15.45	0.23	45.12	57
148	易方达科讯	9.99	1.50	-0.88	-1.12	1.05	-0.07	-0.49	0.11	8.68	13.24	0.39	46.39	79
149	鹏华先进制造	9.98	1.47	0.63	0.78	0.91	-0.40	0.19	0.13	9.25	10.39	0.44	35.15	70
150	华安核心优选A	9.96	1.47	-0.53	-0.66	1.08	-0.39	-0.32	0.00	4.74	11.68	0.24	48.26	77
151	建信健康民生A	9.91	1.59	-1.21	-1.64	0.87	0.03	-0.41	0.28	9.41	12.18	0.44	41.40	76
152	富国新兴产业A	9.83	0.91	-0.50	-0.39	0.96	0.05	-0.61	0.20	10.81	16.31	0.44	43.12	60

附录二 股票型公募基金经理的选股能力和择时能力(按年化α排序):2020~2024年

续表

编号	基金名称	年化α(%)	t(α)	γ	t(γ)	β_{mkt}	β_{smb}	β_{hml}	β_{mom}	年化收益率(%)	年化波动率(%)	年化夏普比率	最大回撤率(%)	调整后R^2(%)
153	嘉实沪港深精选	9.82	1.53	-0.94	-1.24	0.97	-0.22	0.07	0.13	6.12	10.54	0.31	34.82	71
154	景顺长城创新成长	9.81	1.45	-1.04	-1.30	1.00	-0.06	-0.79	-0.23	6.86	15.09	0.33	49.01	79
155	中信保诚新兴产业A	9.77	0.70	-1.13	-0.68	1.08	0.05	-0.56	0.50	7.73	17.30	0.34	69.75	52
156	前海开源沪港深非周期A	9.72	1.16	-2.80	-2.82	1.14	-0.28	0.03	-0.11	-2.97	15.32	-0.06	54.32	63
157	华润元大信息传媒科技A	9.71	0.72	0.60	0.37	0.65	-0.02	-0.91	0.55	13.69	16.54	0.50	39.95	48
158	万家智造优势	9.70	1.20	-0.38	-0.40	1.16	0.14	-0.48	0.37	13.73	15.36	0.52	46.36	78
159	富国城镇发展	9.70	2.15*	-0.63	-1.18	0.86	-0.18	-0.08	0.12	8.08	8.45	0.43	33.14	81
160	中信保诚至远动力A	9.65	1.30	0.18	0.20	0.88	-0.01	-0.42	0.26	13.83	11.03	0.58	44.39	72
161	国寿安保智慧生活A	9.63	1.57	-0.81	-1.11	0.94	0.15	-0.67	-0.02	11.63	14.43	0.50	39.75	81
162	广发核心精选	9.61	1.49	-0.08	-0.10	0.91	-0.38	0.15	-0.01	6.19	9.36	0.32	32.69	70
163	诺德价值优势	9.60	1.10	-0.14	-0.14	1.11	-0.30	-0.12	0.33	7.58	12.90	0.34	50.76	69
164	鹏华核心优势A	9.60	1.29	-0.61	-0.69	0.93	0.01	-0.34	0.08	10.36	12.30	0.47	37.66	69
165	诺安低碳经济A	9.57	2.17*	0.27	0.51	0.82	-0.06	0.15	0.09	13.32	6.86	0.71	21.49	80
166	国富深价值A	9.55	1.86*	-0.02	-0.03	0.79	-0.18	-0.10	0.36	10.96	8.22	0.55	34.11	78
167	中信建投策略精选A	9.52	1.48	-0.22	-0.29	0.89	0.16	-0.52	0.26	14.84	13.07	0.62	32.28	79
168	银华明择多策略	9.52	1.13	-0.48	-0.48	0.95	-0.37	0.09	0.11	4.61	12.16	0.24	42.70	60
169	工银信息产业A	9.51	1.49	-0.67	-0.88	0.85	-0.11	-0.45	0.31	8.99	11.01	0.42	45.78	75
170	交银成长30	9.51	1.30	-1.06	-1.22	0.73	-0.13	-0.18	0.54	7.42	10.79	0.37	33.53	63

续表

编号	基金名称	年化 α(%)	t(α)	γ	t(γ)	β_{mkt}	β_{smb}	β_{hml}	β_{mom}	年化收益率(%)	年化波动率(%)	年化夏普比率	最大回撤率(%)	调整后 R^2(%)
171	长信金利趋势A	9.48	2.22*	−0.07	−0.15	0.81	−0.01	−0.41	0.01	12.59	9.33	0.62	32.94	85
172	国联策略优选A	9.46	1.37	−0.89	−1.08	0.91	0.06	−0.48	0.39	10.72	12.97	0.47	43.02	76
173	朱雀产业臻选A	9.46	1.83*	−1.74	−2.84	1.04	−0.07	−0.37	0.09	4.97	12.71	0.26	43.01	84
174	易方达改革红利	9.43	1.10	−0.65	−0.64	1.00	−0.20	−0.06	0.18	6.83	12.16	0.33	36.77	63
175	申万菱信行业轮动A	9.42	0.93	−0.75	−0.62	0.92	0.00	−0.93	0.38	9.05	15.83	0.38	46.13	67
176	华夏节能环保A	9.42	1.01	−1.12	−1.01	1.19	0.19	−0.70	0.26	10.24	17.83	0.41	50.89	75
177	嘉实消费精选A	9.40	0.98	−0.47	−0.41	1.24	−0.31	0.33	0.00	4.56	14.51	0.24	52.52	63
178	光大行业轮动	9.36	1.09	−0.43	−0.42	1.00	−0.34	0.19	0.33	5.64	12.25	0.28	38.71	62
179	中银创新医疗A	9.34	0.79	−1.38	−0.98	1.06	−0.07	−0.25	0.20	4.59	17.17	0.25	52.24	51
180	长盛量化红利策略A	9.32	1.74*	0.53	0.83	0.54	−0.04	0.57	0.52	14.84	5.65	0.90	13.80	60
181	红土创新新科技	9.32	0.73	−0.09	−0.06	0.96	0.05	−1.17	0.19	10.61	17.69	0.41	64.50	61
182	华夏创新前沿	9.31	1.27	0.06	0.07	0.86	−0.03	−0.62	0.17	12.33	11.82	0.53	41.72	73
183	诺安新经济	9.27	1.17	−0.77	−0.83	0.96	−0.22	−0.04	0.24	6.20	10.93	0.31	33.72	65
184	中信保诚深度价值	9.25	1.72*	−0.03	−0.05	0.50	−0.37	0.05	0.12	6.29	7.01	0.39	27.25	57
185	宝盈人工智能A	9.25	0.91	−0.53	−0.44	0.97	−0.05	−0.80	0.20	8.68	15.55	0.37	55.73	65
186	诺德周期策略	9.23	1.08	−0.10	−0.10	1.12	−0.27	−0.10	0.33	7.85	12.90	0.35	50.12	70
187	光大景气先锋A	9.23	0.94	−0.30	−0.26	0.89	−0.07	−0.85	−0.01	8.78	14.77	0.38	53.65	63
188	国泰智能装备A	9.20	0.89	−0.81	−0.66	1.10	0.07	−0.97	0.09	8.55	17.44	0.37	54.45	71

附录二 股票型公募基金经理的选股能力和择时能力（按年化 α 排序）：2020~2024 年

续表

编号	基金名称	年化 α(%)	t(α)	γ	t(γ)	β_{mkt}	β_{smb}	β_{hml}	β_{mom}	年化收益率(%)	年化波动率(%)	年化夏普比率	最大回撤率(%)	调整后 R^2(%)
189	景顺长城优选	9.19	1.57	−0.93	−1.34	0.81	−0.06	−0.71	−0.20	7.09	12.77	0.35	42.83	78
190	汇添富环保行业	9.18	0.99	−0.70	−0.64	1.05	−0.15	−0.70	−0.01	6.20	14.16	0.30	59.66	68
191	嘉合睿金 A	9.17	0.82	−0.78	−0.59	0.75	−0.13	−1.15	−0.23	4.87	15.34	0.25	62.55	55
192	东方新能源汽车主题	9.13	0.69	−0.34	−0.22	1.36	0.00	−0.54	0.10	8.39	17.81	0.35	68.55	62
193	宝盈研究精选 A	9.09	1.00	−1.59	−1.47	1.01	−0.14	−0.45	0.29	3.73	14.59	0.21	53.11	65
194	泰康弘实 3 个月定开	9.08	1.27	−1.01	−1.19	0.75	−0.35	−0.20	0.00	2.52	10.04	0.15	40.16	58
195	兴全多维价值 A	9.08	2.29*	−1.07	−2.28	0.94	0.06	−0.41	0.05	9.32	12.37	0.45	37.21	89
196	国泰消费优选	9.07	1.03	0.83	0.80	0.80	−0.26	−0.23	−0.21	9.96	10.96	0.45	29.66	56
197	国联安远见成长	9.05	0.98	−0.03	−0.03	0.87	−0.06	−0.17	0.58	11.84	12.22	0.50	35.85	61
198	工银创新动力	9.03	2.10*	0.49	0.97	0.72	−0.08	0.45	0.05	12.77	5.33	0.76	12.09	75
199	圆信永丰致优 A	8.95	1.92*	0.20	0.36	0.86	−0.04	−0.16	0.20	13.08	9.56	0.63	27.56	83
200	鹏华环保产业	8.95	0.85	−0.26	−0.21	0.83	−0.07	−0.71	0.33	9.39	13.18	0.40	58.46	58
201	工银国企改革主题	8.95	1.49	−0.25	−0.35	0.79	−0.17	−0.19	0.39	9.48	9.08	0.47	33.05	74
202	大成睿享 A	8.95	1.89*	−0.32	−0.56	0.62	0.12	0.30	0.05	12.64	6.77	0.82	15.74	64
203	东方红启阳三年持有	8.94	1.34	−0.71	−0.90	0.93	−0.20	−0.13	0.20	6.48	10.85	0.32	39.91	71
204	创金合信消费主题 A	8.92	0.93	−0.44	−0.39	1.16	−0.41	0.21	0.08	2.90	14.67	0.18	44.43	62
205	益民红利成长	8.90	0.99	−0.64	−0.60	0.96	−0.18	−0.12	0.27	6.79	11.73	0.32	40.11	60
206	汇丰晋信价值先锋 A	8.84	1.54	−0.74	−1.09	1.07	0.01	0.20	0.00	9.05	11.23	0.44	32.68	78

· 241 ·

续表

编号	基金名称	年化 α(%)	t(α)	γ	t(γ)	β_{mkt}	β_{smb}	β_{hml}	β_{mom}	年化收益率(%)	年化波动率(%)	年化夏普比率	最大回撤率(%)	调整后 R^2(%)
207	国联安主题驱动	8.83	1.85*	0.68	1.21	0.82	-0.22	-0.20	0.19	11.93	8.39	0.58	33.75	82
208	工银中小盘成长	8.83	0.94	-0.63	-0.57	1.02	0.11	-0.83	0.34	10.54	16.96	0.43	56.38	72
209	工银成长转型主题A	8.80	1.15	1.82	2.00*	0.76	-0.06	0.41	0.27	18.50	8.23	0.83	23.77	59
210	银华消费主题A	8.71	0.99	-0.59	-0.57	1.12	-0.31	0.16	0.02	3.91	12.95	0.21	46.33	63
211	财通集成电路产业A	8.65	0.68	-0.52	-0.35	0.87	0.01	-0.90	0.08	7.80	17.17	0.34	52.28	52
212	宝盈医疗健康沪港深A	8.61	0.69	-1.35	-0.92	0.90	-0.02	-0.13	0.30	4.90	15.99	0.26	46.78	41
213	安信企业价值优选A	8.60	1.57	0.51	0.79	0.74	-0.26	0.46	0.13	9.53	8.06	0.52	19.51	69
214	华安科技动力A	8.60	0.99	-0.13	-0.13	0.88	-0.04	-0.85	0.12	9.91	14.55	0.42	46.70	70
215	广发中小盘精选A	8.60	0.93	-0.61	-0.56	0.94	0.12	-0.99	0.10	10.09	15.38	0.41	40.12	71
216	汇丰晋信港股通双核策略	8.58	0.78	-1.55	-1.19	1.19	-0.27	0.13	-0.16	-0.39	15.61	0.07	55.50	53
217	嘉实先进制造	8.57	1.30	-0.82	-1.05	1.11	-0.07	-0.44	0.10	7.27	13.98	0.34	50.35	80
218	工银高端制造行业	8.54	0.91	-0.14	-0.12	0.91	-0.01	-0.81	0.44	10.87	15.96	0.44	52.94	69
219	博时特许价值A	8.45	1.03	-0.98	-1.00	0.93	0.04	-0.88	0.21	7.91	15.32	0.35	51.15	74
220	博时丝路主题A	8.41	1.37	-0.26	-0.36	0.68	-0.20	-0.46	0.40	8.23	9.07	0.41	34.28	73
221	中信保诚红利精选A	8.40	1.79*	0.49	0.88	0.77	-0.24	0.49	0.24	9.94	7.25	0.55	20.88	76
222	富国睿泽回报	8.40	1.76*	0.07	0.12	0.73	-0.21	-0.15	0.18	9.01	8.21	0.49	30.88	77
223	朱雀产业智选A	8.40	1.71*	-1.87	-3.21	1.01	-0.09	-0.33	0.02	3.01	12.41	0.17	43.34	84
224	景顺长城中小创A	8.37	1.17	-1.51	-1.78	0.88	0.16	-0.40	0.19	8.07	13.87	0.38	32.32	71

附录二　股票型公募基金经理的选股能力和择时能力(按年化α排序)：2020~2024 年

续表

编号	基金名称	年化 α(%)	t(α)	γ	t(γ)	β_{mkt}	β_{smb}	β_{hml}	β_{mom}	年化收益率(%)	年化波动率(%)	年化夏普比率	最大回撤率(%)	调整后 R^2(%)
225	万家瑞隆 A	8.36	0.97	-0.94	-0.93	0.76	-0.01	-0.52	-0.01	6.75	12.95	0.33	47.11	57
226	前海联合科技先锋	8.35	1.13	-1.35	-1.53	0.78	-0.07	-0.64	0.04	4.77	12.86	0.25	42.31	67
227	华宝服务优选	8.34	0.94	0.50	0.48	0.99	-0.04	-0.41	0.24	12.66	12.41	0.51	38.85	68
228	中金消费升级	8.33	0.99	-1.03	-1.04	1.08	-0.41	0.07	-0.03	0.25	14.18	0.07	52.14	64
229	富国消费主题 A	8.32	1.02	-0.02	-0.02	0.98	-0.31	0.20	0.18	6.23	11.71	0.31	38.16	63
230	申万菱信智能驱动 A	8.31	1.08	0.00	0.00	0.74	0.13	-0.60	0.31	13.75	12.10	0.59	43.52	69
231	广发睿阳三年定开	8.31	1.90*	-0.65	-1.25	0.55	-0.11	-0.10	0.22	7.76	6.48	0.50	18.46	69
232	中银主题策略 A	8.25	1.15	-0.05	-0.06	0.79	-0.01	-0.50	0.11	10.93	11.50	0.50	36.92	69
233	金鹰策略配置	8.25	0.61	-0.27	-0.17	1.10	-0.15	-0.95	0.45	5.90	18.26	0.29	64.48	60
234	景顺长城支柱产业 A	8.25	1.26	-0.47	-0.60	0.89	-0.25	0.16	0.11	5.52	9.84	0.29	28.91	67
235	方正富邦红利精选	8.24	1.23	-0.11	-0.14	0.95	-0.34	0.36	0.04	5.14	9.79	0.27	35.48	69
236	信澳先进智造	8.23	0.88	-1.07	-0.97	1.00	0.37	-0.95	-0.07	10.80	18.25	0.44	57.17	74
237	招商优势企业 A	8.19	0.89	0.93	0.85	1.14	0.00	-0.17	0.13	14.40	13.88	0.55	35.35	69
238	前海开源中药研究精选 A	8.16	0.80	-1.13	-0.93	0.91	0.15	0.49	0.29	8.53	12.50	0.40	28.71	44
239	摩根新兴动力 A	8.15	0.93	-0.50	-0.48	0.95	-0.04	-0.72	0.41	8.68	13.79	0.37	53.69	72
240	华夏新兴消费 A	8.06	1.20	-0.53	-0.67	1.20	-0.18	0.10	0.05	6.15	11.64	0.30	47.37	78
241	摩根动力精选 A	8.05	0.67	-0.44	-0.31	1.26	0.11	-0.72	0.18	8.98	18.31	0.37	63.88	66
242	兴全绿色投资	8.02	1.73*	-1.36	-2.47	1.07	-0.18	-0.02	0.12	3.54	12.28	0.20	50.90	85

· 243 ·

续表

编号	基金名称	年化 α (%)	t(α)	γ	t(γ)	β_{mkt}	β_{smb}	β_{hml}	β_{mom}	年化收益率(%)	年化波动率(%)	年化夏普比率	最大回撤率(%)	调整后 R^2(%)
243	大成内需增长 A	8.00	1.08	-0.69	-0.79	0.89	-0.26	0.01	0.08	4.16	10.98	0.22	40.03	62
244	兴全合润	7.97	1.63	-0.64	-1.10	1.02	-0.17	-0.17	0.04	6.10	11.74	0.31	44.06	84
245	鹏华优选价值 A	7.96	1.68*	0.07	0.12	0.74	-0.20	0.25	-0.04	7.83	7.86	0.45	19.08	73
246	富国通胀通缩主题 A	7.96	0.97	-0.46	-0.47	0.68	-0.02	-0.73	0.23	8.77	12.98	0.41	42.69	63
247	长盛城镇化主题 A	7.94	0.55	-1.67	-0.97	1.12	0.01	-0.74	0.26	2.06	20.24	0.19	59.26	52
248	平安股息精选 A	7.93	1.15	-0.61	-0.75	0.75	-0.34	0.35	0.25	3.37	9.23	0.19	36.75	57
249	浦银安盛环保新能源 A	7.91	0.68	-0.99	-0.72	0.87	0.10	-0.87	0.34	7.27	16.78	0.33	54.31	58
250	华润元大量化优选 A	7.89	1.49	-1.35	-2.15	0.97	-0.15	-0.22	-0.32	2.38	11.36	0.14	31.80	76
251	华安中小盘成长	7.87	0.93	-0.19	-0.19	0.88	-0.06	-0.81	0.15	8.83	14.26	0.39	47.51	70
252	长盛成长价值 A	7.86	1.82*	-0.17	-0.33	0.45	-0.07	-0.24	0.27	9.75	6.98	0.64	11.43	68
253	农银汇理策略价值	7.85	1.46	-0.39	-0.62	0.72	-0.17	-0.32	0.36	7.74	8.67	0.40	42.51	76
254	恒生前海港股通精选	7.85	0.76	-2.99	-2.44	1.15	-0.34	0.29	-0.16	-6.93	14.91	-0.21	59.41	50
255	工银文体产业 A	7.84	1.43	0.32	0.49	0.83	-0.20	-0.19	0.18	9.55	8.90	0.47	37.80	77
256	景顺长城智能生活	7.84	1.06	-0.53	-0.61	0.92	-0.06	-0.40	0.07	7.69	13.18	0.37	49.16	70
257	华安逆向策略 A	7.83	1.16	-0.28	-0.35	0.60	-0.10	-0.53	0.42	8.97	9.45	0.44	43.36	67
258	银华中国梦 30	7.82	1.05	-0.36	-0.40	0.93	-0.29	-0.43	-0.08	4.48	11.53	0.24	44.38	70
259	广发轮动配置	7.82	0.93	-1.39	-1.39	1.11	-0.34	0.10	0.12	-0.08	13.27	0.06	51.69	64
260	博时新兴成长	7.81	0.95	-1.72	-1.76	1.09	0.07	-0.72	0.19	4.64	16.58	0.25	52.98	76

附录二 股票型公募基金经理的选股能力和择时能力（按年化 α 排序）：2020~2024 年

续表

编号	基金名称	年化 α(%)	t(α)	γ	t(γ)	β_{mkt}	β_{smb}	β_{hml}	β_{mom}	年化收益率(%)	年化波动率(%)	年化夏普比率	最大回撤率(%)	调整后 R^2 (%)
261	农银汇理消费主题 A	7.77	0.90	-0.52	-0.51	0.83	-0.26	0.00	0.18	4.47	11.66	0.24	48.22	53
262	前海开源股息率 50 强	7.77	1.07	-1.45	-1.68	0.84	-0.24	0.67	-0.07	0.32	9.98	0.03	27.73	53
263	中欧匠心两年 A	7.76	1.48	-0.62	-1.01	0.93	-0.27	-0.04	0.09	4.49	9.86	0.24	40.61	79
264	易方达科翔	7.76	1.42	-0.81	-1.24	0.90	-0.02	-0.40	0.22	7.98	11.46	0.39	40.59	81
265	浙商沪港深精选 A	7.76	0.85	-1.63	-1.50	1.08	-0.34	0.16	0.08	-1.27	13.84	0.01	54.89	58
266	交银先进制造 A	7.71	1.37	-0.09	-0.13	0.87	-0.01	-0.43	0.08	10.50	10.98	0.49	45.35	80
267	招商量化精选 A	7.62	1.56	0.48	0.84	0.87	0.30	0.11	0.22	18.23	9.37	0.84	16.52	82
268	华宝绿色领先	7.62	1.15	-0.94	-1.20	1.05	-0.15	-0.56	-0.18	3.85	13.94	0.21	50.56	79
269	大成行业轮动	7.59	1.35	-0.67	-1.01	0.98	-0.13	-0.30	0.24	6.66	11.74	0.33	46.35	81
270	汇添富创新活力 A	7.58	1.05	-0.21	-0.24	0.68	-0.20	-0.86	0.00	6.25	11.44	0.31	44.84	69
271	工银聚焦 30	7.58	1.10	-0.48	-0.60	0.81	-0.06	-0.28	0.38	8.48	9.86	0.41	46.90	70
272	华安沪港深优选	7.56	0.83	-2.56	-2.38	1.42	-0.41	0.24	-0.18	-6.63	17.32	-0.15	64.40	69
273	嘉实文体娱乐 A	7.53	0.70	-0.36	-0.28	0.91	-0.10	-0.69	-0.17	5.80	14.89	0.28	40.48	56
274	富国互联科技 A	7.49	0.68	0.03	0.02	0.69	-0.03	-0.77	0.56	9.84	13.48	0.41	48.81	55
275	南方人工智能主题	7.49	0.96	-0.33	-0.36	0.77	-0.06	-0.56	0.22	8.35	11.91	0.39	41.66	66
276	工银战略新兴产业 A	7.44	0.95	-0.10	-0.11	0.70	-0.10	-0.24	0.35	8.91	9.98	0.43	50.28	58
277	国富健康优质生活	7.44	1.08	-1.13	-1.39	1.18	-0.26	0.16	0.06	1.96	13.01	0.14	51.55	75
278	银华行业轮动	7.42	1.25	-0.58	-0.82	0.85	-0.21	-0.02	0.10	5.07	9.04	0.27	39.63	70

· 245 ·

续表

编号	基金名称	年化α(%)	t(α)	γ	t(γ)	β_{mkt}	β_{smb}	β_{hml}	β_{mom}	年化收益率(%)	年化波动率(%)	年化夏普比率	最大回撤率(%)	调整后R^2(%)
279	东吴新产业精选A	7.42	1.33	-0.78	-1.18	0.90	-0.16	-0.44	0.20	5.39	11.66	0.28	50.13	81
280	建信恒久价值	7.41	0.84	-0.34	-0.32	0.78	-0.04	-0.55	0.40	8.78	11.91	0.39	54.58	62
281	大成策略回报A	7.41	1.73*	-0.19	-0.38	0.65	0.14	0.26	0.15	12.18	7.12	0.77	13.50	72
282	平安医疗健康A	7.41	0.71	-1.25	-1.01	0.96	0.06	-0.28	0.26	5.87	15.84	0.29	48.99	55
283	前海开源沪港深聚瑞	7.40	0.84	-0.82	-0.78	1.07	-0.20	0.31	0.00	3.31	12.58	0.19	49.24	59
284	华泰保兴吉年丰A	7.39	0.83	-1.19	-1.12	0.83	-0.02	-0.96	0.15	4.74	15.50	0.25	53.71	68
285	大摩进取优选	7.38	0.95	-0.84	-0.91	1.02	-0.33	-0.37	0.06	1.80	12.25	0.13	52.66	70
286	汇安行业龙头A	7.37	0.59	-0.19	-0.13	0.98	0.13	-1.01	0.21	9.60	18.26	0.39	59.06	61
287	嘉实沪港深回报	7.35	1.09	-0.45	-0.57	0.74	-0.44	-0.26	0.09	1.68	10.48	0.11	47.90	65
288	汇丰晋信中小盘	7.33	0.87	0.26	0.26	0.72	0.02	-0.34	0.12	11.37	10.25	0.52	23.93	57
289	景顺长城成长之星A	7.32	1.18	0.45	0.61	0.66	0.01	-0.29	0.43	13.31	8.64	0.64	24.85	70
290	广发估值优势A	7.32	0.93	-0.55	-0.60	1.14	-0.34	0.13	0.00	2.37	12.97	0.15	49.77	70
291	金鹰稳健成长	7.31	0.99	0.17	0.20	0.81	-0.15	-0.67	0.01	8.31	10.92	0.38	47.51	71
292	浦银安盛红利精选A	7.31	0.89	-1.37	-1.41	0.81	0.08	-0.71	0.34	6.16	14.81	0.30	44.66	69
293	中信保诚优胜精选A	7.29	1.49	-1.01	-1.74	0.85	-0.11	-0.37	0.13	5.20	10.45	0.28	41.40	82
294	中信保诚精萃成长A	7.28	1.34	-0.25	-0.39	0.91	-0.03	-0.52	0.03	8.93	11.31	0.42	44.55	82
295	国泰金鹿	7.27	0.99	-0.31	-0.36	0.99	-0.28	0.45	-0.07	3.79	10.85	0.21	31.05	65
296	汇添富消费升级A	7.26	0.74	-0.33	-0.28	1.13	-0.36	0.21	0.15	2.60	15.04	0.17	53.02	60

附录二 股票型公募基金经理的选股能力和择时能力(按年化α排序):2020~2024年

续表

编号	基金名称	年化α(%)	t(α)	γ	t(γ)	β_{mkt}	β_{smb}	β_{hml}	β_{mom}	年化收益率(%)	年化波动率(%)	年化夏普比率	最大回撤率(%)	调整后R^2(%)
297	嘉实优化红利 A	7.22	0.93	-0.01	-0.02	1.02	-0.37	0.22	0.05	3.97	10.95	0.21	42.48	67
298	汇添富消费行业	7.22	0.74	-0.44	-0.38	1.14	-0.42	0.25	0.06	1.01	14.53	0.11	50.96	60
299	交银阿尔法 A	7.22	1.40	-1.40	-2.28	0.79	-0.18	-0.45	-0.09	1.86	10.38	0.11	43.67	76
300	中银新动力 A	7.20	0.84	-1.39	-1.36	1.05	-0.24	-0.35	-0.02	0.54	13.80	0.09	56.58	65
301	富国中小盘精选 A	7.19	0.84	-0.13	-0.13	0.63	0.04	-0.71	0.33	10.31	12.43	0.46	42.64	61
302	东方核心动力 A	7.19	1.72*	-0.14	-0.28	0.83	-0.25	0.15	0.16	6.27	7.75	0.35	24.87	82
303	富国价值优势 A	7.17	1.30	0.23	0.35	0.96	-0.18	-0.12	0.26	9.02	9.87	0.43	46.02	81
304	海富通风格优势	7.17	1.42	-0.22	-0.37	0.82	-0.21	-0.34	0.12	6.50	9.61	0.34	35.59	80
305	南华瑞盈 A	7.17	0.79	-0.68	-0.63	0.83	0.19	-0.40	0.33	10.46	13.20	0.45	34.60	61
306	银华沪港深增长 A	7.17	0.99	-1.77	-2.07	0.97	-0.22	0.13	0.27	0.27	11.56	0.05	48.31	65
307	浙商智能行业优选 A	7.15	1.69*	-0.79	-1.57	1.06	-0.17	0.01	0.12	4.95	10.73	0.26	41.81	88
308	大成产业升级 A	7.14	1.03	0.38	0.46	0.68	0.20	-0.44	0.38	15.50	10.92	0.69	32.82	70
309	华夏常阳三年定开	7.13	1.15	-0.89	-1.21	0.90	-0.32	-0.06	-0.03	1.52	10.76	0.10	47.85	70
310	圆信永丰优加生活	7.12	1.55	0.36	0.67	0.85	-0.02	-0.20	0.26	12.28	9.83	0.59	28.64	84
311	华夏盛世精选	7.10	1.12	-0.26	-0.35	0.96	0.06	-0.26	0.33	10.73	11.55	0.48	40.55	78
312	兴业安保优选 A	7.09	0.85	-1.71	-1.72	0.94	-0.02	-0.54	0.32	3.16	15.32	0.19	58.96	69
313	诺安精选价值 A	7.06	0.78	-2.16	-2.01	1.14	-0.21	-0.09	-0.24	-2.83	15.83	-0.04	53.17	61
314	中信保诚量化阿尔法 A	6.99	2.10*	0.14	0.36	0.92	-0.26	0.17	0.09	6.92	8.23	0.37	26.37	90

· 247 ·

续表

编号	基金名称	年化 α(%)	t(α)	γ	t(γ)	β_{mkt}	β_{smb}	β_{hml}	β_{mom}	年化收益率(%)	年化波动率(%)	年化夏普比率	最大回撤率(%)	调整后 R^2(%)
315	前海开源股息率100强A	6.98	1.41	0.67	1.15	0.71	−0.09	0.66	0.31	11.60	6.36	0.66	14.44	71
316	英大国企改革主题A	6.97	0.82	0.52	0.51	0.74	0.10	0.73	0.28	13.20	8.62	0.63	26.43	46
317	银华新能源新材料量化A	6.95	0.71	−0.14	−0.12	1.10	−0.03	−0.65	0.26	8.30	14.85	0.36	59.50	70
318	金鹰行业优势A	6.95	0.72	−1.06	−0.92	0.80	0.12	−0.67	0.24	7.01	14.09	0.33	59.66	60
319	宏利蓝筹价值	6.91	0.82	−1.19	−1.19	0.99	−0.16	−0.36	0.26	2.94	12.97	0.18	54.81	67
320	汇丰晋信珠三角区域	6.91	0.76	0.02	0.02	1.03	0.15	−0.36	−0.06	11.22	13.63	0.46	33.78	67
321	华安制造先锋A	6.91	0.61	−0.46	−0.34	1.05	0.15	−0.98	0.00	8.24	16.63	0.35	56.23	65
322	鹏华盛世创新	6.90	1.46	0.37	0.66	0.78	−0.17	0.26	0.02	8.63	7.86	0.48	21.91	76
323	国联安智能制造A	6.90	0.92	−1.19	−1.33	1.07	−0.27	0.13	−0.15	0.27	13.18	0.06	44.71	66
324	汇丰晋信消费红利	6.89	0.95	−0.74	−0.86	0.98	−0.21	0.07	−0.04	3.32	12.62	0.19	44.87	66
325	信澳新能源产业	6.79	0.81	−0.71	−0.72	0.99	0.26	−0.92	0.05	9.86	16.76	0.41	55.77	76
326	南方信息创新	6.79	0.55	−1.26	−0.86	1.01	0.01	−0.93	−0.06	2.47	19.01	0.19	54.41	57
327	汇添富文体娱乐主题A	6.78	0.77	−0.22	−0.21	1.01	−0.32	0.17	0.12	3.33	13.25	0.19	51.97	60
328	广发行业领先A	6.77	1.18	0.07	0.10	0.88	−0.24	−0.10	0.01	6.28	9.15	0.32	25.21	75
329	易方达信息产业A	6.76	0.63	0.19	0.15	0.62	−0.01	−1.09	0.24	9.20	14.89	0.39	46.30	57
330	天弘周期策略	6.76	0.76	−1.07	−1.02	1.03	−0.12	0.36	0.01	2.89	10.24	0.17	46.65	55
331	华宝高端制造	6.73	1.17	−1.07	−1.56	1.02	0.18	−0.35	0.19	8.54	14.45	0.40	45.23	83
332	博时卓越品牌A	6.69	0.80	−1.31	−1.32	0.87	−0.33	0.04	0.15	−0.55	11.68	0.01	50.11	54

附录二 股票型公募基金经理的选股能力和择时能力（按年化 α 排序）：2020~2024年

续表

编号	基金名称	年化 α(%)	t(α)	γ	t(γ)	β_{mkt}	β_{smb}	β_{hml}	β_{mom}	年化收益率（%）	年化波动率（%）	年化夏普比率	最大回撤率（%）	调整后 R^2(%)
333	博道嘉端A	6.68	1.19	-0.19	-0.28	0.89	-0.19	-0.54	0.14	6.35	11.01	0.31	44.22	81
334	广发均衡价值	6.67	1.13	-1.29	-1.85	0.93	-0.03	-0.44	0.09	4.27	12.43	0.23	34.19	79
335	嘉实新消费	6.65	1.06	1.35	1.83*	0.72	-0.24	0.13	0.20	11.26	8.95	0.57	26.59	68
336	汇丰晋信新动力A	6.64	0.87	0.02	0.02	1.03	-0.03	-0.34	0.18	9.26	12.25	0.41	31.08	74
337	建信改革红利A	6.62	0.75	-0.20	-0.19	0.99	0.01	-0.54	0.26	8.70	13.82	0.38	58.14	69
338	银华裕利	6.62	1.14	-0.66	-0.96	0.88	-0.20	-0.21	-0.01	3.87	10.39	0.21	32.28	74
339	创金合信工业周期精选	6.60	0.71	0.12	0.11	1.03	-0.27	-0.72	0.35	5.66	13.83	0.28	61.18	71
340	农银汇理策略精选	6.60	1.02	-0.75	-0.98	0.45	-0.30	-0.52	0.20	2.09	9.42	0.12	43.45	56
341	交银端丰	6.57	0.76	-0.75	-0.73	1.05	-0.30	0.02	0.01	1.43	12.26	0.11	49.25	62
342	中邮战略新兴产业A	6.56	0.64	-0.71	-0.58	0.78	-0.07	-0.84	-0.04	4.25	15.78	0.23	52.04	56
343	汇添富内需增长A	6.55	0.85	-0.40	-0.44	0.94	-0.41	-0.10	0.15	1.56	12.54	0.12	47.85	66
344	农银汇理行业领先	6.55	1.03	-0.76	-1.00	0.45	-0.31	-0.51	0.20	1.93	9.42	0.11	42.27	57
345	汇添富移动互联A	6.52	0.78	-1.09	-1.10	0.82	-0.11	-0.71	0.11	3.08	14.09	0.18	47.62	65
346	建信大安全	6.51	1.10	1.02	1.46	0.85	-0.22	0.26	0.07	10.00	8.40	0.50	27.94	73
347	工银大盘蓝筹	6.43	1.32	0.29	0.50	0.78	-0.21	0.18	0.16	7.56	7.20	0.41	27.09	76
348	建信社会责任	6.43	0.72	0.06	0.06	0.96	-0.19	-0.33	-0.21	5.28	13.12	0.27	50.11	62
349	银华积极精选	6.43	1.05	-0.81	-1.11	0.87	-0.22	-0.20	0.25	3.49	10.20	0.19	41.40	73
350	南方盛元红利	6.42	1.24	0.12	0.19	0.90	-0.18	0.17	0.07	7.21	8.30	0.38	34.58	78

续表

编号	基金名称	年化 α(%)	t(α)	γ	t(γ)	β_{mkt}	β_{smb}	β_{hml}	β_{mom}	年化收益率(%)	年化波动率(%)	年化夏普比率	最大回撤率(%)	调整后 R^2(%)
351	德邦乐享生活 A	6.41	1.21	-0.12	-0.18	1.13	-0.21	0.08	-0.07	5.47	11.23	0.27	41.73	84
352	泓德优选成长	6.39	1.26	-0.13	-0.21	0.99	-0.16	-0.25	-0.08	6.25	11.54	0.31	35.59	84
353	景顺长城鼎益 A	6.37	0.59	0.38	0.30	1.14	-0.50	0.29	0.10	1.63	14.22	0.14	52.93	58
354	富国大盘价值	6.37	1.50	-0.54	-1.08	0.81	-0.22	0.24	0.20	4.33	8.14	0.25	34.51	80
355	长信量化价值驱动 A	6.35	1.40	0.40	0.74	0.89	-0.20	0.13	0.26	8.47	8.18	0.43	27.68	83
356	中欧明睿新常态 A	6.35	0.75	0.17	0.17	1.02	-0.14	-0.71	0.19	7.35	13.49	0.33	57.62	74
357	富国消费升级	6.33	0.84	0.09	0.11	0.88	-0.22	-0.20	0.17	6.25	11.12	0.31	48.54	66
358	易方达资源行业	6.30	0.51	0.22	0.15	0.88	-0.04	-0.20	0.42	8.67	14.26	0.37	40.29	45
359	广发资管核心精选一年持有	6.30	0.79	-1.10	-1.17	0.85	-0.32	-0.06	0.33	0.43	12.01	0.06	45.90	60
360	景顺长城核心竞争力 A	6.29	1.07	-0.43	-0.62	0.79	-0.21	-0.16	0.06	4.45	9.77	0.24	33.51	70
361	新华优选成长	6.28	0.75	0.73	0.74	0.64	-0.09	-0.98	0.00	9.95	11.37	0.44	44.81	66
362	嘉实环保低碳	6.25	0.77	-0.69	-0.71	1.15	-0.06	-0.39	0.07	5.14	14.25	0.26	60.85	74
363	华宝大健康 A	6.25	0.58	-1.39	-1.08	0.89	0.08	-0.12	0.43	4.58	15.03	0.24	47.53	49
364	华宝创新优选	6.21	0.66	-0.84	-0.76	0.95	0.06	-0.73	0.28	6.33	15.08	0.30	51.51	68
365	中庚价值领航	6.19	0.75	0.08	0.08	1.03	0.15	0.61	0.14	11.26	11.60	0.50	26.99	62
366	国联安优选行业	6.19	0.46	-0.08	-0.05	0.84	-0.17	-1.09	0.33	4.22	17.73	0.24	63.72	53
367	交银核心资产 A	6.18	1.12	0.00	0.00	0.68	-0.15	-0.13	0.17	7.13	8.50	0.40	33.21	68
368	海富通中小盘	6.16	0.60	-0.51	-0.42	1.00	0.04	-0.88	0.13	6.44	15.99	0.30	59.12	67

附录二 股票型公募基金经理的选股能力和择时能力(按年化α排序):2020~2024年

续表

编号	基金名称	年化 α(%)	t(α)	γ	t(γ)	β_{mkt}	β_{smb}	β_{hml}	β_{mom}	年化收益率(%)	年化波动率(%)	年化夏普比率	最大回撤率(%)	调整后 R^2(%)
369	华泰保兴多策略三个月	6.16	1.03	-0.44	-0.62	0.85	-0.12	-0.63	0.22	5.92	12.24	0.29	48.38	80
370	工银量化策略 A	6.15	1.16	0.06	0.09	0.73	-0.20	-0.36	0.20	6.78	9.15	0.35	44.51	77
371	交银持续成长 A	6.13	1.04	-1.47	-2.10	0.87	-0.13	-0.42	-0.14	1.04	12.00	0.08	48.34	75
372	平安核心优势 A	6.12	0.65	-0.83	-0.74	0.94	-0.17	-0.29	0.29	3.06	14.36	0.19	53.89	59
373	银华积极成长 A	6.11	1.00	-0.25	-0.34	0.88	-0.24	-0.12	0.30	5.04	9.99	0.26	39.95	75
374	创金合信科技成长 A	6.11	0.59	-1.22	-0.99	0.82	0.17	-0.99	-0.03	5.00	16.41	0.26	43.68	61
375	摩根智慧互联 A	6.09	0.61	-1.17	-0.99	1.04	-0.20	-0.81	0.07	0.45	16.58	0.11	62.87	66
376	华夏港股通精选 A	6.05	0.66	-1.82	-1.69	0.83	-0.29	0.20	-0.01	-3.26	12.51	-0.12	57.16	43
377	申万菱信新动力 A	6.01	1.01	-0.47	-0.67	0.81	-0.21	-0.43	0.20	4.35	10.27	0.23	50.47	76
378	兴全合泰 A	5.98	1.17	-0.74	-1.22	1.11	-0.09	-0.58	-0.10	4.20	14.34	0.23	51.87	88
379	大成优选	5.94	1.11	-0.01	-0.02	0.74	-0.15	-0.09	0.16	6.92	9.08	0.38	28.30	72
380	国联安科技动力	5.93	0.44	-0.10	-0.06	0.84	-0.16	-1.09	0.35	4.01	17.81	0.24	63.92	54
381	东方红内需增长 A	5.92	0.83	-0.43	-0.51	1.01	-0.22	-0.47	0.05	3.62	12.50	0.20	51.79	75
382	华宝国策导向 A	5.89	1.17	-0.32	-0.54	0.90	-0.09	-0.36	-0.06	6.06	10.67	0.31	37.55	82
383	汇添富中国高端制造 A	5.88	0.81	0.67	0.78	0.55	-0.08	-0.54	0.35	10.76	9.52	0.52	34.51	63
384	东吴价值成长 A	5.84	0.62	-0.29	-0.26	0.99	-0.37	-0.62	0.22	1.48	14.60	0.14	60.91	67
385	华泰保兴成长优选 A	5.82	0.83	-0.27	-0.32	0.84	-0.10	-0.59	0.37	6.73	13.08	0.32	44.46	75
386	华富成长趋势 A	5.82	0.80	-0.91	-1.05	0.91	0.06	-0.59	0.07	5.82	13.28	0.29	46.18	73

续表

编号	基金名称	年化 α(%)	$t(\alpha)$	γ	$t(\gamma)$	β_{mkt}	β_{smb}	β_{hml}	β_{mom}	年化收益率(%)	年化波动率(%)	年化夏普比率	最大回撤率(%)	调整后R^2(%)
387	中银战略新兴产业A	5.78	0.75	0.41	0.45	0.80	-0.01	-0.50	0.33	10.53	11.34	0.47	48.72	69
388	景顺长城精选蓝筹	5.76	0.77	-0.53	-0.60	0.95	-0.38	0.16	-0.04	0.13	12.29	0.04	39.46	63
389	国信永丰高端制造	5.75	0.70	-0.16	-0.17	1.03	0.00	-0.70	0.25	7.77	14.29	0.35	47.47	76
390	浙商全景消费A	5.73	0.65	-0.30	-0.29	1.08	-0.31	0.37	-0.21	1.07	13.38	0.10	45.50	61
391	嘉实前沿科技A	5.73	0.63	-1.28	-1.18	1.14	-0.02	-0.32	0.06	2.52	16.16	0.17	53.28	67
392	泰康产业升级	5.70	1.01	-0.08	-0.12	0.71	-0.08	-0.62	0.14	7.42	10.58	0.37	41.68	77
393	汇添富价值创造	5.70	0.64	-1.00	-0.95	1.09	-0.34	0.22	0.12	-0.92	13.91	0.03	55.35	61
394	工银消费服务A	5.69	0.87	0.00	0.00	0.95	-0.18	0.16	-0.01	5.49	11.11	0.28	37.33	71
395	国富中小盘A	5.66	1.11	0.56	0.94	0.98	-0.17	0.24	0.11	8.33	8.88	0.41	28.47	82
396	海富通先进制造A	5.64	0.38	-1.42	-0.80	1.04	0.00	-0.79	0.37	0.54	20.16	0.16	56.87	49
397	汇丰晋信智造先锋A	5.63	0.52	-0.15	-0.11	1.35	0.19	-0.61	0.09	8.76	19.22	0.37	64.87	72
398	银华盛利A	5.63	0.62	-0.43	-0.40	0.84	0.15	-0.59	0.18	8.75	13.92	0.39	56.82	64
399	华宝科技先锋A	5.52	0.57	-1.65	-1.44	1.03	-0.13	-0.62	0.00	-0.91	15.98	0.05	62.52	63
400	中航军民融合精选A	5.50	0.50	-0.67	-0.51	0.77	0.16	-0.85	-0.26	5.87	15.12	0.28	55.55	53
401	银华兴盛	5.50	0.62	-0.78	-0.74	0.71	-0.07	-0.75	0.34	4.24	12.26	0.23	51.75	62
402	诺安先锋A	5.49	0.84	-0.09	-0.11	0.71	0.21	-0.42	0.11	11.38	11.72	0.54	34.22	70
403	西部利得量化成长A	5.49	0.94	-0.34	-0.49	0.79	0.33	-0.30	0.35	12.86	12.18	0.59	36.47	79
404	泰康均衡优选A	5.48	1.10	-0.46	-0.79	0.78	-0.12	-0.45	0.09	5.11	10.09	0.27	45.28	80

附录二 股票型公募基金经理的选股能力和择时能力(按年化α排序):2020~2024年

续表

编号	基金名称	年化α(%)	t(α)	γ	t(γ)	β_{mkt}	β_{smb}	β_{hml}	β_{mom}	年化收益率(%)	年化波动率(%)	年化夏普比率	最大回撤率(%)	调整后R^2(%)
405	浙商聚潮产业成长A	5.47	0.75	0.02	0.02	1.09	-0.07	0.48	0.03	6.89	10.49	0.33	40.58	70
406	工银核心价值A	5.47	0.90	-0.13	-0.18	0.82	-0.19	-0.32	0.26	5.55	9.73	0.28	44.22	75
407	华安升级主题A	5.46	0.89	-0.41	-0.56	0.93	-0.35	-0.03	0.05	1.51	10.14	0.10	47.90	74
408	工银红利	5.45	0.66	0.19	0.20	0.62	-0.07	-0.63	0.42	8.35	11.92	0.39	38.78	62
409	中信保诚新机遇	5.45	0.89	-0.80	-1.10	0.59	-0.37	-0.09	0.17	-0.25	9.43	-0.03	42.16	57
410	工银前沿医疗A	5.44	0.46	-0.68	-0.48	0.78	0.08	-0.01	0.55	6.53	13.85	0.31	49.75	40
411	银河新动能A	5.41	0.59	0.88	0.81	0.83	-0.11	-1.14	0.29	9.51	13.63	0.39	56.77	73
412	海通品质升级一年持有A	5.39	0.84	-0.99	-1.30	1.03	-0.29	0.07	0.03	-0.07	11.30	0.04	48.66	73
413	工银养老产业A	5.32	0.51	-0.75	-0.60	0.73	0.12	-0.08	0.41	6.79	12.69	0.33	48.59	43
414	华宝大盘精选	5.30	0.75	0.17	0.21	1.14	-0.35	-0.45	0.11	3.37	12.89	0.20	61.12	80
415	中欧养老产业A	5.29	0.78	0.48	0.59	1.05	0.03	0.08	-0.08	9.92	12.05	0.45	37.50	75
416	华夏智胜价值成长A	5.28	1.73*	-0.19	-0.54	0.90	0.19	0.05	0.14	11.07	9.99	0.57	20.29	92
417	银华优质增长	5.28	0.94	-0.51	-0.77	0.87	-0.24	0.04	0.09	2.74	9.33	0.15	43.22	73
418	中邮沪港深精选	5.28	0.49	-1.32	-1.04	1.33	-0.22	0.30	-0.49	-3.09	16.09	-0.01	52.33	60
419	华夏行业龙头	5.26	0.64	-0.88	-0.92	1.04	-0.24	0.02	0.16	0.99	12.33	0.10	52.41	65
420	建信核心精选	5.24	0.87	1.11	1.56	0.79	-0.18	0.22	0.13	9.63	8.13	0.49	28.75	70
421	广发沪港深行业龙头	5.22	0.53	-2.58	-2.23	1.09	-0.47	0.00	-0.06	-9.37	14.50	-0.31	64.32	55
422	中银双息回报A	5.20	0.95	0.23	0.36	0.41	-0.16	-0.28	0.25	6.81	7.35	0.42	32.81	57

续表

编号	基金名称	年化α(%)	t(α)	γ	t(γ)	β_{mkt}	β_{smb}	β_{hml}	β_{mom}	年化收益率(%)	年化波动率(%)	年化夏普比率	最大回撤率(%)	调整后R^2(%)
423	海富通精选2号	5.19	0.60	-0.62	-0.61	0.93	-0.05	-0.58	-0.07	3.93	14.02	0.22	46.56	66
424	摩根核心优选A	5.18	0.67	-0.61	-0.68	0.76	-0.10	-0.65	0.38	4.54	12.53	0.24	57.40	69
425	中银美丽中国	5.17	0.77	0.09	0.11	0.51	-0.08	-0.35	0.39	7.68	8.61	0.41	38.27	59
426	光大阳光价值30个月持有A	5.16	0.73	-0.88	-1.05	1.02	-0.38	0.28	0.02	-1.44	11.45	-0.03	48.80	68
427	泓德研究优选	5.11	0.97	0.15	0.24	0.99	-0.13	-0.23	-0.06	6.49	11.56	0.32	39.17	83
428	富国美丽中国A	5.08	0.96	0.13	0.20	0.86	-0.26	-0.08	0.12	4.81	9.80	0.26	40.84	78
429	南方高端装备A	5.08	0.64	-0.16	-0.17	0.98	-0.02	-0.96	0.14	6.42	15.70	0.30	59.41	78
430	鹏华精选成长A	5.07	0.73	-0.37	-0.45	1.01	0.00	-0.22	0.23	6.83	12.32	0.33	36.15	75
431	汇丰晋信沪港深A	5.07	0.51	-1.18	-1.00	1.26	-0.22	0.03	-0.05	-1.15	15.55	0.05	58.91	63
432	国泰金鑫A	5.07	0.55	-1.14	-1.04	0.88	0.06	-0.62	0.02	3.44	16.43	0.21	58.47	62
433	华夏科技成长	5.05	0.61	-0.71	-0.72	0.77	-0.01	-0.72	0.27	4.87	14.17	0.25	48.06	66
434	建信创新中国	5.02	0.61	0.08	0.08	0.80	0.02	-0.59	0.26	8.49	12.64	0.39	43.38	67
435	大成积极成长A	5.02	0.86	-0.44	-0.63	0.98	-0.08	-0.18	0.32	5.79	11.84	0.29	47.46	80
436	景顺长城新兴成长A	5.01	0.48	0.35	0.28	1.11	-0.47	0.28	0.11	0.79	13.88	0.11	52.81	58
437	安信新常态沪港深精选A	4.99	0.63	0.86	0.91	0.89	-0.17	0.91	0.13	7.42	10.47	0.36	26.22	60
438	嘉实周期优选	4.97	0.81	0.66	0.91	0.80	-0.20	0.37	0.17	7.30	8.92	0.38	25.85	67
439	富国民裕沪港深精选A	4.96	0.51	0.05	0.05	0.96	-0.19	-0.06	0.06	4.28	13.42	0.23	54.47	55
440	南方国策动力	4.95	0.97	0.19	0.32	0.84	0.01	-0.39	0.38	9.79	10.31	0.46	36.91	84

附录二　股票型公募基金经理的选股能力和择时能力(按年化α排序)：2020~2024年

续表

编号	基金名称	年化α(%)	t(α)	γ	t(γ)	β_{mkt}	β_{smb}	β_{hml}	β_{mom}	年化收益率（%）	年化波动率（%）	年化夏普比率	最大回撤率（%）	调整后R^2(%)
441	泰信优质生活	4.95	0.63	-1.36	-1.45	0.73	-0.13	-0.74	-0.02	-0.03	13.15	0.05	58.73	63
442	光大风格轮动A	4.93	1.41	-0.62	-1.50	0.88	0.18	0.08	0.16	8.88	9.81	0.47	30.45	89
443	光大银发商机主题A	4.91	0.94	0.01	0.02	0.93	-0.17	-0.07	0.07	5.40	10.12	0.28	37.83	80
444	恒生前海沪港深新兴	4.90	0.54	-1.87	-1.74	0.96	-0.02	-0.87	-0.01	-0.77	16.07	0.06	60.01	68
445	长信量化多策略A	4.86	1.00	0.15	0.27	0.90	-0.23	0.03	0.22	5.43	9.07	0.28	37.61	82
446	嘉合锦程价值精选A	4.84	0.57	0.83	0.83	0.60	-0.17	-0.75	0.13	7.88	10.16	0.37	45.96	59
447	华商消费行业	4.83	0.56	-0.29	-0.28	1.15	-0.31	0.11	-0.03	0.95	13.88	0.11	49.69	66
448	中庚小盘价值	4.81	0.66	0.72	0.84	0.96	0.42	0.04	0.24	17.33	12.28	0.70	28.97	74
449	国泰事件驱动A	4.81	0.55	-0.36	-0.35	0.75	0.21	-0.61	0.22	9.07	14.15	0.41	50.31	64
450	信澳红利回报	4.81	0.51	-1.02	-0.92	0.91	-0.46	0.21	0.17	-3.77	13.40	-0.11	58.81	52
451	南方高增长	4.77	0.71	0.11	0.14	0.54	0.04	-0.49	0.38	9.23	9.95	0.47	28.63	64
452	中欧新趋势A	4.75	1.01	-0.10	-0.17	0.89	-0.21	-0.18	0.14	4.46	9.63	0.24	37.54	83
453	富国产业驱动A	4.74	0.71	0.24	0.31	0.63	-0.05	-0.64	0.40	8.50	10.22	0.41	44.86	72
454	景顺长城内需增长贰号	4.72	0.45	0.53	0.43	1.11	-0.47	0.27	0.12	1.11	13.97	0.12	52.96	59
455	合煦智远消费主题A	4.72	0.69	-0.12	-0.15	0.81	-0.33	0.25	-0.17	1.02	9.82	0.07	31.73	61
456	国投瑞银成长优选	4.72	0.88	-0.29	-0.46	0.79	-0.13	-0.12	0.30	5.30	9.52	0.28	42.21	76
457	招商中小盘精选	4.71	0.62	0.21	0.24	0.75	-0.04	-0.14	0.38	8.27	9.50	0.40	42.97	62
458	建信中国制造2025A	4.70	0.60	1.21	1.30	0.87	-0.27	-0.15	0.17	7.93	10.95	0.37	52.15	67

续表

编号	基金名称	年化 α(%)	$t(\alpha)$	γ	$t(\gamma)$	β_{mkt}	β_{smb}	β_{hml}	β_{mom}	年化收益率(%)	年化波动率(%)	年化夏普比率	最大回撤率(%)	调整后 R^2(%)
459	景顺长城内需增长	4.63	0.45	0.66	0.55	1.12	-0.48	0.21	0.08	1.40	13.67	0.13	53.11	61
460	鹏华改革红利	4.62	0.72	-0.78	-1.02	0.86	-0.03	-0.50	0.05	3.95	12.63	0.22	43.12	75
461	宝盈品牌消费A	4.61	0.50	1.48	1.35	0.59	-0.32	-0.19	0.11	7.31	12.10	0.36	41.91	46
462	银河蓝筹精选A	4.61	0.62	0.14	0.16	0.98	-0.14	-0.86	0.18	5.66	14.19	0.28	56.01	79
463	宏利首选企业A	4.61	0.62	-0.14	-0.16	0.86	-0.06	-0.56	0.26	6.27	11.46	0.30	41.72	72
464	富国天合稳健优选	4.59	0.89	0.04	0.06	0.85	-0.27	-0.09	0.08	3.71	9.76	0.20	40.12	78
465	鹏华价值精选	4.58	0.63	0.51	0.60	0.81	0.14	-0.57	0.46	12.35	12.51	0.52	42.45	75
466	光大新增长A	4.58	0.63	-0.32	-0.37	0.82	-0.04	-0.59	0.13	5.58	12.19	0.28	45.14	71
467	海富通内需热点	4.56	0.45	-0.50	-0.42	1.12	-0.05	-0.68	-0.09	2.98	16.60	0.20	53.56	67
468	汇安宜创量化精选A	4.54	1.16	0.19	0.40	0.86	-0.14	-0.05	0.12	6.58	8.13	0.35	33.84	86
469	前海开源优势蓝筹A	4.52	0.76	-0.83	-1.17	0.59	-0.29	0.19	0.18	-0.25	8.80	-0.04	37.11	52
470	交银新成长	4.51	0.78	0.00	0.01	0.77	-0.25	-0.35	0.01	3.58	9.21	0.20	40.35	74
471	恒越研究精选A	4.51	0.48	-0.35	-0.31	0.94	-0.02	-0.68	0.27	5.33	15.14	0.27	60.17	66
472	华安行业轮动	4.51	0.78	-0.26	-0.37	0.90	-0.33	-0.05	0.06	1.34	9.72	0.09	47.58	75
473	鹏华文化传媒娱乐	4.51	0.52	-1.06	-1.03	0.89	-0.12	-0.25	0.00	0.82	13.86	0.09	30.63	57
474	嘉实物流产业A	4.48	0.83	0.88	1.38	0.78	-0.09	0.47	0.06	9.06	7.39	0.49	28.49	71
475	富国优质发展A	4.48	0.84	0.02	0.03	0.80	-0.12	-0.09	0.40	6.64	9.06	0.34	35.98	77
476	诺安平衡	4.48	0.67	-0.70	-0.88	0.91	-0.15	-0.08	-0.15	1.67	11.46	0.11	36.52	67

附录二　股票型公募基金经理的选股能力和择时能力（按年化α排序）：2020~2024年

续表

编号	基金名称	年化α(%)	t(α)	γ	t(γ)	β_{mkt}	β_{smb}	β_{hml}	β_{mom}	年化收益率(%)	年化波动率(%)	年化夏普比率	最大回撤率(%)	调整后R^2(%)
477	华宝先进成长	4.48	0.84	-0.57	-0.90	1.04	-0.04	-0.43	0.09	4.66	13.43	0.24	50.79	85
478	嘉实稳健	4.47	1.03	-0.08	-0.16	0.68	-0.30	0.27	0.08	2.46	7.75	0.13	31.12	73
479	嘉合锦创优势精选	4.46	0.74	0.34	0.48	0.64	-0.25	-0.34	0.14	4.91	8.93	0.27	31.11	68
480	工银医疗保健行业	4.41	0.38	-0.89	-0.65	0.81	0.05	-0.01	0.40	3.92	14.16	0.22	50.93	40
481	广发医疗保健A	4.41	0.36	-1.48	-1.01	0.97	-0.12	-0.11	0.39	-1.06	15.69	0.06	63.57	44
482	景顺长城中小盘A	4.40	0.59	-0.90	-1.02	0.94	0.14	-0.24	0.09	5.64	13.49	0.29	34.21	69
483	中银金融地产A	4.39	0.60	0.43	0.50	1.00	-0.31	0.67	-0.07	2.99	9.81	0.17	36.66	68
484	广发制造业精选A	4.38	0.55	0.12	0.13	0.89	0.18	-0.91	0.31	10.12	15.42	0.42	51.02	77
485	国联安行业领先	4.37	0.59	0.44	0.50	0.82	0.14	-0.56	0.24	11.27	12.04	0.49	40.24	73
486	长信消费精选行业量化A	4.37	0.40	-0.23	-0.17	1.23	-0.42	0.12	-0.13	-2.08	16.64	0.03	57.50	58
487	汇丰晋信大盘	4.37	0.99	-0.26	-0.49	0.95	-0.32	-0.05	0.02	1.54	10.50	0.10	42.98	85
488	华夏经济转型	4.37	0.57	-0.58	-0.64	0.78	-0.02	-0.61	0.30	4.85	13.57	0.25	45.57	69
489	国泰君安君得明	4.36	1.00	-0.89	-1.72	0.92	-0.18	-0.05	-0.07	1.07	10.71	0.07	41.81	83
490	泰信蓝筹精选	4.34	0.74	0.04	0.05	1.02	-0.04	-0.01	0.11	6.89	10.97	0.34	36.67	79
491	嘉实研究阿尔法A	4.32	1.30	0.15	0.37	0.94	-0.14	0.01	0.18	6.29	8.88	0.33	34.78	91
492	建信优势动力	4.32	0.72	-0.12	-0.17	0.95	0.02	-0.53	0.09	6.95	12.77	0.33	49.25	81
493	广发品牌消费A	4.32	0.43	-0.28	-0.23	1.12	-0.23	0.19	0.19	1.84	14.59	0.15	53.60	58
494	银河稳健	4.31	0.67	0.22	0.29	0.72	-0.05	-0.72	0.04	7.03	10.82	0.35	47.80	74

· 257 ·

续表

编号	基金名称	年化 α(%)	$t(\alpha)$	γ	$t(\gamma)$	β_{mkt}	β_{smb}	β_{hml}	β_{mom}	年化收益率(%)	年化波动率(%)	年化夏普比率	最大回撤率(%)	调整后 R^2(%)
495	中欧时代先锋A	4.31	0.73	-0.54	-0.77	0.95	-0.17	-0.42	0.23	2.98	12.12	0.18	46.12	80
496	兴全轻资产	4.30	0.98	-1.11	-2.13	0.77	-0.14	-0.31	0.23	1.44	10.92	0.09	44.22	82
497	招商优质成长	4.29	0.47	2.65	2.47*	0.46	-0.21	-0.17	0.37	14.06	10.09	0.63	34.35	48
498	信澳消费优选	4.29	0.47	-0.32	-0.30	1.06	-0.35	0.31	0.16	-0.05	13.76	0.06	46.38	60
499	南方新兴消费A	4.27	0.51	0.28	0.28	0.92	-0.33	-0.03	0.15	2.69	12.39	0.16	51.16	62
500	建信环保产业A	4.27	0.47	-0.21	-0.20	0.96	-0.05	-0.57	0.13	5.05	13.05	0.26	57.71	67
501	银河量化优选A	4.26	1.01	0.06	0.12	0.85	0.13	0.03	0.21	10.19	9.32	0.52	29.00	85
502	诺德新生活	4.26	0.26	-0.45	-0.23	0.88	-0.16	-1.07	0.25	-0.52	21.13	0.13	61.56	44
503	国富弹性市值A	4.23	0.77	0.73	1.13	0.95	-0.29	0.30	0.06	5.31	9.05	0.27	32.00	79
504	汇添富外延增长主题A	4.22	0.69	1.18	1.63	0.50	-0.22	-0.33	0.43	8.94	7.93	0.47	28.07	66
505	金信消费升级A	4.21	0.42	1.08	0.91	0.63	0.08	-0.39	0.41	12.45	11.22	0.53	33.97	50
506	南方智锐A	4.21	0.72	-0.77	-1.11	0.77	-0.19	-0.22	0.25	1.90	9.68	0.11	48.91	71
507	鹏华研究智选	4.20	0.86	-0.25	-0.43	0.76	0.17	-0.22	0.42	9.90	9.80	0.49	38.54	81
508	海富通精选	4.20	0.48	-0.64	-0.62	0.93	-0.06	-0.58	-0.10	2.59	14.11	0.17	48.71	65
509	鹏华养老产业	4.18	0.48	-1.68	-1.63	1.06	-0.21	0.07	0.16	-2.66	13.60	-0.05	55.51	61
510	南方中小盘成长A	4.17	0.88	-0.36	-0.64	1.15	0.01	0.03	0.14	6.11	12.07	0.30	38.31	88
511	华宝医药生物A	4.13	0.38	-1.06	-0.83	0.90	0.06	-0.09	0.45	3.48	14.86	0.20	47.49	50
512	圆信永丰多策略精选	4.09	0.58	-0.65	-0.77	0.95	-0.04	-0.52	0.22	3.96	12.66	0.22	52.46	75

附录二　股票型公募基金经理的选股能力和择时能力（按年化α排序）：2020~2024年

续表

编号	基金名称	年化α(%)	t(α)	γ	t(γ)	β_{mkt}	β_{smb}	β_{hml}	β_{mom}	年化收益率(%)	年化波动率(%)	年化夏普比率	最大回撤率(%)	调整后R^2(%)
513	长信双利优选A	4.07	0.51	-0.19	-0.20	0.99	-0.26	0.07	0.02	1.64	13.07	0.12	49.15	64
514	工银互联网加	4.07	0.67	-0.51	-0.72	0.75	-0.12	-0.51	0.29	3.75	11.11	0.21	45.09	75
515	博时汇悦回报	4.07	0.67	-0.78	-1.10	0.89	-0.05	-0.53	0.27	3.67	12.53	0.20	51.23	79
516	东方红睿泽三年持有A	4.07	0.58	-1.23	-1.48	1.10	-0.27	0.12	0.00	-2.10	12.68	-0.04	54.85	71
517	汇添富新兴消费A	4.06	0.50	0.38	0.39	1.01	-0.23	-0.38	0.02	4.35	12.34	0.23	45.81	71
518	鹏华消费优选	4.06	0.52	-0.97	-1.06	0.99	-0.23	0.11	0.18	-0.27	11.50	0.03	52.32	64
519	博道叁佰智航A	4.03	1.22	0.20	0.51	0.89	-0.18	0.04	0.20	5.71	8.71	0.31	33.65	90
520	创金合信量化多因子A	3.98	1.39	-0.63	-1.85	1.05	0.23	-0.08	0.07	8.34	12.22	0.40	34.82	95
521	大成健康产业A	3.96	0.36	-0.97	-0.75	0.89	-0.02	-0.28	0.43	2.35	14.55	0.16	57.47	51
522	诺安鸿鑫A	3.96	0.69	-0.86	-1.26	0.82	-0.10	-0.36	0.06	2.05	11.40	0.13	44.33	75
523	泰信中小盘精选	3.94	0.33	-0.26	-0.18	1.04	0.45	-0.92	0.13	9.90	20.26	0.40	62.11	65
524	华宝价值发现A	3.92	0.60	0.83	1.08	0.91	-0.16	0.56	-0.19	6.22	8.79	0.32	23.48	69
525	富国生物医药科技A	3.91	0.34	-0.46	-0.34	0.90	-0.06	-0.18	0.42	3.44	15.03	0.20	49.66	49
526	泓德量化精选	3.91	0.76	-0.54	-0.89	0.91	0.00	-0.20	0.17	5.21	11.14	0.27	44.21	81
527	中欧电子信息产业A	3.86	0.33	0.61	0.44	0.75	0.16	-1.07	-0.07	9.13	15.96	0.38	47.31	57
528	汇安多因子A	3.86	0.72	-0.60	-0.94	0.99	-0.06	-0.22	0.10	3.74	11.68	0.21	40.26	82
529	交银医药创新A	3.85	0.36	-0.40	-0.31	0.82	-0.06	-0.15	0.44	4.00	13.43	0.22	52.18	48
530	兴全精选	3.84	0.59	-0.74	-0.96	0.89	-0.13	-0.53	0.22	2.14	12.47	0.14	50.92	76

· 259 ·

续表

编号	基金名称	年化 α(%)	t(α)	γ	t(γ)	β_{mkt}	β_{smb}	β_{hml}	β_{mom}	年化收益率(%)	年化波动率(%)	年化夏普比率	最大回撤率(%)	调整后 R^2(%)
531	国金量化多因子 A	3.83	0.73	-0.11	-0.18	0.84	0.35	0.07	0.03	11.53	10.93	0.57	23.21	78
532	华夏潜龙精选	3.83	0.53	-0.39	-0.46	0.64	-0.10	-0.72	0.22	3.72	11.54	0.20	58.13	67
533	汇添富价值精选 A	3.83	0.73	-0.51	-0.83	0.77	-0.42	-0.02	0.13	-1.38	9.30	-0.07	47.60	74
534	嘉实新能源新材料 A	3.82	0.44	-0.06	-0.05	1.21	-0.04	-0.56	-0.01	4.69	15.61	0.25	67.63	75
535	圆信永丰医药健康 A	3.80	0.40	-0.43	-0.38	1.08	0.21	-0.38	-0.20	6.29	16.25	0.30	39.11	66
536	易方达医疗保健 A	3.77	0.34	0.05	0.04	0.90	0.02	-0.20	0.50	6.70	15.91	0.32	42.86	53
537	鹏扬景泰成长	3.76	0.39	0.50	0.44	1.07	-0.06	-0.55	0.20	6.87	13.96	0.31	60.10	68
538	光大阳光启明星创新驱动 A	3.75	0.51	-0.67	-0.77	0.86	-0.01	-0.60	0.11	3.57	13.40	0.20	52.40	71
539	汇添富逆向投资 A	3.74	0.54	0.91	1.12	0.65	-0.21	-0.66	0.15	6.79	10.44	0.34	45.17	70
540	国投瑞银新能源 A	3.74	0.25	-0.06	-0.03	1.19	0.14	-0.75	0.44	5.85	17.82	0.29	70.90	56
541	汇添富经典成长	3.74	0.38	-0.72	-0.62	1.01	-0.24	0.20	0.24	-0.22	14.00	0.06	60.78	54
542	圆信永丰汇利	3.72	0.72	0.60	0.98	0.85	-0.21	-0.44	0.20	6.16	10.03	0.31	44.15	83
543	汇添富沪港深新价值	3.65	0.35	-1.45	-1.17	0.98	-0.25	0.26	0.21	-3.36	13.21	-0.07	55.65	46
544	建信信息产业	3.63	0.45	0.23	0.24	0.87	0.02	-0.59	0.34	7.85	13.62	0.36	47.28	71
545	南方潜力新蓝筹 A	3.62	0.56	-0.56	-0.73	1.08	0.05	-0.29	0.07	4.93	13.62	0.25	42.69	80
546	富国港通量化精选 A	3.62	0.51	-0.67	-0.80	0.89	-0.20	0.47	-0.06	0.01	10.04	0.02	41.26	59
547	富国转型机遇	3.61	0.67	-0.05	-0.08	0.83	-0.12	-0.09	0.41	5.39	9.34	0.28	38.04	78
548	摩根卓越制造 A	3.60	0.47	0.32	0.35	0.74	-0.10	-0.42	0.45	6.81	10.21	0.33	50.96	67

附录二　股票型公募基金经理的选股能力和择时能力（按年化 α 排序）：2020~2024 年

续表

编号	基金名称	年化 α(%)	t(α)	γ	t(γ)	β_{mkt}	β_{smb}	β_{hml}	β_{mom}	年化收益率(%)	年化波动率(%)	年化夏普比率	最大回撤率(%)	调整后 R^2(%)
549	景顺长城量化小盘	3.60	0.99	-0.20	-0.47	1.04	0.28	-0.11	0.11	10.27	12.37	0.47	33.76	92
550	长城核心优势 A	3.60	0.41	-0.97	-0.92	0.89	-0.24	-0.01	0.50	-0.35	12.36	0.04	59.98	58
551	长城品牌优选 A	3.58	0.40	-0.19	-0.18	1.14	-0.46	0.31	0.19	-1.88	13.77	0.00	54.79	65
552	招商行业精选	3.57	0.39	3.06	2.86*	0.47	-0.20	-0.12	0.47	15.29	9.91	0.66	34.97	52
553	中信证券臻选价值成长 A	3.57	0.62	-1.00	-1.46	0.75	-0.29	-0.21	0.02	-1.76	9.63	-0.09	48.80	68
554	银华大盘精选两年定开	3.56	0.50	0.90	1.08	0.86	-0.41	-0.03	0.15	3.32	10.28	0.19	51.36	70
555	申万菱信竞争优势 A	3.56	0.34	-0.17	-0.13	0.99	0.05	-0.47	0.35	5.96	14.50	0.29	56.64	61
556	华夏研究精选	3.55	0.86	-0.04	-0.08	0.94	-0.19	-0.02	0.17	3.88	9.34	0.21	42.30	87
557	海富通股票	3.54	0.22	-1.75	-0.92	1.01	0.01	-0.73	0.29	-3.15	20.45	0.06	58.54	43
558	广发资源优选 A	3.52	0.33	0.50	0.41	0.60	-0.28	-0.88	0.51	3.52	14.38	0.21	54.47	57
559	易方达国防军工 A	3.52	0.30	0.22	0.16	0.83	0.26	-0.67	0.59	10.51	16.61	0.42	51.47	59
560	国投瑞银先进制造	3.50	0.23	-0.21	-0.12	1.20	0.13	-0.71	0.37	4.81	17.78	0.27	71.64	55
561	工银医药健康 A	3.49	0.30	-0.88	-0.64	0.88	0.03	0.04	0.34	2.59	14.60	0.17	55.43	41
562	弘毅远方国企转型 A	3.48	0.69	-0.71	-1.18	0.85	-0.12	-0.50	-0.01	1.85	11.35	0.12	47.80	82
563	华夏优势增长	3.47	0.53	-0.41	-0.53	0.96	-0.06	-0.62	0.10	3.68	13.47	0.21	50.48	79
564	富国研究量化精选 A	3.44	0.57	-0.14	-0.20	0.87	0.04	-0.41	0.37	7.16	11.90	0.34	48.01	79
565	新华趋势领航	3.43	0.37	-0.51	-0.46	0.75	-0.09	-1.24	-0.20	1.05	14.74	0.12	64.74	66
566	中海消费主题精选 A	3.41	0.34	-0.87	-0.73	0.93	-0.21	-0.27	0.46	-0.18	14.33	0.07	57.69	58

· 261 ·

续表

编号	基金名称	年化 α(%)	$t(\alpha)$	γ	$t(\gamma)$	β_{mkt}	β_{smb}	β_{hml}	β_{mom}	年化收益率(%)	年化波动率(%)	年化夏普比率	最大回撤率(%)	调整后 R^2(%)
567	长信低碳环保行业量化A	3.39	0.29	0.54	0.39	1.15	0.07	−0.54	0.14	7.71	15.22	0.34	65.40	63
568	华安双核驱动A	3.37	0.40	1.33	1.32	0.93	−0.32	0.07	0.37	6.37	11.09	0.30	50.51	66
569	工银美丽城镇主题A	3.37	0.53	0.67	0.88	0.78	−0.12	0.09	0.29	7.44	8.10	0.38	41.25	68
570	中信证券成长动力A	3.36	0.63	−0.12	−0.19	0.87	−0.20	−0.34	0.08	2.97	10.51	0.17	44.58	80
571	富国军工主题A	3.34	0.31	−0.10	−0.08	0.77	0.01	−0.74	0.56	5.63	15.60	0.28	56.24	59
572	华泰保兴吉年利	3.32	0.50	−0.44	−0.55	0.73	−0.06	−0.69	0.17	3.62	12.96	0.20	50.18	72
573	长城港股通价值精选多策略A	3.32	0.36	−1.63	−1.51	1.16	−0.18	0.16	−0.12	−3.76	14.96	−0.08	63.22	60
574	国富沪港深成长精选A	3.29	0.59	−0.47	−0.72	0.92	−0.30	−0.14	0.19	0.18	10.24	0.04	57.50	78
575	格林创新成长A	3.28	0.38	−0.94	−0.92	0.99	−0.28	−0.38	−0.51	−3.79	14.46	−0.09	60.80	63
576	大摩卓越成长	3.28	0.47	−1.52	−1.85	1.06	−0.21	0.04	−0.01	−3.00	12.27	−0.09	54.29	71
577	中欧行业成长A	3.26	0.52	−0.70	−0.94	0.82	−0.13	−0.22	0.32	2.03	10.56	0.13	51.12	72
578	交银精选	3.24	0.62	−0.15	−0.24	0.79	−0.23	−0.37	0.00	2.09	9.49	0.12	42.05	78
579	博道卓远	3.23	0.67	−0.27	−0.47	0.97	0.01	−0.39	−0.11	4.83	11.98	0.25	41.05	86
580	工银科技创新	3.22	0.46	−0.08	−0.09	0.81	−0.14	−0.50	0.18	3.70	11.24	0.20	50.84	71
581	景顺长城品质投资A	3.22	0.54	−0.58	−0.82	0.87	−0.07	−0.33	0.17	3.01	12.23	0.17	45.68	76
582	华安物联网主题A	3.19	0.70	−0.22	−0.41	1.00	0.01	−0.46	0.06	5.45	12.75	0.28	45.44	89
583	财通福盛多策略A	3.18	0.38	0.44	0.44	1.01	0.17	−0.16	0.30	10.40	13.28	0.44	38.90	69
584	大摩品质生活精选A	3.17	0.57	−0.11	−0.16	1.10	0.18	−0.50	−0.07	7.77	14.89	0.35	46.43	87

附录二 股票型公募基金经理的选股能力和择时能力(按年化α排序):2020~2024年

续表

编号	基金名称	年化α(%)	t(α)	γ	t(γ)	β_{mkt}	β_{smb}	β_{hml}	β_{mom}	年化收益率(%)	年化波动率(%)	年化夏普比率	最大回撤率(%)	调整后R^2(%)
585	华泰柏瑞战略新兴产业A	3.16	0.44	0.18	0.20	0.78	0.03	-0.30	0.31	7.44	11.18	0.36	43.17	68
586	大成景恒A	3.16	0.52	-0.12	-0.17	0.93	0.60	0.22	-0.29	13.01	13.18	0.58	26.80	79
587	大摩健康产业A	3.16	0.26	-0.86	-0.61	0.93	-0.02	-0.03	0.32	1.35	15.13	0.13	58.31	43
588	嘉实量化阿尔法	3.15	0.78	-0.10	-0.21	0.93	-0.19	0.07	0.15	3.26	8.97	0.18	36.83	86
589	工银金融地产A	3.14	0.43	0.94	1.08	0.82	-0.33	0.73	-0.02	3.07	10.63	0.17	28.16	63
590	中信保诚盛世蓝筹	3.14	0.85	-0.67	-1.53	0.73	-0.35	-0.07	0.06	-1.51	8.61	-0.12	39.03	83
591	平安行业先锋	3.13	0.57	-0.25	-0.38	0.85	-0.14	0.24	0.18	3.15	8.70	0.18	40.10	72
592	富国高新技术产业	3.06	0.37	-1.08	-1.11	0.89	-0.32	-0.49	0.24	-2.90	13.78	-0.06	61.43	66
593	南方产业智选A	3.04	0.26	0.04	0.03	0.55	0.03	-0.65	0.56	5.65	16.52	0.28	43.12	45
594	融通消费升级A	3.01	0.39	0.57	0.62	0.76	0.07	-0.49	0.42	9.54	11.42	0.43	33.72	69
595	中欧启航三年持有期A	3.01	0.49	-0.55	-0.75	0.84	-0.14	-0.16	0.29	2.18	10.53	0.13	53.07	72
596	嘉实智能汽车	2.99	0.32	-0.53	-0.47	1.22	0.00	-0.47	-0.09	2.24	15.68	0.17	67.51	71
597	鹏华量化先锋	2.96	0.95	0.01	0.02	0.85	0.19	-0.03	0.16	9.41	9.39	0.49	23.45	91
598	博道启航A	2.95	0.93	0.31	0.83	0.87	0.04	-0.03	0.21	8.37	9.03	0.44	30.77	91
599	国泰量化策略收益A	2.93	0.74	0.32	0.69	0.88	-0.24	0.02	0.05	3.48	8.42	0.19	35.77	86
600	银华中小盘精选	2.93	0.33	-0.49	-0.47	0.75	-0.05	-0.84	-0.08	1.96	14.11	0.14	48.96	62
601	中欧明睿新起点	2.92	0.27	-0.42	-0.33	0.97	-0.17	-0.76	0.33	0.71	15.77	0.13	64.05	62
602	农银汇理行业成长A	2.91	0.38	-0.32	-0.35	0.74	-0.12	-0.25	0.44	3.22	10.62	0.18	42.85	62

续表

编号	基金名称	年化α(%)	t(α)	γ	t(γ)	β_{mkt}	β_{smb}	β_{hml}	β_{mom}	年化收益率(%)	年化波动率(%)	年化夏普比率	最大回撤率(%)	调整后R^2(%)
603	民生加银优选	2.90	0.36	-0.52	-0.55	0.97	-0.11	-0.49	0.14	1.83	13.99	0.14	56.90	70
604	中欧新动力A	2.88	0.63	0.28	0.52	0.89	-0.13	-0.24	0.08	5.05	9.90	0.27	40.04	85
605	汇安趋势动力A	2.86	0.25	-1.06	-0.77	0.81	-0.01	-1.00	-0.03	-0.54	17.59	0.08	53.79	55
606	睿远成长价值A	2.86	0.46	-0.91	-1.25	1.07	-0.18	-0.37	0.14	-0.21	12.85	0.05	53.53	81
607	摩根智选30A	2.84	0.37	0.46	0.51	0.71	-0.12	-0.41	0.40	6.06	9.69	0.30	48.94	65
608	汇添富行业整合主题A	2.82	0.37	-0.14	-0.15	0.54	-0.24	-0.40	0.32	1.67	9.74	0.10	50.45	54
609	博时量化价值A	2.79	0.78	0.38	0.89	0.76	-0.05	0.21	0.01	6.36	7.09	0.37	20.82	84
610	富国高端制造行业	2.79	0.46	-0.06	-0.08	0.96	-0.04	-0.25	0.28	5.23	11.78	0.27	41.02	79
611	华宝生态中国	2.76	0.42	0.09	0.11	1.08	0.07	-0.20	-0.06	6.44	13.25	0.31	48.68	79
612	富国低碳新经济A	2.75	0.40	-0.13	-0.16	1.01	0.09	-0.57	0.37	6.68	15.02	0.31	53.31	81
613	银河和美生活A	2.72	0.24	-0.29	-0.22	0.95	-0.10	-1.39	-0.22	0.02	16.59	0.12	62.98	66
614	华宝品质生活	2.66	0.34	0.29	0.31	0.97	-0.18	-0.08	0.17	3.75	11.86	0.21	42.95	67
615	汇添富民营活力A	2.65	0.48	-0.28	-0.43	0.90	0.00	-0.50	0.15	4.65	11.92	0.24	43.58	83
616	湘财长顺A	2.65	0.35	-0.55	-0.62	0.94	0.17	-0.11	0.03	5.37	13.32	0.28	51.85	68
617	长盛医疗行业	2.64	0.19	0.45	0.27	0.71	0.07	-0.02	0.52	6.68	15.11	0.31	49.90	31
618	广发港股通优质增长A	2.64	0.26	-1.22	-1.02	1.23	-0.23	0.12	-0.16	-4.11	14.95	-0.07	57.48	60
619	华泰柏瑞积极优选A	2.61	0.33	0.80	0.85	0.69	0.16	-0.71	0.17	10.66	12.58	0.47	31.43	68
620	建信龙头企业	2.60	0.35	1.19	1.34	0.76	-0.22	0.02	0.14	6.28	8.81	0.32	45.22	61

附录二 股票型公募基金经理的选股能力和择时能力(按年化α排序):2020~2024年

续表

编号	基金名称	年化α(%)	t(α)	γ	t(γ)	β_{mkt}	β_{smb}	β_{hml}	β_{mom}	年化收益率(%)	年化波动率(%)	年化夏普比率	最大回撤率(%)	调整后R^2(%)
621	鹏华优势企业	2.60	0.36	0.05	0.05	0.82	-0.10	-0.27	0.31	4.44	10.49	0.23	42.20	68
622	嘉实企业变革	2.60	0.41	-0.54	-0.71	0.95	0.07	-0.36	0.13	4.41	12.52	0.23	44.88	77
623	西部利得策略优选A	2.58	0.18	0.23	0.14	1.77	0.06	1.40	0.09	3.25	17.77	0.23	51.68	61
624	中金精选A	2.56	0.41	-0.55	-0.74	0.94	-0.15	-0.08	-0.15	0.37	11.61	0.05	42.77	72
625	大摩量化多策略	2.51	0.50	0.34	0.57	0.81	-0.22	-0.09	0.31	4.06	9.84	0.22	39.71	80
626	大摩领先优势	2.51	0.49	-0.27	-0.44	1.07	0.15	-0.47	-0.12	5.88	14.56	0.29	45.33	87
627	长盛同德	2.47	0.48	0.35	0.58	0.74	-0.18	-0.34	0.18	4.28	8.54	0.23	37.36	78
628	景顺长城量化新动力	2.46	0.67	0.18	0.41	0.93	-0.17	0.18	0.21	4.06	8.58	0.22	37.18	89
629	广发资管平衡精选一年持有	2.44	0.33	-1.54	-1.78	0.68	0.00	0.11	0.06	-1.04	9.92	-0.06	45.19	45
630	宝盈泛沿海增长	2.42	0.31	-0.73	-0.79	1.03	0.11	-0.93	-0.12	2.69	16.52	0.18	56.36	78
631	建信互联网+产业升级	2.41	0.45	0.08	0.13	0.92	-0.21	-0.56	0.13	2.62	11.22	0.16	46.45	84
632	新华策略精选	2.41	0.28	-0.45	-0.44	0.93	0.06	-0.73	0.10	3.70	14.31	0.21	52.40	70
633	国联安锐意成长	2.40	0.29	0.47	0.48	0.96	-0.09	0.06	0.04	4.90	12.26	0.25	40.25	63
634	中邮核心主题	2.40	0.22	0.12	0.09	0.45	-0.21	-0.14	0.62	2.12	11.62	0.14	56.69	34
635	广发稳健策略	2.39	0.46	0.40	0.66	0.67	-0.22	-0.31	0.08	3.41	9.32	0.19	43.90	74
636	诺安研究精选	2.39	0.60	-0.53	-1.12	1.03	0.04	-0.24	0.16	4.34	12.01	0.23	45.15	90
637	国富研究精选A	2.37	0.38	1.14	1.55	1.09	-0.20	-0.03	0.07	6.34	10.85	0.30	44.24	81
638	光大阳光优选一年持有A	2.36	0.63	-0.19	-0.42	0.81	-0.18	-0.21	0.02	1.98	9.16	0.11	35.80	86

续表

编号	基金名称	年化 α(%)	t(α)	γ	t(γ)	β_{mkt}	β_{smb}	β_{hml}	β_{mom}	年化收益率(%)	年化波动率(%)	年化夏普比率	最大回撤率(%)	调整后 R^2(%)
639	民生加银景气行业A	2.34	0.39	−0.32	−0.44	0.80	−0.31	−0.18	0.27	−0.21	9.64	0.01	52.59	72
640	建信现代服务业	2.33	0.28	0.56	0.58	0.68	−0.17	−0.12	0.07	4.19	8.56	0.22	40.87	50
641	宝盈策略增长	2.32	0.31	−0.72	−0.80	1.06	0.23	−0.84	0.07	4.85	16.59	0.26	53.60	80
642	工银农业产业	2.28	0.35	−0.05	−0.07	0.80	−0.07	−0.20	0.20	4.05	11.16	0.22	43.17	69
643	诺德策略精选	2.28	0.35	−0.25	−0.32	0.79	−0.26	−0.17	−0.07	−0.23	11.05	0.01	42.13	65
644	嘉实领先成长	2.27	0.30	−0.69	−0.76	1.03	−0.06	−0.24	0.15	1.36	13.40	0.12	51.00	71
645	大摩主题优选	2.24	0.38	−0.22	−0.31	0.92	−0.11	−0.34	0.09	2.65	11.45	0.16	52.11	78
646	信澳产业升级	2.24	0.18	−0.78	−0.52	1.06	0.20	−0.85	0.34	3.15	19.26	0.22	72.06	62
647	中银持续增长A	2.22	0.29	0.18	0.20	0.85	0.00	−0.49	0.20	5.65	11.96	0.28	52.16	70
648	湘财长源A	2.21	0.30	−0.30	−0.35	0.94	0.11	−0.13	−0.10	4.71	12.92	0.25	47.97	69
649	鹏华价值优势	2.20	0.40	−0.24	−0.36	0.85	−0.14	−0.25	0.20	2.48	10.15	0.14	40.98	78
650	建信优选成长A	2.19	0.34	1.28	1.65*	0.90	−0.31	0.17	0.14	5.03	9.44	0.26	36.87	73
651	汇添富民营新动力	2.19	0.47	−0.33	−0.61	0.99	0.14	−0.60	0.05	5.73	14.24	0.29	40.69	89
652	鹏华创新驱动	2.18	0.21	−0.31	−0.24	0.63	0.01	−0.58	0.60	3.76	14.70	0.21	48.09	52
653	华安大国新经济	2.18	0.48	−0.33	−0.62	1.00	0.02	−0.43	0.06	4.13	12.84	0.22	47.36	88
654	人保研究精选A	2.18	0.49	−0.71	−1.33	0.93	−0.07	−0.32	0.05	1.48	11.88	0.10	47.74	86
655	长信银利精选A	2.17	0.29	1.94	2.18*	0.47	−0.03	−0.16	0.40	12.44	8.78	0.62	31.87	53
656	博道远航A	2.17	0.57	0.30	0.65	0.88	0.02	−0.14	0.22	7.14	9.62	0.36	35.55	89

附录二　股票型公募基金经理的选股能力和择时能力（按年化α排序）：2020~2024年

续表

编号	基金名称	年化α(%)	t(α)	γ	t(γ)	β_{mkt}	β_{smb}	β_{hml}	β_{mom}	年化收益率（%）	年化波动率（%）	年化夏普比率	最大回撤率（%）	调整后R^2(%)
657	工银沪港深 A	2.15	0.26	−1.32	−1.33	1.08	−0.30	0.05	−0.07	−5.22	13.37	−0.16	57.97	63
658	财通可持续发展主题	2.13	0.23	0.29	0.27	1.02	−0.21	−0.10	0.27	2.59	12.43	0.17	53.61	64
659	博时量化多策略 A	2.11	0.64	0.43	1.10	0.79	−0.01	0.13	0.08	6.75	7.36	0.38	24.53	88
660	嘉实增长	2.11	0.33	−0.21	−0.27	0.72	−0.08	−0.23	0.18	3.19	9.42	0.18	43.91	66
661	南方科技创新 A	2.10	0.20	0.40	0.32	0.80	−0.05	−0.94	0.41	4.96	15.97	0.26	60.14	63
662	中银中小盘成长	2.08	0.30	−0.47	−0.58	0.76	0.16	−0.65	0.25	5.59	13.56	0.28	47.86	74
663	华安幸福生活 A	2.07	0.25	0.56	0.57	0.72	−0.01	−0.65	0.56	7.36	13.07	0.34	55.43	69
664	信澳核心科技 A	2.07	0.22	0.11	0.10	1.02	0.32	−0.74	−0.03	8.40	16.89	0.36	57.80	72
665	诺安策略精选	2.07	0.35	−0.78	−1.10	0.89	0.05	0.13	−0.02	2.26	11.04	0.13	38.23	70
666	嘉实量化精选	2.06	0.62	0.09	0.22	0.93	0.08	0.00	0.19	7.15	9.60	0.37	27.91	91
667	海富通研究精选 A	2.06	0.45	−0.81	−1.49	0.99	−0.08	−0.27	0.26	1.38	12.16	0.10	43.75	87
668	华宝动力组合 A	2.04	0.19	1.59	1.23	1.00	0.11	−0.10	0.14	11.49	14.54	0.46	42.61	58
669	长城优选升级 A	2.04	0.24	0.01	0.01	0.89	0.28	−0.62	0.41	9.14	14.60	0.39	51.12	73
670	博时志远	2.04	0.44	−0.02	−0.03	0.96	0.02	−0.44	−0.13	4.73	12.02	0.25	44.88	87
671	嘉实价值优势 A	2.01	0.34	1.09	1.54	0.76	−0.22	0.03	0.23	5.85	8.42	0.31	36.27	72
672	中欧量化驱动 A	2.00	0.47	−0.05	−0.10	0.85	0.04	−0.07	0.01	5.35	9.92	0.29	41.60	84
673	景顺长城量化英集成长两年	1.98	0.19	0.42	0.33	1.16	−0.44	0.26	0.05	−1.94	14.86	0.02	59.18	59
674	博道久航 A	1.97	0.56	0.13	0.31	0.88	−0.02	−0.04	0.08	5.32	9.15	0.29	31.47	89

续表

编号	基金名称	年化 α(%)	t(α)	γ	t(γ)	β_{mkt}	β_{smb}	β_{hml}	β_{mom}	年化收益率(%)	年化波动率(%)	年化夏普比率	最大回撤率(%)	调整后 R^2(%)
675	交银先锋 A	1.96	0.31	0.50	0.67	0.82	−0.09	−0.48	0.18	5.52	10.63	0.28	47.59	76
676	中金瑞安 A	1.95	0.32	1.11	1.52	0.76	−0.16	−0.05	0.15	6.73	8.09	0.35	27.15	70
677	华宝消费升级	1.93	0.24	−0.42	−0.43	1.07	−0.32	0.35	0.15	−2.01	13.13	−0.03	53.33	65
678	万家行业优选	1.90	0.17	−0.21	−0.16	0.97	0.12	−0.98	−0.13	3.18	17.52	0.21	63.54	62
679	金鹰主题优势	1.88	0.23	0.58	0.58	0.82	−0.06	−0.80	−0.10	4.92	12.70	0.25	47.88	68
680	前海开源趋势共识 100 强	1.88	0.53	−1.64	−3.94	1.00	−0.01	0.00	0.14	−1.00	11.78	−0.03	46.03	90
681	长城量化精选 A	1.85	0.17	−0.22	−0.17	1.10	−0.27	0.09	−0.35	−2.79	16.33	−0.02	45.59	53
682	华泰柏瑞医疗健康 A	1.84	0.16	−0.59	−0.45	0.88	0.09	−0.18	0.45	3.22	14.93	0.20	52.66	50
683	安信价值精选	1.82	0.33	0.34	0.52	1.07	−0.24	0.29	0.07	2.13	10.73	0.13	41.31	81
684	南方产业活力	1.80	0.35	0.35	0.57	0.73	−0.19	−0.20	0.28	3.66	8.86	0.20	39.33	77
685	民生加银内需增长	1.80	0.31	0.26	0.37	0.78	−0.12	0.03	0.36	4.41	9.12	0.24	44.53	72
686	摩根内需动力 A	1.79	0.19	−0.59	−0.52	0.78	−0.23	−0.63	0.40	−1.19	13.05	0.03	61.85	60
687	信澳转型创新 A	1.79	0.21	−0.76	−0.73	0.92	0.24	−0.84	0.15	4.19	17.36	0.24	58.09	72
688	景顺长城绩优成长 A	1.78	0.17	0.54	0.43	1.11	−0.43	0.24	0.08	−1.29	14.35	0.04	58.32	58
689	景顺长城沪港深领先科技	1.77	0.26	−0.68	−0.84	0.81	−0.05	−0.39	0.19	1.28	12.86	0.10	51.70	69
690	信澳中小盘	1.77	0.15	−1.44	−1.02	1.12	0.23	−0.82	0.17	0.47	19.22	0.14	71.93	64
691	华安汇智精选两年	1.76	0.29	−0.06	−0.08	0.90	−0.34	−0.06	0.06	−0.87	10.57	−0.01	52.90	74
692	富国天惠精选成长 A	1.74	0.39	0.23	0.44	0.96	−0.25	−0.07	0.16	2.09	10.03	0.13	42.60	86

附录二 股票型公募基金经理的选股能力和择时能力（按年化α排序）：2020~2024年

续表

编号	基金名称	年化α(%)	t(α)	γ	t(γ)	β_{mkt}	β_{smb}	β_{hml}	β_{mom}	年化收益率(%)	年化波动率(%)	年化夏普比率	最大回撤率(%)	调整后R^2(%)
693	大成中小盘A	1.71	0.27	−0.42	−0.56	0.76	0.04	−0.24	0.51	4.54	10.88	0.24	38.45	73
694	汇添富策略回报	1.70	0.29	−0.55	−0.78	1.02	−0.13	−0.24	0.20	0.85	12.03	0.09	53.41	81
695	国泰研究精选两年	1.65	0.22	0.59	0.66	1.11	0.26	−0.02	0.27	10.78	13.69	0.45	35.42	77
696	摩根核心成长A	1.64	0.26	0.42	0.56	0.95	−0.11	−0.03	0.00	4.05	11.11	0.22	44.37	75
697	国投瑞银核心企业	1.63	0.31	0.46	0.74	0.77	−0.10	−0.24	0.25	5.18	9.00	0.27	38.97	78
698	广发消费品精选	1.63	0.22	−0.22	−0.25	0.94	−0.30	0.07	−0.05	−1.48	12.00	−0.03	50.24	65
699	农银汇理信息传媒A	1.62	0.19	0.35	0.34	0.90	−0.11	−0.26	−0.01	3.22	12.55	0.19	40.77	61
700	诺安主题精选	1.62	0.19	−0.24	−0.25	0.76	−0.23	−0.37	0.07	−0.50	11.87	0.02	52.32	57
701	嘉实医药健康A	1.61	0.15	−0.44	−0.35	0.91	−0.04	−0.02	0.41	1.80	14.73	0.14	54.00	51
702	中欧远见两年定开	1.59	0.24	−0.36	−0.45	0.75	−0.26	−0.09	0.15	−0.79	10.04	−0.03	44.56	62
703	摩根阿尔法	1.58	0.26	0.22	0.31	0.96	−0.12	0.02	0.01	3.19	11.03	0.18	46.51	76
704	易方达行业领先	1.58	0.24	−0.08	−0.10	0.95	−0.22	−0.12	0.18	1.01	11.53	0.09	48.03	73
705	鹏华精选回报三年定期开放	1.58	0.19	−1.03	−1.07	1.02	−0.23	0.20	0.30	−2.69	12.28	−0.06	57.91	63
706	国联高股息精选A	1.57	0.17	0.56	0.52	0.62	−0.12	−0.13	0.40	4.59	11.38	0.24	54.93	47
707	农银汇理中小盘	1.57	0.25	0.00	0.00	0.66	−0.09	−0.46	0.40	3.68	9.84	0.20	46.89	71
708	南华丰淳A	1.57	0.22	−0.71	−0.84	1.05	−0.04	−0.49	0.10	0.78	13.79	0.10	56.22	77
709	博时新兴消费主题A	1.55	0.23	−1.05	−1.29	0.97	−0.20	0.18	0.04	−2.86	11.82	−0.11	48.33	66
710	国泰央企改革	1.54	0.29	1.07	1.68*	0.73	−0.31	−0.43	0.02	3.56	9.74	0.20	47.59	78

· 269 ·

续表

编号	基金名称	年化 α(%)	t(α)	γ	t(γ)	β_{mkt}	β_{smb}	β_{hml}	β_{mom}	年化收益率(%)	年化波动率(%)	年化夏普比率	最大回撤率(%)	调整后 R^2(%)
711	汇添富均衡增长	1.46	0.29	-0.68	-1.14	0.94	-0.19	-0.17	0.36	-0.21	11.32	0.03	51.13	83
712	工银稳健成长A	1.42	0.29	0.15	0.27	0.71	-0.25	-0.03	0.14	1.23	8.32	0.07	38.23	75
713	富国医疗保健行业A	1.36	0.11	-0.36	-0.25	0.89	-0.08	-0.16	0.40	0.69	15.63	0.11	56.77	44
714	银河消费驱动	1.36	0.14	-1.59	-1.40	1.10	0.08	0.17	0.04	-1.72	15.40	0.00	62.07	57
715	中信保诚幸福消费A	1.35	0.18	-0.39	-0.44	1.07	-0.11	0.23	-0.02	0.33	13.18	0.06	40.95	68
716	长信量化中小盘	1.34	0.22	0.02	0.03	0.81	0.31	-0.17	0.38	9.68	11.11	0.46	39.18	77
717	国泰区位优势A	1.33	0.19	0.04	0.05	0.94	0.08	-0.44	0.01	4.87	13.63	0.25	42.94	74
718	中欧盛世成长A	1.30	0.15	-0.23	-0.23	1.05	0.03	-0.71	0.19	3.09	16.19	0.20	55.91	75
719	汇添富红利增长A	1.29	0.22	1.13	1.60	0.58	-0.24	-0.24	0.42	5.44	8.03	0.29	38.77	70
720	安信量化优选	1.29	0.28	0.09	0.17	0.91	0.04	-0.16	0.09	5.36	10.91	0.28	35.56	85
721	工银精选金融地产A	1.25	0.17	0.64	0.75	0.88	-0.31	0.75	-0.06	0.35	11.02	0.05	34.65	65
722	兴银先锋成长A	1.21	0.25	0.02	0.04	0.68	-0.02	-0.47	-0.01	3.68	9.94	0.20	36.45	79
723	长信创新驱动	1.21	0.11	-0.75	-0.57	0.98	0.01	-1.04	0.04	-0.79	18.78	0.09	66.06	64
724	国海证券量化优选一年持有A	1.20	0.31	0.51	1.10	0.91	0.30	0.09	0.25	11.31	10.12	0.55	22.14	89
725	圆信永丰精选回报	1.19	0.26	0.37	0.68	0.86	-0.11	-0.28	0.15	4.12	10.09	0.22	42.42	84
726	华商医药医疗行业	1.16	0.13	-1.34	-1.28	0.95	-0.11	-0.09	0.34	-2.65	13.75	-0.05	50.99	59
727	光大核心A	1.14	0.21	-1.28	-2.01	0.87	0.06	-0.02	-0.03	-0.20	11.02	0.00	43.80	75
728	银华估值优势	1.13	0.19	0.74	1.07	0.83	-0.31	-0.19	0.14	2.17	9.41	0.13	50.93	76

· 270 ·

附录二　股票型公募基金经理的选股能力和择时能力(按年化α排序)：2020~2024年

续表

编号	基金名称	年化α(%)	t(α)	γ	t(γ)	β_{mkt}	β_{smb}	β_{hml}	β_{mom}	年化收益率(%)	年化波动率(%)	年化夏普比率	最大回撤率(%)	调整后R^2(%)
729	银河研究精选A	1.11	0.20	0.10	0.15	0.98	−0.03	−0.50	0.12	3.90	12.67	0.21	51.28	84
730	天治转型升级	1.07	0.09	−1.89	−1.40	1.09	−0.30	0.49	0.52	−7.83	14.11	−0.21	66.22	49
731	南方ESG主题A	1.06	0.15	−0.14	−0.17	0.77	−0.21	−0.26	0.42	0.78	9.63	0.07	54.08	68
732	国富潜力组合A人民币	1.01	0.17	1.09	1.54	1.08	−0.19	−0.09	0.06	4.91	11.10	0.25	45.68	82
733	富国天博创新主题	0.99	0.16	0.10	0.14	0.96	−0.10	−0.17	0.27	3.06	11.24	0.18	42.99	77
734	银河竞争优势成长	0.98	0.17	−0.14	−0.21	0.93	−0.20	−0.59	0.06	0.29	11.62	0.06	49.07	82
735	中银消费主题A	0.97	0.14	0.18	0.22	0.93	−0.23	−0.02	0.06	0.74	10.99	0.07	40.53	70
736	招商中国机遇	0.95	0.11	0.06	0.06	0.70	−0.01	−0.77	0.35	3.62	13.52	0.21	59.85	65
737	万家消费成长	0.95	0.18	−0.04	−0.07	0.92	−0.16	0.32	0.30	1.73	10.01	0.11	33.91	78
738	华安生态优先A	0.91	0.10	0.15	0.14	0.93	−0.26	0.05	0.17	−0.21	12.83	0.05	57.15	56
739	光大中小盘A	0.88	0.11	0.41	0.44	0.97	−0.04	−0.62	0.01	3.90	13.90	0.22	50.90	73
740	诺德量化蓝筹增强A	0.85	0.30	0.42	1.28	0.82	−0.12	0.10	−0.17	3.10	7.68	0.17	29.19	91
741	博道伍佰智航A	0.85	0.21	0.25	0.54	0.87	0.24	−0.08	0.21	8.93	10.85	0.44	30.02	88
742	中银健康生活	0.85	0.13	0.24	0.31	0.45	−0.11	−0.38	0.22	2.87	8.41	0.16	40.36	53
743	广发消费升级	0.84	0.10	−0.12	−0.11	1.03	−0.30	0.06	0.05	−2.04	13.30	−0.02	59.71	63
744	财通多策略福瑞A	0.77	0.10	0.80	0.88	0.59	−0.13	−0.03	0.43	4.93	7.51	0.26	36.20	53
745	招商国企改革	0.75	0.08	−0.09	−0.08	0.77	−0.15	0.08	0.48	1.05	12.18	0.09	44.20	52
746	兴全全球视野	0.73	0.17	−0.53	−1.02	0.82	−0.02	−0.28	0.18	1.78	10.66	0.11	41.67	84

· 271 ·

续表

编号	基金名称	年化 α(%)	t(α)	γ	t(γ)	β_{mkt}	β_{smb}	β_{hml}	β_{mom}	年化收益率(%)	年化波动率(%)	年化夏普比率	最大回撤率(%)	调整后 R^2(%)
747	嘉实价值成长	0.72	0.15	-0.89	-1.51	0.91	-0.29	-0.23	0.17	-3.54	10.76	-0.15	57.01	82
748	国寿安保成长优选 A	0.71	0.11	-0.80	-1.03	1.02	0.19	-0.58	0.11	2.89	15.99	0.18	47.78	81
749	富国创新科技 A	0.69	0.07	-1.20	-0.99	0.84	-0.21	-0.71	0.31	-4.59	15.86	-0.08	63.18	59
750	国联安红利	0.67	0.12	1.69	2.56*	0.67	-0.21	0.49	-0.01	5.69	7.11	0.31	15.17	69
751	富国国家安全主题 A	0.66	0.10	-0.61	-0.74	0.92	-0.09	-0.32	0.18	-0.13	13.55	0.04	50.16	72
752	泓德泓益 A	0.62	0.11	-0.29	-0.45	0.84	-0.02	-0.29	0.25	2.56	11.37	0.15	47.20	79
753	摩根成长先锋 A	0.62	0.11	-0.37	-0.53	0.73	0.00	-0.47	0.38	2.71	11.25	0.16	52.11	76
754	景顺长城量化港股通 A	0.57	0.09	-0.40	-0.53	0.76	-0.14	0.57	-0.11	-1.43	9.25	-0.09	33.34	57
755	光大红利	0.54	0.10	-0.28	-0.41	0.75	-0.03	0.01	0.37	2.48	9.38	0.14	41.17	71
756	博时逆向投资 A	0.44	0.09	0.29	0.49	0.61	-0.02	-0.57	0.32	4.73	9.88	0.25	40.54	80
757	易方达中盘成长	0.44	0.06	-0.86	-1.01	1.02	-0.25	-0.18	0.13	-3.71	12.75	-0.11	59.15	72
758	银河美丽优萃 A	0.41	0.04	-0.62	-0.56	1.09	-0.29	0.22	0.33	-3.63	13.88	-0.07	59.91	61
759	国联安价值优选	0.39	0.08	1.09	1.79*	0.84	-0.02	0.38	0.10	6.97	7.65	0.37	20.35	77
760	汇安裕阳三年持有	0.39	0.03	0.62	0.46	0.82	0.33	-1.09	0.30	8.77	17.31	0.37	58.29	65
761	农银汇理大盘蓝筹	0.38	0.12	-0.20	-0.55	0.78	-0.18	-0.02	0.16	0.36	8.33	0.01	38.56	89
762	东方人工智能主题 A	0.33	0.02	-0.89	-0.56	0.83	0.05	-0.77	-0.05	-2.21	18.33	0.04	48.98	44
763	华商新动力 A	0.32	0.04	-0.11	-0.11	0.72	0.04	-0.84	0.07	2.39	13.82	0.16	46.84	64
764	嘉实优质企业	0.30	0.04	-1.25	-1.30	0.99	-0.14	-0.30	0.25	-3.53	13.61	-0.08	64.25	67

附录二　股票型公募基金经理的选股能力和择时能力(按年化α排序)：2020~2024年

续表

编号	基金名称	年化α(%)	t(α)	γ	t(γ)	β_{mkt}	β_{smb}	β_{hml}	β_{mom}	年化收益率(%)	年化波动率(%)	年化夏普比率	最大回撤率(%)	调整后R^2(%)
765	华宝宝康消费品	0.29	0.04	0.16	0.19	0.78	-0.14	0.05	0.15	1.54	9.39	0.10	42.38	60
766	南方成份精选A	0.23	0.04	-0.05	-0.08	0.78	-0.39	-0.33	0.08	-2.96	10.54	-0.13	51.53	76
767	摩根新兴服务A	0.19	0.03	-0.17	-0.19	0.67	-0.08	-0.47	0.41	1.64	11.33	0.11	53.00	66
768	招商丰韵A	0.19	0.03	-0.98	-1.16	0.68	-0.08	-0.36	0.34	-1.53	11.04	-0.05	54.90	62
769	汇安核心成长A	0.17	0.02	0.22	0.23	0.74	0.00	-0.80	0.22	3.40	13.42	0.20	50.94	68
770	南方绩优成长A	0.14	0.02	0.59	0.86	0.64	-0.19	-0.20	0.35	2.81	9.41	0.16	36.19	70
771	南方优选价值	0.12	0.02	0.06	0.08	0.60	-0.15	-0.54	0.31	1.23	9.85	0.08	45.99	69
772	民生加银稳健成长	0.07	0.01	-0.28	-0.33	0.92	-0.02	-0.68	0.25	1.37	14.52	0.12	57.86	76
773	嘉实金融精选A	0.04	0.00	0.24	0.21	1.00	-0.28	0.79	-0.09	-2.39	12.63	-0.04	42.51	54
774	银河主题策略A	0.01	0.00	0.25	0.26	0.81	-0.14	-1.00	0.32	1.41	13.09	0.13	58.20	74
775	富国改革动力	0.01	0.00	-0.41	-0.63	0.80	-0.20	-0.24	0.24	-1.20	10.04	-0.04	43.01	76
776	汇添富医药保健A	-0.01	0.00	-0.70	-0.53	0.84	-0.06	-0.24	0.42	-1.22	14.49	0.03	60.59	48
777	汇丰晋信大盘波动精选A	-0.05	-0.01	-0.05	-0.11	0.79	-0.02	0.35	0.01	2.05	7.90	0.11	18.57	83
778	南方策略优化	-0.05	-0.01	-0.38	-0.49	0.86	0.01	-0.04	0.32	2.00	10.88	0.12	40.41	70
779	华泰柏瑞基本面智选A	-0.06	-0.01	-0.66	-0.54	0.99	0.04	-0.58	0.32	0.24	15.02	0.10	66.97	63
780	招商大盘蓝筹	-0.08	-0.02	0.44	0.69	0.84	-0.02	-0.19	0.17	4.42	9.33	0.24	43.37	79
781	诺安恒鑫	-0.08	-0.01	0.04	0.06	0.84	-0.01	-0.10	0.08	2.74	10.46	0.16	43.42	75
782	中欧医疗健康A	-0.09	-0.01	-0.22	-0.15	0.98	-0.13	-0.01	0.36	-1.11	14.86	0.05	64.96	46

· 273 ·

续表

编号	基金名称	年化 α(%)	$t(\alpha)$	γ	$t(\gamma)$	β_{mkt}	β_{smb}	β_{hml}	β_{mom}	年化收益率(%)	年化波动率(%)	年化夏普比率	最大回撤率(%)	调整后 R^2(%)
783	华安新丝路主题A	-0.12	-0.01	-0.52	-0.49	1.00	-0.21	-0.20	0.20	-2.78	13.08	-0.04	62.53	62
784	华夏优势精选	-0.13	-0.01	0.48	0.34	0.85	-0.09	-1.08	-0.07	0.76	16.01	0.13	67.56	58
785	华夏收入	-0.13	-0.03	-0.08	-0.15	1.05	0.04	-0.16	0.17	3.32	11.50	0.19	42.47	89
786	鹏华研究驱动	-0.14	-0.02	-0.49	-0.71	0.89	0.03	-0.11	0.33	1.93	10.40	0.12	45.87	77
787	光大阳光智造A	-0.14	-0.02	-1.08	-1.06	0.96	-0.27	-0.45	-0.09	-6.08	13.26	-0.19	65.15	64
788	鹏华价值驱动	-0.15	-0.03	0.25	0.38	0.72	0.02	-0.44	0.36	4.62	10.49	0.24	41.69	78
789	海富通领先成长	-0.15	-0.02	-0.59	-0.75	0.95	-0.09	-0.32	0.27	-0.65	12.39	0.02	53.60	75
790	华泰柏瑞景气回报一年A	-0.19	-0.03	1.12	1.36	0.60	-0.01	-0.58	0.36	7.03	9.78	0.35	37.91	69
791	中海量化策略	-0.20	-0.02	0.30	0.31	0.83	-0.09	0.47	0.38	2.32	9.56	0.14	41.14	54
792	摩根中小盘A	-0.20	-0.02	-0.42	-0.39	1.06	-0.09	-0.72	0.15	-1.16	15.93	0.06	62.24	71
793	广发高端制造A	-0.21	-0.02	0.42	0.29	1.09	0.00	-0.50	0.36	2.69	17.22	0.20	65.06	59
794	中海信息产业精选	-0.21	-0.02	-1.30	-0.83	0.89	-0.02	-0.66	0.16	-4.58	18.24	-0.04	59.86	45
795	华宝多策略A	-0.25	-0.04	0.01	0.01	0.96	-0.10	0.46	-0.09	0.02	10.39	0.03	34.62	66
796	宝盈国家安全战略沪港深A	-0.26	-0.03	0.07	0.07	0.79	0.31	-0.71	0.31	6.94	15.94	0.33	49.61	71
797	华安策略优选A	-0.27	-0.05	0.10	0.18	0.84	-0.28	0.08	0.19	-0.98	9.06	-0.04	46.48	78
798	长城久富A	-0.29	-0.04	0.64	0.73	0.99	0.16	-0.40	0.35	7.54	12.81	0.34	47.13	77
799	中金新医药A	-0.31	-0.03	-0.43	-0.31	0.74	0.08	-0.17	0.46	1.35	14.74	0.12	49.69	42
800	大摩多因子策略	-0.32	-0.05	-0.17	-0.24	0.85	0.17	-0.29	0.27	4.70	12.51	0.25	43.64	78

附录二 股票型公募基金经理的选股能力和择时能力(按年化α排序):2020~2024年

续表

编号	基金名称	年化α(%)	t(α)	γ	t(γ)	β_{mkt}	β_{smb}	β_{hml}	β_{mom}	年化收益率(%)	年化波动率(%)	年化夏普比率	最大回撤率(%)	调整后R^2(%)
801	中信证券红利价值一年持有A	-0.33	-0.06	-0.43	-0.67	0.73	-0.23	-0.44	0.28	-1.98	10.12	-0.08	52.06	77
802	新华钻石品质企业	-0.34	-0.04	0.49	0.54	1.01	-0.15	0.15	0.14	1.63	12.68	0.12	48.38	68
803	弘毅远方消费升级A	-0.39	-0.06	-0.34	-0.44	1.03	-0.23	-0.10	0.03	-2.47	11.52	-0.06	55.52	75
804	大成核心双动力A	-0.41	-0.10	0.73	1.50	1.08	-0.07	0.14	-0.21	3.39	10.97	0.19	34.70	90
805	农银汇理医疗保健主题	-0.41	-0.04	-1.14	-0.82	0.94	-0.02	-0.25	0.53	-2.77	16.27	0.00	62.53	51
806	华安宏利A	-0.42	-0.04	-0.26	-0.23	0.69	-0.13	-0.60	-0.07	-1.82	12.50	-0.02	58.82	49
807	新华中小市值优选	-0.43	-0.06	-0.37	-0.43	0.78	0.16	-0.04	0.25	3.38	10.26	0.19	43.13	62
808	中欧互通精选A	-0.44	-0.10	1.60	2.93*	0.76	-0.11	0.00	0.23	7.28	8.70	0.38	30.51	82
809	广发科动力	-0.44	-0.06	-1.29	-1.45	1.02	-0.01	-0.60	-0.09	-3.50	15.00	-0.06	59.71	74
810	摩根民生需求A	-0.47	-0.07	-0.43	-0.54	0.72	-0.03	-0.43	0.48	0.87	11.65	0.08	54.76	71
811	银河行业优选A	-0.50	-0.05	0.22	0.20	0.99	-0.04	-0.54	0.48	2.39	14.16	0.17	59.05	69
812	广发沪港深新机遇	-0.51	-0.06	0.37	0.35	1.09	-0.29	-0.01	0.17	-1.21	13.20	0.03	59.50	67
813	嘉实新兴产业	-0.53	-0.07	-0.07	-0.07	0.92	-0.12	-0.29	0.22	0.25	12.20	0.07	54.64	69
814	银华领先策略	-0.55	-0.08	-1.00	-1.29	1.09	-0.17	0.08	0.25	-3.60	12.41	-0.11	57.37	76
815	天弘医疗健康A	-0.62	-0.07	-0.23	-0.21	0.89	0.11	0.01	0.64	3.34	13.10	0.19	47.49	59
816	摩根大盘蓝筹A	-0.63	-0.11	0.51	0.79	0.65	-0.15	-0.26	0.28	2.33	8.95	0.13	46.55	72
817	银华内需精选	-0.64	-0.07	0.04	0.03	0.76	0.02	-0.33	0.23	1.99	13.53	0.14	41.08	52
818	汇添富港股通专注成长	-0.64	-0.06	-0.57	-0.47	1.10	-0.26	0.21	0.05	-4.90	13.49	-0.11	59.11	55

· 275 ·

续表

编号	基金名称	年化 α(%)	t(α)	γ	t(γ)	β_{mkt}	β_{smb}	β_{hml}	β_{mom}	年化收益率(%)	年化波动率(%)	年化夏普比率	最大回撤率(%)	调整后 R^2(%)
819	浦银安盛价值成长A	-0.67	-0.08	-0.41	-0.44	0.89	0.16	-0.64	0.39	2.93	14.82	0.18	58.15	74
820	博时医疗保健行业A	-0.69	-0.07	-0.55	-0.45	0.81	0.01	-0.26	0.50	-0.03	14.64	0.07	55.58	52
821	万家精选A	-0.70	-0.06	2.47	1.68*	0.59	0.01	0.99	0.45	9.29	13.69	0.41	26.20	33
822	南方天元新产业	-0.70	-0.15	0.48	0.84	0.75	-0.14	-0.28	0.18	2.23	9.21	0.13	42.93	80
823	中银动态策略	-0.71	-0.10	-0.46	-0.57	1.20	-0.23	0.08	0.17	-3.10	12.66	-0.06	57.13	78
824	博时主题行业	-0.71	-0.19	-0.97	-2.15	0.72	-0.14	-0.28	0.20	-2.89	9.60	-0.18	45.14	84
825	鹏华优质治理A	-0.82	-0.11	0.09	0.10	0.88	0.03	-0.16	0.16	2.52	11.94	0.15	50.63	66
826	宏利效率优选	-0.86	-0.11	-0.93	-1.00	0.59	0.00	-0.10	0.21	-1.74	11.54	-0.09	50.95	43
827	交银创新成长	-0.89	-0.16	0.78	1.15	0.89	-0.03	-0.43	0.11	4.47	11.44	0.23	49.58	81
828	诺安多策略	-0.90	-0.10	-0.64	-0.62	0.85	0.31	-0.01	-0.16	2.57	13.39	0.16	43.22	57
829	中欧价值发现A	-0.91	-0.15	0.28	0.39	0.96	0.15	0.51	0.11	4.92	9.49	0.26	26.59	73
830	诺安积极配置A	-0.92	-0.11	0.13	0.13	0.84	-0.27	-0.21	0.01	-2.37	12.23	-0.06	50.32	58
831	长盛研发回报	-0.92	-0.16	-0.32	-0.46	0.73	-0.14	-0.35	0.38	-0.78	10.51	-0.01	57.99	74
832	博时第三产业成长	-0.93	-0.15	-1.14	-1.56	0.83	-0.18	-0.05	0.10	-4.94	11.09	-0.25	51.44	67
833	华商未来主题	-0.97	-0.15	-0.57	-0.72	0.90	0.10	-0.55	-0.01	0.54	13.52	0.08	40.19	76
834	东海科技动力A	-1.03	-0.12	-0.59	-0.58	0.64	0.04	-0.75	0.13	-0.52	13.43	0.03	49.08	58
835	金鹰医疗健康产业A	-1.07	-0.08	-1.16	-0.71	1.01	0.12	-0.23	0.27	-2.95	19.33	0.03	67.36	43
836	嘉实成长收益A	-1.08	-0.15	0.03	0.04	0.83	-0.20	-0.24	0.16	-1.17	10.98	-0.01	55.21	65

附录二　股票型公募基金经理的选股能力和择时能力(按年化 α 排序)：2020~2024 年

续表

编号	基金名称	年化 α(%)	t(α)	γ	t(γ)	β_{mkt}	β_{smb}	β_{hml}	β_{mom}	年化收益率(%)	年化波动率(%)	年化夏普比率	最大回撤率(%)	调整后 R^2(%)
837	建信高端医疗 A	-1.08	-0.11	0.00	0.00	0.85	0.18	0.06	0.51	4.32	13.32	0.23	45.35	52
838	平安消费精选 A	-1.08	-0.16	-0.47	-0.60	0.88	-0.23	0.01	-0.09	-4.10	11.87	-0.18	52.34	66
839	天治核心成长	-1.08	-0.11	-1.35	-1.17	0.75	0.06	-0.39	0.57	-2.40	14.44	-0.02	57.82	56
840	永赢高端制造 A	-1.12	-0.13	-0.54	-0.53	1.11	-0.16	-0.20	0.05	-3.35	15.10	-0.05	61.45	69
841	博时军工主题 A	-1.13	-0.10	0.38	0.28	0.88	0.30	-0.70	0.61	6.87	16.49	0.31	54.54	62
842	广发新经济 A	-1.17	-0.11	-0.75	-0.61	0.75	0.04	-0.60	0.28	-1.36	14.12	0.02	65.02	53
843	平安高端制造 A	-1.20	-0.15	0.47	0.51	1.11	-0.14	-0.41	0.14	0.83	13.80	0.11	58.09	76
844	诺德成长优势	-1.23	-0.31	-0.02	-0.03	0.70	-0.16	0.06	0.00	-1.03	8.24	-0.09	41.11	78
845	富国新兴成长量化精选 A	-1.31	-0.36	-0.11	-0.27	0.95	0.09	-0.07	0.19	2.96	10.84	0.17	41.49	90
846	南方隆元产业主题	-1.35	-0.31	0.46	0.90	0.74	-0.14	-0.22	0.20	1.60	8.75	0.09	41.35	83
847	宏利红利先锋 A	-1.36	-0.20	0.11	0.14	0.83	-0.12	-0.33	0.08	-0.11	11.91	0.03	31.90	70
848	华夏科技创新 A	-1.37	-0.17	-1.03	-1.09	1.23	0.06	-0.50	0.22	-2.07	17.67	0.03	60.53	79
849	兴全社会责任	-1.44	-0.21	-0.98	-1.20	1.04	-0.15	-0.36	0.06	-4.58	12.99	-0.13	60.52	76
850	国泰君安君得鑫两年持有 A	-1.45	-0.31	-0.45	-0.81	0.88	-0.15	-0.14	0.03	-2.44	10.79	-0.11	49.34	81
851	华泰柏瑞量化先行 A	-1.46	-0.48	0.73	2.02*	0.86	0.11	0.04	0.14	6.13	8.91	0.33	28.63	92
852	银华医疗健康量化 A	-1.47	-0.15	-0.47	-0.39	0.89	0.01	0.00	0.31	-0.73	14.05	0.04	54.07	50
853	国联医疗健康精选 A	-1.50	-0.14	-1.57	-1.20	0.85	0.10	-0.24	0.26	-3.97	16.29	-0.07	52.57	46
854	东吴行业轮动 A	-1.54	-0.18	0.45	0.45	0.61	-0.02	-0.60	0.39	2.59	12.14	0.16	48.95	60

· 277 ·

续表

编号	基金名称	年化 α(%)	$t(\alpha)$	γ	$t(\gamma)$	β_{mkt}	β_{smb}	β_{hml}	β_{mom}	年化收益率(%)	年化波动率(%)	年化夏普比率	最大回撤率(%)	调整后 R^2(%)
855	摩根香港精选港股通A	-1.57	-0.22	-0.33	-0.39	0.81	-0.27	-0.07	0.04	-4.27	11.05	-0.19	51.20	61
856	安信消费医药主题	-1.62	-0.25	-0.95	-1.23	1.12	-0.21	0.04	-0.15	-6.08	13.37	-0.22	55.29	75
857	建信内生动力A	-1.64	-0.21	1.42	1.51	0.83	-0.20	-0.06	0.24	3.24	10.46	0.18	51.21	65
858	融通医疗保健行业A	-1.66	-0.15	-0.24	-0.18	0.96	0.14	-0.13	0.41	1.56	15.44	0.14	58.47	52
859	富国金融地产行业A	-1.70	-0.23	1.10	1.27	0.82	-0.31	0.66	0.04	-0.62	10.37	0.00	33.07	63
860	国泰互联网+	-1.71	-0.16	0.22	0.17	0.86	0.02	-0.68	0.59	1.64	16.21	0.16	53.33	61
861	鹏华沪深港互联网	-1.72	-0.18	1.14	1.03	1.09	0.13	-0.27	0.10	6.27	14.84	0.29	57.30	69
862	工银国家战略主题	-1.82	-0.16	1.91	1.40	1.04	-0.04	0.52	0.09	5.52	12.69	0.27	42.12	52
863	华泰柏瑞量化增强A	-1.86	-0.72	0.75	2.46*	0.85	-0.10	0.13	0.11	2.65	7.65	0.15	29.47	93
864	摩根医疗健康A	-1.86	-0.19	-0.87	-0.75	0.77	-0.01	-0.24	0.31	-2.74	13.05	-0.06	60.42	49
865	前海开源价值策略	-1.90	-0.25	-1.02	-1.14	0.88	-0.24	-0.61	0.24	-6.20	14.25	-0.20	65.47	71
866	中邮核心成长	-1.96	-0.27	-0.38	-0.44	0.55	-0.20	-0.26	0.38	-3.23	11.38	-0.16	51.19	53
867	国融融信消费严选A	-2.01	-0.29	0.40	0.48	0.84	-0.34	0.03	0.18	-2.89	11.76	-0.10	49.41	66
868	嘉实瑞虹三年定开	-2.02	-0.43	-0.67	-1.19	0.92	-0.28	-0.16	0.20	-5.15	10.88	-0.23	57.28	83
869	中欧恒利三年定开	-2.03	-0.31	0.38	0.50	1.09	0.13	0.59	0.04	3.52	10.31	0.19	28.69	75
870	长盛电子信息产业A	-2.04	-0.23	-0.53	-0.49	0.80	-0.02	-0.97	0.08	-2.54	15.75	-0.01	62.37	67
871	民生加银新兴成长	-2.05	-0.26	-1.37	-1.48	0.80	-0.02	-0.50	0.19	-4.75	13.97	-0.16	63.19	64
872	景顺长城量化精选	-2.06	-0.61	0.48	1.20	0.93	0.12	0.10	0.15	4.66	9.86	0.25	36.19	91

附录二 股票型公募基金经理的选股能力和择时能力（按年化 α 排序）：2020～2024 年

续表

编号	基金名称	年化 α(%)	t(α)	γ	t(γ)	β_{mkt}	β_{smb}	β_{hml}	β_{mom}	年化收益率（%）	年化波动率（%）	年化夏普比率	最大回撤率（%）	调整后 R^2(%)
873	华宝新兴产业	-2.06	-0.29	0.45	0.53	0.96	-0.03	-0.38	0.41	2.42	12.73	0.16	53.77	76
874	国泰鑫睿	-2.10	-0.32	0.07	0.09	0.69	0.39	-0.27	0.19	6.58	11.85	0.33	41.17	71
875	同泰慧盈 A	-2.15	-0.40	-0.57	-0.90	0.94	-0.07	-0.11	0.21	-2.05	11.68	-0.07	50.47	80
876	华商产业升级	-2.16	-0.29	0.10	0.11	0.69	0.04	-0.62	0.28	1.54	12.35	0.11	54.75	67
877	国泰中小盘成长	-2.18	-0.25	-0.15	-0.15	0.72	0.05	-0.71	0.36	0.54	13.08	0.09	51.02	64
878	汇添富智能制造 A	-2.23	-0.26	0.58	0.56	0.72	-0.07	-0.95	0.26	1.11	13.22	0.12	59.86	68
879	中欧医疗创新 A	-2.24	-0.17	-0.26	-0.17	1.09	-0.13	-0.04	0.31	-3.79	16.33	-0.02	70.88	49
880	广发新动力	-2.24	-0.33	-0.14	-0.18	0.79	-0.04	-0.58	0.21	-0.50	11.43	0.02	48.46	74
881	广发优势增长	-2.26	-0.22	-1.01	-0.83	0.78	0.03	-0.60	0.21	-3.50	14.76	-0.06	63.86	54
882	中欧永裕 A	-2.27	-0.30	0.25	0.28	0.97	0.05	-0.65	0.18	1.81	14.53	0.14	54.91	77
883	光大一带一路 A	-2.28	-0.35	0.06	0.08	0.64	0.03	-0.30	0.44	1.74	10.37	0.11	47.20	67
884	博时创业成长 A	-2.28	-0.38	-0.17	-0.24	0.74	-0.09	-0.24	-0.05	-1.91	10.43	-0.09	50.92	67
885	财通新兴蓝筹	-2.30	-0.22	0.66	0.54	0.98	0.18	-0.29	0.21	4.67	14.28	0.24	52.19	61
886	国投瑞银创新动力	-2.30	-0.36	0.08	0.10	0.71	-0.10	-0.16	0.30	-0.38	9.90	0.00	50.43	65
887	富国低碳环保	-2.30	-0.43	-0.53	-0.83	0.66	-0.12	-0.14	0.07	-3.17	9.24	-0.21	35.88	66
888	融通动力先锋 AB	-2.31	-0.44	0.76	1.23	0.82	-0.06	0.07	0.17	2.70	8.72	0.15	34.02	77
889	华宝行业精选	-2.31	-0.32	0.69	0.80	0.96	0.00	-0.66	-0.11	2.05	14.89	0.15	55.20	77
890	国寿安保研究精选 A	-2.32	-0.34	-0.39	-0.48	1.06	0.24	-0.73	0.16	1.94	16.52	0.16	49.45	83

· 279 ·

续表

编号	基金名称	年化α(%)	t(α)	γ	t(γ)	β_{mkt}	β_{smb}	β_{hml}	β_{mom}	年化收益率(%)	年化波动率(%)	年化夏普比率	最大回撤率(%)	调整后R^2(%)
891	信澳领先增长A	-2.33	-0.30	-1.06	-1.16	1.07	0.36	-0.58	-0.11	0.18	18.20	0.10	54.46	78
892	宏利逆向策略	-2.41	-0.48	0.34	0.58	0.83	0.01	-0.15	0.39	2.70	10.18	0.16	44.64	82
893	鹏华医疗保健	-2.46	-0.24	-0.74	-0.61	0.85	0.23	0.04	0.60	0.97	14.97	0.11	49.82	52
894	创金合信医疗保健行业A	-2.48	-0.21	-0.68	-0.49	0.89	0.18	-0.21	0.28	-0.81	15.77	0.06	61.34	47
895	长城消费增值A	-2.55	-0.31	-0.91	-0.94	0.96	0.03	0.06	0.22	-2.95	13.85	-0.08	48.90	61
896	汇丰晋信港股通精选	-2.57	-0.28	-0.62	-0.58	1.09	-0.17	0.24	-0.27	-6.19	13.90	-0.19	55.40	60
897	申万菱信消费增长A	-2.60	-0.26	0.64	0.54	0.93	0.02	-0.10	0.24	2.08	13.84	0.15	58.72	56
898	银华核心价值优选	-2.60	-0.43	-0.90	-1.26	1.06	-0.18	0.00	0.15	-5.47	12.40	-0.20	57.41	78
899	华商价值精选	-2.64	-0.34	0.04	0.05	0.73	0.04	-0.60	0.31	0.96	12.66	0.09	56.00	68
900	万家经济新动能A	-2.66	-0.21	-0.11	-0.07	0.90	0.17	-0.99	-0.13	-0.87	17.91	0.09	63.38	55
901	东吴新经济	-2.71	-0.23	-1.43	-1.00	1.12	0.16	-0.73	0.31	-4.55	19.73	0.00	74.33	63
902	光大阳光A	-2.72	-0.42	-1.43	-1.88	0.86	-0.05	-0.25	0.03	-6.02	12.58	-0.27	60.40	69
903	西部利得个股精选A	-2.73	-0.49	-0.57	-0.87	0.93	-0.04	-0.07	-0.06	-2.99	12.32	-0.12	50.89	76
904	建信多因子量化	-2.82	-0.69	0.54	1.13	0.84	0.22	0.03	0.18	5.73	10.00	0.30	31.79	86
905	中邮核心优选	-2.83	-0.32	-0.67	-0.64	0.59	-0.21	0.01	0.35	-5.80	12.43	-0.27	56.92	38
906	富安达优势成长	-2.88	-0.54	1.06	1.67*	0.62	-0.03	-0.20	0.33	4.01	9.05	0.22	32.91	73
907	嘉实医疗保健	-2.99	-0.29	-0.17	-0.14	0.96	-0.04	0.02	0.31	-2.07	14.96	0.00	58.51	52
908	光大创业板量化优选A	-3.01	-0.45	1.79	2.26*	0.94	0.02	-0.52	0.07	6.36	11.47	0.30	51.26	80
909	宝盈资源优选	-3.10	-0.34	0.27	0.25	1.03	-0.14	-0.48	0.07	-2.30	15.23	0.00	59.20	67

附录二 股票型公募基金经理的选股能力和择时能力(按年化α排序):2020~2024年

续表

编号	基金名称	年化α(%)	t(α)	γ	t(γ)	β_{mkt}	β_{smb}	β_{hml}	β_{mom}	年化收益率(%)	年化波动率(%)	年化夏普比率	最大回撤率(%)	调整后R^2(%)
910	博时工业4.0	-3.11	-0.51	-0.50	-0.69	0.76	-0.02	-0.74	0.22	-2.32	13.02	-0.05	53.80	78
911	中海医疗保健A	-3.12	-0.30	-0.83	-0.68	1.05	-0.03	0.11	0.41	-4.22	15.70	-0.08	58.80	56
912	南方量化成长	-3.13	-0.50	-0.44	-0.59	0.96	0.03	-0.28	0.25	-1.27	12.93	0.00	48.02	78
913	汇添富美丽30A	-3.28	-0.46	0.56	0.66	0.86	-0.08	-0.16	0.25	0.50	11.10	0.06	42.53	69
914	摩根领先优选A	-3.34	-0.42	-0.98	-1.04	0.86	0.02	-0.59	0.01	-4.48	14.94	-0.13	56.65	67
915	华夏行业精选	-3.37	-0.47	-0.60	-0.71	0.97	0.12	-0.29	0.46	-0.57	13.79	0.04	55.55	75
916	汇添富创新医药	-3.40	-0.32	-0.76	-0.61	0.83	-0.06	-0.17	0.37	-4.72	14.28	-0.12	64.53	48
917	华泰柏瑞研究精选A	-3.47	-0.48	0.72	0.85	0.65	0.07	-0.55	0.33	3.26	11.10	0.18	46.03	69
918	华宝事件驱动A	-3.52	-0.52	-0.06	-0.07	1.11	0.03	-0.04	-0.01	-1.02	13.10	0.02	51.48	77
919	海富通量化前锋A	-3.53	-0.67	0.49	0.79	0.86	0.06	-0.15	0.22	2.40	11.01	0.14	42.50	80
920	长安宏观策略A	-3.53	-0.32	0.78	0.60	0.65	0.06	-0.91	0.30	1.78	15.61	0.15	37.02	56
921	博时国企改革主题A	-3.53	-0.76	-0.28	-0.51	0.81	-0.14	-0.18	0.07	-3.56	10.39	-0.19	48.24	80
922	华泰柏瑞盛世中国	-3.57	-0.37	-0.12	-0.11	0.93	0.11	-0.51	0.29	-0.15	13.53	0.08	63.76	64
923	华夏兴A	-3.63	-0.45	-0.88	-0.92	1.20	0.16	-0.49	0.27	-2.32	17.37	0.02	59.91	78
924	凯石澜龙头经济一年持有	-3.70	-0.39	0.19	0.17	0.69	-0.19	-0.41	0.23	-3.54	12.89	-0.10	60.85	50
925	汇添富成长焦点	-3.75	-0.51	0.10	0.12	0.80	-0.21	-0.05	0.20	-3.68	10.31	-0.15	56.11	62
926	北信瑞丰产业升级	-3.82	-0.33	0.56	0.41	1.06	0.18	-0.70	0.12	1.73	17.59	0.17	66.36	63
927	银河量化稳进	-4.06	-1.03	0.43	0.91	0.78	0.13	-0.12	0.08	2.34	9.62	0.13	30.77	85
928	华安红利精选A	-4.07	-0.77	1.48	2.37*	0.79	-0.28	0.05	0.21	0.21	9.51	0.03	46.36	79

· 281 ·

续表

编号	基金名称	年化 α(%)	$t(\alpha)$	γ	$t(\gamma)$	β_{mkt}	β_{smb}	β_{hml}	β_{mom}	年化收益率(%)	年化波动率(%)	年化夏普比率	最大回撤率(%)	调整后 R^2(%)
929	东海核心价值	-4.07	-0.48	-0.57	-0.57	0.74	0.16	-0.45	0.42	-1.08	13.77	0.01	54.31	62
930	长城双动力A	-4.14	-0.42	-0.46	-0.39	1.05	0.19	-0.45	0.03	-1.77	17.88	0.04	37.21	65
931	长信量化先锋A	-4.24	-0.76	0.00	0.00	0.89	0.17	-0.06	0.35	1.67	11.13	0.11	45.61	79
932	嘉实农业产业A	-4.26	-0.45	0.04	0.03	0.83	0.15	0.04	0.26	0.29	14.31	0.07	48.90	51
933	嘉实逆向策略	-4.27	-0.54	-0.04	-0.05	0.80	0.10	-0.86	0.29	-0.56	14.98	0.06	57.44	74
934	国泰金牛创新成长	-4.36	-0.70	-0.31	-0.42	0.87	0.35	-0.21	0.19	2.39	13.71	0.15	49.98	77
935	嘉实事件驱动	-4.44	-0.75	-0.24	-0.34	0.74	-0.08	-0.27	0.37	-2.98	10.45	-0.13	50.18	73
936	长城医疗保健A	-4.46	-0.45	-0.38	-0.32	0.94	0.22	0.05	0.48	-0.02	14.75	0.08	53.42	56
937	国富成长动力	-4.50	-0.75	0.26	0.37	0.96	-0.09	-0.29	0.13	-1.94	12.12	-0.04	57.30	79
938	汇丰晋信科技先锋	-4.60	-0.44	-0.45	-0.37	1.10	0.08	-0.64	0.18	-3.63	18.00	-0.01	62.67	67
939	东方城镇消费主题	-4.71	-0.48	0.42	0.36	1.01	-0.30	0.00	0.10	-5.66	14.49	-0.14	62.57	58
940	金鹰先进制造A	-4.77	-0.61	-0.39	-0.42	0.78	0.05	-0.49	0.12	-3.00	13.66	-0.08	51.77	64
941	富荣福康A	-4.83	-0.70	0.20	0.24	1.07	0.04	-0.37	0.04	-1.21	14.00	0.03	42.36	79
942	德邦量化优选A	-4.83	-0.96	-0.70	-1.17	0.88	0.14	-0.06	0.06	-2.53	12.24	-0.11	44.50	80
943	融通领先成长A	-4.85	-1.15	0.54	1.08	0.79	-0.10	-0.23	0.34	-0.70	9.40	-0.02	50.30	86
944	中欧品质消费A	-4.86	-0.58	-0.33	-0.33	1.06	-0.01	-0.07	0.14	-3.85	14.14	-0.09	59.25	67
945	银河康乐A	-4.90	-0.65	-0.09	-0.10	0.98	0.32	-0.11	0.32	2.18	14.95	0.15	51.10	73
946	人保行业轮动A	-4.90	-0.96	-0.53	-0.87	0.77	-0.02	-0.58	0.05	-4.25	12.00	-0.18	57.45	81
947	华富科技动能A	-4.95	-0.48	-0.38	-0.32	1.08	0.32	-0.72	0.04	-0.80	18.61	0.09	59.81	69

附录二　股票型公募基金经理的选股能力和择时能力(按年化α排序)：2020~2024年

续表

编号	基金名称	年化α(%)	t(α)	γ	t(γ)	β_{mkt}	β_{smb}	β_{hml}	β_{mom}	年化收益率(%)	年化波动率(%)	年化夏普比率	最大回撤率(%)	调整后R^2(%)
948	景顺长城资源垄断	-4.96	-0.50	1.60	1.37	0.97	-0.01	0.74	-0.01	1.55	12.36	0.12	42.67	55
949	申万菱信量化小盘A	-5.02	-1.35	0.14	0.32	0.86	0.29	-0.10	0.10	2.71	11.26	0.16	41.44	89
950	广发聚丰A	-5.04	-0.52	-1.19	-1.04	0.78	0.04	-0.56	0.12	-6.69	14.46	-0.21	69.09	55
951	摩根安全战略A	-5.05	-0.60	0.38	0.38	0.51	-0.03	-0.24	0.64	-0.86	10.65	-0.01	55.58	52
952	嘉实主题新动力	-5.05	-0.65	0.02	0.02	0.79	0.11	-0.87	0.27	-0.93	14.84	0.04	57.85	74
953	工银产业升级A	-5.07	-0.43	1.68	1.19	1.14	-0.09	0.67	0.16	0.52	14.23	0.11	46.13	54
954	安利领先中小盘	-5.08	-0.52	0.33	0.28	0.91	-0.17	-0.60	0.02	-4.65	15.65	-0.09	64.35	61
955	易方达科润	-5.15	-0.86	0.32	0.45	0.72	-0.19	0.01	-0.18	-4.85	10.09	-0.28	39.52	64
956	摩根行业轮动A	-5.20	-0.60	0.51	0.50	0.77	0.11	-0.57	0.49	1.18	13.57	0.12	63.05	67
957	国泰成长优选	-5.21	-1.08	-0.80	-1.40	0.86	0.08	-0.38	0.11	-3.96	12.63	-0.16	57.21	84
958	国寿安保健康科学A	-5.24	-0.59	0.01	0.01	0.84	0.09	0.05	0.47	-0.87	12.66	0.02	53.42	57
959	华商主题精选	-5.27	-0.58	2.02	1.89*	0.51	0.08	-0.59	0.41	6.03	10.94	0.29	37.58	57
960	金元顺安价值增长	-5.30	-0.63	-1.13	-1.13	0.94	0.15	-0.33	0.30	-4.65	15.70	-0.11	61.38	66
961	招商医药健康产业	-5.33	-0.46	0.55	0.40	0.90	0.08	-0.16	0.47	-0.15	14.84	0.09	58.18	51
962	长信增利策略	-5.35	-0.86	0.12	0.16	0.88	0.08	-0.22	0.31	-0.57	12.68	0.02	47.39	77
963	华泰保兴健康消费A	-5.36	-0.81	0.74	0.94	0.86	-0.06	0.09	0.11	-0.95	10.58	-0.02	50.58	69
964	汇添富社会责任A	-5.37	-0.83	0.08	0.10	0.65	-0.14	-0.59	0.13	-4.37	11.48	-0.19	57.86	69
965	国联智选红利A	-5.37	-0.69	-0.90	-0.97	0.86	0.21	-0.26	0.13	-3.24	12.99	-0.09	57.04	65
966	招商安泰	-5.39	-0.87	0.97	1.32	0.66	-0.03	-0.34	0.26	0.75	9.13	0.06	42.25	70

续表

编号	基金名称	年化 α(%)	$t(\alpha)$	γ	$t(\gamma)$	β_{mkt}	β_{smb}	β_{hml}	β_{mom}	年化收益率(%)	年化波动率(%)	年化夏普比率	最大回撤率(%)	调整后R^2(%)
967	国泰大健康A	-5.39	-0.71	0.38	0.42	1.14	0.25	0.02	0.28	2.25	14.46	0.16	49.62	76
968	中信建投价值增长A	-5.43	-0.84	-0.10	-0.13	0.96	-0.14	-0.24	-0.04	-5.36	12.27	-0.20	61.00	75
969	天冶量化核心精选A	-5.51	-0.55	-0.81	-0.68	1.00	-0.17	-0.10	-0.25	-9.82	16.51	-0.32	68.95	53
970	银河乐活优享A	-5.54	-0.59	0.06	0.06	0.96	-0.22	0.16	0.38	-5.78	13.35	-0.17	62.38	57
971	招商先锋	-5.62	-1.05	-0.37	-0.58	0.45	-0.07	-0.34	0.33	-4.66	8.75	-0.33	50.14	63
972	北信瑞丰研究精选	-5.88	-0.88	1.01	1.28	0.74	0.06	-0.43	0.38	1.89	11.95	0.13	43.66	74
973	嘉实互通精选	-5.94	-0.82	0.61	0.71	0.89	-0.01	-0.38	-0.17	-2.10	13.58	-0.03	49.59	71
974	嘉实研究精选	-6.02	-1.15	-0.24	-0.39	0.93	-0.16	-0.32	0.08	-6.20	11.68	-0.26	59.47	82
975	长城中小盘成长A	-6.08	-0.91	0.74	0.94	0.75	0.20	-0.55	0.51	2.83	13.33	0.17	57.15	78
976	广发小盘成长A	-6.11	-0.74	0.40	0.41	0.96	0.11	-0.93	0.38	-0.70	16.28	0.08	57.41	78
977	光大国企改革主题A	-6.13	-0.85	0.34	0.40	0.59	0.03	-0.41	0.51	-1.10	11.75	-0.02	46.87	64
978	融通新蓝筹	-6.18	-1.50	0.53	1.09	0.60	-0.12	-0.27	0.26	-2.55	7.93	-0.17	48.21	81
979	嘉实长青竞争优势A	-6.18	-0.83	-0.46	-0.52	0.90	0.02	0.00	0.16	-4.83	12.72	-0.19	51.29	64
980	申万菱信盛利精选A	-6.26	-0.88	0.21	0.25	0.75	-0.10	-0.32	0.24	-3.94	11.16	-0.15	63.24	66
981	银华农业产业A	-6.28	-0.70	-0.39	-0.37	0.83	0.24	0.03	0.34	-1.75	14.89	-0.02	50.20	55
982	国泰大农业A	-6.34	-0.98	0.84	1.09	0.85	-0.02	0.06	0.23	-0.62	11.27	0.00	47.19	71
983	华富量子生命力A	-6.49	-0.91	0.53	0.62	0.82	-0.04	-0.19	0.36	-1.95	12.29	-0.04	50.44	69
984	中银优秀企业	-6.59	-1.12	0.65	0.93	0.58	-0.03	-0.46	0.08	-1.96	8.84	-0.10	39.81	68
985	华商计算机行业量化A	-6.75	-0.68	1.30	1.11	0.92	0.24	-0.72	-0.12	2.37	15.09	0.17	45.41	67

附录二　股票型公募基金经理的选股能力和择时能力（按年化 α 排序）：2020~2024 年

续表

编号	基金名称	年化 α(%)	t(α)	γ	t(γ)	β_{mkt}	β_{smb}	β_{hml}	β_{mom}	年化收益率(%)	年化波动率(%)	年化夏普比率	最大回撤率(%)	调整后 R^2(%)
986	前海开源再融资主题精选	-6.88	-0.87	0.64	0.68	0.95	0.07	0.36	0.07	-1.42	12.28	-0.02	40.97	63
987	广发双擎升级 A	-7.16	-0.93	0.87	0.95	0.91	0.01	-1.06	0.31	-1.58	15.76	0.05	60.84	80
988	东方量化多策略 A	-7.17	-1.26	-0.12	-0.17	0.95	-0.07	-0.09	-0.13	-6.18	12.14	-0.27	53.84	78
989	长城研究精选 A	-7.19	-1.05	0.51	0.63	0.74	0.16	-0.56	0.46	0.27	13.24	0.07	58.90	75
990	汇添富沪港深大盘价值 A	-7.36	-0.69	-0.14	-0.11	1.13	-0.13	0.73	-0.01	-8.51	14.69	-0.25	62.90	53
991	华夏逸享健康 A	-7.40	-0.91	-0.12	-0.12	0.63	0.11	-0.22	0.15	-3.89	12.53	-0.17	45.02	50
992	招商行业领先 A	-7.42	-0.78	2.00	1.78*	0.46	-0.03	-0.49	0.52	2.11	13.20	0.14	48.79	51
993	交银蓝筹	-7.61	-1.29	0.68	0.97	0.64	0.10	-0.60	0.21	-0.80	11.69	-0.01	50.78	75
994	国泰估值优势 A	-7.71	-0.91	1.22	1.21	0.86	0.15	-0.80	0.26	1.22	14.84	0.13	54.22	73
995	国泰君安君得诚	-7.85	-1.08	-0.46	-0.53	0.94	0.03	-0.18	-0.04	-6.69	12.94	-0.26	58.49	68
996	交银成长 A	-7.99	-1.36	0.69	1.00	0.63	0.10	-0.60	0.21	-1.10	11.68	-0.02	51.16	76
997	华泰柏瑞价值增长 A	-8.26	-1.00	0.55	0.57	0.77	0.22	-0.25	0.34	-0.26	12.51	0.04	58.57	63
998	汇安价值先锋 A	-8.30	-1.25	-0.07	-0.09	0.83	0.17	-0.38	0.29	-3.05	13.28	-0.08	50.81	75
999	中欧消费主题 A	-8.48	-1.11	0.27	0.30	0.95	0.03	-0.11	0.19	-4.34	13.27	-0.13	57.73	69
1000	鹏华新兴产业	-8.88	-1.39	0.84	1.11	0.67	0.19	-0.23	0.46	0.35	10.63	0.05	47.20	71
1001	诺德中小盘	-8.95	-0.92	-0.79	-0.69	0.83	0.02	-0.38	0.13	-9.24	15.01	-0.32	58.39	53
1002	前海开源优质成长	-9.02	-1.19	0.61	0.68	0.91	0.07	0.27	0.01	-3.75	12.16	-0.13	45.04	63
1003	同泰慧择 A	-9.17	-0.86	0.03	0.02	0.86	-0.03	-0.84	-0.06	-8.31	18.13	-0.20	69.31	59
1004	广发多元新兴	-9.27	-1.31	0.96	1.15	0.89	0.11	-0.78	0.51	-1.09	15.17	0.05	57.80	81

· 285 ·

续表

编号	基金名称	年化 α(%)	t(α)	γ	t(γ)	β_{mkt}	β_{smb}	β_{hml}	β_{mom}	年化收益率(%)	年化波动率(%)	年化夏普比率	最大回撤率(%)	调整后 R^2(%)
1005	光大优势 A	-9.48	-1.48	-0.44	-0.57	0.73	0.03	-0.35	0.04	-7.85	12.27	-0.39	50.53	67
1006	华夏领先	-9.59	-1.13	0.09	0.09	0.90	0.15	-0.69	0.14	-4.92	15.14	-0.10	55.24	71
1007	信澳量化多因子 A	-9.68	-2.44	0.72	1.54	0.76	0.26	-0.21	0.22	-0.01	11.07	0.02	41.88	87
1008	同泰开泰 A	-9.95	-0.82	0.58	0.40	1.05	0.07	-1.00	-0.33	-6.98	17.82	-0.08	73.64	62
1009	泰信发展主题	-10.44	-0.92	0.67	0.50	1.09	0.14	-0.72	0.12	-4.88	17.61	-0.03	70.94	65
1010	摩根核心精选 A	-10.63	-0.98	1.28	0.99	0.68	-0.01	-0.85	0.13	-4.65	14.89	-0.08	71.42	55
1011	华泰柏瑞行业领先	-10.70	-1.56	0.66	0.81	0.96	0.37	0.01	0.78	0.98	14.12	0.11	50.27	79
1012	招商核心优选 A	-10.89	-1.85	0.88	1.27	0.72	-0.04	-0.24	0.33	-4.87	10.87	-0.22	53.91	74
1013	大摩量化配置	-11.21	-2.02	-0.23	-0.35	0.83	-0.01	-0.08	0.23	-8.69	11.35	-0.44	60.10	75
1014	东方阿尔法优选 A	-11.59	-1.42	-0.21	-0.22	0.74	0.14	-0.51	0.12	-7.80	13.34	-0.29	65.65	63
1015	汇丰晋信龙腾 A	-11.99	-1.55	2.31	2.52*	0.94	0.11	-0.66	-0.17	-0.64	15.39	0.06	45.30	77
1016	民生加银创新成长 A	-13.27	-1.19	-0.44	-0.33	0.86	0.05	-0.50	0.33	-11.74	17.89	-0.34	75.29	53
1017	中航混改精选 A	-13.90	-1.73	1.98	2.08*	0.86	-0.08	0.29	-0.14	-6.31	12.44	-0.24	49.09	63
1018	东吴双三角 A	-14.07	-1.31	-0.04	-0.03	0.86	-0.13	-0.20	0.17	-13.45	15.24	-0.47	70.24	48
1019	光大精选 A	-14.77	-2.21	-1.01	-1.27	0.99	-0.06	0.10	0.08	-15.55	13.91	-0.74	64.66	70
1020	民生加银精选	-16.69	-2.49	-0.37	-0.47	0.89	0.06	-0.24	-0.06	-14.07	14.11	-0.64	63.74	71
1021	泰信现代服务业	-17.46	-1.46	1.39	0.98	0.97	0.39	-0.53	0.19	-5.71	16.90	-0.06	68.94	60
1022	中信证券稳健回报 A	-18.34	-1.94	1.38	1.23	0.63	-0.09	-0.20	0.50	-11.30	13.31	-0.44	65.59	51
1023	方正富邦创新动力 A	-19.80	-2.11	0.38	0.34	0.89	0.07	-0.97	-0.28	-15.54	15.85	-0.48	74.57	68

附录三 收益率在排序期排名前30位的基金在检验期的排名（排序期为一年、检验期为一年）：2021~2024年

本表展示的是排序期为一年、检验期为一年时，排序期收益率排名前30位的基金及基金在检验期的收益率排名基金在检验期的收益率。样本量为在排序期和检验期都存在的基金数量。★表示在检验期仍排名前30位的基金。

基金名称	排序期	排序期排名	排序期收益率（%）	检验期	检验期排名	检验期收益率（%）	样本量（只）
前海开源公用事业	2021	1	119.40	2022	1 086	−26.00	1 532
大成新锐产业 A	2021	2	88.20	2022	584	−19.40	1 532
华夏行业景气	2021	3	84.10	2022	752	−21.40	1 532
交银趋势优先 A	2021	4	81.40	2022	54	−6.00	1 532
中信保诚新兴产业 A	2021	5	76.70	2022	1 366	−31.00	1 532
信澳周期动力 A	2021	6	72.80	2022	599	−19.60	1 532
华夏磐利一年定开 A	2021	7	67.90	2022	267	−14.30	1 532
建信中小盘 A	2021	8	67.30	2022	160	−11.40	1 532
华安制造先锋 A	2021	9	66.40	2022	1 176	−27.20	1 532
招商稳健优选 A	2021	10	66.10	2022	1 351	−30.50	1 532
中庚小盘价值	2021	11	65.20	2022	35	−3.20	1 532
华安创业板两年定开	2021	12	65.20	2022	1 119	−26.40	1 532
宝盈国家安全战略沪港深 A	2021	13	64.80	2022	1 349	−30.40	1 532
国投瑞银新能源 A	2021	14	63.00	2022	1 221	−27.90	1 532
中信保诚中小盘 A	2021	15	62.00	2022	1 159	−26.90	1 532
长城优化升级 A	2021	16	61.40	2022	420	−17.00	1 532

· 287 ·

续表

基金名称	排序期	排序期排名	排序期收益率（%）	检验期	检验期排名	检验期收益率（%）	样本量（只）
国投瑞银先进制造	2021	17	60.00	2022	1 210	-27.70	1 532
东方阿尔法优势产业 A	2021	18	58.90	2022	825	-22.30	1 532
建信新能源 A	2021	19	58.70	2022	1 179	-27.20	1 532
万家瑞隆 A	2021	20	58.10	2022	619	-19.80	1 532
易方达科融	2021	21	58.00	2022	780	-21.80	1 532
汇安行业龙头 A	2021	22	57.90	2022	1 377	-31.40	1 532
金鹰行业优势 A	2021	23	56.90	2022	1 373	-31.30	1 532
工银生态环境 A	2021	24	56.70	2022	1 192	-27.40	1 532
汇安裕阳三年持有	2021	25	56.50	2022	1 466	-34.80	1 532
万家汽车新趋势 A	2021	26	56.30	2022	447	-17.40	1 532
工银新能源汽车 A	2021	27	56.10	2022	1 379	-31.40	1 532
建信潜力新蓝筹 A	2021	28	55.00	2022	97	-8.40	1 532
中保诚成长动力 A	2021	29	54.80	2022	716	-21.00	1 532
信澳科技创新一年定开 A	2021	30	54.80	2022	1 362	-30.90	1 532
万家精选 A	2022	1	35.50	2023	16★	21.30	2 152
英大国企改革主题 A	2022	2	31.50	2023	391	-5.30	2 152
华商甄选回报 A	2022	3	20.10	2023	221	-1.20	2 152
易方达先锋成长 A	2022	4	15.90	2023	1 437	-17.10	2 152
广发鑫睿一年持有 A	2022	5	13.50	2023	1 967	-25.30	2 152
建信医疗健康行业 A	2022	6	12.20	2023	244	-2.00	2 152

附录三　收益率在排序期排名前30位的基金在检验期的排名（排序期为一年、检验期为一年）：2021~2024年

续表

基金名称	排序期	排序期排名	排序期收益率（%）	检验期	检验期排名	检验期收益率（%）	样本量（只）
国金量化多因子A	2022	7	12.20	2023	32	13.70	2 152
国联研发创新A	2022	8	11.80	2023	542	-7.90	2 152
广发睿毅领先A	2022	9	11.20	2023	1 784	-21.80	2 152
中信建投低碳成长A	2022	10	10.90	2023	2 151	-44.80	2 152
浙商智选价值	2022	11	9.40	2023	1 397	-16.60	2 152
中银证券优势制造A	2022	12	9.30	2023	820	-11.20	2 152
广发价值领先A	2022	13	8.90	2023	1 717	-20.70	2 152
中庚价值品质一年持有	2022	14	8.80	2023	413	-5.70	2 152
融通鑫新成长A	2022	15	8.30	2023	173	0.80	2 152
景顺长城价值领航两年持有期	2022	16	7.80	2023	26★	15.30	2 152
金信消费升级A	2022	17	7.80	2023	1 960	-25.10	2 152
华宝动力组合A	2022	18	6.40	2023	1 724	-20.80	2 152
华商盛世成长	2022	19	6.40	2023	92	5.40	2 152
交银启诚A	2022	20	6.10	2023	432	-6.00	2 152
中庚价值领航	2022	21	4.90	2023	321	-3.80	2 152
中泰兴诚价值一年持有A	2022	22	4.60	2023	821	-11.30	2 152
前海开源中药研究精选A	2022	23	4.30	2023	216	-1.10	2 152
财通资管健康产业	2022	24	3.80	2023	233	-1.70	2 152
大成致远优势一年持有A	2022	25	2.40	2023	85	5.90	2 152
景顺长城沪港深精选A	2022	26	2.20	2023	23★	16.30	2 152

续表

基金名称	排序期	排序期排名	排序期收益率（%）	检验期	检验期排名	检验期收益率（%）	样本量（只）
嘉实物流产业A	2022	27	1.90	2023	1 902	−23.50	2 152
红土创新医疗保健	2022	28	1.90	2023	63	8.00	2 152
信澳医药健康	2022	29	1.80	2023	1 387	−16.60	2 152
华安产业精选A	2022	30	1.60	2023	1 525	−18.10	2 152
华夏北交所创新中小企业精选两年定开	2023	1	58.50	2024	54	28.20	2 527
金鹰科技创新A	2023	2	37.70	2024	631	10.70	2 527
金鹰核心资源A	2023	3	37.30	2024	739	9.40	2 527
广发北交所精选两年定开A	2023	4	36.00	2024	871	7.50	2 527
景顺长城北交所精选两年定开A	2023	5	32.60	2024	187	19.10	2 527
万家北交所慧选两年定开A	2023	6	31.80	2024	547	12.10	2 527
金鹰中小盘精选A	2023	7	31.60	2024	712	9.70	2 527
汇添富北交所创新精选两年定开A	2023	8	28.40	2024	59	27.60	2 527
招商优势企业A	2023	9	27.20	2024	42	30.20	2 527
宝盈基础产业A	2023	10	26.70	2024	794	8.60	2 527
广发电子信息传媒产业精选A	2023	11	26.10	2024	1 211	4.10	2 527
中信建投北交所精选两年定开A	2023	12	25.10	2024	1 337	2.80	2 527
南方北交所精选两年定开	2023	13	24.20	2024	164	20.10	2 527

附录三　收益率在排序期排名前30位的基金在检验期的排名（排序期为一年、检验期为一年）：2021~2024年

续表

基金名称	排序期	排序期排名	排序期收益率（%）	检验期	检验期排名	检验期收益率（%）	样本量（只）
宝盈智慧生活 A	2023	14	23.40	2024	1 199	4.20	2 527
德邦半导体产业 A	2023	15	22.20	2024	291	16.70	2 527
宝盈半导体产业 A	2023	16	22.00	2024	397	14.80	2 527
南华丰汇 A	2023	17	22.00	2024	1 385	2.20	2 527
勃海汇金新动能	2023	18	21.90	2024	2 024	-6.00	2 527
融通内需驱动 AB	2023	19	21.70	2024	1 579	0.30	2 527
万家精选 A	2023	20	21.30	2024	1 301	3.20	2 527
东方人工智能主题 A	2023	21	20.30	2024	1 179	4.30	2 527
东吴新能源汽车 A	2023	22	19.90	2024	214	18.30	2 527
大成景恒	2023	23	19.20	2024	1 073	5.30	2 527
嘉实信息产业 A	2023	24	19.00	2024	140	21.30	2 527
中邮未来成长 A	2023	25	18.90	2024	1 086	5.30	2 527
景顺长城电子信息产业 A	2023	26	18.20	2024	1 138	4.70	2 527
华润元大信息传媒科技 A	2023	27	17.70	2024	38	31.60	2 527
华夏数字经济龙头 A	2023	28	17.70	2024	1 949	-4.70	2 527
中邮战略新兴产业 A	2023	29	16.90	2024	944	6.70	2 527
景顺长城沪港深精选 A	2023	30	16.30	2024	244	17.50	2 527

附录四 收益率在排序期和检验期分别排名前30位的基金（排序期为一年、检验期为一年）：2021~2024年

本表展示的是排序期为一年、检验期为一年时，排序期和检验期分别排名前30位的基金及基金的收益率。样本量为在排序期和检验期都存在的基金数量。★表示在检验期仍排名前30位的基金。

基金名称	排序期	排序期排名	排序期收益率（%）	基金名称	检验期	检验期排名	检验期收益率（%）	样本量（只）
前海开源公用事业	2021	1	119.4	万家精选 A	2022	1	35.5	1 532
大成新锐产业 A	2021	2	88.2	英大国企改革主题 A	2022	2	31.5	1 532
华夏行业景气	2021	3	84.1	国金量化多因子 A	2022	3	12.2	1 532
交银趋势优先 A	2021	4	81.4	广发睿毅领先 A	2022	4	11.2	1 532
中信保诚新兴产业 A	2021	5	76.7	广发价值领先 A	2022	5	8.9	1 532
建信中小盘 A	2021	6	67.3	景顺长城价值领航两年持有期	2022	6	7.8	1 532
华安制造先锋 A	2021	7	66.4	金信消费升级 A	2022	7	7.8	1 532
招商稳健优选 A	2021	8	66.1	华宝动力组合 A	2022	8	6.4	1 532
中庚小盘价值	2021	9	65.2	华商盛世成长	2022	9	6.4	1 532
宝盈国家安全战略沪港深	2021	10	64.8	中庚价值领航	2022	10	4.9	1 532
国投瑞银新能源 A	2021	11	63.0	前海开源中药研究精选 A	2022	11	4.3	1 532
中信保诚中小盘 A	2021	12	62.0	景顺长城沪港深精选 A	2022	12	2.2	1 532
长城优化升级 A	2021	13	61.4	嘉实物流产业 A	2022	13	1.9	1 532
国投瑞银先进制造	2021	14	60.0	红土创新医疗保健	2022	14	1.9	1 532

附录四 收益率在排序期和检验期分别排名前30位的基金（排序期为一年、检验期为一年）：2021~2024年

续表

基金名称	排序期	排序期排名	排序期收益率（%）	基金名称	检验期	检验期排名	检验期收益率（%）	样本量（只）
万家瑞隆A	2021	15	58.1	景顺长城能源基建	2022	15	1.1	1 532
易方达科融	2021	16	58.0	诺安策略精选	2022	16	1.0	1 532
汇安行业龙头A	2021	17	57.9	大成睿享A	2022	17	0.9	1 532
金鹰行业优势A	2021	18	56.9	圆信永丰医药健康A	2022	18	0.4	1 532
工银生态环境A	2021	19	56.7	诺安低碳经济A	2022	19	0.3	1 532
汇安裕阳三年持有	2021	20	56.5	汇丰晋信龙腾A	2022	20	0.1	1 532
万家汽车新潮流A	2021	21	56.3	泰康蓝筹优势	2022	21	-0.2	1 532
工银新能源汽车A	2021	22	56.1	景顺长城资源垄断	2022	22	-0.4	1 532
建信潜力新蓝筹A	2021	23	55.0	浙商聚潮产业成长A	2022	23	-0.6	1 532
创金合信新能源汽车A	2021	24	54.6	招商量化精选A	2022	24	-1.1	1 532
申万菱信智能驱动A	2021	25	53.5	大成竞争优势A	2022	25	-1.1	1 532
海富通电子信息传媒产业A	2021	26	52.5	大成优选升级一年持有期A	2022	26	-1.9	1 532
东方新能源汽车主题	2021	27	52.1	景顺长城量化港股通A	2022	27	-1.9	1 532
广发科技创新A	2021	28	52.0	嘉实资源精选A	2022	28	-2.2	1 532
宏利转型机遇A	2021	29	51.9	九泰天宝量化价值A	2022	29	-2.6	1 532
华富盛世精选	2021	30	51.4	德邦大消费A	2022	30	-2.7	1 532
万家精选A	2022	1	35.5	华夏北交所创新中小企业精选两年定开	2023	1	58.5	2 152

续表

基金名称	排序期	排序期排名	排序期收益率（%）	基金名称	检验期	检验期排名	检验期收益率（%）	样本量（只）
英大国企改革主题A	2022	2	31.5	金鹰科技创新A	2023	2	37.7	2 152
国金量化多因子A	2022	3	12.2	金鹰核心资源A	2023	3	37.3	2 152
广发睿毅领先A	2022	4	11.2	广发北交所精选两年定开A	2023	4	36.0	2 152
广发价值领先A	2022	5	8.9	万家北交所慧选两年定开A	2023	5	31.8	2 152
景顺长城价值领航两年持有期	2022	6	7.8	金鹰中小盘精选A	2023	6	31.6	2 152
金信消费升级A	2022	7	7.8	汇添富北交所创新精选两年定开A	2023	7	28.4	2 152
华宝动力组合A	2022	8	6.4	宝盈基础产业A	2023	8	27.2	2 152
华商盛世成长	2022	9	6.4	广发电子信息传媒产业精选A	2023	9	26.7	2 152
中庚价值领航	2022	10	4.9	南方北交所精选两年定开	2023	10	26.1	2 152
前海开源中药研究精选A	2022	11	4.3	宝盈智慧生活A	2023	11	24.2	2 152
景顺长城沪港深精选A	2022	12	2.2	德邦半导体产业A	2023	12	23.4	2 152
嘉实物流产业A	2022	13	1.9	渤海汇金新动能	2023	13	22.2	2 152
红土创新医疗保健	2022	14	1.9	融通内需驱动AB	2023	14	21.9	2 152
景顺长城能源基建A	2022	15	1.1	万家精选A★	2023	15	21.7	2 152

附录四　收益率在排序期和检验期分别排名前30位的基金（排序期为一年、检验期为一年）：2021~2024年

续表

基金名称	排序期	排序期排名	排序期收益率（%）	基金名称	检验期	检验期排名	检验期收益率（%）	样本量（只）
诺安策略精选	2022	16	1.0	东方人工智能主题A	2023	16	21.3	2 152
大成睿享A	2022	17	0.9	大成景恒A	2023	17	20.3	2 152
圆信永丰医药健康A	2022	18	0.4	中邮未来成长A	2023	18	19.2	2 152
诺安低碳经济A	2022	19	0.3	景顺长城电子信息产业A	2023	19	18.9	2 152
汇丰晋信龙腾A	2022	20	0.1	华润元大信息传媒科技A	2023	20	18.2	2 152
泰康蓝筹优势	2022	21	-0.2	中邮战略新兴产业	2023	21	17.7	2 152
景顺长城资源垄断	2022	22	-0.4	景顺长城沪港深精选★	2023	22	16.9	2 152
浙商聚潮产业成长A	2022	23	-0.6	景顺长城能源基建A	2023	23	16.3	2 152
招商量化精选A	2022	24	-1.1	诺安优化配置	2023	24	15.9	2 152
大成竞争优势A	2022	25	-1.1	景顺长城价值领航两年持有期★	2023	25	15.4	2 152
大成优选升级一年持有期A	2022	26	-1.9	汇丰晋信中小盘	2023	26	15.3	2 152
景顺长城沪港通A	2022	27	-1.9	嘉实文体娱乐A	2023	27	14.9	2 152
嘉实资源精选A	2022	28	-2.2	渤海汇金量化成长	2023	28	14.1	2 152
九泰天奕量化价值A	2022	29	-2.6	兴银科技增长1个月滚动持有A	2023	29	13.8	2 152
德邦大消费A	2022	30	-2.7	招商体育文化休闲A	2023	30	13.7	2 152
华夏北交所创新中小企业精选两年定开	2023	1	58.5	工银新兴制造A	2024	1	50.3	2 527

· 295 ·

续表

基金名称	排序期	排序期排名	排序期收益率(%)	基金名称	检验期	检验期排名	检验期收益率(%)	样本量(只)
金鹰科技创新A	2023	2	37.7	银华数字经济A	2024	2	50.0	2 527
金鹰核心资源A	2023	3	37.3	国融融盛龙头严选A	2024	3	49.0	2 527
广发北交所精选两年定开A	2023	4	36.0	财通匠心优选一年持有A	2024	4	48.1	2 527
万家北交所精选两年定开A	2023	5	31.8	财通智慧成长A	2024	5	46.8	2 527
金鹰中小盘精选A	2023	6	31.6	招商科技动力3个月滚动持有A	2024	6	45.3	2 527
汇添富北交所创新精选两年定开A	2023	7	28.4	宏利景气智选18个月持有	2024	7	45.0	2 527
宝盈基础产业A	2023	8	27.2	宏利景气领航两年持有A	2024	8	44.2	2 527
广发电子信息传媒产业精选A	2023	9	26.7	西部利得数字产业A	2024	9	44.1	2 527
南方北交所精选两年定开	2023	10	26.1	浦银安盛科技创新一年定开A	2024	10	43.5	2 527
宝盈智慧生活A	2023	11	24.2	宏利新兴景气龙头A	2024	11	43.4	2 527
德邦半导体产业A	2023	12	23.4	景顺长城品质长青A	2024	12	41.6	2 527
湖海汇金新动能	2023	13	22.2	华夏见龙精选	2024	13	40.8	2 527
融通内需驱动AB	2023	14	21.9	宏利高研发创新6个月A	2024	14	40.1	2 527
万家精选A★	2023	15	21.7	银河创新成长A	2024	15	39.7	2 527
东方人工智能主题A	2023	16	21.3	长盛城镇化主题A	2024	16	39.2	2 527

附录四　收益率在排序期和检验期分别排名前30位的基金（排序期为一年、检验期为一年）：2021~2024年

续表

基金名称	排序期	排序期排名	排序期收益率（%）	基金名称	检验期	检验期排名	检验期收益率（%）	样本量（只）
大成景恒A	2023	17	20.3	华夏优势精选	2024	17	38.5	2 527
中邮未来成长A	2023	18	19.2	同泰金融精选A	2024	18	38.3	2 527
景顺长城电子信息产业A	2023	19	18.9	南方发展机遇一年持有A	2024	19	36.7	2 527
华润元大信息传媒科技A	2023	20	18.2	鹏华鑫远价值一年持有A	2024	20	36.7	2 527
中邮战略新兴产业	2023	21	17.7	宏利转型机遇A	2024	21	36.1	2 527
景顺长城沪港深精选★	2023	22	16.9	万家社会责任定开A	2024	22	34.7	2 527
景顺长城能源基建A	2023	23	16.3	万家价值优势一年持有	2024	23	34.7	2 527
诺安优化配置	2023	24	15.9	嘉实创新先锋A	2024	24	34.4	2 527
景顺长城价值领航两年持有期★	2023	25	15.4	招商行业精选	2024	25	34.3	2 527
汇丰晋信中小盘	2023	26	15.3	工银金融地产A	2024	26	34.0	2 527
嘉实文体娱乐A	2023	27	14.9	中泰红利优选一年持有	2024	27	34.0	2 527
渤海汇金量化成长	2023	28	14.1	招商优质成长	2024	28	33.8	2 527
兴银科技增长1个月滚动持有A	2023	29	13.8	浦银安盛科技创新优选	2024	29	33.2	2 527
招商体育文化休闲A	2023	30	13.7	万家臻选A	2024	30	32.6	2 527

· 297 ·

附录五 夏普比率在排序期排名前30位的基金在检验期的排名（排序期为一年、检验期为一年）：2021~2024年

本表展示的是排序期为一年、检验期为一年时，排序期夏普比率排名前30位的基金在检验期的夏普比率。样本量为在排序期和检验期都存在的基金数量。★表示在检验期仍排名前30位的基金。

基金名称	排序期	排序期排名	排序期夏普比率	检验期	检验期排名	检验期夏普比率	样本量（只）
工银物流产业A	2021	1	4.19	2022	1 303	-1.42	1 532
工银新兴制造A	2021	2	4.19	2022	1 315	-1.43	1 532
大成新锐产业A	2021	3	3.42	2022	872	-0.98	1 532
华安智能生活A	2021	4	3.18	2022	478	-0.70	1 532
华安成长创新	2021	5	3.13	2022	380	-0.61	1 532
交银趋势优先	2021	6	3.11	2022	167	-0.37	1 532
中欧量化驱动A	2021	7	3.07	2022	1 019	-1.10	1 532
华夏磐利一年定开A	2021	8	2.93	2022	282	-0.51	1 532
银河量化优选A	2021	9	2.93	2022	821	-0.94	1 532
中欧养老产业A	2021	10	2.74	2022	236	-0.46	1 532
中金新锐A	2021	11	2.72	2022	33	-0.08	1 532
信澳周期动力A	2021	12	2.66	2022	552	-0.76	1 532
建信中国制造2025A	2021	13	2.60	2022	1 484	-1.99	1 532
兴全绿色投资	2021	14	2.58	2022	1 328	-1.45	1 532
宝盈国家安全战略沪港深A	2021	15	2.58	2022	1 128	-1.19	1 532
光大风格轮动A	2021	16	2.44	2022	919	-1.02	1 532

附录五 夏普比率在排序期排名前30位的基金在检验期的排名(排序期为一年、检验期为一年)：2021~2024年

续表

基金名称	排序期	排序期排名	排序期夏普比率	检验期	检验期排名	检验期夏普比率	样本量（只）
中庚小盘价值	2021	17	2.41	2022	39	-0.10	1 532
东兴兴晟 A	2021	18	2.40	2022	307	-0.54	1 532
诺安先锋 A	2021	19	2.38	2022	579	-0.78	1 532
长信金利趋势 A	2021	20	2.38	2022	477	-0.70	1 532
泰信蓝筹精选	2021	21	2.34	2022	181	-0.38	1 532
华夏行业景气	2021	22	2.33	2022	345	-0.57	1 532
诺安策略精选	2021	23	2.31	2022	18★	0.06	1 532
交银启明 A	2021	24	2.30	2022	437	-0.66	1 532
景顺长城量化小盘	2021	25	2.28	2022	407	-0.64	1 532
诺安行业轮动 A	2021	26	2.28	2022	959	-1.05	1 532
建信中小盘 A	2021	27	2.27	2022	92	-0.25	1 532
交银先进制造 A	2021	28	2.27	2022	510	-0.73	1 532
诺安低碳经济 A	2021	29	2.27	2022	23★	0.02	1 532
招商稳健优选 A	2021	30	2.26	2022	1 181	-1.25	1 532
英大国企改革主题 A	2022	1	1.20	2023	421	-0.47	2 152
华商甄选回报 A	2022	2	1.20	2023	256	-0.19	2 152
万家精选 A	2022	3	1.12	2023	24★	0.94	2 152
广发鑫睿一年持有 A	2022	4	0.70	2023	1 920	-1.94	2 152
国联研发创新 A	2022	5	0.69	2023	477	-0.54	2 152

· 299 ·

续表

基金名称	排序期	排序期排名	排序期夏普比率	检验期	检验期排名	检验期夏普比率	样本量（只）
广发睿毅领先 A	2022	6	0.59	2023	1 776	−1.74	2 152
易方达先锋成长 A	2022	7	0.55	2023	862	−0.91	2 152
建信医疗健康行业 A	2022	8	0.55	2023	249	−0.19	2 152
国金量化多因子 A	2022	9	0.50	2023	15★	1.17	2 152
广发价值领先 A	2022	10	0.48	2023	1 497	−1.47	2 152
中银证券优势制造	2022	11	0.47	2023	561	−0.62	2 152
景顺长城价值领航两年持有期	2022	12	0.45	2023	7★	1.40	2 152
浙商智选价值	2022	13	0.43	2023	1 353	−1.33	2 152
中信建投低碳成长 A	2022	14	0.40	2023	1 988	−2.10	2 152
中庚价值品质一年持有	2022	15	0.39	2023	318	−0.30	2 152
交银启诚 A	2022	16	0.39	2023	699	−0.78	2 152
融通鑫新成长 A	2022	17	0.35	2023	171	0.02	2 152
金信消费升级 A	2022	18	0.34	2023	1 710	−1.67	2 152
华商盛世成长	2022	19	0.33	2023	87	0.36	2 152
华宝动力组合 A	2022	20	0.30	2023	1 313	−1.30	2 152
中庚价值领航	2022	21	0.24	2023	253	−0.19	2 152
前海开源中药研究精选 A	2022	22	0.23	2023	187	−0.03	2 152
中泰兴诚价值一年持有 A	2022	23	0.23	2023	713	−0.79	2 152
红土创新医疗保健	2022	24	0.21	2023	88	0.36	2 152

附录五 夏普比率在排序期排名前30位的基金在检验期的排名（排序期为一年、检验期为一年）：2021~2024年

续表

基金名称	排序期	排序期排名	排序期夏普比率	检验期	检验期排名	检验期夏普比率	样本量（只）
财通资管健康产业 A	2022	25	0.20	2023	202	-0.07	2 152
信澳医药健康	2022	26	0.14	2023	1 512	-1.48	2 152
易方达远见成长 A	2022	27	0.14	2023	872	-0.91	2 152
大成致远优势一年持有	2022	28	0.13	2023	74	0.44	2 152
景顺长城沪港深精选 A	2022	29	0.11	2023	9★	1.37	2 152
华安产业精选 A	2022	30	0.11	2023	1 773	-1.74	2 152
金鹰核心资源	2023	1	1.75	2024	776	0.39	2 527
金鹰中小盘精选 A	2023	2	1.74	2024	739	0.40	2 527
金鹰科技创新 A	2023	3	1.72	2024	702	0.42	2 527
华夏北交所创新中小企业精选两年定开	2023	4	1.66	2024	290	0.67	2 527
南华丰汇 A	2023	5	1.62	2024	1 439	0.14	2 527
景顺长城能源基建 A	2023	6	1.51	2024	286	0.67	2 527
宝盈基础产业 A	2023	7	1.42	2024	823	0.37	2 527
景顺长城价值领航两年持有期	2023	8	1.40	2024	75	1.00	2 527
融通内需驱动 AB	2023	9	1.39	2024	1 748	0.03	2 527
景顺长城沪港深精选 A	2023	10	1.37	2024	120	0.90	2 527
中邮战略新兴产业 A	2023	11	1.34	2024	960	0.30	2 527
渤海汇金新动能 A	2023	12	1.31	2024	1 876	-0.04	2 527

续表

基金名称	排序期	排序期排名	排序期夏普比率	检验期	检验期排名	检验期夏普比率	样本量（只）
大成景恒 A	2023	13	1.31	2024	1 056	0.27	2 527
西部利得量化优选一年持有 A	2023	14	1.22	2024	1 457	0.13	2 527
中邮未来成长 A	2023	15	1.19	2024	1 088	0.26	2 527
国金量化精选 A	2023	16	1.19	2024	1 916	-0.07	2 527
国金量化多因子 A	2023	17	1.17	2024	1 844	-0.02	2 527
宝盈半导体产业 A	2023	18	1.15	2024	543	0.50	2 527
万家北交所慧选两年定开 A	2023	19	1.14	2024	716	0.41	2 527
景顺长城北交所精选两年定开 A	2023	20	1.07	2024	524	0.51	2 527
宝盈智慧生活 A	2023	21	1.06	2024	1 103	0.26	2 527
宝盈品质甄选	2023	22	1.04	2024	39	1.21	2 527
广发北交所精选两年定开 A	2023	23	1.04	2024	894	0.33	2 527
汇添富北交所创新精选两年定开 A	2023	24	1.00	2024	314	0.64	2 527
招商优势企业 A	2023	25	0.99	2024	233	0.72	2 527
景顺长城电子信息产业 A	2023	26	0.97	2024	1 061	0.27	2 527
渤海汇金量化成长 A	2023	27	0.95	2024	1 966	-0.09	2 527
万家精选 A	2023	28	0.94	2024	1 333	0.18	2 527
博时专精特新主题 A	2023	29	0.92	2024	1 826	-0.01	2 527
南方北交所精选两年定开	2023	30	0.90	2024	441	0.56	2 527

参 考 文 献

［1］李鑫，姚爽．中国开放式基金选时和选股能力的实证分析［J］．技术经济与管理研究，2011（10）：88-91.

［2］李悦，黄温柔．中国股票型基金业绩持续性实证研究［J］．经济理论与经济管理，2011（12）：47-54.

［3］罗荣华，兰伟，杨云红．基金的主动性管理提升了业绩吗?［J］．金融研究，2011（1）：127-139.

［4］王向阳，袁定．开放式基金业绩持续性的实证研究［J］．统计与决策，2006（11）：137-138.

［5］肖奎喜，杨义群．我国开放式基金业绩持续性的实证检验［J］．财贸研究，2005（2）：60-64.

［6］张永冀，李天雄，苏治，黄琼．基金规模、投资者关注与基金业绩持续性［J］．中国管理科学，2023（12）：57-68.

［7］Bollen N, Busse J. On the Timing Ability of Mutual Fund Managers［J］. Journal of Finance, 2001, 56（3）：1075-1094.

［8］Brown S, Goetzmann W. Performance Persistence［J］. Journal of Finance, 1995, 50（2）：679-698.

［9］Cao C, Simin T, Wang Y. Do Mutual Fund Managers Time Market Liquidity?［J］. Journal of Financial Markets, 2013, 16（2）：279-307.

［10］Cao C, Chen Y, Liang B, Lo A. Can Hedge Funds Time Market Liquidity?［J］. Journal of Financial Economics, 2013, 109（2）：493-516.

［11］Carhart M. On Persistence in Mutual Fund Performance［J］. Journal of Finance, 1997, 52（1）：57-82.

［12］Fama E F, French K. The Cross-section of Expected Stock Returns［J］. Journal of Finance, 1992, 47（2）：427-465.

［13］Fama E, French K. Common Risk Factors in the Returns on Stocks and Bonds［J］. Journal of Financial Economics, 1993, 33（1）：3-56.

［14］Fama E, French K. Luck Versus Skill in the Cross Section of Mutual Fund

Returns [J]. Journal of Finance, 2010, 65 (5): 1915-1947.

[15] Henriksson R. Market Timing and Mutual Fund Performance: An Empirical Investigation [J]. Journal of Business, 1984, 57 (1): 73-96.

[16] Jensen M. The Performance of Mutual Funds in the Period 1945-1964 [J]. Journal of Finance, 1968, 23 (2): 389-416.

[17] Kosowski R, Timmermann A, White H, Wermers R. Can Mutual Fund "Stars" Really Pick Stocks? New Evidence from a Bootstrap Analysis [J]. Journal of Finance, 2006, 61 (6): 2551-2595.

[18] Malkiel B. Returns from Investing in Equity Mutual Funds 1971 to 1991 [J]. Journal of Finance, 1995, 50 (2): 549-572.

[19] Treynor J, Mazuy K. Can Mutual Funds Outguess the Market? [J]. Harvard Business Review, 1966 (44): 131-136.

后　记

本书是清华大学五道口金融学院、香港中文大学（深圳）数据经济研究院经过多年积累的研究成果，是 2016~2024 年历年出版的《中国公募基金研究报告》和《中国私募基金研究报告》的后续报告。2025 年，我们进一步完善了研究方法、样本和结果，并加入了对科技创新 ETF 的分析，出版《2025 年中国公募基金研究报告》和《2025 年中国私募基金研究报告》，以飨读者。

本书凝聚着所有参与研究和撰写的工作人员的心血和智慧。在整个书稿撰写及审阅的过程中，清华大学五道口金融学院、香港中文大学（深圳）数据经济研究院金牛资产管理研究中心的领导们给予了大力支持，报告由曹泉伟教授、陈卓教授和吴海峰主任以及研究人员门垚、平依鹭、刘桢、吴莹、张鹏和姜白杨共同撰写完成。

我们衷心感谢清华大学五道口金融学院、香港中文大学（深圳）数据经济研究院的大力支持，感谢国家自然科学基金委员会重大项目（72495152、72495150）、国家自然科学基金委员会优秀青年科学基金项目（72222004）的资助，感谢来自学术界、业界、监管机构的各方人士在书稿写作过程中提供的帮助。最后，我们由衷感谢来自各方的支持与帮助，在此一并致谢！

作者

2025 年 2 月

图书在版编目（CIP）数据

2025年中国公募基金研究报告 / 曹泉伟等著.
北京：经济科学出版社，2025.5. -- ISBN 978-7-5218-6920-0

Ⅰ.F832.51

中国国家版本馆CIP数据核字第2025MA5042号

责任编辑：初少磊
责任校对：齐　杰
责任印制：范　艳

2025年中国公募基金研究报告

2025 NIAN ZHONGGUO GONGMU JIJIN YANJIU BAOGAO

曹泉伟　陈卓　吴海峰　等/著

经济科学出版社出版、发行　新华书店经销

社址：北京市海淀区阜成路甲28号　邮编：100142

总编部电话：010-88191217　发行部电话：010-88191522

网址：www.esp.com.cn

电子邮箱：esp@esp.com.cn

天猫网店：经济科学出版社旗舰店

网址：http://jjkxcbs.tmall.com

北京季蜂印刷有限公司印装

787×1092　16开　19.75印张　400000字

2025年5月第1版　2025年5月第1次印刷

ISBN 978-7-5218-6920-0　定价：88.00元

(图书出现印装问题，本社负责调换。电话：010-88191545)

(版权所有　侵权必究　打击盗版　举报热线：010-88191661

QQ：2242791300　营销中心电话：010-88191537

电子邮箱：dbts@esp.com.cn)